발자국

국립중앙도서관 출판시도서목록(CIP)

발자국 / 고종석. - 서울 : 마음산책, 2007
p. ;   cm

색인수록
ISBN 978-89-6090-020-2 03900 : ₩14000

909-KDC4
909-DDC21   CIP2007003071

발자국

고종석

마음산책

발자국

1판 1쇄 인쇄 2007년 10월 10일
1판 1쇄 발행 2007년 10월 15일

지은이 | 고종석
펴낸이 | 정은숙
펴낸곳 | 마음산책

편집 | 이수영 · 최동일 · 박민주 · 이보현   디자인 | 김정현
영업 | 권혁준   관리 | 박해령

등록 | 2000년 7월 28일(제13-653호)
주소 | 서울시 마포구 서교동 395-114 (우121-840)
전화 | 대표 362-1452 편집 362-1451   팩스 | 362-1455
홈페이지 | http://www.maumsan.com
전자우편 | maum@maumsan.com

종이 | 화인페이퍼
인쇄 · 제본 | 한영문화사

ISBN 978-89-6090-020-2 03900

* 책값은 뒤표지에 있습니다.

사람들이 결코 건드리지 못한 것

난 그걸 건드렸고 그걸 말했네

아무도 그것에서 상상하지 못하는 것

난 그 모든 걸 캐냈네

— 아폴리네르

□ 차례 □

1 링컨, 노예해방선언에서 탈주병 슬로빅까지 ▮ 11

2 랭스턴 휴즈에서 로시니까지 ▮ 45

3 아쿠타가와에서 브라지야크까지 ▮ 77

4 에이프릴 풀에서 히틀러까지 ▮ 111

5 택시미터에서 국보위까지 ▮ 143

6 클라우제비츠에서 통일의 꽃까지 ▮ 177

7 홍콩 반환에서 바오다이까지 ▮ 209

8 오페라 심청에서 로키까지 ▌243

9 KAL기 피격에서 패트릭 화이트까지 ▌277

10 중화인민공화국에서 키츠까지 ▌309

11 추축국에서 오스카 와일드까지 ▌343

12 나폴레옹과 조세핀에서 보어전쟁까지 ▌375

군소리 ▌406

찾아보기 ▌409

1
링컨, 노예해방선언에서
탈주병 슬로빅까지

링컨, 노예해방선언
01.01.

　1863년 1월 1일, 남북전쟁의 전황이 북부에 유리해지고 있던 시점에 미합중국 대통령 에이브러햄 링컨이 흑인 노예의 해방을 선언했다. 링컨은 이 선언을 통해 반란 상태에 있는 여러 주의 노예를 전부 해방한다고 밝힌 뒤, 해방된 흑인들에게도 옛 주인들에 대한 폭력을 삼가고 적절한 임금으로 계속 일할 것을 당부했다.

　이 선언으로 흑인들도 연방(북부연방, Federal States) 군대에 입대할 수 있게 됐다. 이 노예해방선언은 내전에서의 전략적 의의도 지니고 있었다. 그것이 노린 바는 남부연합(Southern Confederacy 또는 Confederate States of America)의 사기를 떨어뜨려 남부 여러 주의 연방 복귀를 다그치는 것이었다. 미국에서는 이미 1830년대부터 잡지 《해방자》를 중심으로 전투적 노예해방론자들이 목소리를 높여왔지만, 노예해방은 북부 산업자본가와 남부 대지주 사이의 경제적 이해대립이 전쟁으로 폭발한 뒤에야 형식적으로나마 이뤄진 셈이다.

　노예에게는 인격이 부인된다. 그래서 노예는 소유와 매매와 양도의 대상이 될 수 있다. 마치 가축이나 상품처럼 취급되는 것이다. 노예는 생명이 있는 도구, 말할 줄 아는 물건이라고 할 수 있다. 세계 어느 곳에나 역사의 특정한 단계에는 노예제 사회가 존재했다. 그러나 근대의 노예 문제는, 16세기 이래 유럽인들의 노예사냥·노예무역에 떠밀려 아메리카에 확대된 식민지 노예제와 주로 관련된다.

　노예제 폐지운동은 18세기 초 인간 존중·인류 평등사상과 함께 고개를 들었고, 19세기 들어 본격화했다. 영국에서는 퀘이커 교단을 중심으로 노예제 폐지 운동이 활발히 벌어져, 자유주의적인 휘그당의 그레이 내각이 성립된 직후인 1833년 노예해방령이 의회를 통과했다. 프랑스에서는 그 이듬해인 1834년에 노예폐지협회가 만들어졌고, 1848년 2월혁명 뒤에 노예의 완전한 해방이 이뤄졌다.

프리드리히 아들러 Friedrich Adler

01.02.

1960년 1월 2일 오스트리아 출신의 국제사회주의 운동가 프리드리히 아들러가 스위스 취리히에서 작고했다. 향년 81.

오스트리아 사회민주당SPO 창건자 가운데 한 사람인 빅토르 아들러의 아들이자 물리학자 알버트 아인슈타인의 가까운 친구였던 프리드리히 아들러는 제1차 세계대전 중인 1916년 제 이름을 세계 주요 언론의 전면에 올렸다. 그는 청년기를 (아인슈타인처럼) 취리히의 재능 있는 자연과학도로서 보냈고 전쟁 발발 전까지 SPO의 빈 지부를 이끌었지만, 신문 헤드라인을 장식한 이름은 과학자 프리드리히 아들러나 사회주의 정치인 프리드리히 아들러가 아니라 암살자 프리드리히 아들러였다. SPO 주류세력의 전쟁 지지에 맞서서 이 정당의 좌파그룹을 이끌며 반전反戰 캠페인을 벌이던 프리드리히 아들러는 그 해 10월 21일 빈의 한 호텔 식당에서 오스트리아 재상 카를 그라프 슈튀르크에게 총탄 세 발을 쏘았다.

슈튀르크는 사망했고, 프리드리히 아들러는 교수형을 선고받았다. 그러나 반전주의에 동정적인 여론이 형성돼 암살자는 18년 징역으로 감형받았고, 1918년 종전 직후의 혁명적 분위기 속에서 석방됐다. 황제 바로 아래의 최고위 권력자를 살해한 대가를 고작 2년 징역살이로 치른 것이다. 그 시기 중부 유럽 정치상황이 그만큼 유동적이었다는 뜻이겠다.

그 즈음 프리드리히 아들러의 아버지 빅토르 아들러는 카를 레너가 이끄는 오스트리아공화국 임시정부의 외교장관을 맡고 있었다. 빅토르 아들러는 아들과 달리 오스트리아-헝가리 제국 정부의 참전 결정을 공개적으로 지지한 바 있다. 같은 정당에 몸담고 있었으면서도, 부자父子의 정치노선이 이리 달랐다.

프리드리히 아들러는 양차 세계대전 사이 기간엔 제2인터내셔널의 총서기로서 국제노동운동을 이끌었다. 그는 제2차세계대전이 터지자 미국으로 망명했고, 종전 뒤에는 정치에서 물러나 사회주의 문헌들을 편집하는 것으로 여생을 보냈다.

카스트로 파문 破門
01.03.

1962년 1월 3일, 가톨릭 성직자들을 탄압했다는 이유로 바티칸 교황청이 쿠바 지도자 피델 카스트로를 파문했다. 파문이란 신자의 자격을 박탈해 종교 공동체에서 쫓아내는 것을 말한다. 이로써 카스트로는 11세기 신성로마제국 황제 하인리히4세와 15세기 종교개혁가 마르틴 루터에 이어 가톨릭 파문 리스트에 오른 가장 유명한 인물이 되었다. 하인리히4세는 서임권敍任權 문제로 교황청과 대립하다가 교황 그레고리우스7세에게 파문당했고, 마르틴 루터는 중세 교회의 관습이었던 면죄부 판매를 비판하고 교황과 공의회의 무류성無謬性을 부정하다가 교황 레오10세에게 파문당했다.

파문 제도가 흔히 권력 투쟁의 수단으로 사용되었다는 것을 교회의 역사는 보여준다. 14세기 후반부터 15세기 초까지 로마와 아비뇽 그리고 나중에는 피사로 분열된 교황청이 서로 정통성을 주장하며 다른 파의 신자들을 집단적으로 파문한 것이 대표적 예다.

초창기의 쿠바혁명이 토지 개혁이나 외국 자본의 접수 등 그 진보적 성격에도 불구하고 사회주의 혁명과 일정한 거리가 있었던 것은 혁명 이듬해인 1960년 미국인 사회학자 찰스 라이트 밀스가 출간한 에세이 『들어라 양키들아』에 잘 묘사돼 있다. 그러나 미국의 지속적인 반혁명 공작은 카스트로 하여금 혁명의 보위를 위해서 친소 사회주의 노선을 강화하게 만들었다.

프랑스혁명 때도 그랬듯, 쿠바혁명의 가장 커다란 적도 외세나 기득권층과 결탁한 가톨릭교회라는 것이 카스트로의 판단이었다. 그는 혁명 이후 교회의 여러 특권들을 폐지했고, 파문을 당한 뒤에도 크리스마스를 평일로 만드는 등 반교회 정책을 계속 펼쳤다. 쿠바에서 크리스마스가 다시 휴일이 된 것은 교황 요한 바오로2세가 아바나를 방문한 1998년 이후다.

카뮈 Albert Camus
01.04

1960년 1월 4일 프랑스 작가 알베르 카뮈가 빌블르뱅에서 자동차 사고로 죽었다. 47세였다. 카뮈는 사르트르와 함께 한국 독자들에게 가장 잘 알려진 프랑스인 작가다. 6·25의 전화戰禍 속에서 '실존주의'라는 멋진 이름의 사조思潮와 함께 한국에 처음 이름을 알린 카뮈와 사르트르는 그 뒤 적어도 30년 동안 이 나라에서 프랑스 문학을 대표했다. 그리고 그것이 허명虛名은 아니었다.

『표리』, 『결혼』 등의 에세이집으로 20대 초반부터 섬세한 산문가의 재질을 보여준 카뮈의 이름을 온 유럽에 알린 것은 29세에 발표한 소설 『이방인』이다. 카뮈는 이 소설에, 사소한 시비 끝에 아랍인을 권총으로 쏘아 죽인 뒤 법정에서 햇빛이 너무 눈부셔서 그랬다고 진술하는 인물 뫼르소를 등장시킴으로써, 이른바 부조리문학의 대명사가 되었다. 『페스트』(1947)나 『전락轉落』(1956) 같은 작품들이 예술적으로 더 뛰어나다 하더라도, 카뮈는 주로 『이방인』의 작가로 기억될 것이다. 그는 1957년, 44세의 나이로 노벨문학상을 받았다.

카뮈의 창작물들과 철학적 에세이들은 서로 긴밀한 내적 연관을 지니고 있어서, 예컨대 에세이 『시지프의 신화』가 소설 『이방인』의 짝이고, 희곡 『계엄령』이 소설 『페스트』의 짝이라면, 에세이 『반항적 인간』은 희곡 『정의의 사람들』의 짝이라고 할 만하다.

카뮈는 젊은 시절 잠깐 공산당에 적을 두기도 했지만 결국 우파로 선회했는데, 기실 그의 우파적 세계관은 초기 에세이나 소설의 섬세함과 머뭇거림 속에 이미 배태돼 있었다고 할 수 있다. 알제리 독립 전쟁에 대한 카뮈의 침묵은, 비록 그가 고향 알제리와 그곳의 친지들을 저 자신과 프랑스의 본질적 구성 부분으로 여겼다고 하더라도, 지식인의 책임을 피한 것으로 비판받을 만하다.

질레트 — King Camp Gillette
01.05.

1855년 1월 5일 안전면도칼의 발명자로 알려진 킹 캠프 질레트가 미국 위스콘신주 폰드락에서 태어났다. 1932년 로스앤젤레스에서 몰歿. 브리태니커 사전을 비롯해 많은 텍스트들이 질레트를 안전면도칼의 발명자로 기록하고 있지만, 한 세기 동안 성인 남자들의 필수품이었던 이 발명품이 질레트의 창안은 아니다. 1880년대에 안전면도칼을 처음 고안한 사람은 캠퍼 형제라고 한다.

그러나 질레트에게는 캠퍼 형제의 안전면도칼을 값싼 제품으로 개량하는 한편 일회용 면도날을 보급해 시장을 크게 넓힌 공로가 있다. 질레트는 이런 면도칼·면도날 대량 생산 체제를 갖추기 위해 1901년 미국안전면도칼회사를 세웠다. 이것이 오늘날 질레트, 브라운, 오랄비, 듀라셀 등의 브랜드로 세계 남성 용품 시장을 석권하고 있는 질레트사社의 전신이다. 킹 질레트가 최초의 개량 안전면도칼 특허를 받은 것은 1904년 11월 25일이었다. 특허번호는 #775,134. 4년 뒤에는 미국만이 아니라 캐나다, 영국, 프랑스, 독일에 질레트 공장이 들어섰다.

오컴의 면도날Occam's razor이라는 원칙이 있다. 면도날이라고 하면 요즘은 보통 일회용 면도날blade을 연상할 터이므로 '오컴의 면도칼'이라고 번역하는 것이 더 적절하겠지만, 아무튼 일반적 번역은 '오컴의 면도날'이다. 14세기 영국 스콜라 철학자 윌리엄 오브 오컴의 이름을 딴 이 원칙은, 사리의 설명이 불필요하게 복잡해서는 안 된다는 단순성의 원리를 뜻한다. 가정이나 설명은 단순하고 간결한 것일수록 뛰어나다는 말이다. 윌리엄 오브 오컴이 이 원리를 처음 창안한 것은 아니고, 그가 글에서 이 원리를 자주 실천했던 탓에 그런 이름이 붙게 되었다. 단순성의 원리와 윌리엄 오브 오컴의 관계는 그러니까 안전면도칼과 질레트와의 관계와 비슷한 셈이다.

지브란 Kahlil Gibran
01.06.

　1883년 1월 6일 문필가 겸 화가 칼릴 지브란이 레바논 북부 베샤르에서 태어났다. 1931년 뉴욕에서 졸卒. 지브란은 아랍권 문인으로서 아마 전 세계에 가장 많은 독자를 지닌 사람일 것이다. 그것은 물론 그가 아랍어로만이 아니라 영어로도 글을 썼다는 점에도 부분적으로 신세지고 있을 것이다.

　미국으로의 이민과 역이민, 파리 체류와 유럽 각지로의 여행 등으로 성장기와 청년기를 보낸 지브란은 27세 때인 1910년 뉴욕에 정착했다. 그는 그 뒤 그리니치빌리지에서 독신으로 살며 글쓰기와 그림 그리기에 몰두했지만, 오스만 제국에 맞선 조국 레바논의 독립운동을 정신적으로 지원하는 데도 열심이었다.

　지브란의 이름을 전 세계에 알린 것은 아랍어로 쓴 소설 『부러진 날개』(1912)다. 두 젊은이의 순정한 사랑이 파멸하는 과정을 아랍세계의 사회·종교적 모순의 맥락 속에 배치한 이 작품은 즉각 여러 언어로 번역돼 지브란의 열광적 팬덤fandom을 만들어냈고, 영화와 연극으로도 각색되었다. 그 뒤 얼마간 지브란이 쓴 작품들은 그리 큰 주목을 받지 못했지만, 1923년에 출간된 산문시 『예언자』는 다시 한 번 지브란의 명성을 정점으로 밀어 올렸다.

　『예언자』를 이루는 텍스트에 지브란이 처음 달려든 것은 스무 살이 막 넘어서였다. 그는 그 뒤 20여 년 동안 아랍어 초고를 손수 영어로 옮겨가며 이 텍스트에 매달려 세기의 베스트셀러를 완성해냈다. 그 구성이 니체의 『차라투스트라는 이렇게 말했다』를 연상시키는 이 작품에서 무스타파라는 인물은 사랑, 결혼, 노동, 우정, 믿음 등 삶의 근본 문제들에 대해 사람들에게 설교한다.

　죽기 다섯 해 전에 출간한 아포리즘 모음 『모래와 거품』도 널리 읽힌 책이다. 지브란은 이 책에서 너, 나, 취取하기, 신, 사랑, 아름다움, 대지라는 일곱 개 주제에 대해 생각을 펼쳐 보이고 있다.

히로히토 裕仁
01.07.

1989년 1월 7일 일왕日王 히로히토가 89세로 죽었다. 요시히토嘉仁 왕의 장자인 히로히토는 26년에 즉위한 뒤, 중일전쟁·태평양전쟁 등을 주도하며 군국주의 일본 현대사의 한가운데에 있었다.

천황(텐노, 天皇)은 일본인들이 자신들의 군주를 이르는 칭호다. 중세 봉건시대 일본의 천황은 흔히 쇼군將軍의 꼭두각시에 지나지 않았지만, 그래도 일본인들의 마음속에 새겨진 천황은 오래도록 '사람의 모습으로 나타난 신神', 그들 말로 아라히토가미現人神였다. 히로히토도 마찬가지였으니, 제2차세계대전의 전범 가운데 최고 전범이라 할 그가 아무런 책임도 지지 않은 채 '인간 선언' 하나로 일본국의 상징적 국가원수로 물러난 것은 종전 한 해 뒤인 1946년이다. 다이쇼(大正, 요시히토의 연호) 시대의 지배적 헌법 학설이었던 미노베 다쓰키치美濃部達吉의 '천황기관설', 곧 천황은 그 자체로 국가통치권의 주체가 아니라 통치권 주체인 국가의 최고기관으로서 통치권을 제한적으로 행사할 뿐이라는 온건한 견해조차 쇼와(昭和, 히로히토의 연호) 전기의 파시스트 일본에서는 금기였다. 그러니, 전쟁 시기 히로히토는 일본이라는 국가 자체였다. 그런데도 전범자 처벌을 위한 도쿄 재판의 피소인被訴人 명단에 그의 이름은 없었다.

일본은 난숙한 자본주의와 최첨단의 학문, 기술이 원시사회의 유치한 신화와 어우러져 있는 야릇한 나라다. 다수의 일본인들이 믿고 있는 바에 따르면, 태양의 여신 아마테라스오오미카미天照大御神의 후손인 진무神武 천황이 즉위한 것이 기원전 660년이고, 히로히토는 진무의 124대 직계손이다. 이른바 반세이잇케이萬世一系다. 게다가 일본어에는 특수한 영靈, 곧 고토다마言靈가 깃들여 있다는 엽기적 신화가 일부 학계에까지 스며들어 있다.

긴급조치

01.08.

"1. 대한민국 헌법을 부정, 반대, 왜곡 또는 비방하는 일체의 행위를 금한다. 2. 대한민국 헌법의 개정 또는 폐지를 주장, 발의, 제안 또는 청원하는 일체의 행위를 금한다. 3. 유언비어를 날조, 유포하는 일체의 행위를 금한다. 4. 전 1, 2, 3 항에서 금한 행위를 권유, 선동, 선전하거나 방송, 보도, 출판, 기타 방법으로 이를 타인에게 알리는 일체의 언동을 금한다. 5. 이 조치에 위반한 자와 이 조치를 비방한 자는 법관의 영장 없이 체포, 구속, 압수, 수색하며 15년 이하의 징역에 처한다. 이 경우에는 15년 이하의 자격정지를 병과할 수 있다. 6. 이 조치에 위반한 자와 이 조치를 비방한 자는 비상군법회의에서 심판, 처단한다. 7. 이 조치는 1974년 1월 8일 17시부터 시행한다."

1974년 1월 8일 대통령 박정희가 선포한 긴급조치 1호의 내용이다. 박정희는 이 조치를 위반한 사람들을 처벌하기 위해 비상군법회의를 설치한다는 것을 내용으로 한 긴급조치 2호도 이 날 함께 내렸다. 긴급조치 1호는 그 전해인 1973년 말부터 통일당 최고위원 장준하를 중심으로 본격화한 개헌청원 백만인 서명운동을 막기 위해 내려진 것이다. 당시의 이른바 유신헌법은 국민의 기본적 인권을 크게 제한하고 박정희의 종신 집권을 사실상 보장하고 있었다.

긴급조치가 내려진 지 일주일 뒤에 개헌청원운동본부 관련자들이 검거됐고, 이 가운데 장준하와 백기완이 기소돼 비상군법회의에서 징역 15년씩을 선고받았다. 뒤에 9호까지 내려진 다른 긴급조치들과 마찬가지로 긴급조치 1호 역시 어지간한 독재국가에서도 찾아볼 수 없는 파쇼적 규율이었다. 법관의 영장 없이 민간인을 체포해 군법회의에서 재판하게 함으로써, 이 조치는 대한민국 전체가 병영이라는 것을 웅변적으로 드러냈다. 더구나 긴급조치 1호는 이 조치를 비판하는 사람을 바로 이 조치로 처벌하는 재귀적再歸的 희극성까지 겸비하고 있었다.

보부아르 — Simone Beauvoir
01.09.

1908년 1월 9일 프랑스 소설가 시몬 드 보부아르가 파리에서 태어났다. 1986년 몰歿. 보부아르라는 이름은 흔히 사르트르라는 이름과 묶여 거론된다. 그들은 1929년 철학 교수 자격시험에 수석(사르트르)과 차석으로 나란히 합격했고, 고등학교에서 철학을 가르쳤고, 박사학위를 포기하고 재야의 문필가로 남았고, 1945년에 참여적 철학·정치 저널《현대》를 함께 창간했고, 동거와 별거를 반복했고, 파리 몽파르나스 묘지에 함께 묻혔다.

철학 교수 자격시험의 시험관이 내린 판단은 옳았다. 적어도 철학에서는 사르트르가 언제나 일등이었고, 보부아르는 늘 그 뒤였다. 보부아르가 철학 텍스트로 분류될 만한 글을 전혀 쓰지 않은 것은 아니지만, 오늘날 그녀는 철학자로서보다는 『타인의 피』, 『레망다랭』(1954년 공쿠르상 수상작) 등을 쓴 소설가로, 그리고 무엇보다도 『제2의 성性』을 쓴 에세이스트로 기억된다.

그러나 철학자의 임무는 세계를 해석하는 것이 아니라 변화시키는 것이라는 마르크스의 말이 옳다면, 그 두 사람 가운데 진짜 철학자는 보부아르였다. 그녀의 『제2의 성』은 『존재와 무』에서 『변증법적 이성비판』에 이르는 사르트르의 모든 난삽한 철학 논저를 합한 것보다 훨씬 더 세계의 변화에 이바지했기 때문이다.

사람은 여자로 태어나는 것이 아니라 여자가 되는 것이다. 즉 여성에게 부여되는 제약은 자연적인 것이 아니라 법과 풍속의 결과다라는 주장을 실존철학과 사회사적 접근을 통해 개진한 『제2의 성』은 1949년 출간되자마자 프랑스의 일부 언론으로부터 포르노그래피라는 비난을 받으며 교황청의 금서 목록에 올랐지만, 미국 독자들로부터 크게 호평을 받은 뒤 프랑스에서 재조명돼 오늘날에는 현대적 여성운동의 기원으로 평가되고 있다.

런던 지하철 개통
01.10.

    1863년 1월 10일 영국 런던에 세계 최초의 지하철이 개통됐다. 패링던스트리트와 비숍스 로드의 패딩턴을 잇는 6km 구간의 이 첫 지하철은 증기기관차로 운행됐다. 전기 철도 방식이 도입된 것은 1890년에 들어서다.

    유럽 대륙에서 처음 지하철이 들어선 도시는 헝가리의 부다페스트(1896)다. 뒤이어 1898년에는 오스트리아의 빈에, 1900년에는 프랑스의 파리에 그리고 1902년과 1906년에는 독일의 베를린과 함부르크에 차례로 지하철이 들어섰다. 미국에서는 1901년 보스턴에 첫 지하철이 생겼고, 뉴욕의 지하철은 1904년에 개통됐다.

    한국의 첫 지하철은 서울시 1호선 서울역-청량리 7.8km 구간으로, 1971년에 착공해 1974년 8월 15일 개통했다. 광복절 기념식이 열리던 서울 국립극장 단상에서 대통령 부인 육영수가 재일동포 문세광에게 저격당한 날이었다.

    지하철은 사람의 생활공간을 땅속으로 넓혔다. 서울 2호선의 시청역에서 을지로 입구역과 을지로 3가역을 거쳐 을지로 4가역까지는 지하철도로만이 아니라 지하 통로로도 연결돼 있다. 그 기다란 땅속길을 걷다 보면, 문득 고대 비밀 교단敎團의 지하 생활자라도 된 느낌이다.

    언젠가 파리에 들렀을 때 본, 그 도시의 4호선 전동차 안에 붙어 있던 짧은 시가 생각난다. "그는 이 사막에서 너무 외로워/ 이따금 뒤로 걸었다/ 자기 앞에서 발자국을 보기 위해서."

    이 시는 파리 지하철 공사가 시민들을 대상으로 공모한 시들 가운데 뽑힌 것이다. 이 아마추어 시인의 빼어난 시는 메마른 도시의 단절된 개인들을 실어 나르는 지하철이라는 공간에 썩 어울려 보였다. 그 글자들 너머로, 주체할 수 없는 도회적都會的 고독 속에서 파르르 떠는 한 가녀린 몸이 보였다.

자코메티 Alberto Giacometti
01.11.

 1966년 1월 11일 스위스의 조각가 겸 화가 알베르토 자코메티가 고향 근처의 코이라에서 65세로 죽었다. 알베르토의 아버지는 인상파 화가 조반니 자코메티이고, 사촌형은 다다이스트 아우구스토 자코메티이며, 동생은 조각가 디에고 자코메티다. 예술가 집안이었던 셈이다. 이들 모두가 라틴계 이름을 지니고 있는 데서도 짐작할 수 있듯이, 자코메티 집안은 이탈리아계이고 그들의 모국어도 이탈리아어다.

 스위스에서는 독일어, 프랑스어, 이탈리아어, 레토로만어가 공용어로 사용된다. 스위스 화폐에도 이 네 언어가 함께 새겨져 있다. 취리히나 베른이 독일어권 스위스라면, 제네바나 로잔은 프랑스어권 스위스이고, 알베르토의 고향인 보르고노보나 로카르노는 이탈리아어권 스위스다.

 자코메티는 제네바의 미술공예학교에서 조각을 배우고, 이탈리아에 잠시 머물며 고대 미술품의 아름다움에 탐닉한 뒤, 파리로 자리를 옮겨 평생 그곳에서 작업을 했다. 그의 작품 세계를 잘 모르는 사람들도, 텅 빔空虛 속에 맺힌 듯한 길고 가느다란 조상彫像, 곧 그 자체는 철사처럼 가느다랗게 깎이면서 그 둘레에 세찬 동적動的 공간을 빚어놓은 듯한 인물 조각들을 그의 이름에서 떠올릴 수는 있을 것이다. 침묵 속의 떨음, 차라리 날카로운 외로움을 형상화한 듯한 이런 유형의 작품들을 그가 빚어내기 시작한 것은 40대 후반인데, 이 작품들은 이내 그의 상표가 되었다.

 자코메티의 예술 세계는 사생寫生과 관념을 오갔지만, 그가 사생에 의지할 때조차, 보이는 것을 그대로 빚기나 그린 것은 아니다. 그의 작품들은 차라리 상상력에 기댄 관념적 공간 조형이라는 측면이 강하다. 조각에서든, 유화나 판화에서든, "보이는 것은 절대 옮겨놓을 수 없다"는 절망은 그의 예술의 한 동력이었다.

페르마 Pierre de Fermat
01.12.

　1665년 1월 12일 프랑스 수학자 피에르 드 페르마가 64세로 작고했다. 미국의 수학자 벨은 『수학의 사람들』(1937)이라는 저서에서 페르마를 다룬 챕터의 제목을 '아마추어의 왕자'라고 단 바 있다. 실제로 페르마의 삶은 수학계 바깥에서 궤적을 그렸다. 그의 생업은 변호사였고, 툴루즈 지방의회가 그의 활동 무대였다. 수학은 그에게 일이 아니라 취미였을 뿐이다. 그러나 그는 그 취미 활동을 통해서, 아무리 소루疏漏한 수학사도 생략할 수 없는 걸출한 수학자가 되었다.

　페르마는 다섯 살 위인 데카르트와 완전히 독립적으로 해석기하학을 발명했다. 그는 또 스물두 살 아래인 파스칼과 나란히 확률론을 창시했다. 뉴턴과 라이프니츠의 수학적 업적 가운데 가장 큰 것은 미적분학의 발명일 터인데, 페르마는 뉴턴이 태어나기 13년 전에, 그리고 라이프니츠가 태어나기 17년 전에 극대값·극소값 문제를 비롯한 미분학의 중요 개념들을 생각해내고 응용했다.

　페르마는 근대적 정수론의 창시자이기도 했다. 페르마라는 이름을 수학사에서 결정적으로 유명하게 만든 것은 그의 '마지막 정리'일 것이다. 이 정리의 내용은 "n이 3 이상일 때 하나의 n제곱수를 두 개의 n제곱수의 합이 되도록 나누는 것은 불가능하다"는 것이다. 물론 n이 2일 때는 그것이 수없이 가능하고, 우리는 이를 피타고라스 정리라고 부른다. 그러나 세제곱 이상의 제곱수들에 대해서는 그것이 불가능하다는 게 페르마의 마지막 정리다.

　페르마는 이 정리를 평소 지니고 다니던 책 귀퉁이에 적고는 이어 "나는 이 정리를 증명했지만, 여백이 너무 좁아 생략한다"고 덧붙여놓았다. 이 정리는 '페르마의 문제'라는 이름으로 그 뒤 수많은 수학자들을 괴롭혀오다가, 1995년에 와서야 영국 수학자 앤드루 와일스와 리처드 테일러에 의해 완전히 증명됐다.

흑인 주지사 윌더

01.13.

1990년 1월 13일 로렌스 더글러스 윌더가 미국 버지니아주 지사로 취임했다. 윌더는 미국 역사상 첫 번째 흑인 주지사다. 미국 역사가들 가운데는 그를 첫 번째 흑인 주지사로 꼽지 않는 사람도 있기는 하다. 남북전쟁이 끝나고 남부 여러 주들이 다시 합중국에 편입되는 과정에서 핑크니 핀치백(1837~1921)이라는 흑인 사나이가 잠시 미시시피주 지사 노릇을 한 적이 있었기 때문이다. 그러나 정상적인 미국 정치 과정을 통해 주지사로 뽑힌 뒤 임기를 마친 흑인은 윌더가 처음이다.

윌더의 주지사 당선은 이중으로 특기할 만했다. 우선 윌더가 흑인이라는 점이 그랬지만, 버지니아가 남북전쟁 당시 노예제의 존속을 옹호하던 남부연합의 리더 격이었다는 점도 그랬다. 지금도 버지니아에는 내전 당시의 전적戰蹟이 많이 남아 있다.

주지사 선거 캠페인 과정에서 윌더는 남부연합의 영광을 기리는 유적들 앞을 지나지 않을 수 없었다. 그는 그 앞에서 "이 유물들은 이미 지나가버린 것의 흔적일 뿐 지금 존재하는 것의 표상은 아니다"라고 말하곤 했다. 주지사로 당선될 때까지 윌더는 16년간 버지니아주 상원의원으로 일했다. 흑인으로서는 역시 처음이었다.

윌더는 1931년 1월 17일 버지니아주 리치먼드에서 태어났다. 아버지가 보험대리점을 운영하고 있었으므로 형편이 아주 어렵다고는 할 수 없었다. 그러나 윌더 역시, 아프리카계 미국인들이 대개 그랬듯, 극심한 차별 속에서 자랐다. 화학 전공으로 버지니아 유니온대학을 졸업한 뒤 한국전쟁에 참전한 그는 청동성장青銅星章을 받고 제대해 워싱턴의 하워드대학 로스쿨에 진학했다. 윌더는 그 뒤 변호사로서 흑인민권운동에 뛰어들었지만, 늘 비폭력 온건 노선을 옹호했다. 그의 정치 노선이 백인들을 불안하게 할 만큼 급진적이었다면, 그가 주지사가 될 수는 없었을 것이다.

더스패서스 —John Roderigo Dos Passos
01.14.

1896년 1월 14일 미국 소설가 존 로드리고 더스패서스가 시카고에서 태어났다. 1970년 볼티모어에서 졸.

포르투갈 이민자의 아들로 태어난 더스패서스는 하버드대를 졸업하고 제1차세계대전에 위생병으로 참전했다. 이 전쟁 체험은 처녀작『한 사내의 세상 입문』(1920)과 출세작『세 병사』(1921)에 녹아들었다. 이어서 발표한『맨해튼 환승역』(1925)은 제1차세계대전 앞뒤 미국인의 애환을 그리고 있는데, 뉴욕이라는 도시 자체를 주인공으로 삼은 이 전위적 작품으로 더스패서스는 미국 전후 문단의 젊은 리더 가운데 한 사람이 되었다.

『유에스에이USA』는『맨해튼 환승역』의 시대와 공간을 넓히고 기법 역시 더 급진화한 더스패서스의 대표작이다.「북위 42도선」(1930),「1919년」(1932),「거금巨金」(1936)의 3부로 이뤄진『유에스에이』는 1900년부터 1920년대 말 경제대공황 초기까지의 미국과 유럽을 배경으로 남녀 주인공 열두 명의 굴곡 많은 생애를 담아냈다. 이 소설은 신문표제나 기사 형식의 뉴스릴 기법, 역사적 중요인물의 생애를 소묘한 전기 기법, 작가 자신으로 생각되는 인물의 자전적 의식의 흐름을 담은 카메라 눈 기법 등 급진적 형식을 다양하게 실험했을 뿐만 아니라, 내용적으로도 당대 산업자본주의 체제 속에서 부패하고 좌절하는 인간들의 양태를 핍진하게 그려낸 급진적 작품이다.

젊은 시절 미국 문단의 급진주의를 대표했던 더스패서스는 1930년대 말을 기점으로 반공주의로 선회해 그 이후 소설들에서는 보수적 민주주의자의 면모가 또렷해졌다. 어니스트 헤밍웨이, 스콧 피츠제럴드, 윌리엄 포크너, 에드워드 커밍스 같은 작가들과 함께 문학사적으로 이른바 '길 잃은 세대'에 속하는 더스패서스는 소설 외에 희곡·정치평론·역사에세이 등에도 손을 댄 다재다능한 문필가였다.

민정당 民正黨

01.15.

　　1981년 1월 15일 제5공화국의 집권당 민주정의당이 창당됐다. 기존 정치인 다수의 정치 활동을 규제한 채 신군부의 우두머리 전두환을 총재로 해 만들어진 민정당은 그 중요 구성원 가운데 육군사관학교 출신과 서울대 법대 출신이 많다고 해서 육법당陸法黨으로 불리기도 했다.

　　정당의 이름이 반드시 그 정당이 추구하는 가치와 맞아떨어지는 것은 아니다. 미국 공화당이 실속 있는 공화주의를 실현해 오지 않았듯, 지금의 영국 노동당도 노동자들의 이익을 대변하고 있지 않다. 그러나 1979년 12월의 군사반란과 이듬해 5월의 민간인 대량 학살을 밑절미 삼아 만들어진 정당이 민주정의당이라는 이름을 내건 것은 우리 현대사의 한 희극적 에피소드를 넘어서 한국어에 대한 모독이라고까지 할 만했다.

　　민주정의당이라는 이름은 조지 오웰의 소설 『1984년』에서 오세아니아 사람들의 언어생활에 스며든 '더블스피크'(표리가 다른 이중언어)에 속한다고 할 수 있다. 민주정의당의 '민주'가 실제로 뜻하는 것은 독재나 파시즘이었고, '정의'의 실제 의미는 불의였던 것이다. 민정당이 한국을 지배하고 있던 시절과 시간적 배경이 우연히 같은 소설 『1984년』 속의 세계에서, 강제노동수용소는 쾌락수용소로 불리고, 전쟁부는 평화부로 불리며, 고문을 전담하는 수사 기구는 애정부로 불린다.

　　민정당은 제5공화국 내내 과반 의석으로 국회를 지배하며, 전두환의 유사파쇼 정부에 의회주의의 너울을 씌워주었다. 1987년 6월항쟁의 결과로 이듬해 출범한 제6공화국의 첫 총선에서 민정당이 과반 의석 획득에 실패하자, 민정당의 새 총재 노태우는 1990년 초 통일민주당 총재 김영삼, 신민주공화당 총재 김종필과의 합의로 세 당을 합쳐 민주자유당을 만들었다. 민자당은 김영삼 정부 시절의 신한국당을 거쳐 그 뒤 한나라당으로 이어지고 있다.

금주법 禁酒法
01.16.

  1920년 1월 16일 미국 헌법 수정修正 제18조가 비준되면서 미국 전역에 금주의 시대가 열렸다. 흔히 '금주법'이라고 불리는 이 수정헌법 18조는 "미합중국 안에서 주류酒類를 제조하거나 판매하거나 운반하는 것, 미합중국으로 주류를 수입하는 것, 미합중국에서 주류를 수출하는 것을 금지한다"고 규정했다. 여성기독교금주연맹을 비롯한 금주 단체들은 승리감에 취해 환호작약했다.

  금주법은 얼마간 효과가 있는 듯이 보였다. 알코올음료가 눈앞에서 사라지자 커피, 홍차, 소다수 같은 유사 대체재의 소비가 늘어났고, 이들 품목과 관련된 업자들은 호황을 누렸다. 그러나 법이 인간의 자연적인 욕구를 억누를 수는 없다는 사실이 곧 드러났다. 소다수나 커피가 술의 온전한 대체재가 될 수 없다는 것이 확인되자 이내 주류의 밀조·밀송·밀수·밀매가 전국에 번졌고, 이들 행위가 불법이었던 만큼 자연스럽게 이와 관련된 조직범죄가 기승을 부렸다.

  금주법을 비웃듯 대도시에는 무허가 술집들이 여기저기 들어섰고, 술의 제조와 판매를 둘러싸고 갱들 사이의 엽기적인 살인 사건들이 속출했다. 게다가 하딩 대통령 정부 아래서 부패 스캔들이 잇따라 터져 나왔다. 금주법과 함께 시작된 미국의 1920년대는 그래서 '광란의 20년대', '무법의 10년'이라고 불리게 되었다.

  금주법 시대는 1933년에 비준된 수정헌법 21조가 수정헌법 18조를 무효화하면서 공식적으로 막을 내렸다. 그러나 그보다 4년 전 뉴욕 월가街의 주가 폭락으로 대공황이 시작되면서 금주법은 실제로 유명무실해진 상태였다. 미국인들은 술을 마실 권리를 얻으며 1930년대를 시작했다. 그러나 그 30년대는, 세계 대부분의 나라 사람들에게 그랬듯, 미국인들에게도 불황의 한 극점을 겪게 될 우울한 연대였다.

무하마드 알리 Muhammad Ali
01.17.

1942년 1월 17일 미국 프로복서 무하마드 알리가 켄터키주 루이빌에서 태어났다. 알리의 본명은 캐시어스 마셀러스 클레이다. 24세 때인 1964년 찰스 리스턴을 물리치고 프로복싱 역사상 두 번째로 어린 헤비급 챔피언이 될 때까지 알리는 클레이라는 이름을 사용했다. 그러나 그는 챔피언이 된 뒤 자신이 무하마드 알리로 불려지기 바란다고 선언했다.

무하마드 알리라는 이름에는 아랍-이슬람교의 분위기가 짙게 배어 있다. 무하마드(마호메트)는 이슬람교의 창시자 이름이다. 알리라는 이름도 이슬람권에 흔하다. 가장 널리 알려진 알리는 이슬람교단의 제4대 정통 칼리프를 지낸 알리 이븐 아부 탈리브(600~661)와 『천일야화』에서 40인의 도적으로부터 보물을 훔쳐 부자가 되는 알리 바바일 것이다.

무하마드 알리는 '유색인들의 종교' 이슬람교를 선택함으로써 흑인이라는 자기정체성을 선언했고, 자신의 종교적 신념에 따라 베트남전쟁을 반대하고 징집을 거부함으로써 챔피언 타이틀을 박탈당하고 3년 반 동안 선수 자격을 잃었다. 그러나 그는 무죄선고를 받은 뒤인 1974년 조지 포먼을 누르고 다시 세계챔피언이 되었고, 4년 뒤 레온 스핑크스에게 타이틀을 빼앗겼다가 바로 그 해에 열린 리턴 매치에서 되찾았다. 프로복싱 헤비급 역사상 처음으로 세 번째 왕좌에 오른 것이다.

알리를 역사상 가장 위대한 프로복서로 만든 것이 61전 56승(37KO승) 5패라는 기록에만 있는 것은 아닐 것이다. 그의 위대함은 차라리 백인들의 인종차별에 정면으로 맞서 자신의 위대함을 선언할 줄 알았던 긍지와 다부짐에 있을 것이다. "나는 위대하다! 나는 복싱보다 더 위대하다!" 같은 그의 과시적 발언이 미워 보이지 않는 것은, 그 개인적 발언이 차별받는 소수인종의 열망을 담은 집단적·정치적 발언이기도 했기 때문이다.

가스통 갈리마르 —Gaston Gallimard
01.18.

1881년 1월 18일 프랑스 갈리마르출판사의 창업자 가스통 갈리마르가 파리에서 태어났다. 1975년 졸.

갈리마르는 1909년 창간된 문예지 《신프랑스평론NRF》의 주역들인 앙드레 지드, 장 슐룀베르제 등과 함께 1911년 신프랑스평론출판사를 세웠고, 이 출판사는 1919년 갈리마르서관Librairie Gallimard으로 이름을 바꿨다. 갈리마르서관은 1961년부터 갈리마르출판사Editions Gallimard라는 이름을 사용하고 있다.

창립 이래 갈리마르출판사는 프랑스 문단의 가장 뛰어난 이름들을 껴안아왔다. 초창기인 1920년대만 살펴도 지드, 기욤 아폴리네르, 루이 아라공, 폴 엘뤼아르, 장 콕토, 생 종 페르스, 마르탱 뒤 가르, 폴 발레리, 마르셀 프루스트 등 헤아릴 수 없을 정도다. 이 출판사의 '플레야드 총서'에 제 작품이 끼이는 것은 대다수 프랑스 문인들의 꿈이 되었다. 문학 분야에서 시작된 갈리마르의 출판은 '사상총서', '인류' 등의 시리즈를 통해 인문사회과학으로 확대됐고, 《유대평론》, 《마리안》, 《현대》, 《무한無限》 같은 잡지들이 갈리마르 왕국 안에서 단행본들과 교감해왔다.

독일 점령기에 NRF의 편집을 친독親獨 작가 드리외라로셸이 맡은 탓에 갈리마르출판사는 해방 이후 잠시 부역 논쟁에 휘말리기도 했으나, 카뮈, 엘뤼아르, 사르트르 같은 레지스탕스 작가들의 변호로 그 문제는 일단락됐다.

베르나르 프랑크라는 문학평론가는 그라세, 쇠유와 함께 갈리마르출판사를 프랑스 문학출판 시장의 삼두三頭로 꼽아 '갈리그라쇠유'라는 말을 만든 바 있는데, 명성에서나 문단 지배력에서 최고 두목은 갈리마르다. 갈리마르출판사는 창립 이래 가족 경영의 형태를 취해왔다. 1975년 가스통 갈리마르가 작고하자 아들 클로드 갈리마르가 사장으로 취임했고, 1988년에는 손자 앙투안 갈리마르가 그 자리를 이었다.

지루 Françoise Giroud
01.19.

2003년 1월 19일 프랑스 언론인 프랑수아즈 지루가 87세로 작고했다. 지루는 제2차세계대전 이후 프랑스 언론계와 정계에서의 두드러진 활동으로 여성들의 역할모델이 된 사람이다. 《파리 수아르》 기자로 언론계에 뛰어든 그는 37세 때인 1953년 장 자크 세르방-슈레베르와 함께 시사주간지 《렉스프레스》를 창간했다. 지루는 편집장과 발행인으로 1974년까지 이 주간지를 이끌었다.

당초 좌파 색채가 강했던 《렉스프레스》는 1960년대 이후 점차 중도적 입장으로 선회했지만, 그가 이끌던 시절 이 주간지는 일간지 《르몽드》와 함께 프랑스의 지적 저널리즘을 대표했다. 지루는 《렉스프레스》를 떠난 뒤 발레리 지스카르 데스탱 대통령 밑에서 여성부 장관과 문화부 장관을 차례로 지냈다.

지루의 이 성취는 그 자신의 재능과 노력에 프랑스 사회의 개방성이 버무려지며 이뤄진 것이었다. 지루는 스위스 제네바에서 태어난 터키인이었고, 오스만투르크의 전신국장을 지냈던 아버지가 죽자 14세에 정규 교육을 중단해야 했다. 만년의 지루는 자신이 프랑스 주류 사회에서 강한 인종주의를 느꼈다고 고백했지만, 적어도 귀화 여성을 언론계와 정계의 스타로 받아들였을 만큼은 그 사회가 열려 있었던 셈이다.

10대에 영화감독 마르크 알레그레의 기록 담당 비서로 생업에 뛰어든 지루는 언론계로 가기 전까지 영화계 주변을 돌며 시나리오나 영화 주제가 가사를 썼다. 지루에게 이 시기는 가난과 무명無名에 치이며 가장 힘들게 버텨낸 나날이었지만, 그는 바로 이 시절 자신의 커리어를 도와줄 영향력 있는 사람들을 만났다. 뒤에 《렉스프레스》 편집장으로 일하던 시절 지루는 전통적 영화에 맞선 젊은 영화인들의 전위적 영화 운동을 '누벨 바그'(새 물결)라고 명명함으로써 영화사에 이름을 새겼는데, 이런 명명의 힘도 필시 그 가난했던 영화판 시절에 길러졌을 터이다.

반제회의
01.20.

1942년 1월 20일 나치 지도자 15명이 베를린 근교 반제 호숫가에 모여 유럽 유대인들에 대한 이른바 '최종 해결책'을 결정했다. 최종 해결책이란 학살이다. 그러니까 반제회의는 흔히 '홀로코스트'라고 불리는 나치 정권의 유대인 학살을 결정하는 자리였던 셈이다.

그러나 역사학자들 다수는 반제회의 전에 이미 아돌프 히틀러가 유럽에서 유대인들을 쓸어버리기로 결정했다고 믿고 있다. 유대인 학살과 관련된 그 이전의 공식 문서가 발견되지는 않았지만, 이미 그 시기에 민간 차원의 유대인 박해가 정부로부터 제재를 받지 않고 있었기 때문이다. 반제회의는 이미 시작된 유대인 박해를 정권 차원에서 공식화하는 자리였다는 해석이다.

인상적인 것은 자국 역사의 어두운 부분을 기록하는 독일 교과서의 솔직함이다. 독일의 한 1994년판 김나지움(중고등학교) 교과서는 반제회의와 그 이후 상황을 이렇게 기술하고 있다. "1942년 1월에 '최종 해결책'이 반제회의에서 결의됐다. 피점령국의 게토에 살고 있던 유대인들은 동부 유럽의 절멸 수용소로 이송돼 결국 가스실로 내몰렸다. 나치스 친위대의 한 비밀 보고에 따르면, 1944년까지 유대인 400만 명이 살해됐고, 200만 명이 다른 방식으로 제거됐다."

1998년판의 또 다른 김나지움 교과서는 독일 일반 시민들의 책임까지 묻는다. "범죄는 국가가 조직하고 명령했지만, 그 집행에 광신적 나치스만 가담한 것은 아니었다. 수십만 시민이 이 과정에 연루됐고, 수백만 시민이 이 일에 대해 알고 있었다."

홀로코스트는 20세기의 가장 큰 비극 가운데 하나다. 그런 끔찍한 수난을 겪은 유대인들이 제2차세계대전 뒤 팔레스타인에 제 나라를 세우고, 미국의 지원 아래 팔레스타인 사람들을 박해하고 있는 것은 역사의 우울한 아이러니다.

공포정치
01.21.

　프랑스혁명이 진행되던 1793년 1월 21일 파리 혁명광장(지금의 콩코르드 광장)에서 루이16세가 처형되면서 공포정치Terreur가 시동을 걸었다.

　루이16세가 역사의 흐름을 읽을 만큼 명민하지 못했던 것은 그 자신을 위해서나 프랑스를 위해서나 불행한 일이었다. 혁명의 초기 지도자들은 절대왕정에서 공화정으로의 급격한 이동보다는 입헌군주제로의 전환을 원했다. 그러나 루이16세는 이웃 나라 군주들의 힘을 빌려 혁명을 제압하겠다는 생각으로 1791년 6월 파리를 탈출해 동부 국경 밖으로 도망하려다 체포됐다. 혁명을 짓밟으려는 오스트리아·프로이센 군대의 침략이 있은 뒤 프랑스는 1792년 9월 공화정을 수립했고, 국왕은 이듬해 1월 국민공회에서 사형을 선고받았다. 이와 함께 혁명은 과격화의 길로 치달았다.

　공포정치는 프랑스혁명의 가장 어두운 부분이었다. 국민공회 산하 공안위원회를 중심으로 실시된 공포정치는 국내외 혁명 동조자들의 상당수에게 환멸을 맛보게 했다. 국내 반혁명파의 준동과 영국·오스트리아·프로이센·네덜란드·스페인 등의 제1차 대불對佛동맹이 공포정치에 한 움큼의 정당성을 부여했다고 하더라도, 이 시기 프랑스인들은 누구도 그 해가 자신의 마지막 해가 되지 않으리라는 확신을 지닐 수 없었다. 불충분한 증거로 사형을 선고받는 일은 예사였고, 더러는 재판 없이 단두대로 끌려가기도 했다.

　파리에서만 하루에 수십 명의 목이 잘렸다. 단두대가 설치된 혁명광장 주변은 피비린내가 가실 줄 몰랐다. 공안위원회가 설치된 1793년 4월부터 테르미도르 반동으로 공포정치 지도자 로베스피에르가 실각한 1794년 7월 사이에 처형된 사람은 2만에 가깝다. 이것은 투옥된 40만 가량의 '혁명의 적' 가운데 옥사한 사람들을 셈하지 않은 숫자다.

피의 일요일
01.22.

  1905년 1월 22일 일요일, 러시아 상트페테르부르크의 겨울궁冬宮 광장에서 여덟 시간 노동제와 최저임금제를 요구하며 평화적 시위를 벌이던 노동자들에게 경찰과 군대가 발포해 500여 명이 죽고 수천 명이 다쳤다. 흔히 '피의 일요일'이라고 불리는 이 날의 사태는 차르(러시아 황제)에 대한 노동자들의 신뢰를 단번에 무너뜨리며 러시아혁명의 불씨가 되었다.

  20세기 초 러시아 사회에는 혁명적 분위기가 익어 있었다. 극심한 불황, 실업자의 증가, 임금 저하, 땅값 폭등 등으로 끓어오르던 노동자들의 반정부 운동과 자유주의자들의 입헌운동은 러일전쟁의 패색이 짙어지면서 체제의 뚜껑을 밀어내기 시작했다. 1905년 혁명 즉 러시아 제1혁명을 두고, 레닌이 그것을 낳은 부모는 차리즘과 일본이라고 한 것은 그런 맥락에서다.

  '피의 일요일' 사건은 제1혁명의 신호탄이었다. 사건 직후 상트페테르부르크의 노동자들은 총파업에 들어갔고, 그것은 이내 전국으로 파급되었다. 5월에는 각지에서 노동자와 군대 사이에 무력 충돌이 있었고, 6월 말에는 전함 포템킨호에서 반란이 일어나 정부에 큰 충격을 주었다. 10월에 모스크바 철도 노동자들이 조직한 동맹 파업이 전국적인 총파업으로 이어지면서, 혁명의 분위기는 최고조에 달했다.

  마침내 니콜라이2세는 국민의 기본권과 시민적 자유 및 선거에 의한 의회의 창설을 약속하는 이른바 10월선언을 발표했다. 10월선언의 발표 이후에도 노동자와 병사들은 투쟁을 계속해 12월 하순에는 모스크바 노동자가 열흘간 무장봉기를 하는 등 혁명의 물살을 퍼뜨리려고 애썼지만, 입헌정부를 요구해온 중산층과 일부 혁명 세력은 이 선언에 만족했고, 이듬해 5월 러시아 역사상 처음으로 간접선거를 통한 민선의회(두마)가 구성돼 러시아 1차 혁명은 막을 내렸다.

에이젠슈테인 Sergei Eisenstein
01.23.

1898년 1월 23일 옛 소련의 영화감독 세르게이 에이젠슈테인이 라트비아의 리가에서 태어났다. 1948년 몰.

영화사에서 에이젠슈테인이라는 이름은 주로 몽타주 이론과 관련해 거론된다. 몽타주montage는 '조립', '맞춤'을 뜻하는 프랑스어다. 영화는 촬영된다기보다 조립되는 것, 짜 맞추는 것이라는 아이디어가 몽타주 이론의 핵심이다. 따로따로 촬영된 필름의 조각들을 창조적으로 짜 맞추어 현실과는 다른 영화적 시공간을 구축하는 데 영화 고유의 예술성이 있다는 것이다. '흡인吸引의 몽타주', '상극相剋의 몽타주' 등 에이젠슈테인이 발전시킨 몽타주 개념과 기법들은 무성無聲 시대 영화 이론의 골격을 이뤘다. 발성 영화 시대가 열리자, 에이젠슈테인은 소리와 이미지의 고차적 조립이라는 개념을 통해 몽타주 이론을 심화했다.

몽타주 이론이 전형적으로 적용된 에이젠슈테인의 영화로는 1952년작 〈전함 포템킨〉이 꼽힌다. 1905년 제1차 러시아혁명을 시대적 배경으로 포템킨호 수병들의 실패한 반란을 그린 이 영화는 전함의 장교와 수병, 카자크 군대와 시민들 등 혁명과 반혁명을 상징하는 주체들을 극단적 대조 쇼트에 담아 시각적 리듬과 감동을 자아냈다. 에이젠슈테인이 이 영화에서 모범적으로 보여준 몽타주 기법과 거기 담은 사회의식은 뒷날 극영화와 다큐멘터리에 동시에 영향을 끼쳤다.

에이젠슈테인은 독일계 건축 기사의 아들로 태어나 건축을 공부했고, 러시아혁명 때는 무대와 미술 쪽 선전 활동에 참가했다. 그는 영화 이론과 제작 양쪽에서 탁월한 역량을 발휘해 이 새로운 예술이 사회 변혁의 무기가 될 수 있다는 것을 보여주었다. 이제 옛 소련이 해체됐으므로 그는 라트비아 사람이라고 해야 옳겠지만, 그 자신은 소련 사람으로 기억되기를 더 바랄지도 모르겠다.

칼리굴라 Caligula
01.24.

서기 41년 1월 24일 로마제국 제3대 황제 칼리굴라가 근위대 장교에게 암살됐다. 29세였다. 칼리굴라는 그 조카인 로마제국 제5대 황제 네로와 함께 폭군의 대명사로 꼽히는 군주다. 네로는 칼리굴라의 누이동생 소小아그리피나(율리아 아그리피나)의 아들이다. 칼리굴라의 어머니는 아우구스투스 황제(옥타비아누스)의 손녀인 대大아그리피나(위프사니아 아그리피나)고, 아버지는 무용武勇으로 이름 높던 장군 게르마니쿠스다. 그래서 칼리굴라의 본명도 가이우스 카이사르 게르마니쿠스다.

칼리굴라의 아버지는, 게르마니쿠스라는 이름에서 드러나듯, 게르마니아(지금의 독일 지역)를 평정하고 다스리던 장군이었다. 그래서 칼리굴라는 어린 시절을 게르마니아의 병영에서 보냈다. 그 시절 그가 신었던 어린아이용 군화(칼리가이) 탓에 이 아이는 칼리굴라라는 별명을 얻게 됐는데, 이 별명은 나중에 그의 이름처럼 돼버렸다.

아버지의 양부였던 티베리우스 황제는 일찌감치 칼리굴라를 제 후계자로 지명했고, 그래서 칼리굴라는 티베리우스가 살해된 서기 37년에 제위에 올랐다. 즉위 초에는 선정을 펼쳐 원로원과 군대, 일반 시민들로부터 폭넓은 지지를 받았으나, 이내 자신이 신神이라는 망상에 사로잡혀 폭정을 일삼다가 살해되었다.

칼리굴라는 20세기 들어 알베르 카뮈의 4막 희곡 『칼리굴라』(1939)를 통해 문학사전에 굵은 글씨로 등재되었다. 제라르 필리프가 타이틀롤을 맡아 1945년 파리에서 초연된 이 연극은 소설 『이방인』, 에세이 『시지프의 신화』 등과 함께 카뮈의 부조리 사상을 또렷이 드러낸 작품이다. 이 연극에서, 칼리굴라는 정부情婦이자 누이인 드루실라가 죽자 인간과 신의 질서에 맞서 저만의 자유를 행사하려 든다. 그는 선악의 피안에 서서 궁정을 피로 물들이며 마침내 타인들만이 아니라 저 자신의 처형자로 변한다.

로버트 번스 —Robert Burns
01.25.

1759년 1월 25일 〈올드랭사인〉의 작곡가로 유명한 시인 로버트 번스가 스코틀랜드 에리셔에서 태어났다. 1796년 몰.

스코틀랜드 출신 예술가들 대다수에게 해당하는 얘기겠지만, 특히 번스는 스코틀랜드 사람들에게 결코 영국(잉글랜드) 시인이 아니라 스코틀랜드 시인이다. 그의 작품 세계가 당대 잉글랜드의 고전 취향에서 훌쩍 벗어나 스코틀랜드 서민의 질박한 감수성에 깊이 밀착해 있었기 때문이다. 그의 첫 시집 제목부터 『주로 스코틀랜드 방언으로 쓴 시들』(1786)이다.

번스는 젊은 시절 스코틀랜드 수도 에든버러로 나와 얼마간 문단 사람들과 어울리기도 했으나, 이내 고향으로 돌아가 소박하게 살았다. 번스가 30세에 이르렀을 때 일어난 프랑스대혁명은 그에게도 실팍한 영향을 주어 그의 시에는 민족주의 색채가 더욱 또렷해졌고, 그것 때문에 당국의 감시를 받기도 했다. 번스는 만년에 고향 근처의 덤프리스에서 살다 그곳에 묻혔는데, 그가 살던 집은 그의 사후 박물관으로 개조되었다.

'그리운 옛날'이라는 뜻의 〈올드랭사인〉은 일제시기 한국인들이 그 선율을 애국가에 차용하기도 한 터여서 지금의 우리들에게도 익숙하다. 번스는 39세 때인 1788년 〈올드랭사인〉을 작곡하고 시를 붙였는데, 그 뒤 이 노래는 전 세계 영어권 사회에서 가장 자주 불리는 이별의 노래가 되었다.

번스가 붙인 시는 16세기부터 전해 내려오던 작자 미상의 발라드를 고친 것이다. 이 발라드를 개사한 사람은 번스 이전에도 이후에도 많았던 터라, '올드랭사인' 가사에는 여러 버전이 있다. 가장 잘 알려진 것은 17세기 시인 로버트 에이튼 것이다. "옛 추억은 잊혀지고/ 사랑의 불꽃은 꺼져야 하나/ 그대 가슴속의 그리도 뜨겁던 심장이/ 이리도 차가워지다니/ 정녕 그대 그리운 옛날을/ 되돌아보지 못한단 말인가."

국군 파월 派越
01.26.

　1965년 1월 26일 공병 부대와 자체 경비 병력 2,000명으로 이뤄진 비둘기부대의 베트남 파병 동의안이 국회를 통과했다. 정부는 그 달 8일 미국과 남베트남 정부의 요청에 따라 비전투원으로 구성된 군사원조단을 베트남에 파병하기로 결정했다고 발표한 바 있다.

　비둘기부대 1진은 2월 25일 남베트남 수도 사이공(지금의 호치민)에 도착했다. 비둘기부대원들이 베트남으로 간 첫 번째 한국 군인들은 아니다. 한국은 그 전해 9월 이동외과병원 장병 130명과 태권도 교관단 10명을 베트남에 보낸 바 있다. 의료 부대에 이어 공병 부대와 자체 경비 병력까지 보냄으로써 한국은 20세기의 가장 추악한 전쟁에 본격적으로 연루되기 시작했다.

　비전투병 파병이 전투병 파병으로 이어지는 것은 시간 문제였다. 미국은 이내 전투병을 보내달라고 요청했고, 한국 정부는 그 해 7월 파병을 결정해 이듬해까지 청룡부대, 맹호부대, 혜산진부대, 백마부대를 잇따라 베트남에 보냈다. 이에 따라 베트남에 주둔하는 한국군은 군단급 규모로 늘어나 한국은 미국 다음가는 규모의 파병국이 됐다. 한국군은 미국 닉슨 행정부가 베트남에서 슬슬 손을 떼기로 결정한 뒤인 1971년 12월부터 단계적 철수를 시작해 1973년 3월 말에 베트남 땅을 완전히 떠났다.

　끝내 남베트남 정권을 지켜낼 수 없었던 이 전쟁에 투입된 한국군은 연인원 32만 명에 이르렀다. 그 가운데 5천여 명이 죽고, 1만 5천 명이 다쳤다. 파병의 상처는 과거의 일이 아니다. 2세를 포함해 7만여 명에 이른다는 고엽제 피해자들에게 베트남전쟁은 지금도 계속되고 있다. 베트남전쟁 못지않게 추악한 전쟁이라 할 미국의 이라크 침공과 점령을 거들기 위해 한국 정부는 국제 여론의 반대를 무릅쓰고 전투병까지 보냈다. 더러운 역사가 되풀이되고 있다.

보도지침
01.27.

    1987년 1월 27일 민주언론운동협의회(언협) 의장 김태홍, 실행위원 신홍범, 《한국일보》편집부 기자 김주언 세 사람이 국가보안법 위반 및 국가모독죄로 기소됐다. 이들은 그 전해 9월 언협 기관지《말》특집호에 정부의 보도지침을 폭로한 뒤 몸을 피했다가 12월에 차례로 체포·구속되었다.

    보도지침이란 전두환 군사독재 정권 시절 문화공보부 홍보조정실이 거의 매일 각 언론사에 보낸 보도 가이드라인이다. 그러나 문공부 홍보조정실은 이 악명 높은 지침의 형식적 소관 부처였을 뿐, 그 내용을 실질적으로 결정한 것은 청와대 정무비서실이었다. 김주언은 1985년 10월부터 이듬해 8월까지《한국일보》편집국에 전달된 보도지침을 복사해 언협에 넘겨줬고, 언협의 김태홍·신홍범이 이를 공개하기로 결정함에 따라 보도지침이라는 것이 세간에 알려지게 됐다.

    이 지침은 '가可, 불가不可, 절대불가' 등의 구분을 통해서 보도할 수 있는 사건과 보도해서는 안 될 사건을 구분했을 뿐만 아니라, 구체적으로 보도의 방향과 형식, 분량까지 결정해 전달함으로써 정부가 신문·방송의 편집·제작을 사실상 지휘하는 통로 구실을 했다. 예컨대 김대중 사진 불가, 대통령(전두환)의 기내 사진에는 비치된『목민심서』가 나오도록 할 것 등의 보도지침이 해당일의 보도에 그대로 반영됐음이《말》특집호를 통해 밝혀져 시민들에게 실소와 분노를 자아냈다. 군사반란과 내란을 통해 집권한 전두환 세력은 정통성 부재不在를 꺼림칙해했고, 언론통제를 통한 대중조작으로 이를 보완하려고 애썼던 것이다.

    1987년 6월 3일 서울형사지법은 김태홍에게 징역 10월에 집행유예 2년, 김주언에게 징역 8월 및 자격정지 1년에 집행유예 1년, 신홍범에게 선고유예 판결을 내렸으나, 김영삼 정부 들어 대법원은 이들 모두에게 무죄 판결을 내렸다.

프랜시스 드레이크 —Francis Drake

01.28.

　1596년 1월 28일 잉글랜드 항해가 프랜시스 드레이크가 파나마의 포르토벨로 앞바다에서 열병으로 죽었다. 51세였다.

　드레이크는 잉글랜드가 제해권制海權을 확립하기 시작하던 시기에 활약한 가장 문제적인 인물이다. 잉글랜드의 숙적 스페인을 비롯해 당시 유럽 대부분의 나라에서는 그를 최악의 해적으로 단정했으나, 엘리자베스1세를 비롯한 잉글랜드인들에게 그는 영웅 중의 영웅이었다. 오늘날까지도 드레이크는 영국인들로부터 넬슨과 함께 해신海神의 이미지를 부여받고 있다.

　데번셔의 태비스톡 출신인 드레이크는 플리머스의 선주로 있던 친척 호킨스의 노예무역선을 타고 남아메리카를 오가며 바다 생활을 시작했다. 한낱 노예상인의 하수인일 뿐이었던 그는 1570년 이후 서인도와 파나마 앞바다를 중심으로 해양을 누비며 스페인 선박들을 닥치는 대로 약탈해 금은보화를 잉글랜드로 실어 날랐다. 이 과정에서 그는 마젤란에 이어 역사상 두 번째로 세계를 주항했고, 뒷날 그의 이름을 따 명명된 남태평양과 남대서양 사이의 드레이크해협을 비롯해 의미 있는 지리적 발견들을 이뤄냈다.

　스페인의 펠리페2세는 '해적' 드레이크의 인도를 잉글랜드에 요구했지만, 엘리자베스1세는 입에 발린 사과 끝에 낯빛을 바꾸어 드레이크에게 기사 작위를 수여하고 공로를 치하했다. 드레이크가 두드러진 예이긴 했지만, 잉글랜드 왕실과 해적 사이의 결탁은 당시 일상적이었다. 의회 내 청교도들과의 불화로 정부재정 적자에 시달리고 있던 엘리자베스1세가 바다의 무법자였던 잉글랜드 해적들에게 자금을 지원하고 이윤을 배당받는 기발한 정책을 썼기 때문이다.

　기사 작위를 받음으로써 드레이크는 해적에서 일약 귀족이 되었고, 플리머스 시장과 하원의원을 거쳐 1588년에는 당당히 영국함대 사령관으로서 칼레 앞바다에서 스페인 무적함대를 격파했다. 그는 잉글랜드의 장보고라 할 만했다.

스베덴보리 Emanuel Swedenborg
01.29.

1688년 1월 29일 스웨덴의 신비주의자 에마누엘 스베덴보리가 스톡홀름에서 태어났다. 1772년 런던에서 몰.

스베덴보리의 생애와 사상에는 서로 화합하기 힘들어 보이는 두 이미지가 버무려져 있다. 그의 전반기 삶은 엄밀한 이성에 기대지 않으면 영위할 수 없는 과학자의 것이었다. 수학·광물학·천문학·생리학·해부학·화학 등 방대한 분야에 걸친 그의 저작들은 스베덴보리라는 이름을 대뜸 르네상스 시기의 보편인普遍人 레오나르도 다빈치 위에 포개게 만든다. 스베덴보리는 더구나 열한 개 언어를 능숙하게 구사할 수 있었던 말의 귀재였다.

그러다가 그는 어느 순간 신학과 형이상학으로 돌아섰다. 이 전향은, 여느 신학자나 철학자와 달리, 이성의 영역을 완전히 초월해버린 근본적 신비주의로 치달았을 만큼 과격했다. 스베덴보리는 자신이 하느님으로부터 성서의 참뜻을 전해 들었으며, 그리스도의 재림과 함께 새로운 교회가 출범했다고 주장했다.

그의 세계관은 기존 교회의 것과 어긋나는 데가 많았다. 그는 우선 정통적 삼위일체론을 부정했다. 그는 또 그리스도가 십자가에 못 박힌 사실이 인류의 죄를 대속한 것은 아니라고 주장했다. 그래서 그의 지옥에는 사탄이 없었고, 그의 천국은 현세와 크게 다를 바 없었다.

스베덴보리는 자주 의식불명 상태에 빠졌고, 깨어나서는 천국엘 다녀왔다고 주장했으며, 사람들 앞에서 예언과 투시를 행해 보였다. 뒷날 정신분석학자들은 그가 분열증 환자였으리라고 추정했지만, 철학자 칸트를 제외한 당대 지식인들은 그를 '뛰어난 정상인'으로 존경했고, 그의 신학 저작들은 블레이크, 발자크, 보들레르, 네르발 같은 문인들에게 큰 영향을 끼쳤다.

스베덴보리가 만년을 보낸 런던에서는 그의 사후인 1787년 그의 교리에 바탕을 둔 새 예루살렘교회가 설립됐고, 이 종파는 이내 미국으로도 퍼져나갔다.

포르셰 Ferdinand Porsche
01.30.

　1951년 1월 30일 딱정벌레형 폴크스바겐 원형의 설계자이자 자동차 회사 포르셰의 창업자 페르디난트 포르셰가 76세로 작고했다.

　포르셰는 여러 점에서 복합적인 정체성을 지닌 사람이었다. 우선 국적. 포르셰의 본사는 독일 슈투트가르트에 있고, 그 설립자의 활동 무대도 주로 독일이었다. 그러나 페르디난트 포르셰는 제2차세계대전 중 오스트리아가 독일에 병합돼 있던 시절 말고는 독일인이었던 적이 없었다. 그가 태어난 곳은 보헤미아 북부의 마터스도르프라는 마을인데, 그 당시 보헤미아는 오스트리아-헝가리 제국 영토였다. 그래서 포르셰의 첫 국적은 오스트리아-헝가리였다. 제1차세계대전의 결과로 1918년 보헤미아, 모라비아, 슬로바키아를 아우르는 지역이 체코슬로바키아로 독립하자 포르셰는 체코슬로바키아 시민이 되었고, 1930년대 말에야 오스트리아 국적을 취득했다.

　다음 학업. 생전의 포르셰에게 붙여진 공식 이름은 독일어로 독토르 포르셰, 곧 포르셰 박사였다. 그러나 그가 받은 정식 공학 교육은 10대 말 빈 기술대학 야간부를 잠시 다닌 것이 전부였다. 그러나 비범한 재능과 그에 따른 명성 덕에, 그는 학교를 그만둔 지 24년 만에 모교에서 명예 공학박사 학위를 받았고, 이어 슈투트가르트 기술대학도 그에게 명예박사 학위를 수여했다.

　다음은 정치. 포르셰가 적극적인 파시스트였다는 증거는 없다. 그러나 그는 제2차세계대전 중 히틀러에게 협력했고, 그 때문에 종전 뒤 프랑스군에 체포돼 디종에서 20개월간 옥살이를 했다. 그러나 그는 체포되기 직전 프랑스 측 요청으로 르노 4 CV를 설계했다. 경주용 자동차 설계에 미쳐 한때는 레이서 노릇을 하기도 한 포르셰의 손길은 자신의 이름을 딴 회사만이 아니라 다임러, 폴크스바겐, 르노 등 20세기의 대표적 자동차 회사들과 밀접히 연결돼 있었다.

탈주병 슬로빅
01.31.

　제2차세계대전이 막바지로 치닫던 1945년 1월 31일, 미 육군 28보병사단 109연대 G중대 소속 일등병 에디 슬로빅이 프랑스 생트마리오민에서 처형됐다.
　총살 당시 슬로빅의 나이는 25세였고, 그의 죄목은 무단 탈영이었다. 고향인 미시건주 디트로이트에는 결혼한 지 얼마 안 된 신부 안투아넷이 살고 있었다. 슬로빅 일병은 남북전쟁 이래 미국사에서 탈영죄로 처형된 첫 번째 군인이었다. 그의 유해는 강간·살인 등의 죄로 처형된 다른 미군 병사 94명의 시신과 함께 페랑타르드누아의 우아젠 묘지에 묻혔다.
　슬로빅 일병이 미 육군 28사단 소속이었다는 것은 오로지 기술적 의미에서였다. 그는 1944년 8월 20일 프랑스에 도착해 이 사단에 배치받은 뒤 하루 만에 낙오병이 되었고, 캐나다군의 도움으로 본대에 합류한 직후 탈영했으며, 다시 하루 뒤 부대 소속 장교에게 자수한 뒤 구금돼 재판을 받았기 때문이다. 미 육군 28사단은 유럽 전투에서 공식 기록 26,286명의 사상자를 냈고, 그 가운데 전사자는 2,146명에 이르렀다. 슬로빅의 '불명예스러운' 죽음을 더한다면 넓은 의미의 전사자는 2,147명이 될 것이다.
　유럽 전선에서 슬로빅이 유일한 미군 탈주병은 아니었으나, 그는 여러 점에서 운이 나빴다. 그는 순진하게 곧 자수했고, 귀대시키면 다시 탈영하겠다고 진술했다. 법무관은 그가 귀대하면 이 사건을 불문에 부치겠다는 거래를 제의했으나, 슬로빅은 이를 거절하고 자신의 무죄만을 주장했다. 군법회의는 슬로빅에게 사형을 선고했고, 그는 유럽연합군 최고사령관 드와이트 아이젠하워 장군에게 감형을 탄원했다. 그러나 슬로빅에 대한 너그러움이 다른 병사들의 탈영을 부추길 것으로 판단한 아이젠하워는 사형 선고를 확인했다. 슬로빅의 유해는 그로부터 42년이 지난 1987년 고향으로 이장됐다.

2
랭스턴 휴즈에서 로시니까지

랭스턴 휴즈 Langston Hughes
02.01.

1902년 2월 1일 미국 시인 랭스턴 휴즈가 미주리주 조플린에서 태어났다. 1967년 몰.

휴즈는 20세기 미국 흑인문학을 대표하는 문인 가운데 한 사람이다. 『유대인의 나들이옷』(1927), 『할렘의 셰익스피어』(1942), 『편도 차표』(1949) 같은 시집에 묶인 그의 시들은 흑인 방언과 재즈 리듬을 과감히 사용하며 도회지 흑인들의 삶과 정서를 그려냈다. 휴즈와 동세대 시인·소설가들이 주도한 1920년대 이후의 활기찬 흑인문학을 미국 문학사에서는 '니그로 르네상스' 또는 '할렘 르네상스'라는 이름에 담아내고 있다.

휴즈가 1926년에 발표한 「흑인 예술가와 인종의 산」이라는 에세이는 할렘 르네상스의 선언문 같은 것이었다. "거짓된 통합을 내세워 인종적 긍지를 팽개치려는 작가·시인들이 있다. 그들은 '흑인 시인'으로가 아니라 시인으로 대접받기를 원한다. 그것은 그들이 잠재의식 속에서 백인 시인처럼 쓰고 싶어 한다는 것을 뜻한다. 그러나 자기 자신이 되기를 두려워한 시인이 위대했던 적은 없다. 우리들 젊은 흑인 예술가들은 이제 두려움이나 부끄러움 없이 검은 피부의 우리들 자아를 표현하고자 한다. 만약에 백인들이 그것을 기쁘게 받아들인다면 우리도 기쁠 것이다. 만약에 그들이 그럴 수 없다고 해도, 그것이 무슨 상관이랴. 우리들은 우리들이 아름답다는 것을 알고 있다. 동시에 추하다는 것도 알고 있다. 만약에 유색인들이 그것을 기쁘게 받아들인다면 우리도 기쁠 것이다. 만약에 그들이 그럴 수 없다고 해도, 그들의 불쾌감 역시 무슨 상관이랴. 우리들은 내일을 위해 우리의 사원들을 건설하고 있다. 우리는 우리 자신 안에서 자유롭다."

휴즈는 흑인이, 백인이나 다른 인종처럼, 아름다운 동시에 추하다는 것을 알고 있었다. 그것이, 그의 소망과 상관없이, 그를 흑인 시인이 아니라 시인으로 만들었다.

조이스 James Joyce
02.02.

1882년 2월 2일 소설가 제임스 조이스가 아일랜드 더블린에서 태어났다. 1941년 스위스 취리히에서 졸.

현대 영문학의 영토 가운데 꽤 널찍한 땅은 아일랜드 사람들에 의해 경작됐는데, 그 가운데서도 조이스의 자리는 특히 우뚝하다. 그를 흔히 '20세기의 셰익스피어'라고 부르는 관행에서도 드러나듯, 조이스를 빼고 20세기 영문학을, 더 나아가 20세기 문학을 되돌아보기는 어렵다. '의식의 흐름'이나 '현현'(顯現, epiphany) 같은 말들은 조이스를 통해 문학용어사전에 새로 등재되었다.

조이스의 작품 대부분은 고향 더블린과 그 주변을 배경으로 삼고 있지만, 그는 민족주의자가 아니라 세계시민주의자였다. 우연찮게도 그는 생애의 절반이 훨씬 넘는 37년을 조국 바깥으로 떠돌았고, 결국 타향에서 죽었다. 그 긴 떠돌이 생활은 대체로 가난과 고독과 질병 속에서 이어졌다.

신화와 상징, 몽타주와 패러디, 환상과 무의식, 선조적線條的 시간의 파괴 따위를 낯선 서술기법과 말놀이에 버무려낸 조이스의 끝없는 실험에 대중 독자들은 무심했고, 비평가들은 분열됐다. 조이스는 매스컴과 대중 독자를 무시할 수 있었던 거의 마지막 세대의 거장이었다.

조이스가 '갑작스런 영적 현시靈的顯示'라고 정의한 '현현'은 어떤 사건이 일상성의 각질에 순간적 균열을 일으키며 그 틈새로 본질이 드러나는 현상을 뜻한다. 소설집 『더블린 사람들』은 일상에 매몰된 더블린 사람들의 정신적 마비상태가 균열을 일으키는 바로 이 현현의 순간들을 형상화한 것이다. 수록 작품 가운데 하나인 「죽은 사람들」에서는 등장인물의 잠재의식을 표층으로 끌어올려 외부 묘사와 내적 명상을 서로 넘나들게 하는 '의식의 흐름'이라는 서술방식이 시도됐는데, 20세기 모더니즘 문학의 상표가 된 이 기법은 『젊은 예술가의 초상』을 거쳐 『율리시즈』에서 활짝 개화했다.

구텐베르크 Johannes Gutenberg
02.03.

1468년 2월 3일 서양 활판 인쇄술의 발명자 요하네스 구텐베르크가 71세로 작고했다.

독일 마인츠 출신인 구텐베르크는 40세를 전후해 스트라스부르에 머물던 시절 인쇄기를 발명했다. 그는 고향으로 돌아와 인쇄소를 세운 뒤 달력 따위를 찍어냈고, 인쇄술을 개량한 끝에 1454년에는 성서를 찍어냈다. 흔히 『구텐베르크 성서』라고 불리는 이 성서는 2001년 유네스코가 세계문화유산으로 지정했다.

구텐베르크의 인쇄술은 서양사에서 읽기의 대중화를 통해 진정한 문자의 시대를 열었다. 캐나다의 미디어 이론가 마셜 맥루언은 그 활자 문화 시대 500여 년을 '구텐베르크 은하계'라 부르고 이 은하계가 20세기 들어 '마르코니 성좌'에 의해 가려지기 시작했다고 진단한 바 있다. 무선전신을 발명한 굴리엘모 마르코니의 이름을 딴 '마르코니 성좌'란 전자 매체 시대를 가리킨다.

프랑스의 미디어 이론가 레지스 드브레도 기술혁명이 권력의 성격을 변화시키는 과정을 더듬으며 맥루언과 비슷한 통찰을 내보인 바 있다. 드브레에 따르면 인간의 역사는 언어권言語圈의 시대, 문자권의 시대, 비디오권의 시대로 진화해왔다.

구전 커뮤니케이션의 시대라고도 할 수 있는 언어권의 시대는 마술사 주권자의 시대이자 신권神權의 시대다. 구텐베르크 이후 인쇄술의 보급을 통해 신권과 '말씀'의 자리를 이성이 물려받으면서 문자권의 시대가 열렸다. 언어권에서 설교가 차지했던 자리를 문자권에서는 공교육이 물려받았다. 그런데 이제 세계는 이 문자권과 본질적으로 다른 비디오권으로 진입했다고 드브레는 진단한다. 문자권에서 커뮤니케이션은 본질적으로 상징의 수준에서 이뤄지지만, 비디오권에서는 살과 뼈를 갖춘 이미지를 통해 이뤄진다.

우리는 구텐베르크 은하계의 끝머리에 있는 것이다.

패티 허스트 피랍 被拉
02.04.

1974년 2월 4일 미국 신문재벌 허스트 집안의 상속녀 패트리샤(패티) 캠벨 허스트가 버클리의 아파트에서 도시 게릴라 단체 공생해방군(共生解放軍, SLA) 단원들에게 납치됐다.

당시 19세였던 패티 허스트는 납치된 뒤 두 달 만인 4월 4일 라디오 방송국에 보낸 녹음테이프를 통해 자신이 '민중의 권리 회복' 이라는 SLA의 대의에 완전히 공감한다고 밝힌 데 이어, 4월 15일에는 샌프란시스코 선셋거리의 하이버니아 은행 강도 사건에 다른 SLA 단원들과 함께 카빈총을 휘두르며 가담한 모습이 비디오카메라에 잡혀 전 세계를 놀라게 했다. 패티 허스트의 이런 행태는 피랍자가 납치자와 함께 생활하다가 결국 납치자에게 동조하게 되는 현상을 가리키는 '허스트 신드롬' 이라는 말을 낳았다.

패티의 아버지 랜돌프 허스트는 SLA의 요구에 따라 수백만 달러어치의 식료품을 캘리포니아의 빈민가에 뿌리고 자신이 경영하는 신문들에 이 극좌 혁명단체의 광고를 실었으나, SLA가 이제는 자신들의 동지가 된 패티를 집으로 돌려보내는 것을 거부함에 따라 협상이 중지됐다. 체 게바라의 여자친구 이름을 따 '타니아'로 개명까지 한 패티는 그 뒤에도 몇 차례 SLA의 '보급투쟁'에 가담한 끝에 1975년 9월 두 명의 다른 SLA 단원들과 함께 연방수사국FBI 요원들에게 체포되었다.

FBI는 패티를 강도 혐의로 기소했다. 패티의 변호인은 그녀가 세뇌당했다고 주장했으나 배심원은 유죄평결을 내렸고, 그녀에게는 강도죄에 대한 법정 최고형인 징역 25년에다가 화기火器남용죄에 대한 10년이 얹어져 징역 35년이 선고되었다. 이 형량은 재심에서 7년으로 줄었다. 패티 허스트는 21개월을 복역한 뒤 지미 카터 당시 대통령의 결정으로 1979년 가석방됐다.

행크 아론 Hank Aaron
02.05.

　1934년 2월 5일 미국 프로야구 사상 최다 홈런 기록을 세운 행크 아론이 앨러배머주 모바일에서 태어났다. 아론은 1976년 은퇴하기까지 23년의 선수 생활을 통해 통산 755개의 홈런을 날려 강타 행크 Hammering Hank라는 별명을 얻었다. 좀처럼 깨질 것 같지 않던 이 기록은 31년 뒤인 2007년 8월 7일 샌프란시스코 자이언츠 외야수 배리 본즈에 의해 마침내 깨졌다.

　2월 5일이 이 위대한 흑인 슬러거의 생일이기는 하지만, 행크 아론과 관련해서 사람들이 기억하고 있는 날짜는 차라리 4월 8일일 것이다. 1974년 4월 8일 애틀랜타 브레이브스 소속의 아론은 홈구장인 조지아주 애틀랜타 풀턴 카운티 스타디움에서 다저스의 좌완 투수 앨 다우닝과 대결하고 있었다. 그는 나흘 전인 4월 4일 리버프런트 구장에서 열린 신시내티와의 경기에서 투수 잭 빌링검을 상대로 714호 홈런을 기록해 그 전까지의 홈런왕 베이브 루스와 같은 기록을 만들어놓은 터였다.

　4월 8일의 경기는 브레이브스 역사상 가장 많은 53,775명의 관중이 지켜보고 있었다. 그 관중 가운데는 브레이브스의 팬이었던, 그리고 두 해 뒤에는 미국 대통령이 될 지미 카터 조지아주 지사도 끼여 있었다. 경기장에 올 수 없었던 미국인들 다수도 텔레비전에서 눈을 떼지 못했다. 4회 말, 아론은 다우닝의 두 번째 공을 받아 쳐 좌측 담장 밖으로 넘겼다. 미국 프로야구 역사의 새로운 페이지가 열리는 순간이었다.

　행크 아론의 동생 토미도 프로야구 선수였고 한때 같은 팀에서 뛰기도 했지만, 토미는 다소 시들시들한 선수 생활을 하다가 일찍 은퇴했다. 행크 아론은 첫 홈런을 1954년 4월 23일 카디널스 투수 빅 래시와의 대결에서 뽑아냈고, 마지막 755호 홈런은 1976년 7월 20일 에인절스의 딕 드래고에게서 얻어냈다. 미국 야구기자협회BBWAA는 1982년 아론의 이름을 뉴욕주 쿠퍼스타운의 야구 명예 전당에 헌액했다.

크리스토퍼 말로 —Christopher Marlowe

02.06.

1564년 2월 6일 영국 극작가 크리스토퍼 말로가 캔터베리에서 태어났다. 1593년 몰.

말로는 그 당시엔 일종의 특권이었던 대학 교육의 혜택을 받은 이른바 대학 재사(大學才士, university wits)에 속했다. 중산층 출신의 동갑내기 극작가 셰익스피어가 문법학교에서 고전 라틴어 교육을 받은 뒤 가세가 기울어져 학업을 중단한 데 비해, 제화공의 아들로 태어난 말로는 장학금으로 케임브리지대학을 졸업했다.

29살로 마감한 말로의 생애는 평탄치 않았다. 대학 시절부터 정보기관에 줄을 대고 있었다는 소문을 입증이라도 하듯, 그는 한 술집에서 술값을 두고 싸움을 벌이다가 경찰 끄나풀의 칼에 찔려 죽었다. 한편으론 공공연히 무신론을 설파해, 죽은 뒤에 체포령이 떨어지기도 했다.

그러나 말로는 앞에 '대학'이라는 말이 붙든 안 붙든 비범한 '재사'였다. 그는 당대 연극의 주류였던 작위적 대사의 희극 흐름에서 멀찌감치 벗어나, 박진감 있는 대사로 극적 갈등을 창출하며 인간의 내적 욕망을 극한까지 보여주었다. 그 욕망은 「몰타섬의 유대인」(1589)에서는 물욕이었고, 「탬벌린 대왕」(1590)에서는 정복욕이었으며, 「포스터스 박사」(1592)에서는 지식욕이었다. 「포스터스 박사」는 그 즈음 독일에서 완성된 파우스트 전설에 최초로 본격적 문학의 옷을 입힌 작품이다. 인간의 욕망에 대한 말로의 집요한 탐구는 셰익스피어에게도 큰 영향을 끼쳤다.

그러나 말로에게는 두 가지 불행이 있었다. 첫째는 그의 요절이다. 말로는 짧은 문필 활동을 통해서 엘리자베스조(朝) 비극문학의 바탕을 마련했다. 그러나 그가 오래 살았다면 문학사는 그에게 훨씬 더 많은 페이지를 할애했을 것이다. 둘째는 셰익스피어다. 세계문학사의 걸출한 인물을 동갑내기로 두는 바람에, 말로의 업적은 어쩔 수 없이 빛이 바랬다.

스위스 여성참정권

02.07.

1971년 2월 7일 스위스 여성이 참정권을 얻었다. 스위스의 역사는 13세기 말까지 거슬러 올라가지만, 이 나라 여성들은 남성과 동일한 정치적 권리를 얻기 위해 무려 7세기를 기다려야 했다.

이 날 실시된 국민투표에서 남성으로만 이뤄진 스위스 유권자들은 찬성 62만여 표 대 반대 32만여 표로 자국 여성의 참정권을 승인했다. 스위스를 이루는 20개 주(州, 캉통) 가운데 여섯 개 주에서는 반대표가 다수였다.

스위스는 유럽에서 여성참정권을 가장 뒤늦게 인정한 나라일 뿐만 아니라, 전 세계적으로도 보통선거 제도의 확립이 예외적으로 뒤늦었던 나라다. 세계에서 가장 오랜 공화정의 역사를 지니고 있는 나라로서 별난 일이라고 할 만하다.

그러나 여성이 남성과 동일한 정치적 권리를 지녀야 한다는 생각이 그리 오래된 것은 아니다. 민주주의 역사가 오랜 나라들에서도 마찬가지다. 미국에서 여성이 남성과 평등한 참정권을 갖게 된 것은 제1차세계대전이 끝난 뒤인 1920년에 들어서다. 민족자결주의라는 상표로 세계 도처에서 좋은 평판을 얻었던 우드로 윌슨 대통령은 자국 여성에게 투표권을 주는 데 완고히 반대해 자신의 평판을 크게 깎아먹었다. 영국 여성은 1928년에 들어서야 남성과 동등한 참정권을 얻었다.

혁명과 공화주의의 나라 프랑스는 어떤가? 프랑스 혁명기의 여성 연극인 올랭프 드 구주는 단두대의 이슬로 사라지기 직전 "여성이 단두대에 오를 권리가 있다면 의정 단상에 오를 권리도 있다"는 유명한 말을 남겼지만, 프랑스에서 여성이 남성과 동등한 참정권을 얻게 된 것은 1944년에 와서다.

그러니까 한국 여성이 1948년에 남성과 동일한 참정권을 얻게 된 것은 외국인 자매들의 기나긴 투쟁의 열매를 거의 거저 얻은 것이라고 할 수 있다.

오구라 신페이 小倉進平

02.08.

　1944년 2월 8일 일본의 언어학자 오구라 신페이가 작고했다. 1882년 미야기현宮城縣 센다이시仙臺市에서 태어난 오구라는 도쿄제국대학 문학부를 졸업하고 1911년 서울로 건너와 한국어를 연구했다. 그는 1926년에 경성제국대학 교수가 되었고, 1933년에는 도쿄제국대학으로 자리를 옮겼다.

　오구라는 다른 무엇보다도 이두와 향가 연구의 개척자다. 그는 1927년에 향가 연구로 문학박사 학위를 받았고, 그 뒤로도 고대 한국어와 한국어 방언 연구를 통해 한국어학의 발전에 크게 이바지했다. 한국 고대 문학의 백미라고 할 수 있는 향가의 해독은 부끄럽게도 일본인 학자들의 손에서 시작되었다. 일본인 아유가이鮎貝가 「처용가」, 「서동요」, 「풍요」 세 편을 해독해 1923년 《조선사 강좌》에 소개한 것이 그 효시다.

　본격적 연구는 오구라가 1929년에 출간한 『향가 및 이두 연구』에서 돛을 올렸다. 오구라는 이 책에서 『삼국유사』 향가 14수와 『균여전』 향가 11수 등 현전하는 향가 전체에 대한 해석을 시도했다. 아무래도 한국어 감각이 떨어질 수밖에 없는 외국인의 눈으로 고대 한국어를 읽은 것이어서 정밀함이 부족하다는 평가는 받지만, 향가 해석사의 맨 앞자리에 오구라 신페이라는 이름이 굵은 글씨로 적혀 있다는 것은 누구도 부인할 수 없다.

　양주동은 오구라의 작업에 크게 자극을 받아 향가 연구에 뛰어들었고, 자신의 연구를 『조선 고가 연구朝鮮古歌硏究』(1942)로 집대성했다. 그 뒤 홍기문, 이탁, 김준영, 김완진 같은 학자들의 손을 거치며 향가 연구는 깊이를 더해갔다. 그러나 이 고대 시가의 완전한 해독에 이르려면 앞으로도 갈 길이 멀다.

　오구라는 『향가 및 이두의 연구』 외에도 『증정增訂 조선어학사』, 『조선어 방언의 연구』 같은 책을 남겼다.

도스토예프스키
Fyodor Mikhailovich Dostoevski
02.09.

1881년 2월 9일 러시아의 소설가 표도르 미하일로비치 도스토예프스키가 60세로 죽었다.

도스토예프스키는 19세기 러시아 소설을 대표하는 문호일 뿐만 아니라 발자크와 함께 그 세기의 유럽 산문 문학 전체를 대표할 만한 거장이다. 신神과 세속의 제도 사이에서 허우적대는 인간의 내면을 섬세한 심리 묘사를 통해 들여다보는 그의 소설들은 '넋의 리얼리즘'이라는 이름으로 20세기 문학만이 아니라 사상계 전반에 깊은 흔적을 남겼다.

확신범으로서의 살인자 라스콜리니코프를 통해 죄와 구원의 문제를 파고 든 『죄와 벌』, 때 묻지 않은 순수성으로 사람들을 화해시키려는 아름다운 사람 미슈킨 공작이 욕망의 인간극人間劇에서 패배하는 과정을 묘사한 『백치』, 악마적 초인 스타브로긴을 중심으로 이념적 지향이 서로 다른 인물들을 배치하며 악령으로서의 무신론적 혁명 사상을 비판한 『악령』, 지주와 농부와 사생아를 등장시켜 세대 갈등 속에서 청년이 추구하는 야심을 그린 『미성년』, 존속살해 사건을 중심에 두고 신과 윤리의 문제를 다룬 『카라마조프의 형제들』 등 도스토예프스키의 작품들은 다양한 상황 속의 다채로운 인물들이 내는 다색의 목소리들에도 불구하고, 그 목소리들이 어우러져 '도스토예프스키적 세계'라고 부를 만한 통일적 공간을 이룬다.

예컨대 『죄와 벌』의 대립적 인물인 '거룩한 창부' 소냐와 욕정의 화신 스비드리가일로프는 각각 『백치』의 미슈킨 공작과 『악령』의 스타브로긴으로 이어지며, 그 대립은 『카라마조프 형제들』에서 박애주의자 조시마 장로와 무신론자 이반 사이의 대결로 발전한다. 도스토예프스키의 인물들은 인간이라는 존재 안의 긍정성과 부정성을 제가끔 전형적으로 구현하며 19세기 러시아를 문학사의 가장 역동적인 풍경 가운데 하나로 만들었다.

찰스 램 Charles Lamb
02.10.

1775년 2월 10일 영국 수필가 찰스 램이 런던에서 태어났다. 1834년 몰.

'새끼 양'이라는 뜻의 성을 지녔던 작가는 만년에는 본명보다 '엘리아'라는 필명으로 더 잘 알려졌다. 이 필명의 연원이 된 두 권의 『엘리아의 수필들』은 수많은 언어들로 번역돼 지금도 널리 읽히고 있다. 《런던 매거진》에 실렸던 이 수필들은 1823년과 1833년에 출간되었다. 두 책을 구별하기 위해 뒤의 책을 특별히 『엘리아의 마지막 수필들』이라고 부르기도 한다.

램은 이미 당대에 영국의 대표적 문필가로서 이름을 얻었지만, 가정사는 을씨년스러웠다. 집이 가난해 중등학교도 채 마치지 못했고, 스물한 살 때는 누이 메리가 정신이상을 일으켜 어머니를 살해하는 일을 겪었다. 램은 자신에게도 정신병 유전인자가 있을까 두려워 평생을 독신으로 보내며 누이를 돌보았다. 메리는 그 뒤로도 더러 발작을 일으켰지만, 글을 쓸 수 있을 정도로 머리가 맑을 때도 있어서 동생 찰스와 『셰익스피어 이야기』(1807)를 공저하기도 했다.

단아하면서도 재기 넘치는 문장에 군데군데 옛 경구를 버무려내 수필 문학의 전범으로 꼽히는 『엘리아의 수필들』 가운데 일부는 다소의 창작적 사실들도 포함하고 있어서 일종의 사소설로 읽히기도 한다. 그 책에 실린 「인간의 두 종족」한 대목. "내가 알고 있는 가장 그럴듯한 학설에 따르면 인간은 두 종족으로 이뤄져 있다. 하나는 '빌리는 자'고 다른 하나는 '빌려주는 자'다. 내가 '위대한 종족'이라고 부르고 싶은 쪽은 전자다. 빌리는 자의 한없는 탁월성은 그의 모습이나 태도, 다시 말해 일종의 본능적인 주권자다움에서 분명히 드러난다. 빌리는 사람의 태도는 얼마나 태평스러운가! 그는 '세상의 모든 사람들에게 세금을 내게 하는'(「루가」 2:1) 진짜 과세자다."

만델라 석방
02.11.

　1990년 2월 11일 남아프리카공화국 반체제 지도자 넬슨 만델라가 27년의 옥살이 끝에 석방됐다. 온 생애를 아파르트헤이트(남아프리카공화국의 극단적 인종분리주의)와의 싸움에 바쳐온 72세의 노인이 마침내 석방된 것이다. 드 클레르크 대통령의 완고한 백인 국민당 정부도 국내의 저항과 국제적 압력을 더 이상 버텨낼 수 없었다. 감옥 앞에서는 수천의 군중이 검정·녹색·노랑의 아프리카민족회의ANC 삼색기를 흔들며 그를 맞았다. 감옥 속의 만델라는 이 반反인종주의 정당의 정신적 지도자였다.

　만델라가 석방된 뒤 남아프리카에서는 변화가 시작됐다. 그가 석방되고 넉 달 만에, 백인들만 출입할 수 있었던 모든 공공장소들이 흑인들에게도 개방됐다. 그리고 얼마 뒤, 만델라가 이끄는 아프리카민족회의와 드 클레르크 정부 사이에 협상이 타결됐다. 정부는 정치범들을 모두 풀어주기로 했고, 아프리카민족회의는 무장투쟁을 포기하기로 했다. 이듬해에는 아파르트헤이트를 떠받치고 있던 법률들이 모두 폐지됐다. 이로써, 적어도 법적 수준에서 인종차별을 정당화하고 있는 나라는 지구상에서 사라졌다.

　만델라는 아파르트헤이트를 종식시킨 공로로 협상 상대 드 클레르크와 함께 1993년 노벨평화상을 받았다. 그리고 그 이듬해 남아프리카 역사상 최초의 흑인 참여 자유총선에 따라 구성된 다인종 의회에서 대통령으로 선출되었다. 이 나라의 첫 흑인 대통령 만델라는 정치 지형 변화의 속도를 조절하기 위해 드 클레르크를 부통령으로 지명했다. 만델라는 5년 임기를 마치고 1999년 은퇴했다.

　감옥 속의 만델라를 언론은 흔히 '세계 최장기수 정치범'으로 불렀다. 그러나 만델라가 석방된 뒤에도 한국에는 그보다 더 오랜 감옥 생활을 견뎌내고 있는 정치범들이 수두룩했다.

2·12총선
02.12.

1985년 2월 12일 제12대 총선이 치러졌다. 미국으로 추방돼 있던 김대중은 그보다 나흘 전, 재수감할 수도 있다는 군사정부의 협박에도 불구하고 귀국을 강행해 연금되었다.

제5공화국의 두 번째 총선이었던 이 선거의 결과를 얼추라도 예측한 언론은 하나도 없었다. 전두환 정권의 폭압적 위세가 하늘을 찌르던 시절이라 집권 민주정의당(민정당)의 압승은 당연시되었고, 그보다 4년 전 신군부의 조종으로 만들어진 사실상의 위성 정당 민주한국당(민한당)이 제1야당 자리를 지키리라는 것도 확실해 보였다.

그러나 한국 유권자들은 유난히 추웠던 그 날 민주주의의 작은 씨앗을 심었다. 제11대 총선과 마찬가지로 276명(지역구 184, 전국구 92)의 의원을 뽑은 이 선거에서 민정당은 유권자 35.2%의 지지를 얻었다. 선거법의 마술을 통해 민정당은 과반 148석(지역구 87, 전국구 61)을 차지했지만, 지역구에서는 과반 의석에 이르지 못해 사실상의 패배를 맛보았다.

철권통치의 광포함에 더해 특히 방송 매체가 노골적으로 친민정당 선거운동을 벌였다는 점을 생각하면, 민정당의 실질적 패배는 한결 또렷해 보였다. 더욱 놀라웠던 것은 민한당의 패퇴였다. 민한당은 득표율 19.7%로 고작 35석을 얻어 11대에 견주어 무려 47석을 잃었다.

제11대 국회에서 민한당이 형식적으로 차지하고 있던 제1야당 자리를 새로 움켜쥔 것은 창당된 지 한 달도 채 안 된 신한민주당이었다. 김영삼·김대중이 이끄는 민주화추진협의회를 기반으로 삼은 신한민주당은 이 선거에서 29.3%의 득표율로 67석을 얻었을 뿐만 아니라, 이내 두 김씨의 흡인력을 통해 민한당 의원 대부분을 데려옴으로써 민한당을 사실상 공중분해시켰다.

2·12총선에서 신한민주당이 제1야당이 됨으로써, 1987년 6월항쟁에서 절정에 다다를 대통령 직선제 개헌운동이 시동을 걸었다.

드레스덴 폭격
02.13.

제2차세계대전이 막바지로 치닫던 1945년 2월 13일 나치스 독일 정부는 패전의 예감 속에서 잔뜩 풀이 죽어 있던 1백20만 드레스덴 시민의 사기를 북돋우기 위해 시민 축제를 벌였다. 이미 짙어져 있던 패색을 하루의 축제가 말끔히 씻어낼 수 있다고 믿은 드레스덴 시민은 거의 없었을 것이다. 그러나 바로 몇 시간 뒤 자신들이 개전 이래 가장 잔혹한 폭격의 희생자가 되리라는 것을 내다본 드레스덴 시민도 없었을 것이다.

그 날 밤 10시 15분, 영국 폭격기 244대가 드레스덴 상공에 나타나 공습을 시작했다. 공습이 계속된 세 시간 동안 무려 65만 개의 소이탄燒夷彈이 소나기처럼 드레스덴에 쏟아졌다. 750년 역사를 지닌 이 아름다운 도시는 순식간에 불바다로 변했다. 성 밸런타인데이였던 그 이튿날 밤, 이번에는 미군 폭격기 450대가 나타나 이미 화염에 쌓인 도시를 다시 폭격했다. 이틀간의 폭격으로 드레스덴은 말 그대로 초토화했고, 사망자 수는 13만 5천 명이 넘었다.

독일의 패전은 그 이전에 이미 되돌릴 수 없는 상태였던 터라, 연합국에게 이 대규모 민간인 살육이 전술적으로 꼭 필요했던 것은 아니었다. 그러나 전쟁 기간 동안 독일군의 런던 공습에 치를 떨었던 영국 정부는 망설이는 미국 정부를 설득해 이 대규모 보복전을 관철시켰다. 이 복수전은 영국으로서는 만족할 만했다. 드레스덴은 6개월 뒤의 히로시마廣島나 나가사키長崎처럼 원자폭탄의 투하를 겪지는 않았지만, 사망자 수나 폐허화의 정도에서 두 일본 도시를 넘어섰다.

드레스덴은 슬라브어로 '물가의 숲에 사는 사람'이라는 낭만적인 뜻을 지녔다고 한다. 종전 이후 동독 정부는 드레스덴의 유서 깊은 건축물들을 거의 다 복원해 다시 예전 같은 고풍古風의 도시로 만들었다.

루시디 처형선고
02.14.

1989년 2월 14일 이란혁명의 최고 지도자 아야톨라 루홀라 호메이니가 전 세계를 놀라게 할 파트와(이슬람 율법의 권위자가 내놓는 종교적 판결이나 의견)를 선언했다. 파트와의 전문은 이렇다.

"이슬람과 예언자와 코란을 모독한 『악마의 시』 저자는, 그 책의 내용을 알고 있으면서도 책의 출판에 관여한 모든 사람들과 더불어, 사형을 선고받았습니다. 나는 앞으로 어느 누구도 이슬람의 거룩한 믿음을 또다시 모독하지 못하도록 전 세계의 모든 긍지 있는 이슬람 형제들이, 그들이 어디 있든, 즉시 이 판결을 집행할 것을 촉구합니다."

『악마의 시』 저자는 인도 출신의 영국 소설가 샐먼 루시디다. 『악마의 시』는 루시디가 1988년에 낸 소설이다. 영국해협 상공에서 폭발한 점보제트기에서 인도의 영화배우 지브릴 파리슈타와 천 개의 목소리를 지닌 살라딘 참차가 뛰어내리고, 기적처럼 살아남은 이 둘이 시간과 공간, 꿈과 현실, 선과 악의 얽힘 속에서 대결을 펼친다는 환상적 이야기다.

정통 리얼리즘 소설이 아닌 터라, 이 소설이 이슬람을 모독했는지 판별하기는 쉽지 않다. 아무튼 호메이니는 이 소설이 코란을 악마의 말이라고 조롱하고 마호메트의 신심信心을 의심했다고 판단했다.

호메이니의 선언 이후 영국을 비롯한 유럽 각국과 이란의 관계가 악화하며 루시디의 끝 모를 피신 생활이 시작됐다. 일본인 번역자가 살해된 것을 비롯해 이 책의 출판과 관련된 사람이 여럿 테러를 당했다.

호메이니는 파트와를 내린 해 6월에 사망해 자신의 선고를 거두려야 거둘 수도 없었다. 모하마드 하타미 이란 대통령은 1998년과 2001년 두 차례에 걸쳐 루시디를 사면한다고 선언했지만, 그의 말이 '전 세계의 모든 긍지 있는 이슬람 형제들'을 설득시켰는지는 알 수 없다.

냇 킹 콜 Nat King Cole
02.15.

1965년 2월 15일 미국의 흑인 가수 냇 킹 콜이 48세로 작고했다.

냇 킹 콜의 본명은 너새니얼 애덤스 콜이다. '왕'을 뜻하는 킹은 애칭이다. 이 애칭은 킹 콜 트리오를 결성하기 직전인 1939년 콜 자신이 황금빛 종이 왕관을 머리에 얹고 클럽에 출연하면서 스스로 붙인 것이다.

앨러배머주 몽고메리에서 태어난 콜은 십대에 연예계로 나가 재즈와 팝송을 불렀다. 22살에 킹 콜 트리오를 결성해 악기 트리오로 큰 인기를 얻었으나, 34세에 트리오를 해산하고 솔로 가수로 나섰다. 그는 흑인영가에 기원을 둔 애수의 정서에 세련된 도회적 감수성을 결합해 독특한 재즈 세계를 구축했다. 대표적 음반은 〈모나리자〉, 〈투 영〉 등이다.

왕가위 감독의 1999년 영화 〈화양연화〉에는 콜의 스페인어 음반에서 뽑은 〈키사스 키사스 키사스〉의 선율이 흘러 콜을 기억하는 올드팬들의 심금을 울린 바 있다. 냇 킹 콜의 딸인 나탈리 콜도 아버지의 업을 이어 가수로 나섰다.

콜의 노래 가운데 팬들의 사랑을 가장 많이 받은 것은 〈투 영〉일 것이다.

"사람들은 우리가 너무 어리다고 말하죠/ 사랑에 빠지기에는 너무 어리다고요/ 우리에게 사랑이라는 건 그저 들어보기만 했을 뿐 결코 그 의미를 알 수 없는 말이라고요/ 그렇지만 우리는 어리지 않아요/ 세월이 흘러도 우리 사랑은 영원할 거예요/ 그러면 언젠가는 사람들이 깨닫게 되겠죠/ 우리들이 결코 어리지 않았다는 걸요."

아마 이 가사가 옳을 것이다. 물론 산업혁명과 시민혁명이 가져온 직장노동과 보통교육의 일반화로 혼인 연령이 늦춰짐에 따라, 정열이 가장 끓어오를 나이의 남녀에게 연애를 금제하는 관행이 폭넓게 자리잡은 것은 사실이다. 그러나 문학사에서 가장 아름답고 슬픈 연애로 꼽힐 로미오와 줄리엣 사이의 연애는 십대의 사랑이었다. 춘향과 이몽룡의 사랑도 그렇다.

골턴 Francis Galton
02.16.

1822년 2월 16일 우생학의 창시자 프랜시스 골턴이 영국 버밍엄 부근의 스파크브룩에서 태어났다. 1911년 몰.

골턴은 생물진화론의 바탕을 만든 찰스 다윈의 고종사촌이었다. 찰스 다윈의 조부인 의사 겸 시인 에라스머스 다윈이 골턴의 외조부다. 골턴은 영국 빅토리아 시대의 가장 유명한 박식가 가운데 한 사람이었다. 전공은 의학이었지만, 그의 관심은 한계를 몰라 지리학·인류학·기상학·실험심리학·지문연구·통계학 등 온갖 분야로 뻗었다.

그러나 오늘날 골턴이라는 이름에서 사람들이 대뜸 떠올리는 학문 영역은 우생학이다. 우생학은 인류를 유전적으로 개량하기 위해 여러 조건들과 인자들을 연구하는 학문이다. 의학 전공자로서 골턴은 인간을 거의 전적으로 규정하는 것은 유전적 요인이라고 믿었고, 그래서 인류를 행복하게 하기 위해서는 '나쁜' 유전인자를 없애고 '좋은' 유전인자를 북돋워야 한다고 생각했다. 어원적으로 '좋은 출생에 대한 학문'을 뜻하는 우생학eugenics이라는 말을 처음 만들어낸 사람도 골턴이다.

생명과학의 진전에 따라 인간이 유전적으로 결정되는 정도가 종래 생각해왔던 것보다 훨씬 크다는 것이 속속 밝혀지고 있다. 그리고 이런 유전적 결정론은 우생학의 사회적 실천을 정당화하는 듯하다. 그러나 우생학의 실천이 섬뜩한 사회적 함의를 지니고 있는 것도 사실이다. 우생학의 목적은 우수한 소질을 지닌 인구를 증가시키고 열악한 소질을 지닌 인구를 감소시키는 것인데, 열악한 인자를 억제하는 가장 손쉬운 방법은 단종이기 때문이다.

실제로 정신박약자나 혈우병 환자를 강제로 또는 임의로 단종시키는 우생법을 시행하고 있는 나라들이 있다. 그러나 우생학은, 독일 나치 정권이 그랬듯, '열등하다'고 인정된 사회적·인종적 특정 집단의 일괄 단종이라는 가공할 유혹에 노출될 수도 있다.

에른스트 윙거 Ernst Jünger

02.17.

    1998년 2월 17일 독일 작가 에른스트 윙거가 작고했다. 103세였다. 1895년생이니, 세 해만 더 살았더라면 그 삶의 연대기가 세 세기에 걸치게 될 터였다. 윙거의 기다란 생애는 본능과 의식, 관조와 행동, 도취와 금욕 사이에서 분열돼 있었다. 그의 글쓰기는 때로 현실로부터의 도피이기도 했고, 때로 정치적 차원의 강렬한 자기주장이기도 했다.

    약국을 운영하는 화학자의 아들로 태어난 윙거는 성장기를 책에 파묻혀 상상력 속에서 보내다가, 17세에 가출해 '사나이들의 세계'에 뛰어들었다. 그는 프랑스 외인부대에 지원해 아프리카에서 화려한 무정부주의적 삶을 경험했고, 아버지가 손을 써 독일로 돌아온 직후에는 제1차세계대전에 참전했다.

    군인병원에서 종전을 맞은 윙거는 『불과 피』(1925)에서 전쟁을 미학적으로 정당화하는 듯한 태도를 취한 데 이어, 『대담한 마음』(1929), 『총동원』(1931) 등을 통해 나치즘에 접근했다. 그러나 그는 나치당원이었던 적은 없었고, 히틀러의 집권 이후 나치즘에 비판적으로 돌아섰다.

    제2차세계대전 때 윙거는 대위 계급장을 달고 파리에 주둔했다. 파리에서 쓴 『정원들과 거리들』(1942)이 즉각 프랑스어로 번역되면서 그는 수많은 프랑스인 팬들을 거느리게 되었다. 그 시절 윙거의 교제 범위는 프랑스 문화예술계의 거의 전부라고 할 만했다. 콕토, 피카소, 브라크, 셀린, 폴 모랑, 드리외라로셸 등 좌우파 예술가 다수가 그의 주변에 몰려들었다.

    파리 주둔 독일군 사령부는 윙거의 행적을 주시하면서도 그를 보호했다. 윙거의 작품들은 전쟁 말기에 나치에 의해 판금되었고, 종전 직후에는 영국 점령군에 의해 잠시 판금되었다. 그러나 그를 둘러싼 논쟁은 이내 잠잠해졌고, 그는 일종의 귀족적 개인주의로 수렴할 반세기 이상의 기다란 내적 망명을 시작했다.

블러디 메리 Bloody Mary
02.18.

순수한 종교적 열정이었든 정치적 타산에 바탕을 둔 시늉이었든, 근대 초기까지 기독교 신앙은 드물지 않게 광기로 돌진했다. 그리고 그 광신이 피를 불렀다. 수많은 사람이 종교의 이름으로 수많은 사람을 살해하고 결국 자신을 베었다. 메리 튜더(메리1세, 1516.2.18 그리니치~1558 런던)의 손에도 그런 피가 묻어있었다.

헨리8세와 폐비廢妃 캐서린 사이에 태어나 불우한 유년기를 보낸 메리는 아버지가 어머니와 이혼하기 위해 결별했던 가톨릭에 광신적 애착을 보였다. 그녀는 1553년 이복동생 에드워드6세에 이어 즉위하자마자, 잉글랜드를 가톨릭 국가로 되돌려놓기 위해 진력했다. 여왕은 라틴어 미사를 부활시켰고, 국민의 반대를 무릅쓰고 가톨릭 국가 스페인의 왕자 펠리페와 결혼했고, 신교도 수백 명을 처형했다. 이복동생 엘리자베스(뒷날의 엘리자베스1세)마저 목숨이 위태로울 지경이었다.

메리1세는 그 폭정 탓에 '피 묻은 메리Bloody Mary'라는 별명을 얻게 됐다. 보드카에 토마토즙을 섞은 칵테일 블러디메리는 바로 메리 튜더의 별명에서 따온 것이다.

메리1세가 죽고 엘리자베스1세가 즉위하자, 잉글랜드인들은 '참을 수 없는 고통과 처형의 물줄기에서 자신들을 구원해준' 젊은 여왕을 뜨겁게 환영했다. 신교도로 자란 이 새 군주는 그러나 이번엔 가톨릭 쪽의 반체제 음모에 맞서야 했다. 엘리자베스1세는 결국 역모의 상징적 인물인 메리 스튜어트를 처형했다. 스코틀랜드 여왕으로 군림하다 장로교과 신민들에게 쫓겨난 메리 스튜어트는 엘리자베스1세와 5촌간이었다. 피는 물보다 진하다지만, 신앙과 권력욕은 피보다 진했다.

이오지마 硫黃島 전투
02.19.

제2차세계대전이 막바지로 치닫던 1945년 2월 19일, 태평양전쟁 사상 가장 참혹한 전투 가운데 하나로 꼽히는 이오지마 전투가 시작됐다. 이오지마는 일본 도쿄도東京都 남쪽 해상 오가사와라小笠原 제도 중앙에 자리잡은 화산섬이다.

이 날 새벽 이오지마에 상륙하기 시작한 약 7만 명의 미군 해병대는 박격포와 기관총으로 무장한 일본군 2만으로부터 격렬한 저항을 받았다. 일본군은 본디 굴이 많은 스리바치산摺鉢山의 지형을 이용해 섬 곳곳에 지하 터널을 만들어놓았다. 게다가 토치카, 목조 요새, 대전차호對戰車壕, 지뢰밭이 여기저기 있었다. 섬을 뒤덮고 있는 검은 모래 위로 중무기重武器를 나르는 일도 미군에게는 쉽지 않았다.

그러나 미군은 일주일 만에 비행장과 스리바치산 정상을 장악했다. 그들은 이 사화산에 '혈장血漿'을 뜻하는 '플래즈머Plasma'라는 별칭을 붙였다. 스리바치산을 빼앗느라 흘린 피를 상기하기 위해서였다. 그 뒤 미군은 이오지마를 공군기지로 삼아 쉽사리 일본 본토를 공습할 수 있었다.

그러나 이오지마 전투는 계속됐다. 일본군 패잔병들이 섬 곳곳에서 저항을 멈추지 않았기 때문이다. '소탕작전'이 끝난 것은 6월 들어서였다. 섬을 지키던 일본군 2만 가운데 마지막 1인이 사살됐을 때, 미군은 이미 2만 7천 명의 사망자를 낸 상태였다.

이오지마가 처음 일본 영토에 편입된 것은 1891년이다. 일본은 1944년 섬 주민을 강제로 몰아내고 군 기지를 세웠다. 1945년 전투 이후 미 공군기지로 사용되던 이오지마는 1968년 오가사와라 제도의 다른 섬들과 함께 일본에 반환되었다. 지금도 일본 자위대가 항공 기지로 사용하고 있어서, 제2차세계대전 중에 강제로 소개된 주민들이 돌아가지 못하고 있다.

이용익 李容翊
02.20.

1907년 2월 20일 구한말의 정치가 이용익이 연해주沿海州에서 작고했다. 향년 53세.

이용익은 함북 명천 출신이다. 출신이 한미했던 그가 조선조 말기 정계의 한가운데 있을 수 있었던 것은, 전통적 신분질서의 와해라는 시대적 배경 이외에도 고종의 비妃인 민씨와의 특별한 관계가 계기가 되었다. 걸음걸이가 유달리 빨랐던 이용익은 1882년 임오군란으로 민비가 장호원에 피신해 있을 때 민비를 도우며 고종과의 연락을 취해, 민씨 일파와 고종의 신임을 단단히 얻었다.

함남 병마절도사로 발탁된 이용익은 북청 민란을 만나 탐관오리로 탄핵받고 전라도 신안으로 유배되기도 했지만, 이내 풀려나 중앙 정계로 진출해 벼슬이 탁지부 대신에 이르렀다. 그는 친일 세력과 친러 세력이 각축을 벌이던 구한말의 중앙 정계에서 주로 황실의 재산을 관리하며 친러파의 우두머리로 활약했다.

그래서 이용익 개인의 삶도 친러파와 부침을 함께했다. 그는 자신이 반대했던 제2차 한일협약(을사조약)이 체결되자 군부대신 직을 사퇴하고 우여곡절 끝에 연해주로 망명해, 그곳에서 구국운동을 계속하다 병사했다. 현재의 관점에서 보면 그의 반일 노선이 옳았던 것은 확실하지만, 그의 친러 노선이 옳았는지, 적어도 사적 이해를 떠나 정정당당했는지는 확실치 않다.

조국에 대한 이용익의 가장 큰 기여는 고려대학교 전신인 보성전문학교의 설립에 있을 것이다. 1905년 법률학과 이재학(理財學, 오늘날의 경제학)의 2개 전문과를 둔 2년제 학교로 출발한 보성학원은 오늘날 한국의 대표적 사립대학으로 발전했다.

이용익이 만년을 보낸 연해주는 러시아어로 프리모르스키라고 한다. 러시아어로 '프리'는 '연안'이라는 뜻이고, '모르스키'는 '바다의'라는 뜻이다. 주도는 블라디보스토크다.

닉슨 중국 방문
02.21.

1972년 2월 21일 리처드 닉슨이 미국 대통령으로서는 처음 중국을 방문했다. 중국 국공내전國共內戰 당시 국민당을 지원했고 한국전쟁 때는 중국의 맞상대였던 미국의 최고지도자가 '적국'을 방문한 것이다. 그 때까지 미국은 중국 대륙을 실질적으로 통치하고 있는 베이징北京 정부를 승인하지 않고 있었을 뿐만 아니라, 한국전쟁 이래 금수 조치 등을 통해 국제 사회에서 중국을 고립시키는 방향으로 외교를 펼치고 있었다.

그러나 마오쩌둥毛澤東이 일찍이 예언했듯, 먼저 손을 내민 것은 미국이었다. 1969년 초에 출범한 닉슨 행정부는 중국과 소련 사이의 분쟁에 편승해 중국과 대화 채널을 만들고자 했다. 중국 역시 미국과 관계를 개선하는 것이 소련과의 관계를 대등하게 만드는 데 필요하다고 판단했다.

정치적 수준의 접근 이전에 민간 차원의 준비운동이 필요했다. 1971년 4월 10일 미국 탁구선수단이 중국을 방문함으로써 정치적 접근을 위한 레일을 깔아 놓았다. 이 사건을 저널리즘에서는 '핑퐁 외교'라고 불렀다. 꼭 두 달 뒤인 6월 10일 닉슨은 대對중국 금수 조치를 해제했고, 그 다음 달에 닉슨의 국가안보 보좌관 헨리 키신저가 극비리에 중국을 방문해 실무 협상을 마무리했다.

닉슨은 이듬해 2월 21일 전격적으로 중국을 방문해 중국 지도자들과 함께 상하이上海공동성명을 발표했다. 두 나라는 아시아·태평양 지역에서 패권을 추구하지 않는다는 것, 대만과 중국 문제는 외부의 간섭 없이 중국인 스스로 해결해야 하고 대만은 중국의 한 부분임을 인정한다는 것이 이 공동성명의 골자다.

그러나 닉슨의 중국 방문이 즉각 두 나라의 수교로 이어진 것은 아니다. 미국은 1978년 12월에야 대만과 국교를 단절하고 이듬해 1월 1일 중국과 수교했다.

소쉬르 —Ferdinand de Saussure
02.22.

1913년 2월 22일 스위스의 언어학자 페르디낭 드 소쉬르가 56세로 작고했다.

소쉬르는 현대 언어학의 산모라고 할 만한 사람이다. 다른 학문들과 마찬가지로 언어학의 역사도 고대 그리스나 인도에까지 끌어올리자면 그러지 못할 것은 없지만, 그럴 경우에도 소쉬르라는 이름은 더없이 우뚝하다. 이 제네바 사람을 통해서야 언어학은 좁은 의미의 모더니티를 획득하고 20세기 후반에 구조주의라는 사다리를 통해 학문의 왕좌에 오를 발판을 얻었기 때문이다.

소쉬르의 사후에 그의 제자인 샤를 발리와 알베르 세슈에가 편집한 『일반언어학강의』(1916)는 그 때까지의 언어학을 지배했던 낭만주의·역사주의·실증주의를 전복시키고 구조주의의 씨앗을 뿌렸다. 언어는 구체적 단위들의 대립(차이)을 기반으로 하는 가치들의 체계(소쉬르 후계자들의 용어로는 '구조')라는 생각은 그 때까지의 언어관에 대한 혁명이었을 뿐만 아니라, 문화연구 신화학 인류학 사회학 역사학 등 20세기의 여러 인문사회과학이 새로운 방법적 틀을 빌려오는 원천이 되었다. 랑그/파롤, 시니피앙/시니피에, 형식/실체, 연합관계/통합관계, 공시/통시 등 과학적 언어학의 방법론적 기점이 된 대립쌍들의 개념이 확립된 것도 『일반언어학강의』에서였다.

언어학사 책에서 소쉬르가 차지하고 있는 만큼의 페이지를 할애받을 수 있는 언어학자는 아직 없다. 흔히 구조주의와 대립되는 것으로 여겨지면서도 크게 가르면 구조주의 언어학의 한 분파로도 볼 여지가 있는 생성문법의 창시자 노엄 촘스키 같은 이가 혹시 뒷날 소쉬르만큼의 평가를 받을지도 모른다. 그러나 그것이 확실치는 않다. 소쉬르의 이론은 한 세기의 풍화작용을 이겨내며 활짝 피어났지만, 촘스키의 이론은 그 화려한 역정에도 불구하고 아직 형성 중에 있기 때문이다.

로트실트 —Rothschild

02.23.

1743년 2월 23일, 유대계 국제 금융자본의 상징인 로스차일드가家의 실질적 비조鼻祖라 할 마이어 암셀 로트실트가 독일 프랑크푸르트에서 태어났다. 1812년 몰.

가문의 문장紋章에서 유래한 '로트실트'라는 성은 '붉은 방패'라는 뜻이다. 마이어 암셀 로트실트는 독일에서 태어나 독일에서 죽었지만 그의 자손들은 여러 나라로 퍼져 그 지역의 금융계와 인접 사업을 틀어쥐었던 터라, 이 가문은 영어권의 로스차일드를 비롯해 나라마다 조금씩 다르게 불린다.

마이어 암셀 로트실트는 생전에 프랑크푸르트를 비롯한 유럽 다섯 개 도시에 로스차일드 은행을 세운 뒤 다섯 아들에게 경영을 맡겼다. 아버지의 이름을 그대로 물려받은 장남 마이어 암셀(1773~1855)이 프랑크푸르트 본점을 맡았고, 둘째 잘로몬(1774~1855)이 빈 지점을, 셋째 나탄(1777~1836)이 런던 지점을, 넷째 카를(1788~1855)이 나폴리 지점을, 막내 야콥(1792~1866)이 파리 지점을 맡았다. 이들 다섯 형제는 모두 오스트리아 황제로부터 작위를 받았고, 야콥은 루이 18세, 샤를10세, 루이 필리프 등 프랑스 국왕 셋을 고객으로 삼았다.

나탄이 세운 영국 가문은 정치적으로도 두드러졌다. 나탄의 아들 라이어넬 네이선(1808~1879)은 영국 최초의 유대인 하원의원이 되었고, 손자 네이선 마이어(1840~1915)는 영국 최초의 유대인 상원의원이 됐으며, 증손자 라이어넬 월터(1868~1937)는 제1차세계대전이 막바지로 치닫고 있던 1917년 11월 영국 외무장관 아서 밸푸어로부터 유대인이 팔레스타인에 국가를 세우는 것을 영국이 돕겠다는 공적 약속(밸푸어선언)을 받아냈다. 야콥의 프랑스 가문 역시 그 나라의 금융계를 움켜쥐고 시오니즘을 적극 지원했다.

로스차일드는 가문이라기보다 제국이다.

이븐 바투타 Ibn Battūtah
02.24.

1304년 2월 24일 이슬람 여행가 이븐 바투타가 모로코 탕헤르에서 태어났다. 1368년 모로코 페스에서 졸.

이븐 바투타는 모로코에서 태어나 모로코에서 죽었지만, 생애의 많은 부분을 고향 바깥에서 보냈다. 그는 아프리카·유럽·아시아 세 대륙을 30년에 걸쳐 여행한 뒤, 비서 이븐 주자이의 도움을 받아 기행문을 남겼다. 흔히 『리흘라』('기록' 또는 '보고')라고 불리는 이 방대한 여행기는 당대 이슬람 사회 안팎의 사정을 소상히 알려주는 매우 귀중한 자료다.

아라비아와 소아시아에서 우크라이나, 카자흐스탄, 인도, 몰디브, 중국, 스페인, 사하라, 수단에 이르렀던 이븐 바투타의 긴 여정은 교통수단의 발달로 세계 어느 곳이든 하루면 갈 수 있는 오늘날에도 꽤 바지런한 여행객들이나 시도할 수 있는 대사大事다. 당시로서는 시시각각 목숨을 걸어야 할 모험이었다.

이븐 바투타를 비롯한 그 시대의 모험가들은 그 점에서 '땅을 그리는 사람'이라는 그리스어 어원에 꼭 걸맞은 진정한 지리학자들이었다. 몸소 다리품을 팔았던 이 모험가-지리학자들 덕분에, 뒷날의 지리학자들은 답사 현장보다는 연구실에서 더 많은 시간을 보낼 수 있게 되었다.

이븐 바투타에 앞서 여행기를 남긴 이슬람인으로는 스페인 발렌시아 출신의 이븐 주바이르(1145~1217)가 유명하다. 그의 중근동지방 여행기 『키난인人의 기록』은 이븐 바투타의 『리흘라』를 편찬한 이븐 주자이에게도 작지 않은 도움을 주었다.

중세 이슬람 학자들은 지리학만이 아니라 다른 여러 학문 분야에서도 당대 최고 수준의 업적을 쌓았다. 1492년 기독교도들이 이베리아반도를 완전히 되찾은 뒤 유럽인들은 이슬람인들이 아랍어로 남기고 간 방대한 철학·과학 문헌들을 번역하며, 잃어버린 고전시대를 새로 발견했다. 이슬람인들은 고전유럽과 근대유럽을 이어준 은혜로운 문화중개자였다.

에식스 백작
02.25.

1601년 2월 25일 엘리자베스1세의 총애를 받던 에식스 백작 로버트 데버루가 반역죄로 참수됐다. 35세였다.

그가 죽은 뒤 여왕은 한동안 모습을 보이지 않았다. 그리고는 의회 연설을 통해 70 평생을 되돌아보며, 자신은 한 남자가 아니라 잉글랜드 왕국과 결혼했다고 선언했다. 군주와 국가의 관계를 요약한 여왕의 이 멋진 발언은 그의 진정한 사랑이 에식스 백작이었다는 사실을 부정하려는 안간힘의 소산이었는지도 모른다. 두 해 뒤 여왕을 삶을 마감했다.

엘리자베스1세는 일생을 처녀로 살았다. 그녀의 치세에 개척된 아메리카의 한 지역은 여왕을 기려 버지니아(처녀의 땅)로 명명됐다. 그러나 그녀가 연정을 품은 남자들이 없었던 것은 아니다. 그녀는 처음 레스터 백작 로버트 더들리를 사랑했지만, 남편과 권력을 나누기 싫어 결혼을 포기했다. 그 뒤엔 근위대장 월터 롤리와 사랑에 빠졌지만, 역시 결혼을 결행하지는 못했다. 권력욕이 늘 연정보다 컸다는 점에서, 자신이 잉글랜드와 결혼했다는 여왕의 선언에는 그 나름의 진실이 있었다. 그러나 엘리자베스1세는 레스터 백작이 한 미망인과 몰래 결혼하자 분노에 몸을 떨었고, 월터 롤리가 한눈을 파는 듯하자 그를 잠시 투옥하기까지 했다. 그녀는 적어도 질투를 할 줄 아는 연인이었다.

엘리자베스1세의 마지막 사랑이었던 에식스 백작은 첫사랑 로버트 더들리의 의붓아들이다. 여왕의 총애를 한 몸에 받던 그는 아일랜드 반란 진압에 실패한 데다 자신의 비밀결혼이 여왕에게 알려지자, 스코틀랜드 왕 제임스6세와 짜고 반란을 꾀했다. 반란 음모는 분쇄됐고, 여왕은 많은 망설임 끝에 이 배신자를 처형했다.

두 해 뒤 여왕이 죽자, 스코틀랜드의 제임스6세가 제임스1세라는 이름으로 잉글랜드 왕이 되었다. 그녀의 사랑이 끝나면서 그녀의 삶도 끝났고, 그녀의 죽음과 함께 튜더왕조도 끝났다.

2·26쿠데타

02.26.

1936년 2월 26일 새벽 황도파皇道派라고 불리던 일본 육군 장교들이 국가의 전면 개조와 군사정부 수립을 요구하며 쿠데타를 일으켰다. 육군 대위 노나카 시로野中四郎를 비롯한 황도파 청년 장교들은 1,400여 명의 병력을 이끌고 도쿄에서 봉기해 수상 관저와 의사당, 육군성, 경시청 등을 습격했다. 반란군은 내무대신 사이토 마코토齋藤實, 대장상 다카하시 고레키요高橋是淸, 육군 교육총감 와타나베 조타로渡邊錠太郎 등을 살해했다. 이 날 살해된 내무대신 사이토는 두 차례 조선총독을 지낸 뒤 수상을 지낸 인물이었고, 대장상 다카하시 역시 수상을 지낸 인물이었다.

2·26쿠데타를 촉발시킨 것은 일본 군부 안의 파벌 싸움이었다. 주로 위관급 청년 장교들로 구성된 황도파는 '천황', '황국', '황군'으로 상징되는 일본 특유의 관념론에 기대어 강력한 반공·반소주의와 농본주의를 내걸고 일본의 급진적 군국화를 꾀했다. 반면에 중앙 막료들을 중심으로 한 통제파統制派는 황도파의 직접적 행동주의를 비판하고 재벌·정계와 연합해서 '합법적으로' 일본을 군국화해야 한다고 주장했다. 황도파와 통제파는 서로 상대를 '이단', '군벌'로 부르며 적대감을 쌓아갔는데, 이들은 구체적 방법론에서는 차이를 보였지만 일본 국가의 병영화를 지향하는 파시스트라는 점에서는 차이가 없었다.

황도파의 기대와 달리 천황 히로히토裕仁는 이들의 반란에 노해 진압을 지시했다. 29일 사병과 하사관이 원대로 복귀한 뒤 장교들이 체포되면서 쿠데타는 나흘 만에 막을 내렸고, 민간인들을 포함해 주모자 전원이 처형됐다. 2·26쿠데타의 실패는 일본 군부 안에서 황도파의 몰락을 가져왔지만, 군부 자체의 힘은 더욱 커져 그 뒤 일본은 실질적인 군사국가가 되었다.

하야카와 Samuel Ichiyé Hayakawa
02.27.

1992년 2월 27일 영어학자 새뮤얼 이치예 하야카와가 86세로 작고했다. 이주 일본인의 자식으로 캐나다 밴쿠버에서 태어난 하야카와는 몬트리얼의 맥길대학와 미국 위스콘신대학에서 영어 의미론을 전공하고 여러 대학에서 가르쳤다. 미국인으로 귀화해 캘리포니아에 정착한 뒤에는 공화당 소속 상원의원을 지내기도 했다.

하야카와의 가장 잘 알려진 저서는 『생각과 행동 속의 언어』다. 그는 이 책에서 언어의 함축적 의미를 따져보며, 으르렁말snarl words과 가르랑말purr words을 구별했다. 그가 든 예를 인용하자면, "이런 버러지 같은 놈You filthy scum!"은 으르렁말이고, "넌 세상에서 제일가는 여자야You're the sweetest girl in all the world"는 가르랑말이다.

앞의 말은 남을 도발하거나 위협하는 으르렁거림이고, 뒤의 말은 고양이가 가르랑거리듯 남의 호감을 사기 위한 언어행위다. 으르렁말이나 가르랑말에서는 언어의 소통 기능 가운데 중립적인 정보 기능이 거의 사라지고, 그 대신 표현적 기능이 두드러진다.

그래서 으르렁말이나 가르랑말에 담긴 의미는 개념적 의미라기보다 정서적 의미다. 으르렁말의 극단적 형태는 욕설을 포함한 각종 금기어다. 반면에 연인의 환심을 사기 위한 과장된 찬사나 북한에서 김일성 부자에게 붙이는 갖가지 존칭 수식사들은 가르랑말의 극단적 형태라 할 수 있다.

그러나 그 사이에는 여러 단계의 으르렁말과 가르랑말이 있다. 화백畵伯이 가르랑말이라면 환쟁이는 으르렁말이고, 빙인氷人이 가르랑말이라면 뚜쟁이는 으르렁말이다. 어떤 말들은 그 말을 대하는 사람의 경험과 신념에 따라 으르렁말에 속하기도 하고 가르랑말에 속하기도 한다. 예컨대 자유주의, 공산주의, 민족주의, 좌파 같은 정치 언어들이 그렇다.

팔메 Sven Olof Joachim Palme
02.28.

1986년 2월 28일 밤 스웨덴 총리 스벤 올로프 요아힘 팔메가 스톡홀름의 한 길가에서 암살됐다. 59세였다. 팔메는 그 날 부인과 함께 수잔네 오스텐 감독의 영화 〈모차르트 형제〉를 관람하고 경호원 없이 자기 아파트로 걸어 돌아오고 있던 중이었다.

팔메는 41세 때인 1968년 사회민주당 총재로 선출되면서 유럽 최연소 총리가 돼 1976년까지 재임했고, 1982년에 다시 총리가 되었다. 교육부 장관으로 재직하던 1967년에는 미국의 북베트남 폭격에 반대하는 시위에 참가해 당시 미국 대통령 린든 존슨을 격렬히 비난함으로써, 스웨덴과 미국 관계를 얼어붙게 만들기도 했다.

스톡홀름대학교 법학부에 재학하던 시절부터 정치 활동에 발을 담근 팔메는 뒷날 서독의 빌리 브란트, 오스트리아의 브루노 크라이스키 등과 함께 사회주의 인터내셔널의 지도적 인물이 되었다. 영국 런던에 본부를 두고 1951년에 창설된 사회주의 인터내셔널은 서방 세계의 비非공산 온건 좌파 정당들의 결집체다. 엄격한 자본주의와 국제 공산주의 운동에 대해 양면 투쟁을 벌였던 이 조직의 상징물은 붉은 장미다.

팔메라는 이름은 1982년 그가 중심이 된 팔메위원회가 국제연합 사무총장에게 제출한 보고서 덕분에 국제정치사에 또렷이 새겨지게 되었다. 정식 이름이 '군축과 안전보장에 관한 독립위원회'였던 팔메위원회는 이 보고서를 통해 나라들의 안전보장은 군사적 우위를 통해서는 이룰 수 없고, 핵전쟁의 위험이 현실로 존재하고 있으며, 핵전쟁의 결말은 매우 비참하고, 군사비 지출은 큰 나라들만이 아니라 제3세계 나라들에도 경제적·사회적으로 나쁜 영향을 끼치고 있다고 지적했다. 팔메위원회 보고서는 또 국제연합의 강화를 비롯해 평화를 위한 여러 수준의 행동 계획을 제시한 바 있다.

로시니 Gioacchino Rossini
02.29.

1792년 2월 29일 이탈리아 작곡가 조아키노 로시니가 아드리아해 연안 도시 페자로에서 태어났다. 1868년 프랑스 파리에서 졸.

로시니는 〈세비야의 이발사〉와 〈빌헬름 텔〉을 비롯한 오페라 39곡 외에도 수많은 칸타타와 가곡, 실내악곡, 성악곡을 만든 19세기 이탈리아 최고의 작곡가다. 만년에는 요리 연구에 빠져 음식에 관한 책도 여럿 냈다. 말하자면 그는 이탈리아가 인류에게 건넨 두드러진 선물 둘(오페라와 요리) 다에 기여한 셈이다.

프랑스혁명 이념에 호의적이었던 아버지 주세페가 오스트리아 관리들의 비위를 건드려 감옥살이를 했던 탓에(당시 북부 이탈리아는 오스트리아 영토였다) 어린 시절이 불안정하기는 했으나, 로시니의 빛나는 재능은 이내 주변 사람의 눈에 띄어 그의 삶을 화사하게 만들었다. 볼로냐와 베네치아, 로마와 빈, 런던과 파리와 피렌체 등 그의 발걸음이 닿는 도시마다 로시니 열광자들이 생겨났다.

윤년의 윤일에 태어난 사람들의 운명에 따라 로시니도 4년에 한 번씩 생일을 맞을 수밖에 없었다. 그래서 당대의 평균 수명을 훌쩍 뛰어넘어 76세까지 산 이 작곡가는 외려 여느 사람들보다도 훨씬 적은 횟수의 생일 파티를 열었을 것이다. 아니면 이 날 태어난 사람들이 흔히 그러듯, 2월 28일이나 3월 1일에 생일잔치를 했는지도 모른다. 이랬든 저랬든, 4년마다 한 번 돌아오는 생일은 본인에게나 가족에게나 각별했을 테다. 공정하기 위해선, 2월 29일생 사람들의 생일잔치는 다른 사람들의 생일잔치보다 네 배나 여덟 배 떠들썩해야 할 것이다.

37세에 〈빌헬름 텔〉(초연된 곳이 파리여서 보통은 프랑스어 식으로 〈기욤 텔〉이라고 한다)을 쓴 이후 로시니는 오페라 작곡에서 손을 뗐다. 그 이유가 재미있다. 그 전에는 저절로 오페라가 써졌는데, 그 뒤로는 오페라를 쓰려고 했더니 궁리를 하게 되더라는 것이다. 천재란 이런 사람을 두고 하는 말일 테다.

3
아쿠타가와에서 브라지야크까지

아쿠타가와 芥川龍之介

03.01.

　1892년 3월 1일 일본 소설가 아쿠타가와 류노스케가 도쿄에서 태어났다. 1927년 몰.

　아쿠타가와는 35세에 한 움큼의 수면제를 입에 털어 넣고 자살했다. 그는 「어떤 옛 친구에게 보내는 수기」라는 제목의 유서에다 자살의 동기를 "내 장래에 대한 어떤 몽롱한 불안"이라고 썼다. 아쿠타가와의 자살은 1936년의 마키노 신이치牧野信一, 1948년의 다자이 오사무太宰治, 1970년의 미시마 유키오三島由紀夫, 1972년의 가와바타 야스나리川端康成로 이어지는 일본 현대문학 공간 속의 자살에 시동을 걸었다.

　아쿠타가와는 도쿄대학 영문과 재학 중에 나쓰메 소세키夏目漱石 문하에 들어가 구메 마사오久米正雄, 기쿠치 간菊池寬 등 동료들과 제3차 《신시초新思潮》를 발간했다. 그는 이 잡지에 처녀작 「노년老年」을 발표했으나 문단의 눈길을 끌지 못하다가, 대학을 졸업한 해 제4차 《신시초》에 발표한 「코鼻」가 스승 나쓰메의 추천을 받으면서 정식으로 등단했다. 여느 사람보다 코가 아주 긴 젠치 나이구禪珍內供의 내면을 통해 인간의 허영과 위선, 이기주의를 해학적으로 그린 이 작품은 아쿠타가와의 대표작 가운데 하나로 꼽힌다.

　매우 복잡한 가정환경 속에서 불우한 성장기를 보낸 아쿠타가와는 자란 뒤에도 늘 신경쇠약에 시달렸고, 자신의 작품 속에다 유미주의적 세계관의 한 극단을 구축해놓았다. 그가 명성의 절정기에 자살한 것은 프롤레타리아 문학이라는 이름으로 다가온 '근대'를 정면에서 응시하기가 너무 힘겨워서였는지도 모른다.

　가까웠던 벗 기쿠치 간의 주도로 1935년 분게이슌주사文藝春秋社가 제정한 아쿠타가와상은 프롤레타리아 문학 이외의 작품을 대상으로 한 일본의 대표적 신인문학상이다.

하워드대학교
03.02.

1867년 3월 2일 미국 의회가 하워드대학교의 설립을 인가했다. 아프리카계 미국인들에게 고등교육을 제공하기 위해 세워진 이 대학은 사립학교임에도 불구하고 의회의 결의에 따라 연방정부의 재정 지원을 받고 있다.

1865년에 끝난 4년간의 내전(남북전쟁)으로 해방된 흑인 노예들을 위해 세워진 첫 고등교육기관은 1866년에 수업을 시작한 테네시주 내슈빌의 피스크대학이지만, 하워드대학은 미국의 수도 워싱턴 한복판에 세워졌다는 데 큰 의의가 있었다. 하워드대학은 그 뒤 결성된 전국유색인지위향상협회 NAACP와 함께 아프리카계 미국인들을 세력화하는 두 구심점 가운데 하나로 자리잡았다.

하워드대학교라는 교명은 남북전쟁 영웅 가운데 한 사람으로 이 학교 설립을 위한 모금을 주도한 올리버 오티스 하워드 장군의 이름을 딴 것이다. 하워드는 1869년 4월부터 1873년 11월까지 이 대학의 제3대 총장으로 재임하기도 했다. 이 대학의 첫 이사회는 하워드와 초대 총장 찰스 보인턴을 포함해 전원 백인이고 남성인 18명의 이사로 구성되었다. 흑인 이사들은 학교 설립 직후부터 선출되기 시작했지만, 여성이 학교 운영에 참여하기 시작한 것은 반세기 뒤인 1924년 새러 브라운이 이사로 선출된 뒤부터였다.

1867년 5월 학생 네 명이 등록을 해 첫 수업을 시작한 하워드대학은 다음 학기에 94명의 등록을 받았고, 개교 7년 뒤에는 신학과, 의학과, 법학과를 포함해 11개 학과를 갖췄다. 오늘날 하워드대학교는 1,300여 명의 전임 교원과 학부·대학원을 합쳐 1만 명 가까운 학생을 안고 있다. 이 대학을 거쳐간 아프리카계 미국인들 다수가 중산층에 진입한 덕에 하워드라는 이름은 흑인 중산층화의 상징이 되었다. 제2차세계대전 이후에는 백인 학생들도 대학원 과정을 중심으로 하워드대학에 들어가기 시작했다.

셋
03.03.

 '셋'에 대한 인류의 명상은 역사가 길다. 삼위일체를 원리로 내세우는 정통 기독교에서는 물론이고, 그 이전의 피타고라스학파나 플라톤 철학에서도 이 숫자는 성스러운 의미를 지닌다. 사실, 사람들이 셋이라는 숫자를 거룩하게 여기는 것이 별난 일은 아니다. '셋'은 공간(3차원)과 시간(과거·현재·미래)과 행위(시작·중간·끝)와 가족(아버지·어머니·자식)과 논리(정·반·합)와 개인사(태어남·삶·죽음)와 세계사(창조·세계·종말)의 구조를 이루는 숫자이니 말이다.

 거의 모든 종교에서 '셋'과 관련된 상징 개념들이 발견된다. 예컨대 힌두교의 브라마와 비쉬누와 시바, 고대 이집트의 오시리스와 이시스와 호루스, 그노시스파의 정신과 말씀과 지혜, 정통기독교의 성부와 성자와 성신, 우리 건국신화의 환인과 환웅과 환검(단군왕검) 따위가 그렇다. '셋'은 더러 세속에서도 펄럭인다. 유럽의 이 구석 저 모퉁이에 세워져 있는 삼색기들을 보라.

 사람들이 분열과 이원성과 마니교적 양분법을 치유하는 것은 숫자 '셋'을 통해서다. 숫자 '셋'은 대립되는 한 쌍에 새로운 차원을 보탠다. 선과 악이라는 본원적 대립을 선도 악도 아닌 참眞은 가볍게 초월하면서 참과 거짓이라는 새로운 대립을 창출해낸다. 참과 거짓 사이의 대립을 참도 거짓도 아닌 미美는 간단히 초월하며 미와 추라는 새로운 대립을 만들어낸다.

 위험한 양분 상태를 초월하거나 두 극단의 균형을 잡아줌으로써, '셋'은 모든 성스러운 것을 저절로 구현하는 판박이 숫자가 되었다. 그것은 신의 숫자이고 사제의 숫자이며 희생의 숫자이고 헌주獻奏의 숫자다. 그것은 민중의 숫자이기도 하다. 고금동서 가릴 것 없이 동화에는 흔히 곰 세 마리나 화살 세 개가 나오고, 노래에는 흔히 북 세 개와 어린아이 셋이 나온다.

샹폴리옹 Jean-François Champollion
03.04.

1832년 3월 4일 이집트학의 비조로 꼽히는 프랑스 문헌학자 장 프랑수아 샹폴리옹이 42세로 작고했다.

한 해 전 콜레주 드 프랑스에 신설된 이집트학 교수였던 그가 좀 더 오래 살았다면, 찬란했던 이집트 고대 문명에 대한 인류의 정보는 지금보다 더 정밀해졌을지도 모른다. 샹폴리옹의 필생의 역작 『이집트어 문법』과 『이집트어 사전』은 미완 상태로 그의 사후에 출간됐다.

1798년 나폴레옹 보나파르트의 이집트 원정 때 프랑스군이 닥치는 대로 약탈한 이집트 고대 유물들은 당대 유럽의 고대사 연구자들에게 큰 관심을 불러일으켰다. 로제타석石이라고 불리게 된 검은 돌덩어리도 그 약탈 유물 가운데 하나였다. 프랑스군이 로제타 마을에 요새를 쌓다가 발견한 이 현무암에는 서로 다른 이집트 문자와 그리스어가 새겨져 있었는데, 그 당시 유럽에 고대 이집트어는 전혀 알려져 있지 않았다.

로제타석을 포함한 약탈 유물 상당수는 1801년 알렉산드리아 전투에서 프랑스군을 격파한 영국군 손에 넘어가 대영박물관으로 옮겨졌지만, 고대 이집트어 자료들의 석고 사본은 그 전에 파리로 건너간 상태였다. 그래서 흔히 신성문자라고 불리는 이집트 상형문자의 해독은 프랑스와 영국에서 처음 시도되었다.

신성문자 해독에 처음 관심을 보인 사람은 아마추어 문헌학자였던 영국 의사 토머스 영이었지만, 그는 별다른 성과를 내지 못했다. 고대 이집트어의 진화어로 추정되는 콥트어를 비롯해 다양한 중근동 언어들을 파리 동양어대학에서 익힌 샹폴리옹은 이 작업을 하기에 적임자였다. 샹폴리옹은 로제타석의 사본과 그 뒤 필라에에서 발견된 오벨리스크의 이집트어 텍스트를 병서된 그리스어 문장과 꼼꼼히 비교해가며 마침내 신성문자를 해독하는 데 성공했다. 샹폴리옹의 연구를 통해, 신성문자가 표의문자로 출발했지만 표음문자로 진화했다는 사실도 밝혀졌다.

크리스퍼스 어턱스 —Crispus Attucks
03.05.

　미국사에서 1770년 3월 5일은 보스턴 학살의 날로 기억되고 있다. 보스턴 시민과 주둔 영국군 사이의 충돌로 보스턴 시민 다섯 명이 사살당한 이 사건은 이내 미국 독립혁명의 불을 댕겼다. 이 사건의 주역이 노예 출신의 흑인 남자였다는 사실이 인상적이다. 이 남자의 이름은 크리스퍼스 어턱스였다.

　크리스퍼스 어턱스는 1723년 매사추세츠의 프레이밍햄에서 태어났다. 아버지는 프린스 용거라는 흑인 노예였고, 어머니는 낸시 어턱스라는 아메리카 원주민이었다. '어턱스'는 원주민 언어로 '사슴'을 뜻한다고 한다. 크리스퍼스 어턱스는 마소를 사고파는 거래에 재주가 있어서 약간의 돈을 제 몫으로 돌릴 수 있었고, 그 돈으로 자유를 사고자 했다.

　그러나 그의 주인 윌리엄 브라운은 이 재주 많은 노예를 돈 몇 푼에 놓아줄 생각이 없었다. 좌절한 어턱스는 스물일곱 살 무렵 탈출을 감행했고, 그 뒤 매사츠세츠 근해의 포경선에서 선원으로 일했다. 주인 브라운은 어턱스가 탈출한 즉시 매사추세츠의 몇몇 신문에 그의 수배 광고를 냈지만, 어턱스는 잡히지 않고 그 뒤 20년간 자유롭게 살았다. 그리고 1770년 3월 5일 동료 보스턴 시민들과 함께 영국군에게 맞서다 살해되었다.

　매사추세츠는 아메리카에서 독립의 열망이 가장 큰 식민지였고, 그 중심 도시 보스턴에 영국군 2연대가 주둔하고 있었음에도 독립적 사법권을 지니고 있었다. 발포에 직접 가담한 영국군 8명은 살인 혐의로 기소됐지만, 이들의 변호를 맡은 존 애덤스(뒷날 미국 2대 대통령)는 어턱스를 폭도 우두머리로 몰아 무죄 판결을 이끌어냈다.

　그러나 19세기 중반 노예해방운동이 일어나면서 어턱스는 '미국의 자유를 위해 가장 먼저 떨쳐 일어나 가장 먼저 죽은 순교자'로 추앙되기 시작했고, 1998년에는 미국 독립에 대한 그의 기여를 기념하는 주화가 발행됐다.

라트라비아타 La Traviata
03.06.

1853년 3월 6일 주세페 베르디의 3막 오페라 〈라트라비아타〉가 베네치아 페니체 극장에서 초연됐다. 〈라트라비아타〉의 '라'는 이탈리아어 정관사고, '트라비아타'는 '타락한 여자', '길을 잘못 든 여자'라는 뜻이다. 작품 속에서 고급 매춘부 노릇을 하는 여주인공 비올레타 발레리를 가리키는 말이다.

한국에서는 더러 이 오페라의 제목을 〈춘희椿姬〉로 번역하기도 했는데, 일본의 선례를 따른 것이다. 일본인들의 번역 '춘희'의 기원은 〈라트라비아타〉의 원작 소설인 알렉상드르 뒤마의 『동백꽃을 든 여자』(1848)다. '춘椿'은 본디 참죽나무를 가리키지만, 일본에서는 '진' 또는 '쓰바키'라고 읽히며 동백나무를 가리키기도 하는 모양이다. 옛사람들이 머리에 발랐던 동백기름을 일본어로는 쓰바키아부라椿油라고 한다.

뒤마의 소설에서 여주인공 마르그리트 고티에는 한 달 중 25일은 흰 동백꽃을, 나머지 5일은 붉은 동백꽃을 들고 사교계에 나타나 귀부인 행세를 하며 남자를 유혹한다. 이 소설 이후 프랑스어에서 '동백꽃을 든 여자'는 매춘부를 돌려 표현하는 말이 되었다. 미모로 이름을 떨친 파리의 고급 창녀 마리 뒤프레시의 실제 삶에서 소재를 취했다는 『동백꽃을 든 여자』는 출간 즉시 날개 돋친 듯 팔려나갔고, 독서 시장의 호의적 반응에 고무된 뒤마는 이 소설을 3막 희곡으로 각색해 1852년 무대에 올렸다.

연극 역시 반응이 좋았는데, 그 즈음 애인 주세피나 스트레포니와 함께 파리에 머물고 있던 베르디는 이 연극을 보고 크게 감명받았다. 그는 이 작품을 오페라로 만들기로 마음먹고 즉시 프란체스코 피아베에게 대본을 의뢰한 뒤 작곡에 들어갔다. 피아베의 대본에서는 제목과 주인공들의 이름이 바뀌고 시대가 한 세기 앞당겨졌지만, 파리와 그 인근이라는 공간 배경과 극의 구조는 그대로 유지됐다.

토마스 아퀴나스 —Thomas Aquinas
03.07.

1274년 3월 7일 이탈리아의 신학자 토마스 아퀴나스가 죽었다. 향년 49세.

토마스 아퀴나스는 중세 유럽의 스콜라 철학을 대표하는 학자다. 스콜라 철학은 샤를마뉴 대제가 유럽 각처에 세운 신학학교(스콜라)를 거점으로 기독교의 교의를 이론적으로 체계화하던 신학적 철학이다.

토마스 아퀴나스는 로카세카에서 태어나 나폴리대학에서 공부하고 도미니코회에 들어가 사제가 되었다. 그는 1252년 파리대학의 신학부 조수로 학교에 몸담은 이래 파리와 이탈리아 각지에서 교수 생활을 했고, 74년에 리옹 공의회에 참석하러 가던 도중 포사노바의 시토회 수도원에서 병사했다.

토마스 아퀴나스의 저작 가운데 가장 잘 알려진 것은 『신학대전』이다. 그는 이 책에서 유일신의 존재와 그 본질에서부터 창조·죄·신앙·희망·사랑·정의·용기·절제·그리스도론에 이르는 기독교 교의의 전 분야를 문제, 답변, 반론, 반론에 대한 응답 형식의 토론에 담아냈다. 아리스토텔레스와 아우구스티누스와 안셀무스는 존재의 형이상학이라는 틀 안에서 이 책에 흔적을 남기고 있다.

토마스 아퀴나스는 자신의 철학에서 경험적 방법과 신학적 사변을 종합했는데, 그의 사상은 토마스주의(토미즘)라고 불린다. 의지에 대한 지성의 우위를 특징으로 삼은 토마스주의는 19세기 이후 신토마스주의(네오토미즘)라는 이름으로 다시 철학계의 전면에 등장했다.

네오토미즘의 내용은 이성과 신앙을 각각 독자적인 인식의 원천으로 인정하고 그것을 상보적으로 보는 것, 사고는 존재에 근거하여 성립된다고 파악하는 인식론적 객관주의, 자연물의 존재를 이처럼 인식하는 것이 그 근거인 신의 존재를 인식하기 위해서도 타당하다는 존재의 유비類比 사상 따위로 요약할 수 있다. 프랑스의 자크 마리탱이 대표적인 네오토미스트다.

악의 제국
03.08.

옛 소련은 1980년대 미국인들 다수가 보기에 '악의 제국'이었다. 공개 석상에서 그런 딱지를 붙임으로써 이 말을 저널리즘에 널리 유통시킨 사람은 그 나라의 최고 지도자였다.

1983년 3월 8일 미국 대통령 로널드 레이건은 플로리다주 올랜도에서 열린 전국 복음주의 선교협회 대회에서 연설을 하며 소련을 '악의 제국Evil Empire'이라고 불렀다. 레이건의 이 도발적 발언은 미국이 야심차게 추진하고 있던 전략방위구상SDI을 정당화하기 위한 것이었다. '별들의 전쟁'(스타워즈) 계획이라고도 불렸던 SDI는 혹시라도 소련에서 미사일을 발사할 경우 이를 공중에서 격추함으로써 소련의 핵전력을 무력화하겠다는 것이었다.

흔히 신보수주의라고 불렸던 레이건의 정책은 국내와 국외에서 대조적 표정을 지었다. 그것은 나라 안에서는 소득세의 대폭 삭감, 복지정책 축소, 공급 사이드 경제학에 바탕을 둔 국가개입 최소화 등 '작은 정부'를 지향했지만, 나라 밖에서는 역사를 선과 악의 대립으로 파악하는 마니교적 이분법에 기초해 외부의 '악'을 단호히 징벌할 수 있는 '큰 정부'를 지향했다.

그런데 이 '큰 정부'가 상대한 것이 소련 같은 '큰 악'만은 아니었다. 인구 10만 남짓의 섬나라 그레나다의 불안한 정정이 미국 안보에 위협이 된다며 그 나라를 침공해 친미 정권을 수립한 일은, 레이건의 근엄하고 비장한 권선징악 외교가 지닌 희극성을 보여주었다.

레이건의 정신적 자식을 자처하는 현 미국 대통령 조지 부시는 북한과 이란·이라크를 '악의 축'으로 규정한 바 있다. 정신적 아버지와 달리 부시가 자신과 대등한 힘을 지닌 '악한' 상대를 지니지 못한 것은 그의 호전주의를 레이건의 경우보다 더 희극적으로 보이게 한다. 그러나 이 희극은 무고한 사람들의 피흘림으로 공연되는 참혹한 비극이기도 하다.

콜론타이 Alexandra Kollontai
03.09.

1952년 3월 9일 옛 소련의 여성 정치인 알렉산드라 콜론타이가 80세로 모스크바에서 작고했다. 세계 여성의 날 하루 뒤였다.

콜론타이는 20세기 전반의 가장 두드러진 여성 정치인이었다. 그는 레닌 정권에서 사회복지 담당 인민위원과 여성 담당 인민위원을 지냈고, 스탈린 정권에서는 세계 최초의 여성 외교관으로 노르웨이 공사, 멕시코 공사, 스웨덴 대사를 차례로 지냈다.

그러나 콜론타이가 레닌이나 스탈린의 무비판적 추종자는 아니었다. 그는 소련 공산당의 전신인 러시아 사회민주노동당이 레닌의 볼셰비키와 마르토프의 멘셰비키로 갈렸을 때, 레닌의 독선적 태도를 비판하고 멘셰비키에 가담했다. 러시아혁명 직전에 볼셰비키에 가담해 혁명에 참여한 뒤에도, 콜론타이는 공산당 내의 '노동자의 반대'파에 소속해 당내 민주화와 노동조합의 정치적 자유를 옹호했다.

1922년 레닌은 당내의 모든 파벌 활동을 금지했지만, 콜론타이는 그 뒤에도 당의 관료주의에 대한 비판을 멈추지 않았다. 그는 스탈린이 집권한 뒤에도 공산당 내의 야당 역할을 계속했다. 콜론타이는 스탈린을 비판한 간부급 공산당원 가운데 숙청 재판을 면한 거의 유일한 사람이었다. 스탈린의 이런 예외적 관용은 그가 여성이라는 점과도 관련이 있었을지 모른다.

당과 정부를 남성들이 장악하고 있던 혁명 초기 소련에서 콜론타이는 이네사 아르만드, 소피아 스미도비치, 나데즈다 크루프스카야(레닌의 부인) 등과 함께 희귀한 여성 정치인 그룹에 속했다. 그는 아르만드, 스미도비치와 함께 여성 노동자 선전선동 중앙위원회를 결성해서 당내에 페미니즘의 목소리를 확산하려고 애썼다.

콜론타이는 제정 러시아의 장군 도몬토비치의 딸로 상트페테르부르크에서 태어났다. 스물한 살 때 블라디미르 콜론타이라는 엔지니어와 결혼했으나 세 해 뒤 이혼하고는 일생을 독신으로 지냈다.

전화
03.10.

    1876년 3월 10일 보스턴대학 음성생리학 교수 알렉산더 그레이엄 벨이 전자석電磁石 앞에 진동편振動片을 놓고 진동판을 작동시키며 "왓슨 군, 용무가 있으니 이리로 와주게!"라고 말했다. 토머스 왓슨은 그의 조수였다. 벨과 왓슨의 이 대화는 인류 역사상 첫 전화 통화로 기록되었다. 벨의 전화기는 그 해 필라델피아 만국박람회에 출품돼 커다란 센세이션을 불러일으켰다.

    벨은 진동판의 크기와 종류, 자석의 형태 등을 놓고 실험을 거듭한 끝에, 이듬해인 1877년 영구자석을 사용해 현재의 수화기에 가까운 것을 만드는 데 성공했다. 그는 매사추세츠주 살렘의 군중 앞에서 이 전화기로 31km 떨어져 있는 왓슨과 통화하는 시범을 보였다.

    벨은 자신의 발명품이 단지 멀리 떨어져 있는 사람들끼리 통화하는 데 쓰이는 기계에 그치지 않고 무엇보다도 돈을 버는 기계라는 것을 직감했다. 왓슨과의 첫 통화가 있었던 그 해에 벨은 이 놀라운 발명품의 특허를 얻은 뒤 이듬해 벨전화회사를 설립했다. 이 회사는 벨의 연구를 재정적으로 지원했던 장인 앨릭스 허바드와 조수 왓슨을 돈방석에 앉혔다. 벨전화회사는 뒷날 세계 최대 규모의 통신회사인 미국전신전화회사AT&T로 발전했다.

    전화를 뜻하는 유럽어 '텔레폰'은 '멀다'는 뜻의 그리스어 '텔레'와 '소리'를 뜻하는 그리스어 '폰'을 합쳐 만든 말이다. 이 말은 벨이 전화를 발명하기 16년 전 프로이센의 물리 교사 필립 라이스가 처음 사용했다. 라이스는 진동판을 사용해 거의 실용 전화기를 만드는 단계에까지 갔으나, 당시 유럽 과학계에서 관심을 보이지 않자 연구를 포기했다. 그 즈음 에든버러대학에 재학 중이던 벨은 라이스의 연구를 전해 듣고 미국으로 건너가 이를 발전시켜 전화기 발명자의 영예를 얻었다.

고르바초프 집권
03.11.

　1985년 3월 11일 54세의 소련 공산당 정치국원 미하일 고르바초프가 당 서기장으로 선출됐다. 소련은 18년간 이 나라를 다스린 레오니드 브레즈네프가 1982년 11월 사망한 뒤 유리 안드로포프와 콘스탄틴 체르넨코의 짧은 치세를 마감한 참이었다.

　정치국의 핵심 멤버 가운데 비교적 젊은 고르바초프가 공산주의 종주국의 최고 권력자가 됐을 때, 이 권력 이양이 이내 세계사에 가져올 변화의 폭을 짐작한 사람은 소련 안에서든 밖에서든 아무도 없었을 것이다. 고르바초프가 집권한 지 4년여 만에 동유럽 공산주의 체제가 무너져 내리기 시작하면서 지도 제작자들은 이 지역의 국경선을 새로 그려 넣어야 했고, 그 두 해 뒤에는 그의 조국인 소비에트 사회주의 공화국 연방마저 해체됐다. 길게 보면 1917년 러시아혁명 이래, 줄잡아도 1922년 소비에트 연방 결성 이래 전 세계의 좌익 블록을 이끌어온 나라가 역사의 뒤켠으로 사라진 것이다.

　변화는 '재편再編'이라는 뜻의 페레스트로이카라는 이름으로 시작됐다. 페레스트로이카는 정치·경제·사회 각 부문에서 국가의 몫을 줄여나가는 한편, 외교 부문에서 신사고新思考의 기치 아래 탈이데올로기·탈군사화를 추진했다. '개방' 또는 '투명성'이라는 뜻을 지닌 글라스노스티라는 이름으로 일반 시민들의 정보 접근도 확대됐다.

　그러나 스탈린주의의 병폐를 바로잡아 레닌으로 돌아가자는 구호 아래 시작된 페레스트로이카는 스스로의 가속도를 제어하지 못하고 사회주의 체제 자체의 폐기로까지 나아갔다. 고르바초프가 아니었더라도, 사회주의 체제는 자체의 모순과 세계 자본의 힘에 밀려 조만간 무너져 내렸을 것이다. 고르바초프라는 '세계사적 개인'은, 자신의 본래 의도가 무엇이었든, 그 붕괴 과정에 극적인 속도를 부여했다.

리베르만 Evsei Grigor'evich Liberman
03.12.

 1983년 3월 12일 옛 소련의 경제학자 예브세이 그리고리에비치 리베르만이 86세로 작고했다.

 리베르만이라는 이름이 당시 공산권만이 아니라 전 세계에 알려진 것은 그가 소련 공산당 기관지 《프라우다》 1962년 9월 9일자에 「계획·이윤·프리미엄」이라는 논문을 발표하고서였다. 당시 하르코프 기술경제대학 교수였던 리베르만은 당 제1서기 니키타 흐루시초프의 허락을 받아 기고한 이 논문에서, 투자의 수익률을 높이기 위해서는 생산수단의 집단소유제 아래서라도 계획경제의 유연화와 기업의 상대적 자율을 북돋아야 한다고 주장했다. 리베르만의 이 논문은 곧 소련 전체에 '이윤 논쟁'을 불러일으켰다.

 리베르만 논문의 핵심은 생산자들이 창출한 이윤의 크기에 따라 보상금을 주자는 것이었다. 기존의 총생산액 방식에 필연적으로 따르는 품질의 조악과 관료주의의 비대가 가져온 비능률을 교정하기 위해서는 부분적으로라도 시장경제를 도입해야 한다는 것이 리베르만의 생각이었다.

 그의 제안이 정권 핵심부의 뜻을 담고 있었으므로, 이어진 논쟁은 다소 형식적인 것이었다. 리베르만 방식 또는 하르코프 방식이라고 명명된 이 이윤보상 제도는 1964년 한 해 동안 실험적으로 실천된 뒤 1965년 당 중앙위원회에서 채택돼 본격적으로 실시되었다.

 리베르만은 재능과 노력의 차이를 보상의 차이로 공인하지 않는 사회는 퇴락하게 마련이라는 것을 깨닫고 있었다. 그러나 그 차이가 너무 커져버리면 사회주의의 평등 이념이 뒤흔들릴 수 있다는 것도 알고 있었다.

 리베르만 방식은 동유럽 공산주의 국가들에도 퍼져나가 엄격한 계획경제 체제를 유지하려는 보수파와 이윤보상 제도를 도입하려는 개혁파 사이에 알력을 만들어냈다. 흔히 프라하의 봄이라고 불리는 1968년 체코슬로바키아 자유화 운동의 이면에도 리베르만 방식의 도입을 둘러싼 공산당 내부의 갈등이 있었다.

키에슬로프스키 _{Krzysztov Kieslowski}
03.13.

1996년 3월 13일 폴란드 영화감독 크쥐시토프 키에슬로프스키가 작고했다.

키에슬로프스키는 안제이 바이다와 함께 폴란드 영화예술의 가장 높은 성취를 보여준 작가다. 그러나 바이다가 제 작품 속에서 주저 없이 계몽의 욕망을 드러낸 데 비해, 키에슬로프스키는 경험적 관찰에 철저히 의지하며 관객에게 해석의 자유를 넉넉히 부여했다. 그의 영화가 보여준 형식적 세련미는 그런 윤리적 무심 속에서 더욱 도드라졌다.

키에슬로프스키가 국제적 명성을 얻게 된 것은 텔레비전 영화 〈십계〉(1988)가 방영되면서다. 구약 성서의 10계명을 현대적으로 해석한 이 10부작 가운데 제5부 〈살인하지 말라〉와 제6부 〈간음하지 말라〉는 재편집되어 각각 〈살인에 관한 짧은 필름〉, 〈사랑에 관한 짧은 필름〉이라는 제목으로 영화관에서 상영되었다. 이 과정에서 키에슬로프스키는 서유럽 자본과 만났고, 그 덕분에 〈베로니카의 이중생활〉(1991)과 〈세 가지 색〉 연작(1993~1994)을 만들 수 있었다.

키에슬로프스키 작품 가운데 폴란드 바깥에서 처음 찍은 〈베로니카의 이중생활〉은 베로니카라는 동명의 동유럽 여성과 서유럽 여성의 삶을 이어 붙이며 개인의 정체성, 유럽의 현실, 영화 매체의 본질 따위의 주제를 천착한 영화다. 〈블루〉, 〈화이트〉, 〈레드〉로 이뤄진 〈세 가지 색〉은 프랑스혁명의 세 이념 곧 자유·평등·박애를 상징하는 프랑스 국기의 삼색에서 그 제목들을 취해, 인간의 삶 속에서 그런 이념들이 어떻게 길항하고 굴절되는지를 살폈다.

이 작품들 덕분에 키에슬로프스키는 '영상을 표현 수단으로 삼은 철학자'로 불리게 됐다. 그와 자주 비교되는 러시아 영화감독 안드레이 타르코프스키처럼 키에슬로프스키도 55세가 되기 직전에 죽었다. 죽기 직전 그는 〈천당〉, 〈지옥〉, 〈연옥〉으로 이뤄지는 삼부작을 구상하고 있었다.

아인슈타인 Albert Einstein
03.14.

1879년 3월 14일 물리학자 알버트 아인슈타인이 독일 울름에서 태어났다. 1955년 몰.

스위스 베른의 특허국에서 하급 검사관으로 일하던 26살 때, 아인슈타인은 빛에 관한 두 편의 논문을 발표했다. '광량자 가설'로 알려지게 될 첫 논문 「빛의 발생과 변환에 관한 발견방법적 관점에 대하여」는 뒷날 그에게 노벨 물리학상을 안겼다. 빛의 속도는 어떤 경우에도 일정하다는 전제 위에서 쓰여진 더 중요한 논문 「운동물체의 전자기학」은 특수 상대성이론이라는 아주 낯선 인식론의 문을 열었다.

빛의 문제에서 출발한 특수 상대성이론은 중력의 문제를 껴안으며 일반 상대성이론으로 약진했고, 이 새로운 세계관의 낯섦이 어느 결에 사라졌을 때 사람들은 그가 인류의 오랜 미몽을 깨우고 자신들의 사고와 문명에 빛을 던진 예언자임을 알았다. 상대성이론은 3차원 공간과 1차원 시간을 4차원의 시공간으로 결합함으로써 뉴턴 이후의 물리학만을 허문 것이 아니라 칸트 이후의 철학적 사고를 전복시켰다.

독일 스위스 미국 국적을 차례로 얻었고, 두 여자와 결혼했으며, 만년에는 이스라엘 대통령직을 고사한 20세기의 지성 아인슈타인은 단순히 탁월한 자연과학자가 아니라 과학자의 사회적 책임을 의식한 진짜 지식인이기도 했다. "외적인 강제가 개인의 책임을 어느 정도 감소시킬 수는 있지만 완전히 면제해줄 수는 없다. 오늘날 우리 과학자와 기술자들은 특별한 도덕적 책임감을 지녀야 한다"(「과학의 사회적 책임」)거나 "자본주의 사회의 경제적 무정부주의야말로 모든 악의 근원이다. 이 악을 제거하는 길은 사회주의 경제를 세워 사회 전체를 위한 교육 체계를 수립하는 길 뿐이다"(「왜 사회주의인가」)라는 발언들은 그가 만년에 다다른 사상의 일단을 보여준다.

드리외라로셸 Pierre Drieu La Rochelle
03.15.

프랑스가 독일 점령군으로부터 해방되고 제2차세계대전이 막바지로 치닫던 1945년 3월 15일 프랑스 소설가 피에르 드리외라로셸이 자살했다. 52세였다.

처음 자살을 시도한 것이 일곱 살 때였다는 그 자신의 회고를 믿자면, 드리외라로셸의 이 자살 시도는 그의 생애에서 세 번째였다. 그리고 앞의 두 번과 달리 이번에는 성공했다.

자살에 성공하지 않았더라도, 이내 그는 드골이 주도한 숙청 재판에서 사형이나 종신형을 선고받았을 테다. 드리외라로셸이라는 이름은 전쟁 기간 중 독일 점령군에게 협력한 파시스트 문인 리스트의 윗자리를 차지하고 있었기 때문이다. 드리외라로셸은 점령군의 뜻에 따라 당시 프랑스 최고 권위의 문예지《신프랑스평론》의 주간을 맡아 지식인 사회의 대독對獨 협력을 주도했다.

파리에서 태어나 파리에서 생을 마감한 이 작가의 부모는 노르망디 지방의 유서 깊은 부르주아 가문 출신이었다. 역시 그의 회고를 믿자면, 드리외라로셸은 자신이 10세기 초 그 지방에 정착한 바이킹족(노르만족)의 후예라고 상상했고, 거기서 그의 뿌리 깊은 인종주의적 세계관이 배태됐다. 대부분의 적극적 협력자들과 마찬가지로, 드리외라로셸도 자신이 반유대주의자라는 것을 주저 없이 공언했다.

그러나 청년기 이후 드리외라로셸의 글과 삶이 일관되게 파시즘에 이끌린 것은 아니다. 제1차세계대전 때 베르됭 전투에 참가해 부상을 입고 제대한 그는 종전 뒤 불과 얼음의 관계라 할 다다이즘과 극우 민족주의에 동시에 발을 들여놓았고, 독일군의 패색이 짙어질 무렵에는 스탈린에 대한 존경심을 숨기지 않았다.

자전적 소설이라 할 『질Gilles』(1939)에서 모든 형태의 참여를 쓸데없는 짓이라고 진단했던 그가 동시에 파시즘에 열광한 것도 기묘하다. 이런 변덕과 모순은 한국의 유사 파시스트 지식인들에게서도 흔히 관찰되는 바다.

밀라이 학살
03.16.

1968년 3월 16일은 베트남전쟁의 가장 추악한 사건들 가운데 하나가 저질러진 날이었다. 이 날 미군 11경보병여단 찰리중대 소속 군인 150명은 윌리엄 캘리 중위의 인솔 아래 남베트남 밀라이 마을로 들어갔다. 마을에 진입하기 직전 캘리는 중대원들에게 거듭 말했다. "기다리던 순간이 드디어 왔다. 수색하고 파괴하라."

이 수색 파괴 작전 동안 미군은 단 한 명의 적군도 만나지 못했다. 그 대신 그들은 500여 명의 비무장 민간인을 닥치는 대로 살해했다. 여자, 어린아이, 노인 가리지 않았다. 그들은 민간인들을 도랑으로 내몬 뒤 벌집을 만들었고, 널브러진 시체를 총검으로 난도질했다. 뒷날 발견된 몇몇 시신들의 가슴에는 'C Company' (찰리 중대)라는 문자가 칼자국으로 새겨져 있었다.

한 마을 주민의 거의 전부를 잔혹하게 죽인 이 사건은 베트콩 요새를 허문 빛나는 승리로 보고되었다. 《성조星條》지는 장문의 기획 기사에서 베트남인의 자유를 위해 목숨을 건 미군의 용기를 치하했고, 베트남 주둔 미군 사령관 윌리엄 웨스트모얼랜드는 찰리중대에 직접 축전을 보냈다. 밀라이 사건은 '민간인 20명이 우발적으로 희생된' 성공적 작전으로 정리됐다.

사건의 진상이 알려지고 찰리중대원들에 대한 수사가 시작된 것은 두 해 뒤였다. 중대장 어니스트 메디나 대위와 캘리 중위를 포함해 25명이 기소됐지만, 그 가운데 캘리만 유죄 판결을 받아 종신형이 선고됐다. 캘리가 사흘째 복역하던 날, 대통령 리처드 닉슨은 그를 교도소에서 빼 가택연금 시키도록 명령했다. 캘리는 안락한 아파트에서 애완동물을 키우고 방문객을 받고 요리도 할 수 있었다. 종신형은 20년형으로, 10년형으로 줄어들었고, 1974년 캘리는 세 해 동안의 가택연금 끝에 자유의 몸이 됐다. 그리고 보험업을 시작했다.

정인숙 鄭仁淑
03.17.

철 늦은 함박눈이 내리던 1970년 3월 17일 밤 11시께 서울 강변도로에 세워진 코로나 승용차에서 초록색 원피스에 스카프를 두른 미모의 여성이 살해된 채 발견됐다. 이름이 정인숙으로 밝혀진 이 26세의 여성은 그 뒤 오래도록 '정여인'으로 거론되며 한국 최고 권력층의 분방한 성문화와 음산한 '사고처리 방식'에 대한 사람들의 상상력을 한껏 자극했다.

경찰은 현장에서 허벅지에 관통상을 입고 신음하는 운전사를 신촌 세브란스 병원으로 옮긴 뒤 수사에 들어갔다. 경찰 발표에 따르면 정인숙을 살해한 사람은 운전사인 그녀의 오빠 정종욱이었다. 여동생의 문란한 사생활에 격분한 정종욱이 그녀를 권총으로 살해하고 자신도 자살할 참이었다는 것이다. 수사의 진척에 따라, 정인숙이 별다른 직업 없이 일류 호텔과 카바레를 드나들며 사치스러운 생활을 해왔다는 것이 드러났다.

세 살 먹은 아이를 키우고 있던 그녀는 또 자신이 공화당 정권의 고관들과 가까운 사이라는 것을 여러 자리에서 드러낸 것으로 밝혀졌다. 미스터리물의 온갖 요소를 갖춘 이 사건은 정인숙의 슈트케이스에서 당시 권력 핵심 26명의 이름과 전화번호가 나왔다는 것이 알려지면서 국회에서까지 쟁점화되었다. 대통령 박정희와 국무총리 정일권을 비롯해 수많은 권력자들이 정인숙의 애인으로 거론되었다.

이 사건의 전모는 아직도 드러나지 않았다. 특히 정인숙 아이의 아버지가 누구일까에 대해 비속하다면 비속하달 호기심이 오래도록 잦아들지 않았지만, 이것 역시 밝혀지지 않았다. 다수의 호사가들은 박정희를 거론했다. 그러나 당사자는 뒷날 자신의 아버지로 정일권을 지목했다.

미국에서 성장한 그는 지난 1991년 정일권을 상대로 친자확인소송을 냈으나 뜻을 이루지 못했다. 정일권은 1994년에 사거했다.

부미방 釜美放
03.18.

　1982년 3월 18일 부산 고신대 신학과 4년생 문부식, 같은 대학 기독교 교육학과 4년생 김은숙 등 부산 지역 대학생들이 부산 미국문화원에 불을 지른 사건이 일어났다. 문화원에서 공부하던 동아대생 장덕술이 이 과정에서 목숨을 잃었다. 흔히 '부미방'이라고 줄여 말하는 부산 미국문화원 방화 사건이다.

　1980년 5월 광주민주화운동의 유혈 진압 방조와 전두환 군사독재정권 비호에 대한 책임을 묻는다는 취지로 학생들이 벌인 이 사건은 반미운동의 무풍지대로 여겨져왔던 한국에서 미국의 대외 정책에 대한 항의를 격렬한 방식으로 실천했다는 점에서 국내외에 큰 충격을 주었다.

　사건 발생 14일 만인 4월 1일 자수한 문부식·김은숙을 비롯해 16명이 이 사건으로 기소되었고, 그 해 8월 11일 부산지법은 사건 관련자 전원에게 유죄 판결을 내렸다. 주모자인 문부식과 그를 의식화했다는 김현장에게 사형이 선고됐고, 사건 현장에서 문부식을 도와 방화를 실행한 김은숙·이미옥 두 여학생에게는 무기징역이 선고됐으며, 김현장을 보호하고 있던 천주교 원주교구 교육원장 최기식 신부에게는 범인은닉죄가 적용돼 징역 3년에 자격정지 3년이 선고됐다. 이들은 1988년 12월에 출감한 김현장·문부식을 마지막으로 모두 감형·석방되었다.

　'부미방'은 뜻밖의 무고한 희생자를 낸 방화라는 방식의 과격성 때문에 일반 시민들의 폭넓은 공감을 얻어내지는 못했다. 수사 과정에서의 참혹한 고문과 정권·언론사 간의 대대적인 '홍보 조정'을 통해 친공주의자들로 몰린 탓에, 사건 관련자들은 여론으로부터 더욱 고립되었다.

　그러나 이 사건이 광주 학살과 관련한 미국의 책임 문제를 넘어서 한반도에서 미국이 지닌 의미를 진지하게 따져보고 캐묻는 시발점이 된 것도 사실이다. 노무현 대통령은 당시 이돈명이 이끄는 이 사건 변호인단의 말석을 차지하고 있었다.

프란체스카 Frencesca Donner Rhee
03.19.

1992년 3월 19일 초대 대통령 이승만의 부인 프란체스카 도너 리가 서울 종로구 이화동 이화장梨花莊에서 작고했다. 향년 92세.

1960년 4월혁명으로 권좌에서 물러난 남편을 따라 하와이로 망명한 프란체스카는 1965년 7월 남편이 세상을 뜬 뒤 고국인 오스트리아로 돌아가 살다가, 1970년 서울로 와 작고할 때까지 양자 이인수 씨 부부와 이화장에서 살았다. 이화장은 8·15광복 이후 귀국한 이승만이, 대통령이 돼 경무대(청와대)로 들어가기 전까지 프란체스카와 함께 살았던 곳이다.

빈 출신의 프란체스카는 스위스 여행 중이던 1933년 2월 제네바의 한 호텔 식당에서 이승만과 처음 만났고, 두 사람은 이듬해 10월 미국 뉴욕에서 결혼했다. 남자는 59세였고 여자는 34세였다. 25세의 나이 차와 인종의 벽을 허물며 프란체스카에게 정열을 불러일으킨 이승만의 매력이 무엇이었는지를 정확히 짚어내기는 어렵다. 그러나 하버드대학 석사, 프린스턴대학 박사라는 미끈한 학력에 대한민국 임시정부 대통령을 지낸 비범한 경력의 노신사에게서 밋밋한 삶을 살아온 30대 이혼녀가 자기 생애의 전환점을 발견했다는 사실이 크게 놀라운 일은 아니다.

그 뒤의 퍼스트레이디들이 대체로 그랬듯, 대한민국의 첫 퍼스트레이디도 국민들에게 그리 인기 있는 사람은 아니었다. 그 자신은 아무런 공직을 맡지 않았지만, 프란체스카는 권력 주변 사람들에게만이 아니라 일반인들에게까지 대한민국의 두 번째 권력자로 비쳤다.

설령 그것이 오해였다고 하더라도, 그 오해의 가장 큰 책임은 프란체스카 자신과 이승만에게 돌아가야 할 것이다. 놀랍지만 확실한 것은, 민족주의 정서가 유난히 강한 한국인들이 프란체스카가 외국인이라는 이유로 그녀에게 거부감을 느끼지는 않았다는 사실이다.

도쿄 지하철 테러

03.20.

1995년 3월 20일 오전 8시께, 도쿄의 관청 밀집 지역에 자리잡은 가스미가세키역의 5개 전동차 안에서 맹독가스 사린이 동시에 살포돼 5,500여 명이 중독 현상으로 쓰러지고 이 가운데 12명이 목숨을 잃는 일이 일어났다. 종말론을 주장해온 신흥 종교단체 옴진리교 신도들의 소행으로 밝혀진 이 사건은 화학무기를 사용해 불특정 공중에게 치명적 위해를 가했다는 점에서 일본 안팎에 큰 충격을 주었다.

이 테러는 그 해 2월 일어난 한 공증사무소 사무장 납치 사건과 관련해 경찰이 옴진리교에 대한 전면 수사에 착수할 것이라는 정보를 입수한 교주 아사하라 쇼코麻原彰晃가 경찰의 관심을 다른 데로 돌리기 위해 계획한 일로 드러났다. 살인 및 살인미수 혐의가 적용된 옴진리교 교주와 간부, 열성 신자 29명을 포함해 모두 189명이 이 사건과 관련해 기소되었다. 2004년 2월 27일 도쿄지방재판소는 아사하라에게 살인죄 등을 적용해 사형을 선고함으로써 사건 발생 9년 만에 1심 재판을 마무리지었다. 두 해 반 뒤인 2006년 9월 15일 일본최고재판소는 아사하라에 대한 사형선고를 확정했다.

아사하라는 이 사건을 포함한 13건의 테러를 통해 모두 27명을 죽게 한 혐의로 재판을 받았다. 도쿄 지하철 가스 테러를 실행한 아사하라 추종자 가운데 11명은 아사하라에 대한 판결이 나오기 전에 이미 사형 선고를 받았다.

옴진리교는 1984년 옴신선회라는 이름으로 출발했다. 교주 아사하라는 당시 28세의 청년이었다. 옴Aum은 '우주의 창조·유지·파괴'를 뜻하는 힌두교 주어呪語라고 한다.

아사하라는 인류가 세균무기와 핵무기로 이내 종말을 맞는다며 옴진리교 신자들이 1995년 11월 선과 악의 최후 결전에서 승리해 천년왕국을 누리게 되리라고 설법해왔다. 1992년 한국에서 벌어진 다미선교회의 휴거携擧 소동에서도 보듯, 세기말이라는 연대는 종말론 교파가 번성하기 좋은 환경이었다.

바흐 — Johann Sebastian Bach
03.21.

1685년 3월 21일 독일의 작곡가 겸 오르가니스트 요한 제바스티안 바흐가 아이제나흐에서 태어났다. 1750년 몰.

〈브란덴부르크 협주곡〉으로 유명한 바흐는 17세기 초에 시작된 바로크 음악의 총괄자다. 당대 유럽 음악의 온갖 전통과 양식이 그의 천재적 개성 속에서 융화돼 최고 수준의 작품들을 낳았다.

바흐 가문은 두 세기에 걸쳐 50명 이상의 음악가를 낳았다. 그래서 이 집안은, 학자들을 집중적으로 배출한 스위스의 베르누이 가문·소쉬르 가문과 함께, 재능은 다듬어지기 전에 우선 태어나야 한다는 주장의 유력한 예증이 되고 있다. 튀링겐의 제과업자로서 치터(거문고 비슷한 현악기) 연주자였던 파이트(1619년 사망)가 바흐라는 성을 지닌 첫 음악가였다. 요한 제바스티안은 파이트의 현손玄孫이다. 파이트의 장남 요하네스는 유명한 거리의 악사였고 그의 세 아들 요한, 크리스토프, 하인리히는 모두 작곡가였다. 그 가운데 차남인 크리스토프가 요한 제바스티안의 조부다.

크리스토프에게는 아들이 셋 있었다. 장남 게오르크 크리스토프는 바흐 가문에서 처음으로 칸토르(성가대 합창 지휘자)의 지위에 올랐고, 그 밑의 쌍둥이들인 요한 크리스토프와 요한 암브로지우스는 거리의 악사가 되었다. 요한 암브로지우스의 막내(8번째 아들)가 바로 요한 제바스티안 바흐 곧 대大바흐다.

대바흐에게는 무려 20명의 자녀가 있었는데, 장남 빌헬름 프리데만, 차남 카를 필립 에마누엘 그리고 막내 요한 크리스티안은 음악사가 또렷이 기록하고 있는 작곡가들이다. 이들은 전 유럽을 무대로 활동했다.

당대인들은 카를 필립 에마누엘을 '함부르크의 바흐' 또는 '베를린의 바흐'로, 요한 크리스티안을 '밀라노의 바흐' 또는 '런던의 바흐'로 불렀다.

괴테 Johann Wolfgang von Goethe
03.22.

1832년 3월 22일 독일의 시인 겸 극작가 요한 볼프강 폰 괴테가 바이마르에서 죽었다. 그는 그보다 83년 전 프랑크푸르트암마인에서 태어났다.

독일에는 적어도 두 개의 프랑크푸르트가 있다. 괴테의 고향인 마인 강변의 프랑크푸르트와 폴란드 국경 오더 강변의 프랑크푸르트(프랑크푸르트안데어오더)가 그것이다. 보통 프랑크푸르트라고 하면 프랑크푸르트암마인을 가리킨다.

괴테에 대하여 긴 설명이 필요할까? 그의 시를 읽어보지 않은 사람들도 그의 이름은 귀에 너무 익숙할 것이다. 게다가 괴테의 시를 읽어보지 않았다고 생각하는 사람들 가운데도 실제로는 독일 가곡들을 통해 그의 시를 한두 편은 외고 있는 이들이 많을 것이다. 슈베르트는 그의 시에 곡을 붙이는 것이 소원이었고, 몇 차례 딱지를 맞은 뒤에야 그 소원을 이루었다.

괴테는 독일어를 모국어로 삼은 가장 위대한 시인일 뿐만 아니라, 호메로스나 이백이나 셰익스피어와 함께 인류가 낳은 가장 위대한 시인들 가운데 한 사람일 것이다. 괴테 이전에 독일어는 볼테르의 경솔한 농담대로 '말馬의 언어'였지만, 괴테 이후엔 가장 아름다운 '시詩의 언어'가 되었다. 그의 시극 『파우스트』는 그것을 읽어보지 않은 사람들의 입에도 끊임없이 오르내렸고, 그의 소설 『젊은 베르테르의 슬픔』은 오래도록 젊은이들의 필수적인 통과제의였다.

청년기의 괴테는 실러와 함께 흔히 '슈투름 운트 드랑'(질풍노도)이라는 감성 중심의 문학운동과 연결돼 거론된다. 그러나 괴테는 단지 '슈투름 운트 드랑'의 대표자가 아니라 독일 문학의 대표자이자 유럽 문학의 대표자였고, 그 자신이 만년에 제창한 '세계 문학'의 대표자이기도 했다. 동시대인들 가운데 괴테가 낮추어 보지 않은 사람은 나폴레옹 정도였을 것이다.

전권위임법 全權委任法
03.23.

1933년 3월 23일 나치당이 원내 다수를 차지하고 있던 독일 국회가 전권위임법을 통과시켰다. 이로써 히틀러는 국회의 동의 없이도 무슨 일이든 할 수 있게 됐다.

1933년 1월 30일 총리가 된 히틀러가 독일 국가원수가 된 것은 대통령 힌덴부르크가 사망한 1934년 8월 2일 이후지만, 1933년 3월 23일 전권위임법이 통과하는 순간 나치 일당 독재 체제는 실질적으로 완성됐다. 그 뒤 독일에서는 좌파 정당과 노조들이 불법화되고, 신문들은 괴벨스가 이끄는 국민계발선전부의 검열을 통과한 기사만을 내보낼 수 있었다.

나치의 집권 과정에서 가장 놀라운 것은 그 모든 것이 합법적으로, 여론의 지지를 얻어 이뤄졌다는 것이다. 그것은 민주주의의 중요한 원리 가운데 하나인 다수결주의의 위험을 섬뜩하게 보여준다. 학술회의장에서의 다수결주의란 정말 끔찍한 일이지만, 나치스의 집권 과정과 제2차세계대전 발발 과정이 보여주었듯, 정치 과정에서의 다수결주의도 끔찍한 결과를 가져올 수 있다. 특히 그 사회에 양식 있는 언론이 없을 때 그렇다.

이라크전쟁 발발 전후로 세계 전역에서 펼쳐진 반전 시위 도중에 부시 미국 대통령을 히틀러에 비유하는 구호도 나왔던 모양이다. 그것은 분명히 지나친 일이다. 그러나 두 세대 전의 유럽 최강국 지도자와 오늘날 세계 최강국 지도자의 행태 사이에 닮은 점이 없는 것도 아니다. 히틀러가 프랑스와 유대인에 대한 적대감을 고취시키며 비이성적 애국주의로 독일 국민을 묶었듯, 부시도 주로 이슬람권과 연결된 테러리즘에 대한 공포심을 부추기며 미국인들의 애국주의를 부추겼다. 그리고 히틀러와 마찬가지로 부시도, '더러운 무리'에 대한 예방전쟁으로 자국민의 애국주의에 출구를 만들어주며 세계의 '미화원'을 자임하였다.

로메로 Óscar Romero
03.24.

1980년 3월 24일 엘살바도르의 가톨릭 대주교 오스카르 로메로가 산살바도르의 한 성당에서 미사를 집전하던 중 총탄에 맞아 작고했다. 63세였다. 살인자가 누구인지는 끝내 밝혀지지 않았다.

성당 앞 광장에서 거행된 로메로의 영결식에는 25만의 군중이 모였다. 영결식장에서 또 폭탄이 터져 혼란 속에서 40명이 죽었다. 그 뒤에도 엘살바도르에서는 정치적 동기에 의한 살인이 끊임없이 일어났다.

로메로가 침대 위에서 선종하지 못하리라는 것은 그가 총탄을 맞기 수 해 전부터 예견돼왔다. 산살바도르 대주교로서 그는 군사정권의 인권 침해와 이 나라 농민·노동자들의 비참한 경제상황에 대해 쉼 없이 목소리를 높여왔다.

사회경제적 불의는 이 나라에서 낯선 일이 아니었다. '구세주'라는 뜻을 지닌 엘살바도르에서는 로메로가 태어날 무렵에 이미 열네 개 지주 가문이 토지의 대부분을 차지하고 있었고, 그 뒤 연이은 군사정권들은 지주들과 결탁해 농민과 노동조합의 생존권 운동을 가혹하게 탄압했다. 그리고 이런 상황 뒤편으로는 늘 미국의 그림자가 어른거렸다.

로메로는 라틴아메리카 해방 신학자의 주류는 아니었다. 사실은 그 반대였다. 1942년 로마에서 서품식을 치른 로메로는 제2차 바티칸공의회(1962~65)가 세속 사회에 대한 교회의 관심을 북돋운 뒤에도 사회정의 문제보다는 알코올이나 마약, 포르노그래피의 추방에 더 관심을 보인 보수적 성직자였다.

그가 만년에 가난한 자 편에 서게 된 것은 이 보수주의자의 무딘 영혼마저 찢어놓을 정도로 민중의 상황이 참혹했기 때문이다. 그것은 성서의 가르침을 온전히 받드는 일이기도 했다. "주님은 권세 있는 자들을 그 자리에서 내치시고 보잘것없는 이들을 높이셨으며, 배고픈 사람은 좋은 것으로 배 불리시고 부유한 사람은 빈손으로 돌려 보내셨습니다."(「루가」1:52~53)

노발리스 Novalis
03.25.

1801년 3월 25일 독일 시인 노발리스가 폐결핵으로 죽었다. 29세였다.

요절은 모든 뛰어난 시인의 삶에 짙은 아우라를 씌우지만, 그 당사자가 낭만주의자일 때 특히 더 그런 것 같다. 늙음과 낭만은 어쩐지 조화로워 보이지 않는다.

본명이 프리드리히 폰 하르덴베르크였던 노발리스는 시만이 아니라 소설, 에세이에도 손을 대며 자신의 짧은 문학적 생애로 독일 낭만주의 문학의 한 챕터를 채웠다. 당대의 낭만주의 문인들이 대개 그랬듯 노발리스도 상류계급 출신이었고, 격식을 갖춘 자리에서는 하르덴베르크 남작으로 불렸다. 그리고 다른 낭만주의 문인들처럼 피히테의 관념론, 슐레겔 형제의 미학 이론, 슐라이어마허의 종교철학 따위에 영향을 받았다. 예나대학에 다니면서는 시인 실러로부터 직접 배우기도 했다.

그러나 노발리스의 문학에 가장 큰 영향을 끼친 것은 그가 죽기 세 해 전에 겪은 약혼녀 조피 폰 퀸의 죽음이었다. 철학적 신비주의가 또렷이 드러나는 일련의 시 「밤의 찬가들」만이 아니라, 노발리스의 작품 대부분은 그의 전기 작가들이 흔히 '조피 체험'이라고 부르는 이 사건 뒤의 세 해 동안 씌어졌다.

소설가로서 노발리스의 대표작으로는 『하인리히 폰 오프터딩엔』이 꼽힌다. 주인공 하인리히가 내면으로의 긴 여행을 통해 시인으로 성장하는 과정을 그린 이 미완의 교양소설은 『푸른 꽃』으로도 알려져 있다. 소설 속에서 푸른 꽃은 한 소녀의 얼굴과 포개지며 하인리히의 낭만적 동경을 북돋운다. 이 소설의 성가 덕분에 푸른 꽃은 그 뒤 낭만주의 문학의 한 상징어가 되었다.

중세의 신앙과 신정체제에 대해 짙은 향수를 드러낸 에세이 『기독교 세계 또는 유럽』을 포함해 노발리스는 모든 작품들에서 자연에 대한 감수성과 기독교 신앙을 끊임없이 뒤섞으며 '마술적 관념론'이라고 불리게 될 문학세계를 구축했다.

챈들러 Raymond Chandler
03.26.

1959년 3월 26일 하드보일드 추리소설의 대표적 작가 레이먼드 챈들러가 캘리포니아주 라졸라의 스크립스병원에서 폐렴으로 숨졌다. 71세였다.

챈들러 소설의 대표적 캐릭터는 필립 말로다. 그의 첫 장편 『커다란 잠』(1939)에 38세의 탐정으로 등장해 1930년대 로스앤젤레스의 비정한 이면을 헤집는 말로는 이내 독자들의 마음을 사로잡으며 후속 작품들을 이끌어갔다. 일 중독, 알코올 중독에 냉혹한 장사꾼의 면모까지 지닌 말로는 챈들러의 실루엣이기도 했다.

챈들러의 삶은 45때인 1933년을 경계로 확연히 구분된다. 그 이전까지 그는 떠돌이였고, 그 이후에는 작가였다. 시카고에서 태어난 챈들러는 어머니가 아버지와 이혼한 뒤 어머니를 따라 영국으로 가 자랐다. 24세에 영국 국적으로 지니고 미국으로 돌아온 그는 농장과 공장 품팔이꾼, 경리 사원 등을 전전하다가 제1차세계대전이 터지자 캐나다군으로 징병돼 프랑스 전선에서 싸웠고, 제대 후에는 한 석유조합의 회계원으로 들어가 감사에까지 이르렀다.

그러나 아버지에게서 물려받은 알코올 탐닉은 늘 챈들러의 직장 생활을 불안하게 했고, 그의 육체적·정신적 활력을 끊임없이 갉아먹었다. 1932년 석유조합에서 해고된 뒤 그는 술을 끊고 소설을 쓰기로 결심했다. 금주 결심은 곧 깨졌지만, 소설을 쓰겠다는 결심은 깨지지 않았다.

챈들러는 1933년 말 《블랙 매스크》라는 펄프 잡지에 단편 「공갈자들은 총을 쏘지 않는다」를 발표하며 데뷔했다. 그리고 그의 네 번째 단편 「빗속의 살인」을 확대해 첫 장편 『커다란 잠』을 발표하면서 범죄소설 작가로서의 명성을 확고히 했다. 몸이 불편한 백만장자, 정신이 온전치 못한 그의 두 딸, 협박, 살인 등 범죄소설의 고전적 요소들을 고루 갖춘 이 작품은 험프리 보가트가 말로 역을 맡아 영화화되기도 했다.

비운의 왕자
03.27.

프랑스혁명이 일어났을 때 그 나라 국왕은 루이16세였다. 그리고 1814년 왕정복고와 함께 즉위한 사람은 루이18세다. 그 사이에는 17이라는 숫자가 빠져 있다. 오늘의 주인공은 저도 모르게 이 숫자를 부여받았던 어린아이다. 루이 샤를이라는 이름의 이 아이는 1785년 3월 27일 베르사유궁에서 태어났다. 아버지는 국왕 루이16세였고, 어머니는 왕비 마리 앙투아네트였다.

루이 샤를이 네 살 때 프랑스혁명이 터졌고, 여섯 살 때 국왕 가족이 국외로 달아나다가 붙잡힌 사건이 일어났다. 파리 시민은 분노했고, 이듬해 아이는 가족과 함께 파리 탕플 감옥에 갇혔다. 아이가 여덟 살 때인 1793년 1월 아버지가 단두대에서 처형당했다.

프로이센의 뒤셀도르프로 피신해 있던 국왕의 동생 프로방스 백작(뒷날의 루이18세)은 형이 처형된 직후 탕플 감옥의 조카를 프랑스 왕으로 선언했다. 당시 프랑스가 공화국이었던 만큼, 이 선언에는 우스꽝스러운 데가 있었다. 그러나 프로방스 백작은 왕정복고 뒤 즉위하면서 자신을 루이18세로 칭함으로써, 조카가 루이17세라는 사실을 공적으로 확인했다.

루이 샤를은 아버지를 잃은 해 10월 어머니마저 단두대에서 잃었다. 그리고 두 해 뒤 탕플 감옥에서 결핵으로 죽었다. 10세였다. 관례대로 부검이 이뤄져 의사가 심장을 도려냈다. 이것이 공식 기록이다. 그러나 이 아이가 죽지 않고 외국으로 빼돌려졌다는 소문이 곧 떠돌기 시작했고, 왕정복고 뒤에는 루이 샤를을 자칭하는 사람들이 무수히 나타났다.

아이의 심장은 유럽의 이곳저곳을 떠돌다가 1975년 파리 근교 생드니 성당 지하실의 부르봉 왕가 묘소에 안장됐다. 루이 샤를이 태어난 해에 카를로 부오나파르테라는 사람이 39살로 죽었다는 것을 기억해두자. 이 두 사람의 엇갈린 운명이 다음다음 차례의 소재다.

스리마일섬 원전原電 사고
03.28.

 1979년 3월 28일 미국 펜실베이니아주 스리마일섬의 원자력 발전소에서 미국 핵발전 역사상 최악의 방사능 유출 사고가 일어났다.

 주도州都 해리스버그에서 남동쪽으로 약 16km 떨어진 스리마일섬에는 가압加壓 경수로 두 기를 갖춘 원자력 발전소가 있는데, 그 가운데 제2호기의 급수 펌프가 이 날 새벽 4시께 고장나면서 재난이 시작됐다. 운전원 두 사람은 복잡한 원자로 시스템을 정상화하려고 애썼지만, 판단 착오가 겹치면서 상황이 악화돼 대량의 방사능 물질이 밖으로 유출되었다. 이 사고는 4월 9일 원자로가 안전하게 닫혀 위기가 끝났다는 핵규제위원회의 발표로 일단락됐지만, 원자력 발전에 대한 미국인들의 신뢰는 결정적으로 손상됐다.

 사고 직후 펜실베이니아 주 정부는 스리마일섬 반경 8km에 사는 모든 임신부와 미취학 어린이들을 피난시킬 것을 권고했고, 반경 16km 안에 사는 주민들에게는 모든 문과 창문을 닫고 외출을 삼가라고 권고했다. 당연히, 펜실베이니아에는 큰 소동이 일어났다. 스리마일섬에서 되도록 멀리 빠져나가려는 사람들이 피난 행렬을 이뤘고, 해리스버그 공항과 각급 학교들이 폐쇄됐다.

 원전에서 방사능 물질이 계속 나오며 주민들의 공황 상태가 이어지자 당국은 유출된 방사능이 인체에 해롭지 않은 수준이라고 말을 바꿨고, 핵발전소 소유주인 메트로폴리턴 에디슨사의 한 간부직원은 "우리는 이 사고로 아무도 다치게 하지 않았고, 아무도 중대하게seriously 오염시키지 않았으며, 분명히 아무도 죽이지 않았다"고 강변했다.

 그러나 그 뒤 몇 해 사이에 이 지역에서는 기형아 출산율과 암 발생률이 치솟아 200여 건의 소송이 제기됐다. 메트로폴리턴 에디슨사 직원은 '중대하게'라는 단어를 보통의 영어 화자와는 다른 의미로 사용한 것이다.

카를로 보나파르트 — Carlo Bonaparte
03.29.

1746년 3월 29일 코르시카 아작시오의 부오나파르테가家에 카를로라는 아이가 태어났다. 당시 코르시카는 제노바 영토였다. 부오나파르테가도 이탈리아계의 한미한 귀족 가문이었다. 자라서 사무변호사를 생업으로 삼은 카를로 부오나파르테는 코르시카 독립운동의 지도자 파스콸레 파올리의 비서로 정치에 발을 담갔다.

코르시카인들의 거듭된 반란에 골머리를 앓던 제노바 정부는 1768년 이 섬을 프랑스에 매각했다. 파올리는 프랑스에 맞서 다시 거병했지만, 프랑스군은 이듬해 폰테노보에서 반란군을 대파하고 코르시카를 평정했다. 부오나파르테는 가족과 함께 몸을 피할 수밖에 없었다. 그 때 그의 아내 레티치아의 뱃속에는 둘째아들 나폴레오네가 있었다.

혁명군 지도자 파올리가 국외로 망명하자, 부오나파르테는 약삭빠르게 프랑스 쪽에 붙어 아작시오 재판소의 판사 보좌역과 코르시카 삼부회 의원을 지냈다. 성姓도 프랑스어 식으로 보나파르트로 바꿨다. 본토와 코르시카를 오가며 한량 생활을 하던 보나파르트가 1785년 39세로 몽펠리에에서 객사했을 때, 그가 가족에게 남긴 돈은 거의 없었다. 그러나 그가 이탈리아의 제노바 사람이나 코르시카 사람이 되기를 거부하고 프랑스 사람이 되기로 결정한 '기회주의적' 처신이야말로 가장 큰 유산이었음이 뒷날 드러났다.

카를로 보나파르트의 유족으로는 아내 외에 자녀 여덟이 있었다. 프랑스어 식으로 나폴레옹이 된 둘째아들 나폴레오네는 1804년 프랑스 황제가 된 뒤 형제들 거의 전부를 유럽의 군주나 대귀족으로 만들었다. 넷째아들 루이지(루이)의 아들 샤를-루이 역시 1852년 나폴레옹3세라는 이름으로 프랑스 황제가 되었다.

카를로 보나파르트가 죽은 1785년은, 네 해 뒤 프랑스혁명이 일어나지 않았다면 그의 둘째아들 대신 프랑스 군주가 되었을 루이 샤를(3월 27일 참조)이 태어난 해다.

함성
03.30.

　1973년 3월 30일 전남대 영문과 휴학생 김남주, 같은 대학 법학과 재학생 이강, 광주 석산종합고 교사 박석무 등 20대 젊은이들이 광주지검에 구속됐다. 이른바《함성》지 사건의 시작이었다.
　검찰에 따르면 이들은 유신체제가 일당 독재와 장기 집권을 위한 정치적 폭거이므로 이를 전복해야 한다고 판단하고, 국가 변란을 목적으로 반국가단체의 결성을 꾀했다. 그리고《함성》,《고발》따위의 유인물을 통해서 북한 정권과 조선노동당의 활동에 동조했다.
　1972년 12월 전남대와 광주 시내 일부 지역에 뿌려진《함성》은 그 해 10월 17일 '유신'이라는 이름으로 저질러진 박정희 정권의 헌정 파괴 망동에 맞서 거의 최초로 들려온 저항의 목소리였다. 이 사건의 1심 재판에서 김남주, 이강, 박석무는 징역 2~3년을 선고받았으나, 항소심에서는 김남주·이강에게 징역 2년에 집행유예 3년이, 박석무에게 무죄가 선고돼 피고인들이 모두 풀려났다. 내란음모 재판치고는 다소 싱겁게 끝난 셈이었지만, 수사 과정은 참혹했던 듯하다. 이때의 체험을 형상화한 듯한 김남주의 시「진혼가」한 대목은 이렇다.
　"총구가 내 머리숲을 헤치는 순간/ 나의 신념은 혀가 되었다/ 허공에서 허공에서 헐떡거렸다/ 똥개가 되라면 기꺼이 똥개가 되어/ 당신의 똥구멍이라도 싹싹 핥아주겠노라/ 혓바닥을 내밀었다// 나의 싸움은 허리가 되었다/ 당신의 배꼽에서 구부러졌다/ 노예가 되라면 기꺼이 노예가 되겠노라/ 당신의 발밑에서 무릎을 꿇었다// 나의 신념 나의 싸움은 미궁이 되어/ 심연으로 떨어졌다/ 삽살개가 되라면 기꺼이 삽살개가 되어/ 당신의 발가락이라도 핥아주겠노라// 더 이상 나의 육신을 학대 말라고/ 하찮은 것이지만/ 육신은 유일한 나의 확실성이라고/ 나는 혓바닥을 내밀었다/ 나는 무릎을 꿇었다/ 나는 손발을 비볐다"

브라지야크 —Robert Brasillach

03.31.

1909년 3월 31일 프랑스 작가 로베르 브라지야크가 페르피냥에서 태어났다. 당대 프랑스 지식인 가운데서도 두드러지게 명석했던 이 작가는 36세로 죽었다. 그러나 이 죽음은 '천재의 숙명적 요절' 같은 낭만주의 신화와는 거리가 멀다. 브라지야크는 1945년 2월 6일 파리 근교 몽루주 요새에서 반역죄로 총살당했다.

그 해 1월 부역자 재판에서 그에게 사형이 선고되자 폴 발레리, 프랑수아 모리악, 콜레트를 비롯한 수많은 동료 문인들이 임시정부 수반 드골에게 브라지야크의 사면 또는 감형을 청원했다. 그들은 동료 작가의 재능을 아까워했다. 그러나 드골은 역사의 대의大義 쪽을 선택했다.

브라지야크는 제2차세계대전 종전 직후 프랑스의 숙청 재판으로 목숨을 잃은 사람 가운데 가장 뛰어난 지식인이었다. 그의 다재다능은 성장기부터 빛났다. 그 나라 수재들의 둥지라는 파리 루이르그랑 고등학교와 고등사범학교에서도 브라지야크의 명석함은 교수와 동료 학생들에게 깊은 인상을 주었다.

브라지야크는 소설가이자 비평가이자 극작가이자 시인이었다. 그러나 그는 점령기 프랑스에서 부역에 가장 적극적이었던 지식인이기도 했다. 그는 자신이 편집을 책임지고 있던 《주쉬파르투》지를 통해 조금도 거리낌 없이 친독 파시즘과 반유대주의를 선동했다.

브라지야크가 단지 작가이기만 했다면, 그의 극우 이념은 문학적 장치를 통해 그럴듯한 화장을 하고 있을 수도 있었다. 실제로 그의 문학 작품 속에서 그의 파시즘을 읽어내기는 사뭇 까다롭다. 그러나 불행히도 그는 기자를 겸했다. 그것도 정치에 자신을 구속시킨 기자였다. 이미 전쟁 전 극우 신문 《악시옹프랑세즈》의 문예면 편집자였던 브라지야크는 점령 기간 동안에도 기자로서 자신의 파시스트 세계관을 또렷이 드러냈다. 그리고 그가 쓴 기사들에는 그가 부역 혐의에서 빠져나갈 구멍이 없었다.

4
에이프릴 풀에서
히틀러까지

에이프릴 풀 April Fool
04.01.

4월 1일은 만우절이다. '만우절'은 영어 All Fools' Day를 직역한 것이다. 달 이름을 따 April Fools' Day라고도 한다. 서양 풍습에 따르면, 이 날엔 거짓말로 남을 속여넘기는 장난이 허용된다. 이 날 그런 장난에 속아 넘어가는 사람들을 에이프릴 풀April Fool, 곧 '4월의 바보'라고 부른다.

만우절의 기원에 대한 견해는 여러 갈래다. 인터넷 사이트를 뒤져보니, 가장 널리 받아들여지고 있는 견해는 16세기 프랑스에서 만우절 풍습의 기원을 찾고 있었다. 율리우스력을 채택하고 있던 16세기 중엽까지 프랑스에서는 신년 축하 행사를 4월 1일에 벌였다. 그런데 당시 교황 그레고리우스13세가 1562년 율리우스력을 손질해 새로이 그레고리력(지금 우리가 사용하고 있는 달력)을 제정하자, 프랑스의 샤를9세는 두 해 뒤 이 달력을 받아들여 1월 1일을 정초로 삼았다. 그러나 이 소식이 나라 구석구석까지 곧 퍼지지 못해, 4월 1일을 정초로 여기고 신년 잔치를 벌이는 사람들이 많았다. 이 어수룩한 사람들을 '4월의 바보'라고 부르며 놀려먹기 시작한 것이 만우절의 기원이라는 얘기다.

그러나 실제로 그레고리력이 제정된 것은 1582년이고, 교황 그레고리우스13세(재위 1572~1585)와 프랑스 왕 샤를9세(재위 1560~1574)의 재위 기간은 두 해(그레고리력이 제정되기 전인 1572~1574)밖에 겹치지 않는다. 그러니까 율리우스력이 그레고리력으로 바뀌는 과정에서 만우절 풍습이 생겼다는 견해가 옳을지라도, 그 세부 주장들은 사실과 다르다.

그러나 만우절 풍습이 프랑스에서 처음 생긴 것은 사실인 듯하다. 이 풍습은 18세기에 영국과 아메리카로 퍼졌다. 프랑스에서는 만우절에 장난으로 하는 거짓말을 푸아송 다브릴(poisson d'avril, '4월의 물고기')이라고 표현한다.

드라큘라 Vlad Dracula

04.02.

　1459년 4월 2일 아침 왈라키아공국(지금의 루마니아 남부)의 지배자 블라드 드라큘라는 부하들을 이끌고 브라소프 마을에 들어가 주민들을 학살하기 시작했다. 학살의 이유가 또렷했던 것은 아니다. 성격이 급한 전제적 지배자였던 드라큘라는 자신이 모욕당했다고 느끼면 즉시 학살로 보복했다. 그 모욕이 현실적인 것이든 상상적인 것이든 상관없었다. 학살 방법도 특이했다. 그는 꼬챙이로 사람을 찔러 죽이게 했다. 그래서 드라큘라는 '꼬챙이'를 뜻하는 '체페슈'라는 별명으로도 불렸다.

　오늘의 소재인 브라소프 학살로 돌아가자. 그 날 해질녘까지 드라큘라의 부하들은 이 마을의 작센족 주민 수천 명을 꼬챙이로 찔러 죽였다. 드라큘라는 시체가 매달려 있는 그 꼬챙이들을 수많은 동심원 꼴로 세워놓도록 했다. 말하자면 사람의 몸뚱어리로 꼬치를 만들어 세워놓은 것이다. 드라큘라는 이 끔찍한 풍경을 바라보며 저녁 식사를 하는 것으로 그 날의 학살을 마무리했다.

　드라큘라의 브라소프 학살 에피소드는 19세기말 영국 소설가 브램 스토커에게 강한 영감을 주어 괴기소설 『드라큘라』를 탄생시켰다. 그리고 이 소설은 그 뒤 연극·영화·뮤지컬 등으로 각색되었다. 그래서 오늘날 드라큘라는 전 세계에 가장 널리 알려진 루마니아 사람이 되었다. 드라큘라와 관련해서는 브라소프 학살 외에도 잔혹한 에피소드가 여럿 기록돼 있다. 한 번은 티르고비스테의 자기 성城으로 온 나라의 걸인들을 초대해 파티를 연 뒤, 그들을 모두 태워 죽이기도 했다.

　그러나 루마니아 역사에서 드라큘라는 오스만투르크 제국 군대를 물리친 용장으로 기록돼 있기도 하다. 그는 투르크 포로들을 꼬챙이에 꽂아 죽임으로써 적의 사기를 떨어뜨렸다. 드라큘라는 1474년 투르크 군대와의 전투에서 전사한 것으로 알려져 있다.

경의선 개통
04.03.

　1906년 4월 3일 서울 용산과 신의주를 잇는 길이 499km의 경의선이 개통됐다.
　경의선은 러일전쟁의 산물이다. 애초에 이 철도의 부설권은 1896년 7월 프랑스 파브릴사에 부여됐으나 이 회사가 자금 조달에 어려움을 겪으면서 특허 기간을 넘겨 1899년에 부설권이 소멸됐고, 그 직후 부설권을 얻은 대한철도회사 역시 자금과 기술의 부족으로 공사를 착수하지 못했다. 1903년에는 러시아 정부도 경의 철도 부설권을 한국정부에 요구했으나 흐지부지되었다.
　1904년 러일전쟁이 터지자 일본은 서울과 의주 사이에 군용 철도를 부설하기 위해 한국 주재 일본군 사령관 예하에 임시 군용철도 감부監府를 설치하고 공사에 착수했다. 철도가 개통된 지 다섯 달 만인 1906년 9월에는 그 관리권이 군용 철도 감부에서 조선 통감부 철도관리국으로 이관되었고, 1908년 4월 1일부터 부산과 신의주 사이에 급행열차 융희호隆熙號가 운행됐다.
　국토의 분단은 오래도록 경의선을 이름만의 철도로 남겨놓았다. 그러나 2000년의 남북 정상회담 이후 경의선의 복원 전망은 현실성을 얻기 시작했고, 마침내 2007년 5월 17일 문산과 개성 사이의 시험운행이 이뤄졌다. 경의선의 복구는 대한민국을 반세기만에 유라시아 대륙으로 재통합하는 의미를 지닌다.
　경의선의 종착역은 신의주이지만, 그 종착역은 대륙 횡단의 출발점이기도 하다. 목포나 부산에서 출발한 열차가 서울을 거쳐 북으로 올라갈 때, 그 기차가 신의주에서 멈춰야 하는 것은 아니다. 그 기차는 만주를 거치고 시베리아를 가로질러 뮌헨에, 파리에, 안트베르펜에, 암스테르담에, 로마에, 마드리드에, 리스본에 닿을 수 있을 것이다. 육로를 통한 물동량의 확대는 우리 경제에 활기를 불어넣을 것이다. "경의선은 경제"라는 정부의 광고 문구가 입에 발린 소리만은 아니다.

부토 Zulfikar Ali Bhutto
04.04.

1979년 4월 4일 파키스탄 대통령과 총리를 지낸 줄피카르 알리 부토가 교수대에서 삶을 마감했다. 51세였다.

부토는 학자 출신의 정치인이었다. 미국 버클리대학, 영국 옥스퍼드대학과 런던대학에서 공부하고, 영국의 사우샘프턴대학과 파키스탄의 신드모슬렘 법과대학에서 국제법을 가르쳤다.

정치인 부토에 대한 평가는 더러 상반될 만큼 복합적이다. 그것은 부토 자신의 정치 이력이 굴절되었던 탓도 있고, 파키스탄 정치가 힘난한 굴곡을 겪은 탓도 있다. 야당인 파키스탄 인민당 지도자 시절 군사독재자 아유브 칸에 맞서 민주화 운동을 이끌다 투옥되기도 했던 부토는 집권한 뒤 점점 무모하고 탐욕스러운 독재자로 변했다.

국가수반과 정부수반을 연이어 맡으며 부토가 독재를 강화하고 있었을 때, 그를 좋아하는 국민은 그리 많지 않았다. 그러나 시민들의 반정부 폭동이 정점에 이른 1977년 7월 육군참모총장 지아 울 하크가 쿠데타를 일으켜 정권을 무너뜨리고 이내 부토를 국가변란 및 살인죄로 처형하자, 부토에 대한 정치적 평가는 새로운 국면을 맞게 됐다.

지아 울 하크의 가혹한 군사독재 정권 아래서, 처형된 옛 민간 독재자는 민주주의의 순교자로 새롭게 태어났다. 그리고 저승의 부토를 감싼 아우라는 이승에 사는 그의 딸 베나지르 부토에게 고스란히 이전되었다.

1988년 지아 울 하크가 비행기 추락사고로 사망한 뒤, 베나지르 부토는 아버지가 창립한 파키스탄 인민당을 이끌고 총선에서 이겨 이슬람권의 첫 여성 총리가 되었다. 그는 두 해 뒤 권력 남용 혐의로 실각했고, 1993년의 총선 승리로 다시 총리가 됐으나 세 해 뒤 실정과 부패 혐의로 실각했다. 베나지르 부토의 정치적 능력이 어떠했든, 그가 만일 남성이었다면 그렇게 쉽사리 권좌에서 내몰리지는 않았을 것이다.

당통 Georges Danton
04.05.

1794년 4월 5일 프랑스혁명 지도자 조르주 당통이 단두대에서 35년의 생을 마감했다.

당통은 로베스피에르, 생쥐스트, 에베르, 데물랭 등과 함께 프랑스혁명을 상징하는 인물이다. 혁명이 터졌을 때 이들은 20대나 30대 청년들이었고, 혁명 권력의 핵심부에서 프랑스를 이끌다 단두대에 목을 들이밀었을 때도 20~30대 청년들이었다. 그러나 이 청년들의 짧은 정치활동은 프랑스 역사만이 아니라 세계사를 뒤바꾸어놓았다. 이들이 모두 사라진 뒤에도 프랑스는 다시 옛 체제로 돌아갈 수 없었고, 세계는 그 사실을 모른 체할 수 없었다.

당통의 죽음은 그가 이끌던 관용파와 로베스피에르가 이끌던 관료파 사이의 대립에서 비롯되었다. 관용파는 자유주의적 지롱드당에 대항해 인민주의를 내걸었던 자코뱅당의 우파다. 이들은 로베스피에르가 이끄는 자코뱅 관료파나 에베르가 이끄는 자코뱅 좌파에 맞서서 공포정치 완화와 통제경제 해제를 주장했다.

국민공회 안의 급진파인 산악파(회의장의 가장 높은 자리에 의석이 있어서 붙여진 이름)의 핵심을 이루고 있던 자코뱅당에서 관용파가 절대적 열세였던 것은 아니다. 그러나 그 지도자 당통은 낭비벽이 심해 독직瀆職 소문이 끊이지 않았다. 그것은 청렴한 생활로 혁명의 순수성을 상징했던 로베스피에르에 견주어 작지 않은 약점이었다. 게다가 당통은 공포정치에 반대하는 데 그치지 않고 혁명 자체의 청산을 꾀하기도 했다.

로베스피에르와 손잡고 에베르를 단두대로 보낸 당통은 고작 열흘 남짓 뒤에 이번에는 자신이 단두대로 끌려가게 되었다. 테르미도르 반동으로 로베스피에르가 단두대 앞에 선 것은 그로부터 넉 달도 안 돼서였다. 당통의 삶과 죽음은 독일 극작가 게오르크 뷔히너의 4막 비극 『당통의 죽음』에서 다소 미화된 채 재구성되었다.

아시모프 —Isaac Asimov

04.06.

　1992년 4월 6일 미국의 과학소설가 아이작 아시모프가 72세로 타계했다.

　러시아 출생으로 어려서 미국으로 이주해 귀화한 아시모프는 학위를 지닌 생화학자이기도 했지만, 천문학에서 생물학에 이르는 자연과학 지식을 일반인들에게 쉽게 해설하는 빼어난 대중화 저자로, 그리고 무엇보다도 수많은 독자들을 열광시킨 과학소설가로 유명하다.

　아시모프는 아서 클라크, 로버트 하인라인, 밴 보트와 함께 20세기 과학소설의 네 거장으로 꼽힌다.『은하제국』,『강철 도시』,『행복의 별과 소행성의 해적들』같은 그의 대표작들은 우주전쟁이라는 테마를 민첩한 상상력에 실어 나르며 스페이스오페라의 새로운 영역을 개척했다. 서부극을 뜻하는 호스오페라나 멜로물을 뜻하는 소프오페라를 본떠서 만든 스페이스오페라라는 말은 미래의 우주인을 등장시켜 그들로 하여금 중세 로맨스 속의 기사들처럼 비범한 무용을 떨치게 하는 대중적 과학소설을 뜻한다.

　작품 속에 로봇을 자주 등장시킨 아시모프는 이내 사람들과 로봇들은 어떤 관계를 맺고 살아갈 것인가라는 물음을 떠올렸고, 그 물음에 답해 '로봇공학의 법칙들'을 정립했다. 로봇은 사람을 해쳐서도 안 되고 사람이 해를 입도록 내버려두어서도 안 된다는 것이 제1법칙이다. 사람들이 내린 명령들이 제1법칙과 상충하지 않는 한 로봇은 그 명령들을 따라야 한다는 것이 제2법칙이다. 제1법칙 및 제2법칙과 상충하지 않는 한 로봇은 자신의 존재를 보호해야 한다는 것이 제3법칙이다.

　아시모프는 뒤에 로봇공학의 법칙이 특정한 개인보다는 인류 전체의 운명에 바탕을 두어야 한다는 것을 깨달았고, 이미 정립한 법칙들을 통어하는 근본적 법칙으로서 제0법칙을 추가했다. 그 법칙은, 로봇은 인류를 해쳐서도 안 되고 인류가 해를 입도록 내버려두어서도 안 된다는 것이다.

코폴라 Francis Ford Coppola
04.07.

1939년 4월 7일 미국 영화감독 프랜시스 포드 코폴라가 미시건주 디트로이트에서 태어났다.

코폴라는 존 슐레진저, 아서 펜, 데니스 호퍼 등과 함께 기성세대의 가치관을 비판하고 미국 사회의 어둠에 카메라를 들이대며 아메리칸 뉴시네마를 이끌어왔다. 그와 동료들에 의해서 미국 영화는 종래의 낭만적 낙관에서 벗어나 지적 거리를 두고 세계를 관찰하는 시선의 깊이를 획득하게 되었다. 코폴라는 또 조지 루카스, 스티븐 스필버그 등과 함께 촬영현장이 아니라 학교에서 먼저 영화를 배운 이른바 '무비브랫'(영화 꼬맹이) 그룹에 속한다.

UCLA에서 영화를 전공한 뒤 현장에 뛰어든 코폴라의 이름을 전 세계에 알린 작품은 〈대부代父〉(1972)다. 마리오 푸조의 원작 소설을 코폴라가 각색해 만든 이 영화는 정계·경찰 등 제도적 권력과 공모하며 잔혹한 범죄와 부정축재를 저지르는 이탈리아계 마피아 패밀리의 안팎을 그렸다. 이 작품은 그 해 아카데미 작품상을 받았을 뿐만 아니라 흥행에 크게 성공해 코폴라를 돈방석 위에 앉혀놓았다. 영화에서 제2대 대부 마이클 콜레오네 역을 맡은 알 파치노는 그 뒤 2편과 3편에서도 주인공 역을 맡아 차갑고 강인한 마피아 대부 이미지를 굳혔다.

〈대부〉 못지않게 코폴라 감독의 이름과 밀착된 작품은 〈지옥의 묵시록〉(1979)일 것이다. 이 영화는 폴란드 출신의 영국 소설가 조셉 콘라드의 중편소설 「어둠의 오지」(1899)를 베트남전쟁 위에 포개놓은 작품이다. 원작의 배경인 19세기 말 벨기에령 콩고가 영화 속에서는 20세기 후반 동남아시아로 바뀌었고 스토리의 세부도 판이하지만, 영화는 원작 소설과 비슷한 얼개 속에서 폭력, 식민주의, 인간의 복합성 따위를 천착했다. 〈지옥의 묵시록〉은 칸영화제에서 황금종려상을 받았지만, 자기탐닉의 과잉이라는 힐난도 있었다.

시오랑 Emil Cioran
04.08.

　20세기 프랑스 문학사에서 가장 뛰어난 산문가 가운데 한 사람으로 꼽히는 에밀 시오랑이 1911년 4월 8일 루마니아의 라시나리에서 태어났다. 1995년 파리에서 몰.

　미국인 문학평론가 윌리엄 개스의 표현을 빌리면 시오랑의 글들은 "소외, 부조리, 권태, 무용함, 퇴폐, 역사의 포악성, 변화의 속됨, 고통으로서의 깨달음, 질병으로서의 이성 같은 현대적 주제들에 대한 철학적 로맨스"다. 세상에 태어났다는 그 불변의 사태가 시오랑에게는 모든 골칫거리의 시작이었고, 그래서 그는 자신의 한 책 제목대로 '절망의 꼭대기'에서 살았다.

　시오랑의 절망이 그를 자살로 몰고 가지 않은 것은 얄궂게도 '자살의 가능성'이라는 '보험'이었다. 언제라도 자살할 수 있다는 최후의 희망을 원기소元氣素로 삼아 그는 84년의 긴 생애를 꿋꿋이 살아냈다. 부카레스트와 베를린에서 철학을 공부하고 베르그송에 대한 박사 학위논문을 쓴다는 구실로 26세에 파리로 간 그는 결국 논문을 쓰지 못했고(어쩌면 쓰지 않았고), 프랑스에서의 그 이후 생애를 그 자신의 표현대로 '기생충'으로 살았다. 그의 글들은 정통적 철학 논문이 아니라 철학적 잠언이나 에세이였으므로, 그는 철학자 대접을 받지 못했다. 마흔이 넘도록 그의 직업은 대학원생이었고, 번역가나 출판사의 객원 편집자가 또 다른 직업으로 추가되었다.

　33세 되던 해 어느 날, 시오랑은 노르망디 디에프의 한 여관에서 말라르메의 시를 루마니아어로 번역하다가, '아무도 읽어줄 사람 없는' 자신의 모국어에 절망해 그 뒤로 프랑스어로만 글을 쓰기로 결심했다. 시오랑의 이 결심은 프랑스어와 프랑스 문학에 대한 축복이었다. 그의 서너 줄짜리 잠언들은 섬뜩한 정확성과 터질 듯한 밀도로 여느 저자의 서너 권짜리 저서 못지않은 통찰을 내뿜으며 프랑스어의 섬세함을 도드라진 정점으로 밀어붙였다.

문귀동 文貴童
04.09.

1988년 4월 9일 전 부천경찰서 경장 문귀동이 인천지방법원에 구속됐다. 강제추행 등의 혐의로 고소·고발된 지 1년 9개월 만이었다. 이로써 세간의 분노를 자아낸 부천서 성고문 사건이 새로운 국면을 맞았다.

이 음산한 사건이 터진 것은 1986년 6월이었다. 부천경찰서 경장 문귀동은 부천시 ㈜성심에 취업해 있던 서울대 학생 권인숙을 잡아다 그 전달에 있었던 세칭 5·3인천사태(신한민주당 개헌추진위원회 경인지부 결성 대회에 맞춰 일어난 대규모 반정부 시위) 관련 수배자의 소재를 대라고 추궁하는 과정에서 권인숙을 변태적으로 성폭행한 것으로 알려졌다. 권인숙은 변호사를 통해 이 사실을 여성단체와 언론에 알린 뒤 문귀동을 강제추행 혐의로 인천지검에 고소했고, 권인숙의 변호인단도 사건 관련 경찰 6명을 독직·폭행 및 가혹행위 혐의로 고발했다.

당사자 문귀동과 검찰이 이 사태에 대응한 방식은 전두환 정권의 윤리 수준을 표본적으로 보여주었다. 문귀동은 독실한 기독교 신자인 자신이 어떻게 그런 짓을 할 수 있겠느냐며 권인숙을 명예훼손 및 무고 혐의로 맞고소했고, 인천지검은 문귀동에 대한 수사를 통해 이 엽기적 범죄 사실을 확인하고도 그에게 기소유예 처분을 내렸다.

권인숙의 변호인단은 서울고등법원에 재정신청을 냈고, 이것이 기각되자 대법원에 재항고했다. 이듬해 1월 대법원이 재항고를 받아들임에 따라 서울고법은 그 해 3월 문귀동을 정식 재판에 회부했고, 다음 달 인천지법이 그를 구속했다. 문귀동은 징역 5년에 자격정지 3년형을 선고받았다.

검찰이 했어야 할 일을 뒤늦게나마 법원이 대신 해준 셈이었지만, 서울고법의 재정신청 기각에서 보듯 법원도 군사정권의 외압에 휘둘리고 있었고 문귀동의 형량 역시 저지른 짓에 비해 지나치게 가벼웠다. 이 '독실한 기독교 신자', 요즘도 교회 나가는지 궁금하다.

게토
04.10.

1516년 4월 10일 이탈리아 베네치아에 유대인 게토가 설치됐다. 유대교도들을 기독교도들로부터 격리시켜 그들만의 공동체를 꾸리게 하는 관습은 12세기 후반 이래 독일을 중심으로 유럽 여러 곳에 퍼져나갔지만, 유대인 집단 거주 지역을 '게토'라고 부른 것은 베네치아 게토가 효시다.

'게토'는 그 당시 이탈리아어로 '주물 공장'이라는 뜻이었다. 베네치아의 유대인 거주 지역이 원래 주물 공장 자리였던 탓에 그런 이름으로 불리게 됐다. 베네치아 게토 이후 유럽 다른 나라들의 유대인 거주 지역도 게토라고 부르는 것이 일반화됐다.

베네치아공화국 정부가 게토를 설치한 것은 가톨릭교회의 비위를 맞추기 위한 것이었지만, 이 게토가 감옥이나 수용소 같은 곳은 아니었다. 게토는 시민권이 없는 유대인들을 격리시키는 곳이기도 했지만 보호하는 곳이기도 했다. 또 16세기 베네치아에서는 외국인 상인들이 출신지별로 모여 사는 것이 관례였으므로, 게토 설치가 유대인들을 겨냥한 가혹한 차별 대우라고 할 수는 없었다.

유대인들은 밤에는 게토에 머물러야 했지만, 낮에는 베네치아 시내를 활보할 수 있었다. 게토 안에는 은행, 상점, 극장, 문학 살롱, 음악 학교들이 들어서, 낮이면 기독교도들도 이곳을 드나들었다. 출신지별로 설치된 다섯 개의 시나고그(유대교회당)는 지금까지 남아 있다.

베네치아 게토의 유대인들은 나폴레옹전쟁 때는 프랑스군에 의해 해방돼 일반 베네치아 시민들과 똑같은 자유를 누리기도 했고, 제2차세계대전으로 독일군에게 점령됐을 때는 강제노동 수용소로 이송되거나 살해되는 등 끔찍한 탄압을 받기도 했다. 16~17세기에 베네치아 게토에 살던 유대인은 5,000명에 이르렀으나, 오늘날엔 베네치아 전체의 유대인도 500여 명에 불과하고 옛 게토 지역에서는 30여 명의 유대인이 관광객들을 맞고 있다.

라살 Ferdinand Lassalle
04.11.

1825년 4월 11일 독일의 노동운동가 페르디난트 라살이 브레슬라우에서 태어났다. 1864년 몰.

19세기 사회주의 지도자들의 다수가 그랬듯, 라살도 유대인 부르주아 가정 출신이었다. 부유한 견직물 상인의 아들로 태어나 브레슬라우대학교와 베를린대학교에서 역사와 철학을 배운 그는 재학 중에 이미 헤겔 좌파(청년 헤겔학파)의 논객으로 이름을 얻었다.

라살은 마르크스와 엥겔스의 《신新라인 신문》에 협력하며 사회주의자가 되었고, 38세 때인 1863년 전독일노동자동맹을 조직해 독일 노동운동의 대표적인 지도자가 되었다. 그러나 그 때는 이미 마르크스와의 불화가 시작된 뒤였다. 바로 그 해에 출판돼 저자를 법정에 세우고 유죄 판결을 받게 한 라살의 『노동자강령』을 마르크스는 "「공산당 선언」을 나쁜 방식으로 통속화했다"고 혹평했다.

그러나 라살이 죽은 뒤 그의 유산은 마르크스주의와 결합해 19세기 말 이래 독일의 가장 강력한 정치 세력을 형성했으니, 독일 사회민주당이 그것이다. 독일 사회민주당은 라살이 조직한 전독일노동자동맹과 아우구스트 베벨, 빌헬름 리프크네히트 등 마르크스주의자들이 이끌던 독일 사회민주노동당이 1875년 통합해 만든 독일 사회주의노동당의 후신이다. 그래서 흔히 "독일 사회민주당은 마르크스의 사상을 아버지로, 라살의 전술을 어머니로 해서 태어났다"고 말한다.

라살은 전독일노동자동맹을 출범시킨 한 해 뒤, 사랑하는 여성을 놓고 한 남자와 결투를 벌이다가 죽었다. 이 죽음에 대한 평가는 상반된다. 노동운동에 헌신해야 한다는 사명감을 잊고 경솔하게도 고작 한 여성을 위해 목숨을 걸었다는 비판이 있는가 하면, 그가 한 여성을 진정으로 사랑할 수 없는 사람이었다면 노동계급을 사랑할 수도 없었을 것이라는 우호적 견해도 있다.

해럴드 워싱턴 Harold Washington

04.12.

1983년 4월 12일 해럴드 워싱턴이 시카고 시장으로 취임했다. 흑인으로는 처음이었다. 시장 취임사에서 그는 이렇게 말했다. "저는 시카고를 사랑한 시장으로 기억되기 바랍니다. 저는 공정한 시장으로, 적어도 공정하고자 애썼던 시장으로 역사에 기억되기 바랍니다."

해럴드 워싱턴은 공정하고자 애썼다. 그는 시 정부의 인종 다양성을 넓히려고 애썼고, 여성을 포함한 소수자들의 고용 확대에 힘썼다. 백인들이 장악하고 있던 시의회는 초기에 워싱턴의 정책에 사사건건 반기를 들었으나, 1985년 연방법원의 결정으로 치러진 일부 구역의 시의원 재선거 뒤 그는 다수파의 지지 속에서 '시카고 사랑'을 실천할 수 있었다.

해럴드 워싱턴은 1922년 시카고에서 태어났다. 고등학교를 중퇴했지만 군복무 중 고등학교 졸업 자격을 얻었고, 제대 뒤에 루스벨트대학에서 정치학을 전공하고 노스웨스턴대학 로스쿨에 진학해 변호사가 되었다. 아내 없이 그를 키워준 아버지를 따라 민주당원이 된 워싱턴은 일리노이주 하원의원, 일리노이주 상원의원, 연방 하원의원을 잇따라 지냈다.

그는 일리노이주 상원의원을 지내던 1977년 시카고 시장 선거에 처음 도전해 실패했고, 1983년에 다시 도전해 민주당 후보 경선에서 현직 시장 제인 번을 물리친 뒤 본선에서 공화당 후보 버너드 엡튼을 꺾었다. 워싱턴은 1987년에 시장으로 재선됐으나, 얼마 뒤 집무실에서 심장마비로 급서했다.

수십만 명의 추도객들이 그의 관 앞을 지나갔고, 그의 유해는 그가 성장기를 보낸 시카고 사우스사이드 구역의 오크우즈 묘지에 묻혔다. 원자폭탄 개발에 결정적으로 기여한 핵물리학자 엔리코 페르미, 1936년 베를린 올림픽에서 네 개의 금메달을 거머쥐며 '갈색 영양羚羊'이라는 별명을 얻은 흑인 스프린터 제시 오언즈 같은 사람도 그 묘지에 묻혀 있다.

호헌 선언
04.13.

1987년 4월 13일 당시 대통령 전두환이 대통령 간선제를 규정한 제5공화국 헌법으로 제13대 대통령 선거를 치르겠다고 선언했다. 그것은 대통령 직선제를 민주주의 회복의 핵심으로 여겼던 시민들의 기대에 찬물을 끼얹는 행위였다.

대통령 7년 단임을 규정한 당시 헌법에 따라 재출마를 할 수 없었던 전두환은 당초 내각제 개헌을 통해 국회 다수파를 움켜쥠으로써 집권을 연장할 뜻을 지닌 것으로 관측되었다. 제1야당 신한민주당 총재 이민우는 일정한 민주화 조처가 병행된다면 내각제 개헌을 받을 수도 있다는 이른바 '이민우 구상'으로 당시 여권의 의중에 맞장구친 바 있다.

민주화 전망의 불투명과 이민우 자신의 정치적 야심이 결합해 나온 '이민우 구상'은 그러나 신한민주당의 실질적 '오너'였던 김영삼·김대중의 뜻을 정면으로 거스르는 것이었다. 두 김씨는 그 해 4월 8일 자신들을 따르는 의원 74명을 탈당시켜 신한민주당을 껍데기로 만들었다. 전두환의 닷새 뒤 호헌 선언은 신한민주당의 실질적 붕괴로 국회에서의 내각제 개헌 합의가 물 건너갔다는 판단에서 나온 것이다.

그러나 이 호헌 조치는 엄청난 역풍을 불러일으켰다. 폭력배들을 동원한 정권의 방해 공작에도 불구하고 두 김씨는 5월 1일 김영삼을 총재로 해 통일민주당을 출범시켰고, 통일민주당과 재야 민주화운동 단체들이 연대해 발족시킨 민주헌법쟁취 국민운동본부는 집권 민정당 대표 노태우가 여권의 대통령 후보로 지명된 6월 10일부터 전국적 반정부 시위를 조직했다. 6월항쟁이라고 불리게 될 시민혁명의 시작이었다.

'호헌 철폐', '독재 타도'라는 슬로건 아래 이뤄진 이 시위들에 다수의 일반인들이 참가하면서 전국의 아스팔트는 시민과 정권의 싸움터가 되었다. 제5공화국 정권은 결국 그 해 6월 29일 시민들의 요구에 굴복해 대통령 직선제 개헌을 받아들였다.

링컨 피격
04.14.

　1865년 4월 14일 밤 10시께 미국의 제16대 대통령 에이브러햄 링컨이 워싱턴의 포드 극장에서 연극을 관람하던 중 머리에 총탄을 맞았다. 대통령은 그 이튿날 아침 7시22분에 사망했다. 56세였다. 남군 사령관 로버트 리가 애퍼매턱스에서 항복함으로써 4년에 걸친 내전이 끝난 것은 그보다 불과 닷새 전이었다. 종전의 환희로 가득 찬 수도 한복판에서 대통령이 암살당한 것이다.

　남북전쟁 기간 중 남군이 링컨을 납치할 계획을 세웠다는 소문이 떠돌기는 했으나, 북군의 승리로 이 소문은 의미 없는 것이 되었다. 그러나 링컨에 대한 패배자들의 증오는 잦아든 것이 아니라 살해 음모로 나타났다. 링컨도 자신을 노리는 사람들이 많다는 것을 알고 있었다. 피격 당일만 해도 링컨의 집무실 책상에는 그를 살해하겠다는 협박 편지 여든 통이 놓여 있었다. 링컨이 몰랐던 것은, 존 윌키스 부스라는 이름의 남부 출신 배우가 전쟁 중 두 차례나 자신의 납치를 꾀한 바 있고, 전쟁이 끝나자 이제 대통령을 살해함으로써 남부의 패배를 설욕하겠다고 마음먹었다는 사실이었다.

　링컨을 저격한 부스는 관객을 향해 라틴어로 "식 셈페르 튀란니스(Sic semper tyrannis, 폭군들은 늘 이렇게 되는 거야)"라고 외친 뒤 달아났다. 그는 4월 26일 버지니아주 볼링그린 근처의 한 창고에서 경찰과 대치하다 사살되었다.

　부스가 수사관들의 신문을 받기 전에 사살되는 바람에, 링컨의 암살을 둘러싼 의혹은 그 뒤 오랫동안 호사가들의 수다 재료가 되었다. 남부에 대한 링컨의 유화 정책에 불만을 품은 정부 안의 세력이 이 암살 계획을 알고 있으면서도 팔짱을 끼고 있었다는 주장도 제기되었다. 그 점에서 링컨은 그로부터 98년 뒤에 살해된 존 케네디의 진정한 선임자였다.

훌리건
04.15.

　1989년 4월 15일 영국 셰필드 스타디움을 가득 채운 5만 4천 명의 관중들은 리버풀과 노팅엄 사이의 경기를 애타게 기다리고 있었다. 경기가 시작되기 직전 리버풀 골대 뒤의 스탠드에 앉아 있던 관객들이 갑자기 난동을 부리기 시작했다. 사람들이 서로를 밀쳐내고 때리고 짓밟는 가운데 사망자가 속출했다.

　팬들의 난동에 대비해 관중석과 운동장 사이에 세워놓은 철망이 상황을 더 악화시켰다. 힘이 약한 노인들과 어린이들이 이 철망에 끼여 참혹하게 죽어간 것이다. 경기는 시작된 지 6분 만에 중단됐다. 이 난동으로 93명이 죽고 180여 명이 다쳤다.

　축구장에서 난동을 부리는 사람들을 흔히 훌리건이라고 부른다. 1960년대 초 영국 보수당 정권 아래서 빈부 격차가 커지면서 빈민층은 사회적 울분을 축구장에서 난동의 형태로 폭발시키는 일이 잦았는데, 이런 난동 팬들이 훌리건의 시작이다. 1963년 리버풀에서 더콥The Kop이라는 조직적 응원단이 등장하면서 훌리건의 폭력은 규모도 커지고 과격해지기 시작했다. 1970년대 들어서는 켄싱턴 앤드 첼시 구역의 팬들로 이뤄진 헤드헌터스Headhunters, 웨스트햄 구역의 팬들로 이뤄진 인터시티펌Inter City Firm 등 이른바 슈퍼훌리건 집단들이 잇따라 생겨나 악명을 떨치면서 훌리건은 영국 축구의 한 상징이 되었다.

　축구가 커다란 인기를 끌고 있는 유럽 대륙과 남아메리카에도 훌리건이 생기기 시작했다. 훌리건들은 1980년대 이후 원정 응원을 다니면서 홈 팬들을 공격하고 경기장 근처 거리를 활보하며 기물을 부숨으로써 신문의 스포츠면이 아닌 사회면을 장식했다. 2002년 월드컵 이후 '붉은 악마'가 보여준 절제는 조직적이고 열정적인 응원단이 꼭 훌리건이 되는 것은 아니라는 사실을 인상적으로 증명했다.

아나톨 프랑스 Anatole France
04.16.

1844년 4월 16일 프랑스 소설가 아나톨 프랑스가 파리에서 태어났다. 1924년 투르에서 몰.

프랑스 사람의 성姓이 프랑스인 것이 재미있다. 한韓씨 성을 지닌 한국인이나 화華씨 성을 지닌 중국인과 비슷하다. 그러나 프랑스는 이 작가의 원래 성이 아니다. 아나톨 프랑스의 본명은 자크 아나톨 프랑수아 티보다. 그의 아버지는 '리브레리 드 프랑스'(프랑스 서점)라는 고서점古書店을 운영했는데, 미래의 작가는 이 서점 이름에서 자신의 필명을 따왔다.

아나톨 프랑스는 소설만이 아니라 시와 평론을 통해서 19세기 말, 20세기 초의 이른바 벨에포크(아름다운 시절)를 문자화했다. 이 아름다운 시절의 한복판에서 드레퓌스 사건이라는 추악한 스캔들이 터졌을 때, 그는 에밀 졸라, 조르주 클레망소 등과 연대해서 간첩으로 몰린 드레퓌스 대위의 무죄를 주장하며 프랑스 사회 주류의 국가주의·인종주의에 맞섰다. 어떤 어리석은 소리를 5천만 명이 지껄인다고 해도 그것은 여전히 어리석은 소리라고 아나톨 프랑스는 단호히 말했다. 벨에포크 시절의 프랑스 사회를 그린 프랑스의 4부작 소설『현대사』의 제4부는 이 드레퓌스 사건에 바쳐졌다.

문필 활동의 초기부터 합리주의와 회의주의를 정신의 밑바닥에 깔고 있던 아나톨 프랑스는 드레퓌스 사건 이후 부르주아적 사회질서와 교회를 격렬히 공격하며 공산주의로 기울었다. 프랑스는 1921년에 노벨문학상을 받았지만, 그 때 이미 그의 작품들은 모두 로마 가톨릭교회의 금서 목록에 올랐다.

문필가이기 이전에 지식인으로서 아나톨 프랑스는 한평생 대체로 올바른 정치적 처신을 했다고 할 만하다. 그러나 정치윤리와 연애윤리가 늘 나란히 가는 것은 아닌 모양이다. 프랑스는 여러 여자를 배신했고, 그 가운데 한 사람은 절망 속에서 자살했다.

프놈펜 함락
04.17.

1975년 4월 17일 좌익 혁명세력 크메르 루주가 프놈펜을 점령하고 론놀 정권을 무너뜨림으로써 캄보디아내전이 일단락됐다. 프놈펜 함락은 그 달 30일의 사이공 함락과 함께 인도차이나에서 미국이 완전히 패퇴했음을 뜻했다. 미국의 지원 아래 쿠데타를 일으켜 시아누크 국왕을 몰아내고 1970년 이래 캄보디아를 다스려온 대통령 론놀은 프놈펜이 함락되자 미국으로 달아났다.

프놈펜 함락으로 일단락된 내전은 1978년 말 베트남의 캄보디아 침공으로 크메르 루주 정권이 무너지고 이듬해 1월 친親베트남적인 헹삼린 정부가 들어선 뒤 다시 재개돼, 1990년대 초까지 계속됐다. 1970년대 전반의 내전이 친미 반공 정권과 공산주의 반군 사이의 대결이었다면, 1979년 이후의 내전은 좌익 정파끼리의 대결이었다.

반정부 3대 세력(시아누크 전 국왕, 크메르 루주, 크메르 인민민족해방전선)은 동남아시아 국가연합ASEAN과 유엔의 지지 아래 친중국 노선을 펼친 반면, 프놈펜 정부는 친소·친베트남 노선을 취했다. 내전은 1991년 10월 파리에서 4대 정치세력이 평화협정에 서명함으로써 종식됐고, 두 해 뒤 제헌의회에서 입헌군주제 헌법을 채택해 시아누크가 국왕에 취임하면서 캄보디아는 정상 국가로 되돌아갔다. 그러나 그 뒤에도 오래도록 이 나라의 정정은 뒤집힌 원뿔처럼 불안정했다.

캄보디아 현대사에서 가장 끔찍한 장면은 내전기가 아니라 두 차례 내전기 사이의 '평화기'에 펼쳐졌다. 키우 삼판, 폴 포트 등이 이끄는 크메르 루주 정권은 그 네 해 동안에 혁명의 이름으로 적어도 1백만 명 이상의 동족을 잔혹하게 살해했다. 흔히 '킬링 필드'라고 불리는 이 학살극은 제어되지 않은 유토피아주의의 내면이 얼마나 추악해질 수 있는지를 섬뜩하게 보여주었다.

남연군南延君 분묘 도굴 사건
04.18.

1868년 4월 18일 독일인 상인 에른스트 오페르트가 이끄는 일단의 외국인들이 충청도 덕산(德山, 예산군)에 있는 흥선대원군의 생부 남연군 구球의 묘를 도굴하려다 실패한 사건이 일어났다. 덕산 굴총掘塚 사건으로도 알려진 이 사건은 비록 미수에 그쳤지만 서양 사람들에 대한 조선인들의 감정을 크게 악화시키고 대원군으로 하여금 쇄국정책을 더욱 강화하게 하는 계기가 되었다.

사건 직후 대원군은 이 일이 국내 천주교도의 내응內應으로 이뤄졌다고 판단하고 천주교에 대한 단속을 한층 조였다. 대원군의 판단이 그른 것은 아니었다. 전직 미국 외교관 젠킨스가 자본을 대 그 해 4월 차이나호號와 크레타호로 상하이를 떠난 다국적 도굴단에는 프랑스인 선교사 페롱을 비롯한 백인들과 말레이시아인, 청국인 외에 조선인 천주교도도 끼어 있었다.

조선에 도착한 오페르트 일행은 충청도 홍주군洪州郡 행담도行擔島에 정박해 북독일연방의 국기를 게양한 뒤 구만포九萬浦에 상륙했고, 러시아 군병을 위칭하며 덕산 군청을 습격해 무기를 탈취하고 한밤에 가동伽洞의 남연군 능묘를 파헤치기 시작했다. 덕산 군수와 묘지기들이 이를 제지하려 했지만 무장한 서양인들의 서슬을 감당할 수 없었다. 그러나 능묘의 구축이 단단해 도굴에 시간이 지체됐고, 날이 밝아 주민들이 현장으로 몰려들 즈음 내하內河의 퇴조가 임박하자 이들은 파낸 관곽棺槨을 그대로 버려두고 구만포의 배로 달아났다.

오페르트는 이 사건 두 해 전에도 영국인 모리슨과 함께 영국 상선 로나호·엠퍼러호로 두 차례 상하이를 떠나 충청도 해미海美의 조금진調琴津에 정박하고 입국을 시도했으나 실패한 바 있다. 그는 귀국한 뒤 『금단의 나라 : 조선 기행』을 썼다.

바르샤바 게토 폭동

04.19.

1943년 4월 19일 폴란드 수도 바르샤바의 유대인 게토에서 무장 폭동이 일어났다. 이 날은 기원전 13세기 유대인들이 이집트에서 탈출한 것을 기념하는 과월절過越節 축제의 첫날이자 히틀러의 생일 하루 전이었다.

그 때까지 바르샤바 게토에 남아 있던 약 5만 명의 유대인들은 하루하루를 죽음의 공포 속에서 살고 있었다. 독일 나치 정권은 그 전해 여름까지 바르샤바 게토의 유대인 26만 5000명을 트레블링카의 절멸 수용소로 보냈다. 1943년 1월 게토의 유대인들이 나흘 동안 시가전으로 저항하며 수용소행行을 거부하자 나치는 그 뒤 얼마 동안 멈칫하며 손을 놓고 있었다. 그러나 석 달 뒤, 나치 군대는 바르샤바 게토의 유대인 모두를 수용소로 보내기 위한 작전을 개시했고, 유대인들은 수류탄과 라이플로 무장한 채 격렬히 저항했다.

5월 16일 나치가 바르샤바의 유대교 대회당大會堂을 파괴하고 게토를 완전히 점령할 때까지 4주 동안 바르샤바 거리들은 피로 덮였다. 이 전투에서 유대인 7천여 명이 사망했고, 살아남은 유대인들은 모두 죽음의 수용소로 이송됐다. 그러나 독일군 측도 수백 명의 사망자를 냈다.

게토는 중세 이후 유럽에서 유대인들을 강제로 격리하기 위해 설정한 유대인 거주 지역을 가리킨다. 유대인 격리 정책은 12세기 이래 유럽 대부분 지역으로 퍼져나갔지만, 게토라는 말이 처음 사용된 것은 1516년 이탈리아 베네치아에 설치된 유대인 거주 지역에 대해서다.

이 말은 20세기 중엽 이후 미국에서 흑인이 모여 사는 지역에 대해서도 사용되게 되었다. 흑인 게토는 유대인 게토와 달리 법률적으로 강제된 것은 아니지만, 사회적·경제적 조건이 거의 법률적 강제만큼이나 힘을 발휘해 형성된 특정 인종의 밀집 지역이다.

마르쿠스 아우렐리우스 Marcus Aurelius

04.20.

　서기 121년 4월 20일 로마제국 제16대 황제 마르쿠스 아우렐리우스 안토니우스가 로마에서 태어났다. 스토아파 철학자이기도 했던 그는 180년 서게르만의 한 부족 마르코만니의 침입을 직접 격퇴하다 빈도보나(오늘날의 오스트리아 빈)에서 병사했다.

　중국 한나라에는 안돈安敦이라는 이름으로 알려졌던 마르쿠스 아우렐리우스는 자기 이전의 네 군주 곧 네르바, 트라야누스, 하드리아누스, 안토니우스 피우스와 함께 5현제賢帝로 꼽힌다. 이 시대의 제위는 세습되지 않고 원로원 의원 가운데 가장 유능한 인물이 황제로 지명되었다. 5현제 시대의 로마는 제국의 최전성기였다.

　마르쿠스 아우렐리우스의 치세는 그러나 게르만인을 비롯한 이방인들의 거듭된 국경 침탈과 경제난, 돌림병으로 얼룩졌다. 이런 내우외환을 황제는 견인주의자堅忍主義者다운 마음의 다스림으로 견뎌냈던 듯하다. 만년에 진중에서 쓴 『명상록』은 고대 스토아철학의 마지막 증언으로 읽힌다.

　19세기 영국 비평가 월터 페이터는 마르쿠스 아우렐리우스 시대 한 청년의 정신적 편력을 그린 장편소설 『쾌락주의자 마리우스』(1885)에서 『명상록』의 몇 구절을 가필해 황제의 연설로 인용한 바 있는데, 그 일부가 영문학자 이양하의 번역으로 고등학교 국어 교과서에 실려 한국 청소년들에게도 널리 읽혔다.

　"세상은 한 큰 도시. 너는 이 도시의 한 시민으로 이 때까지 살아왔다. 아, 온 날을 세지 말며, 그 날의 짧음을 한탄하지 말라. 너를 여기서 내보내는 것은 부정한 판관이나 폭군이 아니요, 너를 여기 데려온 자연이다. 그러니 가라. 배우가, 그를 고용한 감독이 명령하는 대로 무대에서 나가듯이. 아직 5막을 다 끝내지 못하였다고 하려느냐? 그러나, 인생에 있어서는 3막으로 극 전체가 끝나는 수가 있다. 그것은 작자의 상관할 일이요, 네가 간섭할 일이 아니다."

송욱 宋稶
04.21.

1980년 4월 21일 시인 송욱이 55세로 작고했다.

송욱은 시만이 아니라 평론에도 손을 댔고, 영문학자로서 서울대 영문과에서 오래 가르쳤다. 충남 홍성에서 나 서울에서 자랐고, 일본 교토대학京都大學을 거쳐 서울대 영문과를 졸업했다. 등단한 것은 1950년 서정주가 추천한 「장미」, 「비오는 창」 등의 작품이 《문예》에 실리면서다.

문학적 스승 서정주의 토속적 서정주의抒情主義와는 달리, 송욱의 작품 세계는 영미 주지주의를 질료로 삼은 모더니즘의 틀에서 크게 벗어나지 않았다. 특히 초기 시들이 그렇다.

송욱은 1956년부터 「하여지향何如之鄕」이라는 제목의 연작시 12편을 발표했는데, 현실 세계의 부조리와 무질서를 기지와 풍자와 야유 같은 지적 장치에 기대어 조망한 이 초기 시편들은 그대로 시인의 대표작이 되었다.

"이런들 어떠하며 저런들 어떠하리"로 시작하는 이방원의 고시조 「하여가」에서 제목을 패러디한 듯한 이 연작의 첫 번째 시는 "솜덩이 같은 몸뚱아리에/ 쇳덩이처럼 무거운 집을/ 달팽이처럼 지고,/ 먼동이 아니라 가까운 밤을/ 밤이 아니라 트는 싹을 기다리며,/ 아닌 것과 아닌 것 그 사이에서,/ 줄타기하듯 모순이 꿈틀대는/ 뱀을 밟고 섰다"로 시작해, "허울이 좋고 붉은 두 볼로/ 철면피를 탈피하고/ 새살 같은 마음으로,/ 세상이 들창처럼 떨어져 닫히며는/ 땅꾼처럼 뱀을 감고/ 내일이 등극한다"로 끝난다.

송욱의 문학세계는 그의 뛰어난 친구들과 제자들의 우정과 존경심 탓에 다소 과대평가된 감이 없지 않다. 유고집 『시신詩神의 주소』에서도 말끔히 지워지지 않은 멋부림과 말놀이, 더러 피상적으로 보이는 세계 인식 같은 것은 이 지적인 시인이 청년기의 문학적 재능을 그 뒤 근실히 벼리지 않았다는 표시로 읽힌다.

하그리브스 —James Hargreaves
04.22.

1778년 4월 22일 제니 방적기의 발명자 제임스 하그리브스가 노팅엄에서 작고했다. 68세였다.

랭커셔주 블랙번 출신의 하그리브스가 평범한 방사공紡絲工으로 생을 마치지 않고 역사에 또렷한 이름을 남긴 것은 그의 딸 제니 덕분이었다. 그는 1764년께 제니가 실수로 쓰러뜨린 방차紡車의 움직임에 착안해 최초의 실용적 방적기를 발명했고, 이 기계를 제니 방적기라 불렀다. 방적기의 등장은 인류가 청동기 시대 이래 사용해온 물레를 박물관으로 들여보냈다.

1768년 노팅엄으로 이주한 하그리브스는 두 해 뒤 제니 방적기의 특허권을 획득했고, 이 복식수동 방적기는 하그리브스가 죽은 뒤 10년 사이 영국 전역에 2만 대가 넘게 보급돼 산업혁명의 바탕을 만들어냈다. 하그리브스가 노팅엄으로 이주한 해에 아크라이트는 수차동력水車動力을 이용한 자동 방적기를 발명해 워터프레임이라 이름 붙였고, 1779년에는 크롬프턴이 제니 방적기와 워터프레임의 장점을 취해 뮬 방적기를 고안했다. 뮬은 수나귀와 암말의 잡종 곧 노새를 뜻한다. 이 방적기가 제니 방적기와 워터프레임의 잡종이라는 뜻으로 붙여진 이름이다.

방적기의 발명과 개량은 자본가에게는 축복이었지만 노동자에게는 실직의 공포를 불러일으켰다. 수동 방적기인 제니 방적기만 사용해도 노동자 한 사람이 방추紡錘 여러 개를 동시에 작동시킬 수 있었기 때문에, 자본가들은 수공업적 숙련 노동자들의 일손을 크게 줄일 수 있었다. 게다가 18세기 말부터 19세기 초까지 벌어진 나폴레옹전쟁 탓에 영국이 경제 불황에 빠져 고용이 감소했던 터라, 노동자들의 불안은 현실적이었다. 노동자들은 실업과 생활고의 원인을 방적기 탓으로 돌렸고, 러다이트운동이라고 불리게 될 기계파괴운동에 나섰다. 이 운동이 점화한 곳은, 놀랍지 않게도, 제니 방적기의 원적지인 노팅엄이었다.

세계 책과 저작권의 날
04.23.

4월 23일은 세계 책과 저작권의 날이다. 이 날을 세계 책과 저작권의 날로 정한 것은 1995년 제28차 유네스코 총회에서다. 유네스코는 그 해 11월에 열린 총회에서 "역사적으로 인류의 지식을 전달하고 이를 가장 효과적으로 보존하는 데 큰 구실을 해온 책의 중요성을 인식하고, 책의 보급이 문화적 전통에 대한 사람들의 인식을 발전시킬 뿐만 아니라 이해·관용·대화를 기초로 한 사람들의 행동을 북돋운다는 점을 인정하여, 4월 23일을 세계 책과 저작권의 날로 제정한다"고 결의했다.

4월 23일을 고른 것은 1616년 4월 23일이 스페인 소설가 세르반테스와 영국 시인 셰익스피어가 작고한 날이기 때문이다. 그런데 4월 23일은 스페인 카탈루냐 지방의 수호성인인 성聖호르디의 축일이기도 하다. 카탈루냐 지방에는 이 날 남자가 여자에게 장미를 선물하고 여자가 남자에게 책을 선물하는 관습이 있다.

그러니까 책의 날은 두 작가의 기일과 성호르디 축일의 관습이 포개져 선택된 것이다. 유네스코와 국제출판인협회IPA 그리고 각국 정부는 매년 4월 23일을 전후해 독서와 출판을 장려하는 행사를 벌이는데, 이 가운데는 책과 함께 장미를 선물하는 캠페인도 포함돼 있다.

여러 대안 매체의 등장으로 독서 인구가 줄어드는 추세이기는 하지만, 전통적인 종이책이 사라지지는 않을 것 같다. 미국 소설가 아이작 아시모프가 재치 있게 지적했듯, 종이책은 '사용하는 사람의 뜻에 완전히 따르는 카세트'이기 때문이다. 종이책은 사람이 눈을 떼면 즉시 테이프가 멈추는 카세트이고, 사람의 눈길이 닿으면 즉시 테이프가 돌아가기 시작하는 카세트이며, 읽는 사람의 뜻에 따라 빨리 또는 천천히, 앞으로 또는 뒤로, 건너뛰어서 또는 되풀이해서 테이프를 돌릴 수 있는 카세트다.

데 쿠닝 Willem de Kooning
04.24.

1904년 4월 24일 화가 윌렘 데 쿠닝이 네덜란드 로테르담에서 태어났다. 1997년 몰.

〈여인〉 연작으로 잘 알려진 데 쿠닝은 네덜란드인으로 태어나 미국인으로 죽었다. 그가 미국으로 건너간 것은 24세 때인 1926년이다. 뉴저지주의 호보켄에서 잠시 머문 데 쿠닝은 이듬해 뉴욕으로 가 정착했고, 1940년대 이후에는 추상표현주의자 또는 뉴욕파라고 불리게 될 전위 예술가 집단에 속하게 되었다.

1920년대 말 이래 칸딘스키의 추상회화를 가리키는 말로 퍼지게 된 추상표현주의는 1940년대 들어 데 쿠닝, 프란츠 클라인, 잭슨 폴록, 바넷 뉴먼, 마크 로스코, 클리퍼드 스틸 등 뉴욕을 중심으로 활동한 미국 화가들의 작품 세계를 주로 가리키게 되었다.

데 쿠닝은 추상표현주의의 여러 경향 가운데 액션페인팅을 대표했다. 데 쿠닝, 클라인, 폴록 같은 액션페인터들은 즉흥적인 몸짓 효과나 붓 또는 페인트의 질에 바탕을 두고 조형세계를 펼쳐나갔다. 데 쿠닝의 예술 세계는 또 추상적 형상을 기하학적 틀에서 찾지 않고 살아 있는 유기체에서 구하려고 했기 때문에 '바이오모픽(생명형태적) 아트'라고도 불린다.

20세기 초까지 조형예술의 유일한 수도였던 파리는 20세기 중엽 이후 그 수도들 가운데 하나가 되었다. 뉴욕이 또 다른 수도로 등장했기 때문이다. 오늘날 그 무게 중심은 점점 뉴욕 쪽으로 쏠리고 있는 듯하다. 1940년대 이후의 뉴욕파는 그 쏠림의 시발점이었다. 양차 세계대전 사이에 활동이 뚜렷했던 파리파가 외국 출신의 개인주의적 유대인 예술가들이라는 점 말고는 유파적 단일성이 옅었듯, 데 쿠닝이 소속된 뉴욕파 역시 유럽의 쉬르레알리슴(초현실주의)에 영향을 받았다는 점 말고는 내적 단일성이 옅은 각양각색의 전위 회화 그룹이었다.

라마르세예즈 —La Marseillaise
04.25.

1792년 4월 25일 밤 프랑스의 공병대위 루제 드 릴이 스트라스부르의 숙소에서 혁명가요 〈라마르세예즈〉를 만들었다. 그보다 닷새 전인 4월 20일 프랑스는 혁명에 간섭하는 오스트리아와 프로이센에 선전을 포고한 바 있다.

4월 25일은 선전포고령을 지니고 파리를 떠난 전령이 스트라스부르에 도착한 날이었다. 라인강을 사이에 둔 프랑스군과 프로이센군은 일촉즉발의 전투태세에 돌입해 있었다. 스트라스부르 시장 프레데리크 디트리슈는 루제 대위에게 이튿날 적진을 향해 떠날 라인 군대를 위해 군가를 지어달라고 부탁했다. 대위는 그 날 밤 단숨에 노래를 만들었다.

당초 〈라인 군대를 위한 군가〉로 불렸던 이 노래가 '마르세유 군대의 노래'라는 뜻의 〈라마르세예즈〉로 불리기 시작한 것은 그로부터 석 달쯤 뒤다. 그 해 7월 2일 마르세유를 출발한 5백 명의 지원병이 7월 30일 이 노래를 부르며 파리 교외를 지나자, 처음 들어보는 힘찬 멜로디에 감동한 파리 사람들은 이 노래를 〈라마르세예즈〉라고 부르기 시작했다.

그 뒤 이 노래는 프랑스군과 함께 유럽 구석구석을 누비며 혁명의 이상을 뿌렸다. 〈라마르세예즈〉는 왕정복고 시기에 얼마동안 금지되기도 했지만 1830년 7월혁명 때 파리의 바리케이드에서 되살아났고, 제3공화국 시절인 1879년 마침내 프랑스의 국가가 되었다.

모두 8절로 이뤄진 이 노래의 그 1절 가사는 이렇다. "나가자, 조국의 아이들이여/ 영광의 날은 왔다/ 우리들 앞에/ 폭정의 피묻은 깃발이 서 있다/ 저 흉포한 군사들의 사나운 소리가/ 벌판에서 들리지 않느냐/ 저 놈들은 우리에게 와/ 우리 아들의 목을 베고/ 우리 밭을 유린할 것이다/ 무기를 들어라 시민들이여/ 전열을 정비하라!/ 나아가자! 나아가자!/ 놈들의 더러운 피로/ 우리 밭고랑을 적시자."

강경애 姜敬愛
04.26.

1943년 4월 26일 소설가 강경애가 37세로 작고했다.

강경애는 황해도 송화에서 태어나 장연에서 죽었다. 그의 연보는 아직도 새로 기입할 칸을 많이 남기고 있다. 그가 죽은 해에 대해서조차 국내 학자들이 대개 1943년설을 취하는 반면 연변이나 북한 학계는 1944년설을 취한다.

강경애의 생애가 잘 알려져 있지 않은 것은 그가 자손을 남기지 않은 데다가, 작품활동을 주로 간도에서 해 서울 문단과 별다른 교류가 없었기 때문이다. 그러나 장편『인간문제』를 비롯한 그의 몇몇 작품은 1930년대 리얼리즘 문학의 정점으로 평가된다. 일제시기에 등단해서 한국 문학사에 편입된 여성 문인의 다수가 자신들의 문명文名을 소녀 취향의 서정시나 신변잡기, 염문과 추문과 사교 생활에 빚지고 있는 데 비해, 강경애는 작품 자체만으로 지금까지 자신의 이름을 버티고 있는, 그래서 '여류'라는 수식어가 전혀 필요 없는 진짜 작가다.

강경애는 남편 장하일과 1931년부터 1939년까지 간도에 살았는데, 이 시기에 그의 창작 열정은 최고조로 샘솟았다. 20대 전반의 다소 미숙한 소설들을 빼면 강경애 문학의 거의 전부는 간도 시절에 생산된 것이다. 그 소설들에는 일제 강점기에 중국 동북지방으로 이주한 조선인들의 간고한 삶과 그 어려운 현실을 변혁하려는 노력들이 핍진하게 그려져 있다.

1934년 8월 1일부터 그 해 12월 22일까지《동아일보》에 연재된『인간문제』는 식민지 시대 최고의 리얼리즘 소설이자, 최고의 노동소설로 꼽힌다. 작가는 이 소설에서 소작인의 딸로 태어나 노동자가 되는 선비라는 여주인공의 짧고 고단한 삶을 중심으로, 식민지 자본주의가 촉진한 농민분해와 이농離農이 어떤 경로로 도시 빈민들을 낳고 그들을 노동계급으로 성장시키는지 그리고 있다.

7대 대선
04.27.

제3공화국 시절인 1971년 4월 27일 제7대 대통령 선거가 치러졌다. 이 선거는 1987년 12월 16일 제13대 대선이 치러지기 이전에 직접선거로 치러진 마지막 대선이었다. 흔히 유신체제 또는 제4공화국이라고 불리는 박정희 정권 후반기와 제5공화국으로 불리는 전두환 정권 때, 대통령은 '선출' 된다기보다 체육관에 모인 지지자들만의 요식 투표 뒤 '선언' 되었다.

제3공화국 헌법에 따르면 대통령은 한 번만 연임할 수 있었다. 그러나 박정희는 1969년 9월 대통령 3선 연임 허용을 골자로 한 제6차 개헌안을 여당계 의원만으로 날치기 통과시키도록 한 뒤, 1971년 4월 27일 공화당 대통령 후보로 세 번째 임기에 도전했다. 그는 이 선거에서 신민당 후보 김대중을 95만 표 차이로 누르고 제7대 대통령이 되었다. 당시 여당의 압도적 프리미엄을 고려하면, 아슬아슬한 선거였다.

박정희 캠프는 7대 대선에서 이른바 '신라 임금론'을 내세움으로써, 건국 이후 정치 세력으로서는 처음으로 지역주의라는 흑마법黑魔法의 주술을 유권자들에게 걸었다. 7대 대선에는 두 후보 외에 정의당의 진복기, 국민당의 박기출, 자민당의 이종윤이 출마했다.

박정희는 선거 직전 장충단공원 유세에서 "다시는 국민에게 표를 달라고 나서지 않겠다"며 이번이 마지막 출마임을 강조했는데, 그는 대단히 엽기적인 방법으로 이 약속을 지켰다. 그는 이듬해 10월 17일 '10월유신'이라는 이름으로 파쇼체제를 수립함으로써 굳이 국민에게 표를 달라고 호소할 필요성을 원천적으로 없애버렸다. 그리고 자신이 의장을 맡은 이른바 통일주체국민회의의 대의원들로 하여금 대통령을 뽑도록 해, 그 이후의 두 차례 선거에서 모두 100%의 지지를 받아 죽을 때까지 그 자리에 머물렀다. 그를 살해한 중앙정보부장 김재규처럼, 박정희도 '한다면 하는 사람'이었다.

천상병 千祥炳
04.28.

1993년 4월 28일 시인 천상병이 63세로 작고했다.

맑은 영혼을 지닌 사람만이 제대로 된 시인이 될 수 있다면, 천상병은 일생을 통해 자신이 시인됨의 필요조건을 갖추었다는 것을 증명하고 간 사람이었다. 그의 시가 이룬 경지도 볼 만하지만, 그 경지는 지인知人들이 한 목소리로 증언하는 시인의 맑디맑은 영혼의 그림자일 뿐이었다. 그의 한 시집 제목대로 '천상병은 천상 시인이(었)다.'

천상병은 그 영혼의 순도를 술로 유지한 것 같다. 1950~60년대 한국 문단사를 점점이 박고 있는 떠들썩한 술자리 에피소드의 상당 부분에 천상병은 깊이 연루돼 있다. 그 연루는 그의 모지락스러운 가난과도 관련이 있었다. 술자리와의 그 깊은 연루를 만년에는 자제했음에도, 그는 간경변으로 죽었다.

천상병이 연루된 것이 술자리만은 아니다. 그는 1967년 이른바 동베를린 간첩단 사건에 연루돼 6개월간 옥고를 치렀다. 이 간첩단 사건 자체가 박정희 정권의 조작이었지만, 천상병의 연루는 특히 어이없는 일이었다. 그 얼마 전 천상병은 서울대 상대 재학 시절부터의 친구인 강빈구姜濱口를 만나 술을 얻어 마시고 막걸리 값을 타낸 일이 있는데, 강빈구가 독일 유학 시절의 일로 간첩단 사건에 엮이면서 천상병도 함께 엮여든 것이다. 그러니, 천상병의 간첩단 사건 연루도 그의 술자리 연루와 연루돼 있었던 셈이다.

「귀천歸天」은 천상병의 가장 뛰어난 시에는 속하지 않지만, 가장 잘 알려진 시다. "나 하늘로 돌아가리라./ 새벽빛 와 닿으면 스러지는/ 이슬 더불어 손에 손을 잡고,// 나 하늘로 돌아가리라./ 노을빛 함께 단둘이서/ 기슭에서 놀다가 구름 손짓하면,// 나 하늘로 돌아가리라./ 아름다운 이 세상 소풍 끝내는 날,/ 가서, 아름다웠더라고 말하리라……"

사노맹 社勞盟
04.29.

1992년 4월 29일 남한사회주의노동자동맹(사노맹) 중앙상임위원장 백태웅이 구속되며 사노맹 사건이 일단락됐다. 사건 관련자 가운데 가장 널리 알려진 인물이라 할 시인 박노해(본명 박기평)는 그 전해 3월 이미 구속된 상태였다. 시인이 사노맹 안에서 맡은 직책은 중앙상임위원이었던 것으로 알려졌다.

시집 『노동의 새벽』(1984)으로 한국 노동시의 새로운 경지를 열어젖힌 박노해와 서울대 학도호국단 총학생장 출신의 백태웅(필명 이정로)은 1980년대 말부터 90년대 초까지 민족민주변혁론ND에 기초한 급진적 사회·정치 평론을 문예지 《노동해방문학》에 잇달아 발표하며 탈자본주의 사회를 모색한 바 있다.

사노맹은 1980년대 좌파 사회운동권에서 가장 급진적 분파 가운데 하나였던 제헌의회파CA의 정치적 침전물이었다. 이 조직의 구성원들은 남한의 사회경제 구성체를 신식민지 국가독점자본주의체제로 파악하고, 노동자계급이 중심에 선 통일전선 세력의 무장봉기를 통해 근본적 혁명을 이룰 수 있다고 생각한 듯하다. 문학평론가 조정환이 주도한 이들의 문예론은 노동해방문학론으로 불렸다. 동유럽 사회주의 체제가 가뭇없이 무너져 내려가던 시기에 난데없이 제출된 이 모험주의 노선은 유치했다고밖에 평가할 수 없겠지만, 기층 민중의 삶에 존엄을 부여하고자 했던 이들의 열정까지 허투루 볼 일은 아니겠다.

6·25전쟁 이후 남한에서 만들어진 최대의 자생적 사회주의 혁명 조직이라고 국가안전기획부가 평가한 사노맹은 박노해와 백태웅의 구속으로 와해됐지만, 그 뒤에도 민중정치연합 소속원 수십 명이 사노맹 관련 혐의로 구속되는 등 사건의 파장은 1994년 말까지 이어졌다. 사노맹 사건 관련자들은 최고 무기징역까지 선고받았다가, 1998년 광복절 특사로 풀려난 박노해·백태웅을 마지막으로 모두 석방되었다.

히틀러 Adolf Hitler
04.30.

1945년 4월 30일 56세의 나치스 지도자 아돌프 히틀러가 베를린의 벙커에서 권총을 오른쪽 관자놀이에 대고 방아쇠를 당겼다. 그 도시가 소련군에게 함락되기 직전이었다.

그의 죽음과 함께 독일 제3제국도 역사 속으로 사라졌다. 그가 그 날 혼자 죽은 것은 아니다. 이틀 전 총통과 결혼해 '프라우 히틀러'가 된 애인 에바 브라운도 음독자살했다. 에바 브라운은 히틀러의 요절한 조카 겔리 라우발과 함께 이 세기의 독재자가 기묘한 사랑을 나누었던 두 여성 가운데 하나다.

히틀러는 오스트리아의 브라우나우암인에서 세관원의 아들로 태어났다. 10대에 부모를 여읜 뒤 빈으로 나가 그림을 그리며 예술가의 꿈을 키웠지만, 자신에게 재능이 없다는 것을 이내 깨닫고 그림을 포기했다. 그에게 미술적 재능이 있었다면, 그래서 그가 그림을 포기하지 않았다면, 20세기 연표의 내용은 지금 우리가 알고 있는 것과는 사뭇 달라졌을지도 모른다.

히틀러는 34세에 뮌헨에서 봉기를 일으켜 불법으로 권력을 탈취하려고 기도했지만, 군부와 관료의 지지를 얻지 못해 실패했다. 그 사건으로 란츠베르크 육군 형무소에 갇혀 있는 동안 그는 악명 높은 『나의 투쟁』을 썼다.

히틀러가 1933년에 수상이 되고 1934년에 총통이 된 것은 완전히 법의 테두리 안에서 이뤄졌다. 인류 역사상 가장 끔찍한 체제 가운데 하나일 나치스 정권이 대중의 지지에 따라 합법적으로 성립됐다는 사실은 민주주의의 본질에 대해 많은 것을 생각하게 한다.

4월 30일 밤을 독일에서는 전통적으로 '발푸르기스의 밤'이라고 부른다. 전설에 따르면 이 날 밤에는 세상의 온갖 마녀들이 독일 브로켄산山에 모여 환락의 술잔치를 벌인다고 한다. 그 날 죽은 히틀러의 영혼도 그 잔치에 초대받았을지 모르겠다.

5

택시미터에서
국보위까지

택시미터
05.01.

　1936년 5월 1부터 조선에서 택시 요금의 미터제가 실시됐다. 당시의 요율料率은 주행 거리 2km까지의 기본요금이 50전이었고, 그 뒤 800m마다 10전씩 올랐다. 택시미터는 자동차 뒷바퀴의 회전수를 통해서 주행 거리를 계산하는 계기다. 한국에서는 주행 시간과 대기 시간 등을 병산하는 '거리·시간 병산제'가 1985년부터 시행됐다.

　택시운전기사 출신의 한국인 가운데 가장 널리 알려진 사람은 지난 1995년 『나는 빠리의 택시운전사』라는 책을 낸 홍세화 씨일 것이다. 세칭 남조선민족해방전선 준비위원회 사건이 터진 1979년부터 프랑스에서 망명자의 삶을 살아온 홍세화 씨는, 택시운전기사 경험을 중심으로 아웃사이더적 반생을 되돌아본 이 책을 통해, 자신의 발길이 닿을 수 없었던 조국에서 수많은 독자를 얻었다. 그는 2002년 초 완전히 귀국해 그 뒤 한 신문사에서 일하고 있다.

　홍세화 씨가 2002년 말에 낸 『악역을 맡은 자의 슬픔』에는 택시운전사의 눈에 대한 독특한 견해가 개진돼 있다. "나는 사물과 현상을 바라보는 내 눈길이 택시운전사의 것이기를 바란다. 택시운전사의 눈은 앞을 바라보는 눈이다. 그 눈은 지금의 위치를 계속 확인하면서 앞으로 나아가고, 또 앞으로 나아가면서 그 앞으로 나아갈 길을 헤아린다. 택시운전사의 눈은 지나온 길을 끊임없이 되돌아보는 눈이다. 과거에 잘못 들었던 길을 반복하여 가지 않기 위해 과거의 잘못을 계속 점검하면서 고치려고 노력하는 눈이다. 택시운전사의 눈은 탐색하는 눈이다. 습관적으로 무심코 다니던 길보다 더 좋은 길은 없는지 끊임없이 살피는 눈이다. 택시운전사의 눈은 자유인의 눈이다. 버스운전사처럼 노상 다니는 길만 다니지 않고 온통 길이란 길은 모두 다닐 수 있는, 그런 자유를 가진 눈이다."

루이지애나 매매

05.02.

　1803년 5월 2일 미국이 프랑스로부터 루이지애나를 구입했다. 인류 역사상 최대의 토지 매매라고 할 만한 이 거래는 오늘날의 프랑스 입장에서 보자면 나폴레옹1세의 모든 치적을 흐릿하게 할 만한 실책이었다.

　풍부한 지하자원과 빼어난 풍치를 갖춘 82만 8000제곱마일의 기름진 땅을 고작 1천1백25만 달러에 넘김으로써, 다시 말해 1에이커당 3센트 이하의 값에 팖으로써, 프랑스 황제는 북아메리카의 앵글로색슨화에 결정적으로 기여했다. 반면에 이 거래는 오늘날 미국 주류 사회의 처지에서 보면 토마스 제퍼슨이 대통령으로서 이룩한 최대의 치적이었다.

　이 거래를 통해 아메리카 합중국은 영토를 단숨에 두 배로 늘렸다. "아니, 루이지애나가 그렇게 크단 말이야?" 하고 되묻는 독자도 있을 것이다. 당시 프랑스의 루이지애나 영토는 오늘날의 루이지애나주만이 아니라 미주리, 아이오와, 아칸소, 사우스다코타, 노스다코타, 네브래스카, 오클라호마주 전체와 캔자스, 와이오밍, 몬태나, 미네소타, 콜로라도주 대부분을 포함하고 있었다. 이 드넓은 프랑스 영토의 이름 루이지애나는 "짐이 곧 국가다"라는 발언으로 유명한 '태양왕' 루이14세에게서 따온 것이다.

　이 영토의 핵심부였던 오늘날의 루이지애나에는 프랑스 식민지 시절의 풍취가 많이 남아있다. 재즈의 발상지로 유명한 루이지애나 최대의 도시 뉴올리언스는 '새 오를레앙'(프랑스 중북부의 도시)이라는 뜻이고, 주도 배턴루지(바통루주, Baton Rouge)는 프랑스어로 '붉은 막대'라는 뜻이다.

　루이지애나의 프랑스계 백인들은 흑인을 비롯한 소수 인종과의 혼혈에 여느 백인들보다 덜 적대적이어서 '크리올'이라고 불리는 혼혈인들을 많이 낳았다. 루이지애나가 남부의 주 가운데는 그나마 덜 인종주의적이었다는 뜻이겠다.

달리다 Dalida
05.03.

    1987년 5월 3일 샹송 가수 달리다가 파리의 자택에서 한 움큼의 수면제를 입에 털어 넣고 자살했다. 54세였다. 그녀의 유해는 몽마르트르 묘지에 묻혔다.

    영화배우 알랭 들롱과 함께 부른 〈파롤레 파롤레〉로 한국인들에게도 잘 알려진 달리다는 이미 생전에 프랑스어권 대중 가요계의 상업적 정점에 서 있었지만, 사적 생애는 그리 순탄치 않았다. 1987년 5월 3일의 '성공한' 자살 이전에도 그녀는 30대 이후 여러 차례 자살을 시도했다.

    달리다의 문화적 정체성은 세 국민국가에 속해 있었다. 그녀는 이탈리아인을 부모로 이집트 카이로에서 태어나 자랐고, 국제적 명성을 프랑스에서 얻었다. 대부분의 노래를 프랑스어로 불렀지만, 아랍어나 이탈리아어로 취입한 노래도 있다. 달리다의 본명은 욜란데 크리스티나 질리오티다. 21세 때인 1954년 미스 이집트로 뽑힌 뒤 영화배우가 되겠다는 꿈을 품고 파리행 비행기를 탔고, 달리다를 예명으로 삼아 영화계와 가요계를 오갔다.

    알랭 들롱을 비롯한 몇몇 남자들과 염문을 뿌린 뒤 라디오 프로듀서 뤼시앵 모리스와 결혼했지만, 불과 석 달 뒤 화가 장 소비에스키와 눈이 맞아 달아났다. 소비에스키와 헤어진 뒤에는 이탈리아의 가수 겸 작곡가 루이지 텡코와 사랑에 빠졌다. 그러나 텡코는 자신의 곡 〈차오 아모레〉로 산레모 가요제에 나간 달리다가 그랑프리를 받지 못하자 자살했다. 그 직후 달리다의 첫 남편 모리스도 자살했다.

    생전의 달리다는 영어권 세계에는 그리 잘 알려지지 않았지만 유럽, 중동, 일본에서는 대중의 우상이었다. 죽기 한 해 전 그녀는 지친 몸으로 영화 촬영을 위해 고향 카이로를 방문했다. 고향 사람들의 환대는 그녀 자신도 놀랄 만큼 뜨거웠고, 파리로 돌아왔을 때 그녀는 활기로 충전된 듯 보였다. 그러나 그 활기는 완전히 사위기 직전 활짝 피어난 마지막 불꽃이었다.

오드리 헵번 Audrey Hepburn
05.04.

1929년 5월 4일 영화배우 오드리 헵번이 벨기에 브뤼셀에서 태어났다. 1993년 스위스 톨슈나에서 몰.

헵번의 어머니는 네덜란드 귀족이었고 아버지는 영국인 은행가였다. 어린 시절 부모가 이혼한 뒤 어머니를 따라 네덜란드로 이주한 헵번은 나치 치하의 궁핍 속에서 성장기를 보낸 뒤 런던으로 건너가 발레를 배우며 단역 배우로 영화계에 발을 들여놓았다.

그 시절 헵번은 프랑스 소설가 콜레트의 눈에 띄는 결정적 행운을 얻었다. 콜레트는 자신의 소설 『지지』가 각색돼 뉴욕 브로드웨이 무대에 오르게 되자 헵번이 주인공 역을 맡도록 주선했고, 이 작품을 보며 그녀에게 깊은 인상을 받은 영화감독 윌리엄 와일러는 헵번을 〈로마의 휴일〉(1953) 주인공 역에 발탁했다. 〈로마의 휴일〉에서 한 신문기자와 짧은 사랑에 빠지게 된 공주 역을 맡은 헵번은 이 역으로 그 해 아카데미 여우주연상을 받았고, 그 뒤 그녀의 영화 인생은 순풍에 돛 단 듯 풀려나갔다.

돈 많은 남자와의 만남을 통해 뉴욕 상류 사회로의 진입을 꿈꾸는 여성 역을 맡은 〈티파니에서 아침을〉(1962)이나, 언어학자의 훈육을 통해 귀부인 말투와 예절을 익히게 되는 런던의 꽃팔이 소녀 역을 맡은 〈마이 페어 레이디〉(1964)를 통해, 헵번은 영화 팬들의 가슴을 울렁이게 했다. 그리고 그녀는 이내 '현대의 요정'이라는 별명을 얻었다. 〈티파니에서 아침을〉에서 헵번이 직접 부른 주제가 〈문 리버〉는 지금도 많은 사람들이 즐겨 부르고 있다.

헵번은 결별로 끝난 두 번의 결혼을 통해서 아들 하나씩을 얻었다. 두 번째 남편은 이탈리아 심리학자 안드레아 마리오 도티였다. 만년의 헵번은 유니세프 친선 대사로 임명돼 에티오피아, 수단, 방글라데시, 소말리아 같은 제3세계 나라들을 돌아다녔다. 그녀의 유니세프 활동은 결장암 진단을 받은 1991년까지 계속됐다.

오장환 吳章煥
05.05.

1918년 5월 5일 시인 오장환이 충북 보은에서 태어났다. 1951년 몰.

오장환은 서정주, 이용악 등과 함께 1930년대의 주목받는 청년 시인이었다. 세 사람 가운데 오장환이 한국 문학사에 남긴 흔적이 가장 덜 또렷하다면, 그것은 그의 재능이 다른 두 사람에게 못 미친 탓도 있고 그가 너무 일찍 죽은 탓도 있을 것이다. 오장환보다 뒤늦게 월북한 이용악은 1971년까지 살았고, 북으로 갈 이유가 없었던 서정주는 새 천년을 맞기까지 살았다.

오장환의 시세계에는 정체성의 지구력이 모자랐다. 비애와 데카당스를 바탕에 깐 모더니즘과, 고향에 대한 그리움에 실린 서정주의와, 계급해방을 염원하는 이념의 파도가 그의 시세계를 때로는 동시에, 때로는 순차적으로 스치고 지나갔다. 문학비평가 유종호씨가 『다시 읽는 한국 시인』이라는 책에 묶은 두 편의 오장환론論에 각각 「사회적 외방인外邦人의 낭만적 허영」과 「떠돌이에서 인민 시인으로」라는 제목을 붙이고 있는 것도, 오장환 문학 세계의 그런 물컹물컹함과 관련이 있을 것이다. 그 물컹물컹함은 시인 자신의 기질 못지않게 그가 살아낸 세월의 요동에도 책임이 있을 테다.

해방 직후에 쓴 「병든 서울」의 한 대목은 이렇다. "그렇다. 병든 서울아,/ 지난날에 네가, 이 잡놈 저 잡놈/ 모두 다 술 취한 놈들과 밤늦도록 어깨동무를 하다시피/ 아 다정한 서울아/ 나도 밑천을 털고 보면 그런 놈 중의 하나이다./ 나라 없는 원통함에/ 에이, 나라 없는 우리들 청춘의 반항은 이러한 것이었다./ 반항이여! 반항이여! 이 얼마나 눈물 나게 신명나는 일이냐."

그러나 그 반항을 끝내고 "스탈린이시어/ 당신 계시는 영광의 모스크바"(「우리 대사관 지붕 위에는」 중에서)를 부르는 시인을 보는 것은 슬프다.

5월혁명
05.06.

1968년 5월 6일 파리에서 학생 시위대와 경찰이 충돌하면서 5월혁명이 시동을 걸었다. 그 뒤 보름간 프랑스 전역을 뒤흔든 5월 사태는 파리 서쪽 교외 낭테르 대학(파리10대학)에서 학습 환경을 개선하고 학내 관료주의를 없애라는 학생들의 요구로 시작되었다. 시위가 소르본(파리4대학)과 그 앞의 라틴 구역으로 번지자 정부는 대학들을 폐쇄했고, 정부의 이런 강경 대응은 불에 기름을 부은 격이 돼 시위는 삽시간에 전국의 학생·노동자들에게 번져나갔다.

주유소 노동자들의 파업으로 사람들의 발이 묶일 지경이 되자 프랑스인들만이 아니라 외국의 관찰자들까지 이 해 5월에서 1789년 7월의 냄새를 맡기 시작했다. 대통령 드골은 사임을 심각하게 고려했으나 문화부 장관 앙드레 말로가 샹제리제 거리에서 조직한 친정부 시위 이후 정면 돌파 쪽으로 마음을 바꿨다.

그 다음 달 치러진 총선에서 프랑스인들은 집권세력을 다시 다수파로 만듦으로써 드골에 대한 지지를 확인했다. 그러나 드골 체제는 이미 기우뚱거리고 있었다. 이듬해 4월 자신이 제안한 지방자치제와 상원개혁안이 국민투표에서 부결되자 드골은 대통령 자리에서 물러났다.

1968년 5월은 1789년 7월과 달리 즉각 체제를 무너뜨리지는 못했다. 그러니까 이 해에 좁은 의미의 혁명이 일어나지는 않았다. 그러나 프랑스만이 아니라 독일과 체코슬로바키아, 일본과 미국 등 세계 여러 곳에서 낡은 사회를 거부하며 거리로 나선 '1968년의 아이들'은 웅장하면서도 평화로운 반항을 통해서 그 뒤 한 세대 동안의 프로그램을 짰다. 심성과 습속의 지속적 변화를 가능케 할 위대한 의식의 혁명이 바로 그 해에 시작됐다는 점에서, 1968년은 유럽의 주요 도시에서 혁명이 터져 나왔던 1848년에 못지않은 세계혁명의 해다.

디엔비엔푸 Dien Bien Phu
05.07.

1954년 5월 7일 보구엔지압武元甲 장군이 이끄는 베트민군越盟軍이 베트남 북부 디엔비엔푸 요새에서 프랑스군을 궤멸시켰다. 프랑스군은 이 전투에서 5,000여 명이 사망하고 1만여 명이 사로잡혔다. 디엔비엔푸 전투는 인도차이나 전쟁을 다루기 위해 그 해 4월부터 열리고 있던 제네바 회의에 결정적 영향을 끼쳐 프랑스는 7월에 휴전 협정에 조인하고 인도차이나에서 군대를 모두 철수시켰다.

제2차세계대전 말기에 일본군에게 패퇴해 인도차이나에서 물러난 프랑스가 이 지역을 다시 지배하기 위해 1946년에 일으킨 전쟁은 미국이 인도차이나에 본격적으로 개입한 1960년대 이후의 전쟁과 구별하기 위해 제1차 인도차이나 전쟁이라고 부른다. 제2차세계대전이 끝난 뒤 베트남, 라오스, 캄보디아에서는 민족주의 세력들이 독립 국가 건설을 꾀했으나, 옛 식민 모국 프랑스는 이 지역에 대한 야심을 접지 않았다. 베트남 사람들의 압도적 다수가 호치민胡志明이 이끄는 신생 베트남민주공화국을 지지하자, 프랑스는 남부를 분리시키기 위해 사이공(지금의 호치민시)에다 코친차이나 임시정부를 세우고 그 후견자가 되었다.

프랑스는 1946년 11월 베트민군을 전면적으로 공격하며 전쟁을 일으킨 뒤 코친차이나 임시정부를 베트남 임시 중앙정부로 개칭했고, 1949년 6월에는 해외에 망명 중인 구엔阮 왕조의 바오다이保大 황제를 주석으로 앉혀 친親프랑스 정부를 세웠다. 프랑스는 국제 여론의 비판에도 아랑곳없이 인도차이나에서 제국주의 전쟁을 펼쳐나갔지만, 결국 8년 만에 디엔비엔푸에서 치욕적 패배를 맛본 뒤 이 지역에서 손을 뗐다.

그러나 얼마 뒤 미국이 이 지역에 개입해 제2차 인도차이나전쟁을 일으켰으니, 인도차이나 사람들로서는 늑대를 몰아내고 범을 맞은 격이었다.

효 孝
05.08.

　병이 깊은 부모를 살리기 위해 제 장기를 잘라내는 자식 이야기는 대중매체가 즐겨 내보내는 미담 기사 가운데 하나다. 신체는 존재의 근원적 바탕이므로, 그 신체 일부를 타인에게(그 타인이 설령 자신과 가장 가까운 사람일지라도) 건네는 행위는 숭고한 덕행으로 칭송되면서 진한 감동을 자아낸다. 사람들이 그것을 효의 가장 고귀한 실천으로 받아들이는 것도 자연스럽다. 대중매체는 그런 사례들을 눈에 띄게 보도함으로써 공동체 구성원 전체에게 이 자기희생적 덕행을 은연중 강요한다.

　사실, 자식으로부터 부모에게 장기가 이식되는 것은 생물학적으로 자연스러운 사태가 아니다. 생물체들은 일반적으로 제 유전자가 되도록 널리 퍼지기를 바란다. 그런데 부모는 자신의 유전자를 퍼뜨리는 본능적 사명을 이미 마친 개체들이다. 그리고 부모가 자식으로부터 장기를 받는 것은, 자신의 유전자를 이어받은 자식이 그 유전자를 더 널리 퍼뜨릴 가능성을 줄이는 일이다.

　목숨을 살려내기 위한 장기 이식이라면, 자식으로부터 부모 쪽으로의 이식보다는 부모로부터 자식 쪽으로의 이식이 생물학적으로 더 자연스럽다. "내리사랑은 있어도 치사랑은 없다"는 우리 속담은 그런 생물학적 지혜를 요약하고 있다. 부모에 대한 자식의 희생을 강요하는 대중매체의 캠페인은 그런 생물학적 지혜를 거스르는 일이다.

　그런 한편, 인류를 다른 생물체와 구별하는 '문화'라는 범주는 본디 반反자연이라는 의미에서 반反생물학이다. 그리고 효행이라는 덕목도 그 문화의 일부분이다. 특히 동아시아 사회에서, 효는 가정을 지탱하는 윤리였을 뿐만 아니라 천하를 바루는 원리이기도 했다. 그러나 전통적 효의 원리가 현대 민주주의·개인주의와 길항하는 것도 사실이다. 현대적 효의 지향점은 생물체로서의 인간과 문화적 존재로서의 인간 사이의 경계 어딘가에 놓여 있을 것이다.

배리 James Barrie
05.09.

1860년 5월 9일 영국의 소설가 겸 극작가 제임스 배리가 스코틀랜드에서 태어났다. 1937년 몰.

배리는 「친애하는 브루터스」, 「메리 로즈」 등의 희곡과 『독신 시대』 등의 소설을 남겼지만, 그의 이름을 문학사에 기록한 작품은 「피터 팬」일 것이다. 1904년 5막의 크리스마스 아동극으로 초연된 뒤 폭발적인 인기를 얻은 이 작품을 작가는 뒷날 『켄싱턴 공원의 피터 팬』, 『피터와 웬디』라는 소설로도 발표했다.

「피터 팬」은 1924년 하버드 블레온 감독이 영화화했고 1953년에는 월트 디즈니사의 컬러 애니메이션을 통해 전 세계에 보급돼, 이제 피터 팬이라는 이름은 어른이든 어린이든 누구에게나 익숙하다. 1912년, 런던의 켄싱턴 공원에는 피터 팬의 입상이 건립됐다.

태어나자마자 엄마 품을 떠나 공상의 나라에서 영원한 소년으로 살게 된 피터와 그에게 이끌려 공상의 나라로 간 소녀 웬디가 「피터 팬」의 주인공이다. 피터와 웬디는 공상의 나라에서 요정이나 동물들과 놀기도 하고 해적 후크 일당과 싸우기도 하며 신나는 모험을 한다. 웬디는 집으로 돌아온 뒤에도 매년 한 차례씩 피터에게 놀러가도 된다는 부모의 허락을 얻는다.

이 작품의 주인공 피터 팬에서 피터팬 신드롬이라는 말이 나왔다. 미국의 임상 심리학자 카일리가 명명한 피터팬 신드롬이란 육체적으로 성년이 된 뒤에도 어른들의 사회에 적응하지 못하는 남성들의 마음 상태를 말한다. 나르시시즘, 무책임, 무기력, 의존성 등의 증후들로 이뤄진 피터팬 신드롬을 보이는 어른들(이른바 키덜트, kidults)은 말하자면 어른 아이인 셈이다.

문화평론가 진중권 씨는 조금 다른 맥락에서 이와 비슷한 증후군을 보이는 어른들을 '어른이' 라는 재미있는 말로 불렀다. 어른이들은 동심 속에서 살지만, 그 동심은 흔히 위험스러울 만큼 반사회적이다.

김창숙 金昌淑
05.10.

1962년 5월 10일 유학자이자 독립운동가 김창숙이 서울에서 별세했다. 향년 83세.

김창숙의 호는 심산心山이다. 그러나 그보다 덜 알려진 또 다른 호 벽옹壁翁이야말로 그의 대쪽 같았던 삶을 서늘하게 상징하고 있다. '앉은뱅이 노인'이라는 뜻의 호 벽옹이 가리키듯 심산은 장년기 이후를 앉은뱅이로 살았다. 그를 앉은뱅이로 만든 것은 일본 경찰의 모진 고문이었다.

심산이 일제시기를 살아낸 방식은 망명지인 중국에서의 독립운동과 국내에서의 옥살이였다. 그에게는 다른 가능성이 보이지 않았다. 심산은 재판정에서도 일제의 법 자체를 인정하지 않겠다는 뜻으로 변호사들의 변론을 거부했고, 재판장에게 경어를 사용하지도 않았고, 항소를 하지도 않았다. 그가 해방을 맞은 것도 일제의 감옥에서다. 그러나 해방이 옥살이의 끝은 아니었다. 경북 성주 출신의 이 비판적 유학자를 별로 좋아하지 않았던 이승만은 해방된 조국에서도 몇 차례 심산을 감옥에 처넣었다.

심산의 공적 삶은 1905년의 제2차 한일협약(을사늑약) 뒤 을사오적(조약에 찬성한 학부대신 이완용, 군부대신 이근택, 내부대신 이지용, 외부대신 박제순, 농상공부 대신 권중현)의 목을 벨 것을 국왕에게 상소하는 것으로 시작되었다. 그는 그 뒤 애국계몽운동, 비타협적 항일 투쟁, 반독재 투쟁과 통일정부 수립 운동에 진력하며 말 그대로 지사적志士的 삶을 살았다.

조선이라는 국가의 지배적 신분이었으면서도 망국 이후에 보신을 향한 내적 망명 상태로 잦아들어버린 유림儒林 일반의 야루野陋는 오직 심산 한 사람의 헌걸찬 삶을 통해서 겨우 상쇄될 수 있었다. 심산은 조선조의 마지막 유자儒者이자, 민중성을 수혈해 경신을 모색하는 새로운 한국 유학의 비조鼻祖였다고 할 수 있다.

김기림 金起林
05.11.

1908년 5월 11일 시인 김기림이 함북 학성에서 태어났다.

김기림의 필명은 편석촌片石村이다. 서울 보성고보를 거쳐 일본 도호쿠東北제국대학 영문과를 졸업하고, 《조선일보》 기자로 일하며 시 창작과 비평 활동을 시작했다.

김기림이라는 이름에서 사람들이 대뜸 떠올리는 문학사조는 모더니즘이다. 한국 현대시사에서 모더니즘은 1930년대와 1950년대에 일종의 운동 형태로 모습을 드러냈는데, 1930년대의 모더니즘 운동을 주도한 사람이 김기림이다.

영문학 전공자답게, 김기림은 영미 문학에 원천을 둔 이미지즘-주지주의를 제 모더니즘의 기초로 삼았다. 1930년대의 모더니즘에는 프랑스 초현실주의의 흔적이 읽히는 좀 더 과격한 흐름도 있었다. 이 흐름을 대표하는 시인은 이상이다. 김기림류의 모더니즘이 이성에 대한 근본적 신뢰에 바탕을 두고 있었다면, 이상류의 모더니즘은 이성을 기존 체제의 굴레로 파악했다.

그 점에서 1930년대 모더니즘은 서로 모순되는 듯한 문학관·세계관을 품은 잡종 운동이었다. 이런 미학적 혼성은 김기림류 모더니즘 내부에서도 또렷하다. 김기림은 자신을 포함해 정지용·신석정·김광균·장만영 등의 시인을 모더니스트로 불렀지만, 신석정이나 정지용의 서정시들이 김기림의 시와 동질이었다고 보기는 어렵다. 무엇보다도, 1930년대 식민지 모더니즘에는 그 토대라할 '모던 사회'가 없었다.

김기림은 해방 뒤 조선문학가동맹에 가입해 시의 정치성에 관심을 보인 바 있고, 6·25전쟁 중에 납북되었다. 그의 시 「바다와 나비」. "아무도 그에게 수심水深을 일러준 일이 없기에/ 흰나비는 도무지 바다가 무섭지 않다// 청靑무우밭인가 해서 내려갔다가는/ 어린 날개가 물결에 절어서/ 공주처럼 지쳐서 돌아온다// 삼월달 바다가 꽃이 피지 않아서 서글픈/ 나비 허리에 새파란 초생달이 시리다."

사랑의 묘약 L'Elisir d'amore
05.12.

1832년 5월 12일 가에타노 도니체티의 2막 오페라 〈사랑의 묘약〉이 밀라노 카노비아나 극장에서 초연됐다. 〈사랑의 묘약〉은 프랑스 극작가 외젠 스크리브의 희곡을 바탕으로 펠리체 로마니가 쓴 대본에 도니체티가 곡을 붙인 것이다. 이탈리아의 작은 마을을 배경으로 네모리노라는 순박한 청년이 대농장주의 딸 아디나의 마음을 얻기까지의 과정을 경쾌하게 그렸다.

제목 〈사랑의 묘약〉은 작품 속에서 엉터리 약장수가 네모리노를 속여서 그에게 판 싸구려 포도주다. 네모리노는 마을 수비대장 벨코레 하사관과 결혼하려던 아디나가 결국 자신에게 마음을 주게 된 것이 이 사랑의 묘약이 낳은 효과 때문이라고 믿는다. 결과적으로 그것이 완전히 그른 판단은 아니었다. 아디나는 자신의 마음을 얻기 위해 사랑의 묘약을 사먹고 묘약을 더 살 돈을 마련하기 위해 군 입대까지 결심한 네모리노의 순정에 감동해 마음을 돌리기 때문이다. 그때 아디나의 눈에 맺힌 액체를 먼발치에서 바라보며 네모리노가 테너로 부르는 아리아 〈남 몰래 흐르는 눈물〉은 이 오페라 자체보다 오히려 더 유명해졌다.

도니체티(1797~1848)는 스승 조아키노 로시니, 라이벌 빈첸초 벨리니와 함께 19세기 전반기 유럽에서 가장 인기 있었던 오페라 작곡가다. 음악적 천재를 타고났으나 그 재능을 절제하지 못해 무려 70편이 넘는 오페라를 썼다. 당연히, 그 가운데는 태작도 적지 않았다.

〈사랑의 묘약〉과 〈연대聯隊의 아가씨〉, 〈돈 파스콸레〉 같은 오페라부파와 〈라 메르무어의 루치아〉, 〈파보리트〉 같은 오페라세리아가 도니체티의 대표작으로 꼽힌다. 그는 생애의 마지막 한 해를 광기 속에서 살다가 죽었다. 맨 정신으로 오래 살았다고 해도 행복하지는 않았을 터였다. 주세페 베르디라는 천재가 나타나 유럽 오페라계를 평정하기 시작했기 때문이다.

마리아 테레지아 Maria Theresia
05.13.

1717년 5월 13일 오스트리아 여제 마리아 테레지아가 빈에서 태어났다. 1780년 같은 도시에서 몰.

마리아 테레지아는 아들이 없었던 아버지 카를6세의 뒤를 이어 1740년 오스트리아 황제가 되었다. 그러나 아버지가 겸하고 있던 신성로마제국(독일제국) 황제 자리는 물려받을 수 없었다. 선제후들이 뽑는 신성로마제국 황제는 오로지 남성의 몫이었기 때문이다.

그녀는 오스트리아 황제로 인정받는 데도 우여곡절을 거쳤다. 아버지 카를6세가 1713년에 반포한 국본조칙國本詔勅(프라그마티셰 장크치온, 여성의 왕위계승을 허용하는 합스부르크가 가헌)을 주변 국가들이 이미 승인한 상태였는데도, 막상 마리아 테레지아가 제위에 오르자 바이에른 선제후 카를 알베르트(신성로마제국 황제 카를7세)가 이의를 제기하며 자신의 오스트리아 제위 계승을 주장했기 때문이다.

마리아 테레지아는 유럽의 주요 국가들이 개입한 8년간의 오스트리아 계승전쟁 끝에야 오스트리아 제위를 확고히 움켜쥘 수 있었다. 그녀는 전쟁 중이던 1745년 숙적 카를7세가 죽자, 슐레지엔을 프로이센에 넘겨주는 대가로 남편 프란츠 슈테판을 신성로마제국의 새 황제(프란츠1세) 자리에 앉히는 데 성공했다.

처음에는 혼자서, 그리고 1765년 이후에는 신성로마제국 황제 자리에 오른 아들 요제프2세와 함께, 마리아 테레지아는 오스트리아에서 봉건적 관습·제도들을 씻어내며 근대적 법치국가의 바탕을 만들었다. 그녀가 집권 초기에 완공시켜 즐겨 머물렀던 쇤브룬 궁전은 그 아름다움과 위엄으로 지금도 그 시기의 활력을 증언하고 있다.

마리아 테레지아는 유럽 속의 유럽이었던 오스트리아의 모든 것을 상징했다. 마리아 테레지아에게는 자녀가 16명이나 있었다. 프랑스 왕 루이16세의 비妃로 프랑스혁명 중에 단두대에서 죽은 마리 앙투아네트도 그녀의 딸이다.

파렌하이트 —Gabriel Fahrenheit
05.14.

1686년 5월 14일 독일의 물리학자 가브리엘 파렌하이트가 단치히에서 태어났다. 1736년 몰.

본디 상인이었던 파렌하이트는 물리학자로서 뚜렷한 학문적 업적을 남기지는 못했다. 그러나 그는 1720년에 수은 온도계를 처음 만들어 정점定點을 확정함으로써 그 뒤의 과학 연구에 든든한 기초를 놓았다. 그의 이름을 딴 이 화씨(華氏, 華는 파렌하이트 첫 음절의 음차)온도 눈금은 1기압 하에서 물이 어는점을 32도로, 끓는점을 212도로 삼았다. 화씨 눈금은 미국이나 영국 등 앵글로색슨 사회에서 일상생활의 온도 표시에 사용된다.

앵글로색슨 바깥 사회나 과학 연구에서는 스웨덴의 물리학자 안데르스 셀시우스가 1742년에 고안한 섭씨(攝氏, 攝은 '셀'의 음차) 눈금이 주로 사용된다. 섭씨 눈금은 1기압 하에서 얼음이 녹는점을 0도, 물이 끓는점을 100도로 해 그 사이를 100등분 한 것이다.

온도 눈금에는 또 1730년 프랑스의 물리학자 레오뮈르가 고안한 열씨(列氏, 列은 '레'의 음차) 눈금이 있다. 열씨 눈금은 1기압 아래서 물의 어는점과 끓는점을 각각 0도와 80도로 삼았다. 열씨 눈금은 오늘날 거의 사용되지 않는다.

섭씨온도(C)와 화씨온도(F)와 열씨온도(Re) 사이에는 $C = 5/9(F-32) = 5/4Re$의 관계가 있다.

이 밖에 이상기체理想氣體의 부피가 0이 되는 극한 온도 즉 섭씨 영하 273.15도를 기준점으로 삼아 양陽의 수치만을 사용하는 절대온도도 있다. 절대온도는 그 눈금을 도입한 영국의 물리학자 켈빈의 첫 철자를 따 K로 표시한다.

온도는 물체의 차고 뜨거운 정도를 수량으로 표시한 것이다. 통계역학적으로 보면 온도는 물질 안에 있는 원자 또는 분자의 평균운동에너지를 뜻한다.

정지용 鄭芝溶
05.15.

1902년 5월 15일 시인 정지용이 충북 옥천에서 태어났다. 1950년 몰.

정지용은 1930년대 시문학의 정점에 있었던 시인이다. 정지용에 이르러서야 한국 근대시는 한탄이나 눈물 같은 파토스의 과잉을 벗어나 절제의 미학을 터득하게 되었다. 그는 소리의 떨림보다는 이미지의 넘나듦에 민감한 모더니스트였지만, 그 모더니즘의 언어적 질료는 전통적 서정과 분리될 수 없는 토착어였다. 친숙한 언어들을 솜씨 좋게 배열해 감각의 낯선 경지를 열어 보임으로써 정지용은 한국 시를 진정한 '언어의 미술'로 만들었다.

정지용은 또 재능의 발견자이기도 했다. 그는《가톨릭 청년》의 편집고문으로 있던 1933년 이 잡지를 통해 이상을 시단에 등장시켰고,《문장》의 시 부문을 담당하던 1939년에는 뒷날 청록파靑鹿派라고 불리게 될 조지훈·박두진·박목월을 등단시켰다.

해방기의 이념적 방황 끝에 6·25동란 초 행적이 끊긴 이래 정지용이라는 이름과 그의 시는 오래도록 남쪽 문단에서 사라졌다가, 제6공화국이 출범한 뒤에야 해금되었다. 1989년 시와시학사社는 그의 문학 업적을 기려 정지용문학상을 제정했다.

「유리창 1」은 정지용의 가장 잘 알려진 시 가운데 하나다. 어린 자식을 폐렴으로 잃은 뒤 썼다는 이 시에서도, 마지막 행의 탄식을 빼면, 슬픔은 귀족적 기품으로 단아하다. 그는 천생 우익 시인이었다. "유리에 차고 슬픈 것이 어른거린다./ 열없이 붙어 서서 입김을 흐리우니/ 길들은 양 언 날개를 파다거린다./ 지우고 보고 지우고 보아도/ 새까만 밤이 밀려나가고 밀려와 부딪치고,/ 물먹은 별이 반짝, 보석처럼 박힌다./ 밤에 홀로 유리를 닦는 것은/ 외로운 황홀한 심사이어니,/ 고운 폐혈관肺血管이 찢어진 채로/ 아아, 늬는 산새처럼 날아갔구나!"

제1차 중동전쟁
05.16.

1948년 5월 16일 이집트를 비롯한 아랍 국가들과 이스라엘 사이에 제1차 중동전쟁(팔레스타인전쟁)이 터졌다. 영국군의 철수와 함께 이스라엘이 독립을 선언한 지 이틀 뒤였다. 초기에는 아랍측이 우세했으나 전열을 정비한 이스라엘의 역공으로 아랍측은 패퇴를 거듭했다. 국제연합의 조정으로 이듬해인 49년 2월에 휴전이 성립됐지만, 이 전쟁의 결과로 100만 명 이상의 팔레스타인 난민이 생겼고, 아랍 게릴라가 조직됐다.

이 전쟁은 기나긴 아랍-이스라엘 분쟁의 서막일 뿐이었다. 이집트 대통령 나세르의 수에즈 운하 국유화 선언 직후 이스라엘과 영국·프랑스군의 이집트 공격으로 시작된 1956년의 제2차 중동전쟁(수에즈전쟁), 아랍 게릴라가 둥지를 튼 시리아로 이스라엘이 쳐들어가면서 시작된 1967년의 제3차 중동전쟁(6일전쟁), 나세르의 후임자 사다트가 이끄는 이집트가 이스라엘을 기습하며 시작된 1973년의 제4차 중동전쟁 등 뒤이은 중동전쟁들은 유대교·기독교·이슬람교가 동시에 성지聖地로 삼고 있는 이 지역이 세계에서 가장 위험한 화약고임을 보여주었다.

아랍-이스라엘 분쟁에는 역사적 배경과 국제 관계가 복잡하게 얽혀 있다. 2천년 전에 떠나온 땅을 제 것이라고 우기며 그곳에 나라를 세운 이스라엘이 일차적으로 비판받아야겠지만, 눈앞의 이익만을 생각하고 아랍인과 유대인에게 동시에 팔레스타인을 내주겠다는 모순된 약속을 한 영국의 책임도 크다. 영국은 제1차세계대전 기간 중에 유대인들의 도움을 받기 위해 시오니즘을 지지하는 한편 오스만투르크의 후방을 교란하기 위해 아랍인들의 협력을 요청했고, 아랍인들에 대해서는 맥마흔선언을 통해 그리고 유대인에 대해서는 밸푸어선언을 통해 팔레스타인을 내주겠다는 약속을 한 바 있다.

브라운 소송
05.17.

1954년 5월 17일 미국 연방대법원이 흑인 민권운동사의 한 획을 그은 판결을 내렸다. 린다 브라운이라는 흑인 소녀의 아버지 올리버 브라운이 캔자스주 토피카 교육위원회를 상대로 제기한 소송에서 얼 워렌 대법원장은 유색인과 백인에게 별개의 교육 시설을 제공하는 것은 위헌이라고 판결했다.

흔히 '브라운 대對 토피카 교육위원회 사건'이라고 불리는 이 소송의 판결은, 1896년의 '플레시 대 퍼거슨 사건'에서 인종들에 대한 '평등하되 분리된' 교육 시설의 제공을 지지함으로써 흑인과 백인의 분리를 합법화한 반세기 전 대법원 판결을 뒤집은 것이었다.

워렌 대법원장은 이 판결을 통해 그 때까지 백인 학교와 흑인 학교를 별도로 운영하고 있던 남부의 주들에 대해서 '가장 빠른 시일 안에' 인종별 학교들을 통합하라고 명령했지만, 흔히 딥사우스Deep South라고 불리는 최남부最南部 주들에서는 여전히 백인 학교와 흑인 학교를 따로 운영했다. 아칸소주 리틀록의 한 고등학교에서 등교하려는 흑인 학생들과 이를 막는 학교 당국, 백인 학생·주민들 사이에 소요가 일어나 연방군이 파견된 1957년까지 세 해 동안, 남부 지역의 3,000여 개 백인 학교 가운데 684개 학교만이 인종 분리제도를 폐지했다.

그러나 브라운 소송이 교육 시설을 포함한 공공시설의 사용에서 인종 사이의 벽을 허무는 계기가 된 것은 사실이다. 물론 미국에서의 흑인 인권 향상이 법을 통해 이뤄진 것은 아니다. 법원이나 의회는 단지 변화한 현실을 추인했을 뿐이다. 흑인들에게 실질적 참정권을 부여한 1964년의 민권법을 비롯해 흑인 인권에 대한 제도적 개선은 테러와 따돌림에 시달리며 민권 운동에 헌신한 흑인 운동가들과 여기 동조한 백인 운동가들의 '힘'을 통해 이뤄졌다.

전차 電車
05.18.

    1898년 5월 18일 서울 서대문과 청량리 사이에 전차가 운행되기 시작했다. 개통 당시 서울의 전차 수는 일반인용 8대와 고종의 전용 1대 해서 9대뿐이었다. 전차는 반세기 이상 서울 교통의 큰 부분을 감당하다가 1969년 자동차에 밀려 사라졌다. 내게도 초등학교 때 마포에서 광화문까지 전차를 타고 오가던 기억이 있다.

    전차와 관련해서 내게 대뜸 떠오르는 것은 박태원의 중편소설 「소설가 구보씨의 1일」에 묘사된 1930년대 서울의 전차다. 소설 속에서 주인공 구보씨는 화신상회(화신백화점, 현 종로타워 자리) 앞에서 동대문행 전차를 탄다. 특별한 목적지가 있는 것이 아니므로, 구보씨는 전차 안에서 멍하니 서 있다.

    잦은 쉼표로 생각의 리듬을 드러내는 것이 특징인 작가 박태원의 표현을 빌면 "갈 곳을 갖지 않은 사람이, 한번, 차에 몸을 의탁하였을 때, 그는 어디서든 섣불리 내릴 수 없다." 전차가 종묘와 창경원 사이를 지날 때 구보씨는 바지주머니에서 다섯닢 동전을 꺼내 표를 찍는다. 전차는 동대문을 돌아 경성운동장(동대문 운동장, 이제 이 운동장도 역사 속으로 사라지게 됐다)을 거쳐 장충단으로, 청량리로, 성북동으로 간다. 반환점인 훈련원에서 전차는 방향판을 한강교로 갈고 간 길을 되돌아온다. 구보씨는 조선은행(한국은행) 앞에서 전차를 내린다. 처음 전차를 탔던 곳에서 불과 서너 블록 떨어진 곳이다.

    구보씨가 전차 안에서 하는 것은 관찰과 공상이다. 전차 안에서 그는 언젠가 한 번 맞선을 본 아가씨를 우연히 발견하기도 하고, 두 무릎 사이에 양산을 놓은 젊은 여자를 보며 그녀의 '비非처녀성'을 상상하기도 하고, 한때 자신이 짝사랑하던 벗의 누이를 생각하기도 한다. 북한 사람들에게 박태원은 『갑오농민전쟁』의 작가이겠지만, 내게는 「소설가 구보씨의 1일」이나 『천변풍경』의 작가다. 작가 자신은 어느 쪽이 더 흡족할지 모르겠다.

박승희
05.19.

1991년 5월 19일 전남대 여학생 박승희가 20일간의 병상 생활 끝에 작고했다. 20세였다. 박승희는 그 해 4월 29일 전남대 교정에서 열린 '고故 강경대 열사 추모 및 노태우 정권 퇴진 결의 대회'에 참석해 반미 구호를 외치며 제 몸을 불살랐다. 강경대는 그보다 사흘 전 반정부 시위 도중 경찰의 쇠파이프에 맞아 죽은 서울 명지대 학생이다. 박승희가 죽은 날은, 우연이겠지만, 강경대의 유해가 광주에 도착한 날이었다. 두 동갑내기는 광주 망월동 민족민주열사 묘역에 묻혔다.

박승희는 전남 목포 출신으로, 죽기 한 해 전 전남대 식품영양학과에 입학해 교지 《용봉》의 편집위원으로 일했다. 분신과 죽음 사이의 20일이 그에겐 육체적으로나 심리적으로나 견디기 힘든 나날이었을 터인데, 그 동안에도 몸 상태가 좀 나아진다 싶으면 손가락으로 '노 정권 타도, 미국놈들 몰아내자'라는 표현을 힘겹게 쓰기도 했다고 전한다.

스물의 나이에 스스로 선택한 죽음을 코앞에 두고도 미국에 대한 격렬한 미움을 접지 않았던 한 여성을 떠올리면, 나는 숙연해지기에 앞서 씁쓸해진다. 그러나 박승희는 단지 비틀린 한국 현대사의 희생자였던 것만이 아니라, 그 비틀림을 펼쳐보려고 능동성을 극대화했던 시대정신의 한 주체이기도 했다. 설령 그의 실천이 잘못된 것이었다고 하더라도, 그의 죽음 앞에서 삼가는 마음을 가져야 옳으리라. 최근 몇 해 사이에 미국은, 박승희라는 이름의 한국 여성이 그 나라에 대해 지녔던 미움을 점점 정당화하는 방식으로 행동하고 있다.

한국에서 5월이 정치적 죽음의 계절이 된 것은 1980년 이후다. 박승희가 죽은 직후에 맞은 1991년 5월이 특히 그랬다. 아홉 사람의 학생·노동자가 그 해 5월에 분신하거나 투신하거나 의문의 죽음을 당했다.

생고타르 터널
05.20.

1882년 5월 20일 알프스 최초의 철도 터널인 생고타르 터널이 준공됐다. 착공한 지 10년 만이었다. 길이 14.8km의 이 터널이 준공됨에 따라 스위스의 루체른에서 이탈리아의 밀라노까지 최단 거리 기차 여행이 가능해졌다.

독일·이탈리아·스위스 정부가 함께 돈을 대 기획한 이 철도 터널의 공사를 수주한 사람은 이탈리아 제노바 출신의 루이 파브레라는 사업가였다. 그러나 이 수주는 파브레 개인에게는 불행의 씨앗이었다. 입찰가는 4760만 스위스 프랑이었는데 최종 공사비가 이보다 1470만 프랑이 더 들었을 뿐만 아니라, 공사 지체에 대한 벌금으로 576만 프랑을 따로 내야 했기 때문이다. 파브레는 터널이 개통하기 직전에 파산 상태에서 죽었고, 그의 회사도 이내 문을 닫았다. 생고타르 터널이 파브레 한 사람의 목숨만 앗아간 것은 아니다. 이 터널을 뚫다가 목숨을 잃은 노동자는 310명에 이른다.

생고타르에 철도 터널이 건설되고 한 세기 뒤인 1980년에는 길이 16.8km의 도로 터널도 준공됐다.

생고타르는 스위스 중남부 레폰틴알프스 중의 산괴山塊다. 생고타르라는 이름은 15세기에 거기 세워진 호스피스(숙박소)가 독일인 가톨릭 주교 생고타르에게 헌정된 데서 비롯됐다. 이 호스피스는 1905년에 화재로 없어졌다.

생고타르는 중세 이래 이탈리아와 중부 유럽을 잇는 통로로 쓰였다. 평균 높이가 해발 2,000m 남짓이므로 여느 알프스 지대에 견주어 높다고는 할 수 없지만, 중간에 급경사의 쉴레넨 협곡이 있어서 이 통로를 이용하기가 그리 만만치 않았다. 13세기 초엽에 이 협곡을 가로지르는 길이 72m의 목재 교량이 들어섰는데, 그 당시의 토목 기술로는 오직 악마만이 이런 다리를 놓을 수 있었을 것이라고 해서 '악마의 다리'라고 불렸다.

피의 일주일
05.21.

1871년 5월 21일 맥마흔이 지휘하는 프랑스 정부군(베르사유군)이 노동자들의 자치 정부(코뮌)가 수립된 파리로 진격하면서 세칭 피의 일주일이 시작됐다. 그 날부터 코뮌파가 절멸된 28일까지, 이 도시는 총탄 소리만이 아니라 바리케이드 너머로 화염에 묻어 새어 나오는 희망의 속삭임과 절망의 울부짖음으로 가득 찼다.

파리 코뮌은 프로이센-프랑스전쟁의 끝머리인 그 해 3월 28일 시민들의 봉기로 수립된 세계 최초의 노동자 정부다. 코뮌은 짧은 기간 동안 노동자의 최저 생활 보장, 집세를 포함한 부채의 상환 유예, 노동조합의 공장 관리 등 사회주의 정책을 과감히 실시했다.

그러나 프로이센군과 결탁한 정부군의 반격과 그에 이은 보복은 끔찍했다. 코뮌 기간과 그 직후에 학살된 파리 시민은 줄잡아 3만, 많게는 10만에 이른다. 코뮌 와해 뒤 5년 동안 파리는 계엄령 아래 있었고, 모든 신문과 공연물이 사전 검열을 받았으며, 카페나 레스토랑도 밤 영업이 금지됐다. 제1차세계대전이 시작된 1914년까지는 코뮌을 지지하는 발언을 하는 것이 불법이었다. 파리 코뮌 뒤 1977년까지 백년 이상 파리는 프랑스에서 시장市長이 없는 유일한 도시였다. 프랑스 정부가 이 위험한 혁명의 도시를 지방자치의 예외 구역으로 두었기 때문이다.

코뮌파의 일원이었던 외젠 포티에라는 사나이는 코뮌이 붕괴한 직후 파리의 한 은신처에서 두려움을 이겨내며 "대지의 저주받은 자들이여 일어서라／굶주린 도형수들이여 일어서라"로 시작하는 노래를 만들었다. 그는 그 노래에 〈인터내셔널〉(국제노동자연맹)이라는 제목을 붙였다. 이 노래는 마르크스와 엥겔스가 이끈 제1인터내셔널의 당가黨歌로 채택됐고, 그 뒤 세계의 모든 노동자들을 하나로 묶는 혁명의 노래가 되었다.

이양지 李良枝

05.22.

1992년 5월 22일 재일교포 소설가 이양지가 37세로 작고했다.

야마나시현山梨縣에서 태어난 이양지는 와세다早稻田 대학을 중퇴하고 25세 때인 1980년 처음 한국에 왔다. 서울대 국문학과에 다니다가 일본으로 돌아간 그는 「나비타령」과 「해녀」를 잇따라 발표하며 일본 문단에 데뷔했다.

1984년 서울대에 복학해 졸업한 뒤 이화여대 무용학과 대학원에 입학했고, 재학 중에 발표한 「유희由熙」로 1989년 제100회 아쿠타가와상을 수상했다. 서울로 유학 온 재일교포 여학생 유희의 심리적 갈등을 하숙집 주인 딸 '나'의 눈으로 그린 「유희」에는 이양지 자신의 그림자가 짙게 드리워져 있다. 이양지는 이화여대에서 석사과정을 마치고 일본으로 돌아가 장편 『돌의 소리』를 집필하던 중에 심근경색으로 죽었다.

이양지의 작품이 대체로 뿌리 뽑힌 재일 한국인의 고뇌로 침울한 것은 이해할 만하다. 예컨대 초기 작품인 「해녀」에서는 결손 가정과 일본 사회의 정서적 억압에 시달리다 젊은 나이에 파멸하는 재일 한국인 '그녀'의 고뇌가 의붓동생 게이코의 눈을 통해 축축하게 그려진다.

아쿠타가와상은 소설가 아쿠타가와 류노스케를 기려 분게이슌주사文藝春秋社가 1935년부터 운영하는 신인작가상이다. 매년 1월과 7월 두 차례 시상한다. 재일 한국인 작가로서는 66회(1972) 수상자인 이회성(李恢成, 수상작 「다듬이질하는 여인」)을 비롯해 이양지, 116회(1997)의 유미리(柳美里, 수상작 「가족시네마」), 122회(2000)의 현월(玄月, 수상작 「그늘의 집」) 등이 이 상을 받았다. 이에 앞서 1940년에는 김사량金史良의 「빛 속에」가 이 상의 최종 후보작으로 뽑힌 바 있다.

조선야구협회
05.23.

　1923년 5월 23일 조선야구협회가 창설돼, 야구가 우리 사회에 본격적으로 뿌리내릴 터전이 마련되었다. 한국 야구는 1905년 미국인 선교사 길레트(한자 이름은 吉禮泰)가 황성 기독교청년회YMCA 회원들에게 가르친 것이 그 효시다. 그 당시에는 이 구기를 타구打球 또는 격구擊球라고 불렀다.

　1906년 2월 17일 서울 동대문 근처의 훈련원에서 황성기독교청년회 팀과 덕어(德語, 독일어)학교 팀 사이에 열린 경기가 한국 최초의 야구 경기로 기록돼 있다. 이 경기는 덕어학교 팀의 승리로 끝났다. 도입기의 야구 경기는 김현석 감독의 영화 〈YMCA 야구단〉(2002)에서 다소 코믹하게 그려진 바 있다.

　조선야구협회는 1938년 조선체육회가 강제로 해산되면서 활동을 중단했다가 광복 이후 재건되었고, 1954년 10월 대한야구협회로 이름을 바꿨다.

　영국의 크리켓에서 야구의 기원을 찾는 사람도 있지만, 야구는 전형적인 미국 경기다. 1875년에 창설된 내셔널리그와 1901년에 창설된 아메리칸리그는 미국 프로야구를 이끄는 쌍두마차다. 월드시리즈는 두 리그의 우승팀 사이에 벌어지는 챔피언 결정전으로, 프로야구의 아마겟돈이라 할 만하다. 아메리칸리그의 뉴욕 양키스와 내셔널리그의 애리조나 다이아몬드백스가 맞붙은 2001년 월드시리즈에서는 다이아몬드백스의 투수 김병현이 아시아인으로서는 처음 이 꿈의 무대에 섰다.

　2006년에는 프로야구 국가대항전이 월드베이스볼클래식WBC라는 이름으로 돛을 올렸다. 한국은 예선에서 대만, 중국, 일본을 차례로 꺾으며 A조 1위로 2차전에 진출했고, 2차전 8강 리그전에서 멕시코, 미국, 일본을 누르며 준결승전에 나갔다. 그러나 기이한 대회운영 방식으로 준결승전에서 또 일본을 만나게 됐고, 그 경기에서 6:0으로 패했다. 결승전에선 일본이 쿠바를 10:6으로 꺾고 1회 대회 우승을 차지했다.

미쇼 Henri Michaux
05.24.

1899년 5월 24일 시인 앙리 미쇼가 브뤼셀에서 태어났다. 1984년 몰. 화가이기도 했던 미쇼는 벨기에인으로 태어나 프랑스인으로 죽었다. 그는 젊은 시절에 선원으로 일하며 세계 각지를 돌아다녔고, 그 체험을 신비주의적 상상력으로 버무려 시를 쓰기 시작했다.

미쇼에게 가장 큰 영향을 끼친 선배 시인은 『말도로르의 노래』의 로트레아몽과 『불행한 프랑스의 시』의 쥘 쉬페르비엘인데, 둘 다 우루과이 몬테비데오 출생의 프랑스인으로 이민자 정서를 문학 세계의 밑바탕에 깔고 있었다는 점이 흥미롭다.

프랑스 문단에서 미쇼의 문학 세계를 가장 열렬히 선양한 사람은 소설가 앙드레 지드였다. 남아메리카와 아시아 여행 체험을 담은 미쇼의 『에콰도르』와 『아시아의 한 야만인』을 읽고 그 날랜 상상력에 감동한 지드는 제2차세계대전 중인 1940년 남프랑스에서 미쇼를 만나 교유를 시작한 뒤 '앙리 미쇼를 발견하자'는 강연을 통해 미쇼 붐을 만들어냈다.

미쇼는 자신의 예술 세계를 정신의 한 극점까지 끌어올리기 위해 마약을 복용하는 것도 마다하지 않았다.

미쇼의 시 「빙산」. "난간도 울타리도 없는 빙산에, 늙고 지친 가마우지들과 막 죽은 수부들의 망령이 찾아와 북극의 마魔와 같은 밤에 팔꿈치를 괸다// 빙산, 빙산, 영원한 겨울의 종교 없는 성당들, 행성 지구地球의 빙모氷帽를 쓴. 추위에서 태어난 너의 기슭은 얼마나 고귀하고 순결한가// 빙산, 빙산, 북대서양의 등, 아무도 바라보지 않는 바다 위에 얼어붙은 장엄한 불상佛像, 출구 없는 죽음의 번쩍이는 등대, 침묵의 절규는 수백 년 계속되네// 빙산, 빙산, 부족한 것 없이 홀로 있는, 막히고 멀고 벌레 없는 나라. 섬들의 가족이고 샘들의 가족인 너희들이 내게는 얼마나 친숙한지."

부산 정치파동

05.25.

6·25전란 중이던 1952년 5월 25일 이승만 정부는 임시 수도 부산과 그 주변에 계엄령을 선포하고 비판적 국회의원 12명을 용공 혐의로 구속했다. 이른바 부산 정치파동의 시작이었다.

제1공화국 시절의 중요한 정치적 사건들이 흔히 그랬듯, 부산 정치파동도 이승만의 장기 집권 욕심에서 비롯되었다. 대통령을 국회가 뽑도록 규정한 제헌헌법에 따라 네 해 전 무려 92%가 넘는 압도적 득표율로 초대 대통령이 된 이승만에게 국회 상황은 점점 어려워져 갔다. 그의 독재적 스타일에 반감을 품은 국회의원들 다수가 등을 돌리자 이승만은 1952년 1월 정부를 통해 대통령 직선제 개헌안을 국회에 내놓았지만, 야당이 지배하는 국회는 당연히 이를 부결시켰다.

그러자 이승만은 이른바 땃벌떼, 백골단, 민중자결단 따위의 폭력배들을 동원해 국회의원들에게 공갈과 폭행을 가하는 한편, 관제 데모를 조직해 국회 해산을 요구하도록 했다. 계엄령 선포와 비판적 국회의원 구속은 이승만에게 실제로 국회를 해산할 뜻이 있었음을 보여주는 것이다. 국제적 비난 여론이 들끓자 이승만은 국회 해산은 보류하겠다고 선언했지만, 국회가 가결한 구속의원 석방안과 계엄령 해제안은 거부했다.

또 전 부통령 김성수를 비롯한 정치 지도자 81명이 6월 20일 부산의 국제구락부에 모여 '입법부 수호 및 반독재 호헌 구국 선언'을 하려 하자, 다시 폭력배들을 동원해 회장을 난장판으로 만들기도 했다. 이것이 이른바 국제구락부 사건이다.

장택상이 중심이 돼 정부의 대통령 직선제 개헌안과 국회의 내각책임제 개헌안을 뒤섞어 마련한 이른바 발췌개헌안이 7월 4일 국회를 통과하고 28일 비상계엄이 해제되면서 부산 정치파동은 마무리되었다. 제2대 대통령 선거는 비상계엄이 해제되고 겨우 일주일이 지난 8월 5일 국민 직선으로 치러졌고, 이승만은 뜻대로 낙승했다.

홍승면 洪承勉
05.26.

1983년 5월 26일 언론인 홍승면이 서울 세브란스병원에서 작고했다. 56세였다.

홍승면은 서울대 사회학과에 재학 중이던 1949년 합동통신사 기자로 언론계에 뛰어들었다. 대학 졸업 뒤인 1955년 한국일보사에 입사해 편집국장과 논설위원을 지냈고, 1962년에 동아일보사로 자리를 옮겨 역시 논설위원과 편집국장을 지냈다. 홍승면이《한국일보》편집국장이 된 것이 31세 때였으니, 그 시절 신문사 편집 간부들의 연령대가 지금보다 썩 낮았다는 것을 고려해도 파격이었던 셈이다.

신문기사의 형식을 거칠게 보도와 논평으로 나눌 수 있다면, 홍승면의 기사는 주로 논평에 속했다. 젊은 나이에 편집 간부와 논설위원이 되는 바람에 사건 현장에 붙박여 있을 시간이 별로 없었던 탓이다. 홍승면의 칼럼들은 한국 신문 문장을 혁신했다고 평가된다. 신문기자 출신의 언론학자 최정호의 말을 훔치자면, "홍승면과 함께 신문 문장의 '누벨바그'가, 한글 세대를 맞는 '뉴저널리즘'의 물결이 시작되었다."

'문어의 글'이 아직도 신문 문장을 지배하고 있을 때 홍승면은 우리들이 일상적으로 지껄이고 주고받는 말만으로, 온전히 '구어의 글', '말의 글'로 신문 칼럼을 썼다는 것이 최정호의 견해다. 1950년대 말부터 70년대 중반까지의《한국일보》「지평선」, 「메아리」난과《동아일보》「횡설수설」난에는 그 '누벨바그'와 '뉴저널리즘'의 문장들이 점점이 박혀 있다.

홍승면의 문장이 아직 충분히 구어에 이르지 못했던 1960년 5월 26일자 「지평선」한 대목. "대다수 국민들이 끼니를 못 끓이고 노두路頭에 방황할 때에 그들 정치인들은 국재國財를 도둑질하고 이권을 농단하여 궁사극치窮奢極致한 생활을 하고 있었다. 국민의 분노는 그만 형刑으로는 그들의 도천滔天의 죄악을 응징하기에 불합하니 더 중대한 엄단을 하여야 한다고 외치고 있다."

벤베니스트 — Emile Benveniste
05.27.

1902년 5월 27일 프랑스 언어학자 에밀 벤베니스트가 태어났다. 1976년 몰.

벤베니스트는 20세기 인도유럽어 비교언어학을 집대성한 사람이다. 그의 박사 학위논문 「인도유럽어의 명사 형성 기원」은 비교언어학만이 아니라 일반언어학의 기념비적 문헌으로 평가된다. 벤베니스트는 여기서 인도유럽어의 어근이 자음-모음-자음 세 요소로 이뤄진다고 보았다.

스승 앙투안 메이예를 이어 파리고등연구원과 콜레주 드 프랑스에서 교편을 잡으며 벤베니스트는 18권의 저서와 600여 편의 논문·단평을 썼다. 그의 가장 흥미로운 논문들은 두 권의 『일반언어학의 문제들』로 묶였다. 이 책은 한국어를 포함해 대부분의 주요 언어로 번역됐다.

벤베니스트의 방대하고 치밀한 작업은 언어학자들에게만이 아니라 인접 학문 연구자들에게도 깊은 영감을 주었다. 인간의 언어가 벌들의 의사소통과는 달리 단순한 자극-반응 체계가 아니라는 것을 또렷이 밝혀냄으로써 행동주의 심리학에 치명타를 가한 사람이 벤베니스트라고 정신분석학자 자크 라캉은 썼다. 문화이론가 줄리아 크리스테바는 벤베니스트의 대명사 이론이 역동적 주체성 개념을 형성하는 데 결정적으로 이바지했다고 평가했고, 기호학자 롤랑 바르트는 중간태(능동태도 수동태도 아닌)에 대한 벤베니스트의 논문들이 현대의 작가 상황을 이해하는 데 도움을 주고 있다고 말한 바 있다.

20세에 문법 교수 자격을 얻은 뒤 건조한 논문들에 파묻혀 평생을 보낸 벤베니스트가 젊은 시절 초현실주의 운동에 휩쓸렸다는 것이 흥미롭다. 1925년 초현실주의자들의 기념비적 선언 「우선 혁명을, 그리고 늘 혁명을!」이 발표됐을 때, 벤베니스트는 루이 아라공, 앙드레 브르통, 폴 엘뤼아르 같은 시인들과 함께 이 격렬한 문건에 공동 서명했다. 67세에 뇌졸중을 맞은 벤베니스트는 죽을 때까지 일곱 해 동안 병상을 지켰다.

전교조 全敎組
05.28.

1989년 5월 28일 전국교직원노동조합(전교조)이 출범했다. 4·19혁명이 마련한 자유의 공간에서 움텄다가 이듬해 5·16군사반란으로 짓밟힌 교원노조운동이 거의 서른 해 만에 다시 기지개를 켠 것이다.

전교조 결성식은 당초 한양대에서 열릴 예정이었으나, 그 이틀 전부터 경찰이 한양대를 원천봉쇄한 터여서 연세대 교정으로 옮겨 치러졌다. 전교조는 창립 선언문에서 교직원 노동조합의 지향점을 '민족 교육', '민주 교육', '인간화 교육'으로 요약했다.

그러나 당시 노태우 정부가 교사들의 노동조합 결성을 불법으로 규정한 터라 전교조의 행정行程이 순탄치는 않았다. 전교조가 출범하고 석 달이 조금 지난 9월 초까지 1,500명이 넘는 조합원 교사들이 파면되고 그 가운데 42명이 구속되었다. 이 수치는 공교롭게도 5·16 이후 학교에서 쫓겨난 교사들의 수와 엇비슷하다. 해직 교사들 다수는 김영삼 정부가 들어선 1993년 전교조 탈퇴를 조건으로 복직됐고, 김대중 정부가 들어선 뒤인 1999년 1월 마침내 전교조가 합법화됐다.

전교조는 그 창립선언문이 회고하듯, 4·19혁명기의 교원노조운동에서 흘러나와 1986년의 '교육민주화 선언'과 그 이듬해의 전국교사협의회(전교협) 결성 등을 거쳐온 교육 민주주의 운동의 물살 위에 얹혀 있다. '교사가 어떻게 노동자냐'는 어이없는 반응에서부터 '이념적으로 불순하다'는 색깔 공세에 이르기까지 기존 교육계 안팎에서 쏟아진, 그리고 지금도 쏟아지고 있는 갖가지 트집에 맞서며, 전교조는 민주주의적 교육노동자 상을 만들어가고 있는 중이다.

전교조 결성을 기념해 만들어진 노래 〈참교육의 함성으로〉는 이렇게 시작한다. "굴종의 삶을 떨쳐 반교육의 벽 부수고/ 침묵의 교단을 딛고서 참교육 외치니/ 굴종의 삶을 떨쳐 기만의 산을 옮기고/ 너와 나의 눈물 뜻 모아 진실을 외친다."

체스터튼 Gilbert Chesterton
05.29.

1874년 5월 29일 영국의 언론인 겸 작가 길버트 체스터튼이 런던에서 태어났다. 1936년 몰.

체스터튼은 25세 때 《디베이터》지의 칼럼니스트로 언론계에 들어섰다. 그는 자신이 '까불거리는 기자rollicking journalist'에 불과하다고 늘 겸손을 떨었지만, 체스터튼이라는 이름은 20세기 초반 영국 지성의 눈부신 섬광 가운데 하나였다. 그는 누구에게도 질 마음이 없었던, 그리고 지지 않을 능력을 갖추었던 뛰어난 논쟁가였지만, 유머와 기지와 역설로 그득 찬 그의 독설들은 근원적 따스함에 휘감겨 있어서 논쟁 상대들의 마음을 다치게 하지 않았다.

당대의 주류 견해를 가차 없이 공박했다는 점에서 체스터튼은 알짜배기 자유주의자였다. 그는 남아프리카의 네덜란드계 주민(보어인)을 영국군이 공격함으로써 벌어진 보어전쟁에 반대한 극소수 영국 저널리스트 가운데 한 사람이었다. 인간은 유전적으로 개량될 수 있고 개량돼야 한다는 우생학적 사고는 그 시절의 진보주의자들에게 유행병처럼 번졌지만, 체스터튼은 여기 단호히 반대했다. 그리고 그 뒤의 역사가 경험한 나치즘의 우생학적 실천은 체스터튼의 이 '반동적' 견해에 담긴 지혜를 증명해주었다.

그의 논적이자 친구였던 버나드 쇼에 따르면, 체스터튼은 '거대한 천재 colossal genius'였다. 중의법을 사용해 체스터튼의 비만을 살짝 놀려먹은 말이기는 하지만, '까불거리는 기자' 체스터튼은 사실 시, 소설, 평론, 전기 등 문학의 거의 모든 장르에서 거대한 천재를 보여주었다.

그는 그 천재의 극히 일부분을 추리소설에 할애했고, 그것이 그의 이름을 전 세계에 알렸다. 『브라운 신부의 천진함』(1911)으로 시작된 '브라운 신부 시리즈'는 한국 독자들에게도 널리 읽히고 있다. 체스터튼은 이 시리즈를 쓰고 있던 1922년 가톨릭에 귀의했다.

메모리얼데이

05.30.

1866년 5월 30일 미국내전(남북전쟁, 1861~1865)의 전몰장병들을 위한 추모식이 버지니아주 리치먼드에서 거행됐다. 내전 당시 남부연합의 수도였던 리치먼드를 흐르는 세인트제임스강의 벨섬島에는 전사한 북군 장병들의 묘지가 있었다. 이것이 미국 전몰자 추도기념일(메모리얼데이)의 기원이다.

그 뒤 미군의 활동 영역이 전 세계로 확대됨에 따라, 메모리얼데이는 내전의 전몰자들만이 아니라 세계 곳곳에서 전사한 모든 미군을 기리는 날이 되었다. 이 날이 되면 수도 워싱턴에 인접한 버지니아주 알링턴 국립묘지가 꽃으로 뒤덮인다.

메모리얼데이는 주州마다 날짜가 다르다. 전통적인 5월 30일에 추모식을 거행하는 주가 이제는 오히려 소수다. 대다수의 북부 주와 일부 남부 주는 5월의 마지막 월요일을 메모리얼데이로 삼고 있다. 이 날은 1971년 연방 휴일로 지정되었다.

패전의 아픈 기억을 아직도 말끔히 씻어내지 못한 남부의 몇몇 주에서는 남부군 전몰자들을 위한 추도 행사를 따로 벌인다. 예컨대 미시시피주와 앨러배머주에서는 전몰자 추념일이 4월 마지막 월요일이고, 플로리다주와 조지아주에서는 4월 26일이며, 노스캐롤라이나주와 사우스캐롤라이나주에서는 5월 10일이고, 켄터키주, 루이지애나주, 테네시주에서는 6월 3일이다. 켄터키주는 내전 당시 연방에 머물렀으나 노예주奴隷州였던 터라 남부 정서가 강하다.

미국의 메모리얼데이나 한국의 현충일 같은 전몰자 추도 기념일은 세계 어느 나라에나 있다. 특정한 죽음들을 '순국'으로 규정해 그 당사자들을 기리고 영웅화하는 것은 국가의 주민집단 전체로부터 애국심을 끌어내 국민통합을 유지하는 데 필수적인 장치다. 세계의 수많은 국립묘지에 묻혀 있는 사람들이 살아 있는 자들의 이런 정치공학에 동의할지는 알 수 없지만.

국보위 國保委
05.31.

1980년 5월 31일 전국이 비상계엄 상태에 놓인 가운데 국가보위비상대책위원회(국보위)라는 것이 만들어졌다. 대통령의 자문·보좌 기관 형식을 띤 국보위의 의장은 대통령 최규하였으나, 이 기구를 실질적으로 통어한 것은 상임위원장직을 맡은 보안사령관 겸 중앙정보부장 서리 전두환이었다. 1961년 5·16군사반란 직후의 국가재건최고회의를 본뜬 듯한 국보위는 광주 시민항쟁을 유혈 진압한 신군부가 정치의 전면에 나서기 위해 놓은 제도적 징검돌이었다.

국보위는 대대적인 공직자 숙청과 출판 활동 억제, 졸업정원제 도입과 과외 금지, 삼청교육 실시 등을 통해 국민의 얼을 빼놓았다. 특히 국보위가 사회악을 일소한다는 명분으로 실시한 이른바 삼청교육은 광주학살에 버금가는 인권 탄압이었다. 국보위는 1980년 8월부터 이듬해 1월까지 총 6만 755명의 '사회풍토 문란사범'을 체포한 뒤, 보안사령부·중앙정보부·헌병대 요원과 검찰·경찰·지역정화위원으로 구성한 심사위원회를 통해 이들을 A·B·C·D 네 등급으로 분류했다.

군법회의에 회부된 A급과 훈방된 D급을 제외한 B·C급 3만 9786명은 최소 6주의 순화교육과 6개월의 복역 뒤에야 풀려났는데, 이들은 이 기간에 참혹한 육체적·정신적 학대를 겪었다. 1988년 국정감사 때 국방부가 정식으로 인정한 사망자만 해도 54명에 이른다.

국보위 상임위원장 전두환은 1980년 8월 13일 가택연금 상태의 신민당 총재 김영삼에게 정계 은퇴 선언을 강요하고 16일 대통령 최규하를 하야시킨 뒤, 27일 서울 장충체육관에 이른바 통일주체국민회의 대의원들을 모아놓고 100% 득표율로 대통령이 되었다. 국보위는 그 해 10월 23일 개정 헌법 확정으로 국회가 해산되자 입법 기능을 맡을 국가보위입법회의로 개편됐고, 입법회의는 이듬해 4월 10일 새 국회 개원을 앞두고 해산했다.

6
클라우제비츠에서
통일의 꽃까지

클라우제비츠 Carl von Clausewitz
06.01.

1780년 6월 1일 프로이센의 군인 카를 폰 클라우제비츠가 부르크에서 태어났다. 1831년 몰.

군인으로서 클라우제비츠의 생애는 불우했다. 그 생애가 나폴레옹1세의 군사적 전성기와 맞물려 있었기 때문이다. 그러나 그가 만년에 육군대학 교장으로 재직하면서 집필한 『전쟁론』은 그의 이름을 불후로 만들었다. 군사학이나 국제정치학을 배우지 않은 사람들도 "전쟁은 다른 수단들에 의한 정치의 계속"이라는 그의 전쟁 본질론은 귀에 익을 것이다.

『전쟁론』의 제1장에서 '전쟁'을 "적으로 하여금 우리들의 의지를 실행하도록 강제하기 위한 폭력 행위"로 정의한 클라우제비츠는 이 정의를 더 세련하는 과정에서 전쟁과 정치의 관련을 따져본다. 그 과정에서 나온 것이 "전쟁은 다른 수단들에 의한 정치의 계속"이라는 정식이다. 전쟁의 단기적 목표가 군사적인 것일지라도 그 궁극적 목표는 정치적인 것이라는 이야기다. 클라우제비츠에 따르면 "한 공동체가 수행하는 전쟁—모든 국가들의 전쟁, 특히 문명화된 국가들의 전쟁—은 언제나 정치적 상황에서 나오고 정치적 동기에서 비롯된다. 전쟁은 정치 행위다."

프랑스의 철학자 앙드레 글뤽스만에 따르면, "전쟁이 다른 수단들에 의한 정치의 계속"이라는 클라우제비츠의 정식에서 가장 중요한 것은 '계속'이라는 개념이다. 여기서 문제가 되는 것은 정치와 전쟁의 주종 관계가 아니다. 문제는 그 '계속'이라는 개념을 통해서 전쟁(군사 부문)과 정치(민간 부문)가 언제라도 호환된다는 데 있다. 즉 군국주의나 전쟁 숭배는 민간 부문을 복종시키려는 군사 부문의 의지에서만 나오는 것이 아니라, 너무나 쉽사리 군사 부문으로 변화하고 개종하는 민간 부문의 자발성에서도 나온다. 상시적 평화 교육의 필요는 여기에도 있다.

오적 五賊
06.02.

1970년 6월 2일 시인 김지하가 세칭 「오적」 사건으로 구속됐다. 《사상계》 1970년 5월호에 김지하가 발표한 「오적」은 '담시譚詩'라는 독특한 장르 안에 민중 문학 고유의 해학과 풍자 전통을 녹여내면서 당대의 부패한 사회현실을 신랄하게 비판한 작품이다. 「오적」이 당초 《사상계》에 발표됐을 때 이를 묵인하는 듯했던 박정희 정권은 이 작품이 당시 야당 신민당의 기관지 《민주전선》 제40호(1970년 6월 1일자)에 전재되자마자 반공법 위반 혐의를 걸었다.

「오적」 사건은 《사상계》 폐간의 한 원인이 됐고, 작자 김지하는 이 사건을 시발로 감옥을 오가며 1970년대 전 기간을 박정희와 맞버티며 살았다. 시인은 현실 정치에 발을 들여놓지 않았으나, 그에 대한 박해가 전 세계 지식인들의 관심을 끌면서 김지하는 박정희의 최대 정적 가운데 한 사람으로 떠올랐다.

「오적」의 다섯 도적은 재벌, 국회의원, 고급공무원, 장성, 장차관이다. 시인은 이 다섯 도적을 모두 개사슴록변이 들어가는 한자로 표현해 이들이 사람의 탈을 쓴 짐승임을 암시한다. 그리고 어느 날 이들이 한 자리에 모여 '도둑시합'을 벌이는 광경을 통렬한 풍자로 묘사한다. 포도대장으로 비유된 사직당국은 이들을 고발한 민초 '꾀수'를 도리어 무고죄로 가두고 오적의 도둑촌을 지키는 주구走狗로 살아간다. 작품은 포도대장이 기지개를 켜다가 벼락을 맞아 죽고 이와 동시에 다섯 도적도 피를 토하고 죽는 것으로 마무리된다.

도둑시합에서 국회의원이 보인 '재조' 한 대목. "가래를 퉤퉤, 골프채 번쩍, 깃발같이 높이 들고 대갈일성, 쪽 째진 배암샛바닥에 구호가 와그르르 혁명이닷, 구악은 신악으로! 개조改造닷, 부정축재는 축재부정으로! 근대화닷, 부정선거는 선거부정으로! 중농重農이닷, 빈농은 이농離農으로! 건설이닷, 모든 집은 와우식臥牛式으로!"

안나푸르나 Annapurna
06.03.

1950년 6월 3일 모리스 에르조그가 이끄는 프랑스 등반대가 히말라야 산맥의 안나푸르나 제1봉(8,091m)을 정복했다. 해발 8,000m가 넘은 산봉우리에 사람의 발길이 닿은 것은 이것이 역사상 처음이었다.

안나푸르나는 네팔 히말라야의 중부(북위 28도 36분, 동경 83도 49분)에 솟아 있는 연봉連峰이다. 서쪽으로부터 제1봉, 제3봉(7,555m), 제4봉(7,525m), 제2봉(7,937m)의 순서로 이어지고, 제3봉에는 남쪽으로 마차푸차르(6,997m)라는 첨봉이 덧붙어 있다. 안나푸르나라는 이름은 '수확의 여신'이라는 뜻이라고 한다.

에르조그 등반대의 안나푸르나 제1봉 등정은 제2차세계대전 후의 히말라야 등산 붐의 출발점이었다. 제2봉은 1960년 영국·네팔 공동팀인 로버츠 등반대가 정복했고, 제3봉에는 그 이듬해인 1961년 인도의 코리 등반대가 깃발을 꽂았다. 이에 앞서 1955년에는 독일의 슈타인메츠 등반대가 제4봉의 등정에 성공했다.

리옹 출신의 에르조그는 파리대학 법학부를 졸업하고 알프스 산맥에서 오랜 등반 훈련을 거친 뒤 히말라야에 대한 첫 시도에서 안나푸르나 제1봉에 오르는 쾌거를 이뤘다. 그러나 오르기보다 내려오기가 어려운 것이 산이라는 말은 에르조그의 이 위업에도 적중했다. 흥분제를 복용하고 안나푸르나 정상에 오른 에르조그와 동료 루이 라슈날은 크레바스에 빠지고 눈사태에 휩쓸리며 처절한 하산을 해야 했고, 최악의 비박(Biwak, 천막을 치지 않고 바위 밑이나 눈구덩이 따위를 이용한 야영)으로 점철된 그 하산 중에 얼어서 썩어 들어가는 손가락과 발가락을 잘라내야 했다. 뒷날 프랑스 체육·청소년부 장관을 지내기도 한 에르조그는 이 등정과 하산의 험난한 과정을 『처녀봉 안나푸르나 8000』이라는 책에 담았다.

카사노바 Giovanni Giacomo Casanova
06.04.

엽색가獵色家라는 말이 국어사전에 올라 있는지는 모르겠다. 올라 있든 올라 있지 않든, 1798년 6월 4일 73세로 죽은 조반니 자코모 카사노바라는 이탈리아 사나이에게 이보다 더 어울리는 말은 없다.

카사노바라는 이름이 엽색의 대명사가 된 것은 부당한 일이 아니다. 자칭 '여성들의 시혜자施惠者'로서, 그는 모든 계층의 무수한 여성들에게 '헌신'했다. 친딸 레오닐다와 동침한 뒤, "아비가 되어가지고 딸하고 한번 자보지도 않고 어떻게 그 딸을 사랑한다고 말할 수 있는지 나는 이해할 수가 없다"고 그는 썼다. 그 동침의 결과로 레오닐다는 수태를 했고, 그래서 카사노바는 자기 외손자의 아버지가 되었다. 물론 이 사생아는 카사노바에게 특별한 아이가 아니었다. 그 자신도 모르는 그의 자식들이 유럽 전역에 무수히 흩어져 있었기 때문이다.

그러나 카사노바가 두 마음을 갖고 있었던 것은 아니다. 그는 함께 잔 모든 여자를 진정으로 사랑했다. 다만 그 열정이 순식간에 식었을 뿐이다.

베네치아에서 태어난 카사노바의 삶의 궤적은 전 유럽에 걸쳐 있었고, 그의 교제범위는 볼테르 루소 등의 지식인들에서부터 프로이센의 프리드리히2세와 러시아의 예카체리나2세 등 군주들을 거쳐 예술가 배우 귀부인 천민 사기꾼 방탕아 등 전 계층에 걸쳐 있었다. 그는 또 사제 외교관 재무관 스파이 연금술사 배우 군인 등 여러 직업을 전전하며 틈틈이 감옥을 들락거렸다.

카사노바는 보헤미아의 둑스 성에서 발트슈타인 백작의 사서로 쓸쓸히 죽었지만, 그가 이 성에서 파적 삼아 집필한『내 삶의 이야기』는 그의 이름을 불멸화했다.『카사노바 회상록』으로 더 잘 알려진『내 삶의 이야기』는 한 자유분방한 개인의 엽색의 기록이면서 18세기 유럽의 사회와 풍속에 대한 예리하고 섬세한 보고서이기도 하다.

RFK
06.05.

1968년 6월 5일 미국 민주당 대통령 후보로 유력했던 43세의 상원의원 로버트 프랜시스 케네디가 로스앤젤레스 앰배서더 호텔에서 암살됐다. 캘리포니아주 예비 선거에서 승리를 거둔 직후였다. 그의 형 존 피츠제럴드 케네디가 현직 대통령으로서 암살된 지 다섯 해 만에, 그리고 흑인 민권운동 지도자 마틴 루터 킹 목사가 암살된 지 불과 두 달 만에 미국은 또 다른 위대한 인물을 수상쩍은 방식으로 잃었다.

존 피츠제럴드 케네디가 JFK라고 불렸듯 이름의 머리글자를 따 RFK라고 불렸던 로버트 케네디는 인간적 매력이나 이상주의적 열정에서 자기 형을 능가하는 인물이었다. 존 케네디 행정부의 법무부 장관으로서 로버트 케네디는 전임자들이 야합하거나 두려워하던 조직범죄에 단호히 맞서는 한편, 흑인들에게 실질적인 참정권을 부여하게 될 민권법의 초안을 마련했다. 형이 죽은 뒤 상원의원으로 뽑힌 그는 빈민층과 장애인에 대한 사회적 부조를 확대하기 위해 애썼고, 린든 존슨 행정부의 북베트남 폭격에 반대하고 협상을 통한 베트남 내전의 종식을 촉구했다.

베트남에서의 확전을 꾀하는 같은 당 출신의 존슨을 비판하며 로버트 케네디는 이렇게 말했다. "우리는 구약성서의 신처럼 굴며 베트남의 어떤 도시와 어떤 마을이 파괴될지를 워싱턴에서 결정할 수 있다고 생각하고 있다. 이런 상황을 받아들여야 하는가? 아니다. 이 상황을 바꾸기 위해 우리는 뭔가를 할 수 있고 해야 한다."

여기서 베트남을 이라크나 북한으로 바꾸면 로버트 케네디의 발언은 바로 지금의 미국에도 꼭 들어맞는다. 슬픈 사실은, 만약 미국의 현직 유력 정치인이 이같은 발언을 하고 그 발언을 실천에 옮긴다면, 그 역시 대통령이 되기는 어려울 테고 최악의 경우 로버트 케네디와 같은 운명을 맞게 될지도 모른다는 것이다.

드라이브인 극장

06.06.

　1933년 6월 6일 미국 뉴저지주 리버튼에 세계 최초의 드라이브인 극장이 들어섰다. 드라이브인 극장이란 자동차를 탄 채 영화를 관람할 수 있는 극장을 뜻한다.

　드라이브인 극장을 고안해낸 사람은 러처드 홀링스헤드라는 사내였다. 홀링스헤드는 그보다 한 해쯤 전 자기 저택의 차도에서 드라이브인 극장의 아이디어를 처음 떠올렸다. 그는 승용차의 보닛 위에 코닥 영사기를 올려놓고, 정원의 나무에 고정시켜놓은 스크린에다 필름을 비춰보았다. 소리를 테스트하기 위해 스크린 뒤에 라디오를 설치해 틀어놓은 다음 승용차의 유리문을 올렸다 내렸다 하며 귀를 기울여보기도 했다. 홀링스헤드는 또 스프링클러를 이용해 비가 내리는 상황을 연출해가며 이런저런 날씨 조건들을 테스트했다. 마지막으로 그는 스크린의 일부가 앞차에 가려 보이지 않는 일이 없도록 자동차들이 유지해야 할 최소 거리와 각도를 세심하게 계산했다.

　완벽한 드라이브인 극장이 태어났다는 판단이 들자, 홀링스헤드는 특허국으로 달려가 자신의 발명품에 대해 설명하고 특허를 신청했다. 특허국은 1933년 5월 16일 그에게 드라이브인 극장의 특허를 내주었다. 특허 번호는 1,909,537.

　홀링스헤드는 3주 뒤 첫 드라이브인 극장을 일반 관람객들에게 공개했다. 이제 사람들은 어린아이들을 맡길 베이비시터를 고용할 필요 없이 차에 탄 채 가족끼리, 또는 친구나 애인끼리 영화를 볼 수 있게 되었다.

　드라이브인 극장은 1930년대 이후 미국 전역으로 퍼져나갔고, 제2차세계대전이 끝난 뒤에는 미국 바깥에서도 생겨나기 시작했다. 미국 델라웨어 지방법원은 1950년 5월 홀링스헤드의 드라이브인 극장 특허가 무효라고 판결했다. 텔레비전과 비디오카세트가 일용품이 되면서 오늘날 드라이브인 극장은 그 탄생지인 미국에서도 줄어드는 추세다.

제라르 주네트 —Gérard Genette

06.07.

 1930년 6월 7일 프랑스 문학평론가 제라르 주네트가 태어났다. 철학자 자크 데리다, 사회학자 피에르 부르디외와 동갑내기인 주네트는 파리 고등사범학교 동창인 이 두 친구들만큼 국제적 명성을 얻지는 못했지만, 20세기 문학이론과 기호학 분야에서 독보적이고 견고한 성채를 쌓았다. 20대 초 잠시 공산당 활동가 노릇을 한 그는 이내 혁명의 꿈을 버렸고, 1960년대 이후 프랑스 인문학계를 풍미한 구조주의라는 방법론을 통해 문학연구와 기호학을 포개놓았다.

 고대 그리스 고전들에서 마르셀 프루스트의 『잃어버린 시간을 찾아서』에 이르기까지 시간축을 종단하며 다양한 텍스트를 대상으로 삼은 주네트의 문학비평은, 미리 정해진 외생적 기준들을 문학 작품에 강요하는 프로크루스테스적 난폭함과 소박한 경험주의에 안주하는 인상비평을 동시에 피하는 제 나름의 유연한 형식적 분석에 바탕을 두고 있었다. 주네트 비평의 이성적 언어들은 문학 작품의 '신비'를 파괴하지 않고도 그 '신비'에 대한 지식을 생산해낼 수 있었다.

 주네트는 1970년부터 1978년까지 동료 문학비평가 츠베탕 토도로프와 함께 문학이론지 《시학》을 공동 주재했다. 시학에 관한 그의 중요한 논문들은 『문채 Figures』라는 제목을 지닌 세 권의 책으로 묶였다. 특히 '이야기의 담론'이라는 부제를 단 『문채 II』는 이야기의 구조들에 대한 연구의 결정판으로, 주네트의 이름을 프랑스 바깥으로까지 알리며 서사학(내러톨로지)의 표준적 교과서로 자리잡았다.

 주네트의 문학적 답사는 고답적 문학이론가들이 눈길을 주지 않던 후미진 구석에까지 이르렀으니, 『문턱Seuils』이라는 책에서 그가 탐색한 곁다리텍스트(파라텍스트)가 그 예다. 곁다리텍스트란 제목, 저자 이름, 장르 표시, 서문, 발문, 각주, 표4글처럼 주主텍스트(본문)를 보완하는 텍스트를 가리킨다.

이덕구 李德九
06.08.

1949년 6월 8일 제주시 제주경찰서 앞 관덕정 광장. 십자형 나무틀에 묶여 언뜻 그리스도의 수난을 연상시키는 시신 하나가 전시됐다. 아마도 생전의 그를 조롱할 양이었던 듯, 경찰은 이 시신의 저고리 왼쪽 윗 주머니에 숟가락 하나를 꽂아놓았다. 이 초라한 시신의 주인 이름은 이덕구였다.

이덕구는 그 전해 4월 3일부터 남한만의 단독정부 수립을 반대하며 제주도 전역에서 일어난 민중봉기의 지도자였다. 당초 인민유격대 3·1지대장의 직위로 봉기를 이끌던 그는 남로당 제주도당 군사부장 겸 인민유격대 총사령관 김달삼이 1948년 8월 해주에서 열리는 인민대표자회의에 참석하기 위해 제주도를 빠져나간 뒤 봉기의 최고지도자가 되었다.

4·3봉기의 마지막 유격대원이 생포된 것은 1957년 들어서고 제주도 전역이 평정된 것은 1954년이었지만, 이 사건은 인민유격대 총사령관 이덕구의 시신이 관덕정 광장에 내걸린 1949년 6월 8일에 일단락됐다고 할 수 있다. 1920년 북제주군 조천읍에서 태어난 이덕구는 일본 교토의 리쓰메이칸대학立命館大學 경제학부 재학 중 학병으로 관동군에 입대했고, 해방 뒤 귀향해 중학교 교사로 일하다 입산해 게릴라 지도자가 되었다.

진압 과정이 워낙 잔혹했고 민간인 희생자 규모가 워낙 컸던 터라, 제주 4·3사건은 그 뒤 이어진 폭압적 반공지상주의 질서 속의 그 이념적 미묘함에도 불구하고 신원伸寃의 계기를 절실히 요구하고 있었다. 김대중 정부 시절인 1999년 말 국회는 「제주 4·3사건 진상규명 및 희생자 명예회복에 관한 특별법」(4·3특별법)을 제정해 이 사건 희생자들에게 역사의 제자리를 찾아줄 바탕을 마련했고, 노무현 대통령은 2003년 10월 31일 제주도를 방문해 "많은 사람을 무고하게 희생시킨 과거 국가 권력의 잘못"에 대해 유족과 제주도민에게 공식 사과했다.

아스투리아스 — Miguel Angel Asturias
06.09.

1974년 6월 9일 과테말라 작가 미겔 앙헬 아스투리아스가 스페인 마드리드에서 작고했다. 향년 75세.

아스투리아스는 20세기 스페인어 문학을 대표할 만한 작가 가운데 하나지만, 그의 이력 역시 그의 문학만큼이나 사람들의 눈길을 끌었다. 독재자 에스트라다 카브레라에게 박해를 받던 부모 밑에서 자란 아스투리아스는 대학 전공을 의학에서 법학을 거쳐 인류학으로 전전했고, 한때는 학생 운동에 몰두했고, 남아메리카와 유럽에서 외교관으로 일했고, 조국에서 추방돼 망명 생활을 하다 죽었다.

아스투리아스는 소르본 유학 중에 프랑스어로 번역된 마야 문헌을 보고 그 풍요로움에 감명을 받아 그것을 자기 평생의 문학적 질료로 삼았다. 동화와 시를 버무려놓은 듯한 그의 출세작 『과테말라 전설집』(1930)은 바로 이 마야 신화에 바탕을 두었다. 아스투리아스의 가장 잘 알려진 소설 가운데 하나인 『대통령 각하』는 그보다 두 해 뒤에 씌어졌지만 1946년까지 출간되지 못했다. 시대적·공간적 배경을 밝히지는 않았으나 카브레라 시절의 과테말라를 염두에 둔 것이 분명한 이 작품에서 작가는 독재자의 존재가 사회 전체를 어떻게 부패와 음모로 물들이는지를 초현실주의적으로 그렸다.

아스투리아스는 1967년 노벨문학상을 받았다. 작가의 '낡은' 문학관이 엿보이는 수상 연설의 한 대목. "만약에 당신이 단지 독자들을 즐겁게 하기 위해 소설을 쓰고 있다면, 당장 그것을 불태워버리십시오. 불태워버리지 않는다고 해도, 그것은 이내 독자들의 기억에서 지워지고 말 겁니다. 작가들이 그토록 머물고 싶어 하는 독자들의 기억에서 말입니다. 오랜 세월에 걸쳐 얼마나 많은 작가들이 오직 독자들을 즐겁게 하기 위해 소설을 써왔나를 잠깐만 생각해보세요. 지금 그 작가들 가운데 누가 기억되고 있나요?"

솔 벨로 —Saul Bellow

06.10.

　1915년 6월 10일 미국 소설가 솔 벨로가 캐나다 퀘벡의 라신에서 태어났다. 벨로는 유대-러시아계 이민자 집안 출신이다. 소수자로서의 유대계 미국인들이 맞부딪치는 문제들이 그의 작품들에서 흔히 다뤄진 것은 그래서 별난 일이 아니다. 벨로의 성장기 때나 지금이나 유대계는 미국의 소수 인종 집단이다. 그러나 오늘날 유대계 미국인들이 미국의, 그리고 아마도 전 세계의 가장 힘센 소수 인종 집단인 것도 사실이다. 유대인들은 유일 초강대국의 금융계, 학계, 언론계, 영화계를 틀어쥐고 세계사의 방향을 설정하고 있다.

　문단도 예외는 아니다. 유대계 작가들은 1940년대 이래 미국 문단의 주류를 이루고 있다. 벨로는 아이작 싱어, 버너드 맬러머드, 노먼 메일러, 필립 로스, 수전 손택, 에드거 독터로, 신시어 오직, 그레이스 팰리, 조이스 오츠, 채인 포톡 같은 동족 작가들과 함께 '주류적 이방인'의 눈에 비친 미국 사회와 현대 문명을 문학적으로 형상화해 왔다.

　『오기 마치의 모험』, 『허조그』, 『샘러 씨가 사는 혹성』 등 일반 독자들에게 잘 알려진 소설들을 포함해 벨로의 작품 대부분에는 유대인이 주인공이나 중요 인물로 등장해 세상을 유대적 정체성의 체로 받아내며 긴장하고 갈등하고 화해한다.

　벨로가 아홉 살 때 부모를 따라 이주해 자라난 시카고는 『오기 마치의 모험』을 비롯한 그의 몇몇 소설들의 배경이 되고 있다. 『오기 마치의 모험』에서 오기 마치는 "나는 미국인이다. 나는 저 음침한 도시 시카고에서 태어났다. 그리고 스스로 배운 대로 규칙이나 형식에 얽매이지 않고 일에 덤벼든다. 나는 내 방식대로 기록할 것이다"라고 말하고 있는데, 이것은 이 작품을 쓴 뒤에도 생애의 대부분을 시카고에서 보낸 작가가 이 도시를 자신의 '진짜 고향'으로 여기고 있다는 표지처럼 읽힌다. 벨로는 1976년 노벨문학상을 받았다.

그레고리 펙 Gregory Peck
06.11.

　2003년 6월 11일 영화배우 그레고리 펙이 미국 로스앤젤레스 자택에서 87세로 작고했다. 마흔여덟 해를 함께 산 두 번째 아내 베로니크가 그의 마지막 숨결을 지켜보았고, 로스앤젤레스의 한 성당에서 열린 영결식에는 가수 해리 벨러폰티, 배우 해리슨 포드를 비롯해 수많은 동료 연예인들이 참석했다. 영화감독 스티븐 스필버그는 그레고리 펙이 "작품을 통해서만이 아니라, 고귀한 태도로 일관한 윤리적 삶을 통해 길이 기억될 것"이라고 고인을 기렸다.

　그레고리 펙은 캘리포니아주 라졸라 출신이다. 버클리대학에서 의학을 공부하다 집어치우고 브로드웨이 무대를 거쳐 1944년 〈영광의 나날〉로 영화계에 데뷔한 뒤, 〈로마의 휴일〉(1953), 〈빅 컨트리〉(1958), 〈앨라배마에서 생긴 일〉(1962) 등의 작품으로 얼굴과 이름을 전 세계에 알렸다.

　여성 작가 하퍼 리의 소설을 바탕으로 만들어진 〈앨라배마에서 생긴 일〉(원제는 『앵무새 죽이기』)에서 펙은 백인 여성을 강간한 혐의로 기소된 흑인 남성을 대리하는 남부 변호사 애티커스 핀치 역을 맡아, 그 해 아카데미 남우주연상을 받았다. 또 오드리 헵번과 짝을 이룬 〈로마의 휴일〉에서는 짧은 순애純愛에 경의를 표하기 위해 커다란 특종을 포기하는 신문기자 역을 맡은 바 있다.

　그레고리라는 영어 이름은 '조심성 있는', '주의 깊은', '깨어 있는' 등의 의미를 지닌 그리스어 이름 그레고리오스에서 왔다. 그레고리오스와 그 라틴어형 그레고리우스, 그리고 여기서 유래한 비슷한 형태의 이름들은 초기 기독교 시절부터 유럽에서 가장 인기 있는, 다시 말해 흔한 이름 가운데 하나였다. 그것은 「베드로 전서」 5장 8~9절의 가르침 때문이었다. "정신을 바짝 차리고 깨어 있으십시오. 여러분의 원수인 악마가 으르렁대는 사자처럼 먹이를 찾아 돌아다닙니다. 굳건한 믿음을 가지고 악마와 대적하십시오."

사육신 묘비
06.12.

1955년 6월 12일 서울 동작구 노량진동 사육신 묘에 육각六角 묘비가 세워졌다. 서울시가 묘역을 수축하면서 사육신의 충절과 의기를 기려 묘비를 세운 것이다. 당시 그 자리에는 성삼문成三問·박팽년朴彭年·이개李塏·유응부兪應孚 네 사람만 묻혀 있었으나, 1977년부터 1978년 사이에 하위지河緯地·유성원柳誠源·김문기金文起의 가묘假墓도 추봉追封했다. 이로써 사육신의 음택이 한 자리에 모이게 됐다.

익히 알려져 있듯, 사육신은 숙부 수양대군(세조)에게 왕위를 찬탈당한 단종의 복위를 꾀하다 발각돼 순사한 조선 전기의 여섯 신하를 가리킨다. 일반적으로 승지 성삼문, 형조참판 박팽년, 예조참판 하위지, 직제학 이개, 중추원동지사 유응부, 사예司藝 유성원을 꼽지만, 공조판서 김문기를 넣기도 한다.

김문기의 본관은 금녕金寧이고 자는 여공汝恭, 호는 백촌白村이다. 세종 8년(1426)에 문과에 급제했으나 아버지 상을 당해 3년간 시묘한 뒤 예문관 검열檢閱, 정언正言, 함길도 관찰사를 지냈다. 단종 복위 모의에 가담했다가 살해됐으나, 영조 때 9대손 김정구金鼎九의 송원訟寃으로 복관됐고, 경북 김천시 지례면의 섬계서원剡溪書院에 배향配享됐다.

김문기를 제외한 사육신의 관직이 복구되고 그들을 기려 민절愍節이라는 사액賜額이 내려진 것은 숙종 17년(1691)이지만, 그 전부터 이들은 불사이군不事二君의 지조와 죽음을 대하는 당당함으로 조선조 유자儒者들의 사표師表가 되었다. 달군 쇠로 다리를 꿰고 팔을 잘라내는 잔학한 고문에도 굴복하지 않고 세조를 '나리'라고 불러 군주로 대접하지 않은 성삼문을 비롯해, 일곱 사람 모두 살 길을 도모하지 않았다.

베니 굿맨 Benny Goodman
06.13.

1986년 6월 13일 미국의 클라리넷 연주자 겸 지휘자 베니 굿맨이 77세로 작고했다. 본명이 벤저민 데이비드 굿맨인 베니 굿맨은 1930년대를 스윙재즈의 황금시대로 만들며 '스윙의 왕'으로 불렸던 사람이다. 그는 또 비브라폰 주자 라이오넬 햄프턴, 피아노 주자 테디 윌슨 등 흑인들을 포함한 캄보(소편성 기악그룹, small combination의 준말)와 빅밴드를 편성함으로써, 흑인과 어깨를 나란히 하고 연주하지 않는다는 백인 뮤지션의 관례를 과감히 깬 사람이다.

시카고의 가난한 양복재단사 가정에서 태어난 굿맨은 교육을 거의 받지 못한 채 10대부터 돈벌이에 나섰다. 12세에 미시간 호수의 유람선 밴드에 끼어 연주자 생활을 시작한 그는 20대 초반에 이미 자신의 밴드를 엮을 만큼 음악에 재능이 있었다. 26세 때인 1935년부터 10년간 스윙재즈의 물결로 전 세계 대중음악을 평정하면서, 베니 굿맨은 자신의 이름을 다소라도 음악에 관심이 있는 사람 모두에게 익숙하게 만들었다. 이 '스윙의 왕'은 재즈 뮤지션으로는 처음으로 클래식의 전당인 뉴욕 카네기홀에서 콘서트를 열기도 했다.

몸이 흔들리는 듯한 리듬감을 뜻하는 스윙은 재즈의 역사에 커다란 획을 그었다. 굿맨의 스윙재즈 이전에 재즈는 술집에서나 들을 수 있던 흑인 음악에 지나지 않았지만, 스윙 이후 라디오 전파를 타고 전 세계인의 음악이 되었다. 그 시절에 재즈는 곧 스윙재즈를 가리켰다.

뛰어난 클라리넷 연주자였던 굿맨은 재즈 음악만이 아니라 클래식 음악 연주에도 기량을 보였다. 부다페스트 4중주단은 굿맨과 함께 모차르트를 협연했고, 바르톡이나 스트라빈스키 같은 20세기의 가장 뛰어난 작곡가들이 굿맨을 위해 음악을 만들었다.

팽크허스트 —Emmeline Pankhurst
06.14.

1928년 6월 14일 영국의 여성참정권 운동가 에멀린 팽크허스트가 70세로 작고했다. 그보다 한 달 전 영국 의회는, 남성과 마찬가지로 여성도 21세가 되면 선거권을 얻도록 인민대표법을 개정했다. 10년 앞서 제정된 원래의 인민대표법에 따르면 여성은 30세가 넘어야 선거권을 가질 수 있었다.

맨체스터의 부르주아 가정에서 굴든이라는 성을 받고 태어난 에멀린은 1879년 변호사 리처드 팽크허스트와 결혼하며 팽크허스트 부인이 되었다. 남편 리처드는 철학자 존 스튜어트 밀과 함께 영국에서 처음으로 여성참정권 법안을 만든 사람으로, 노동당의 전신인 독립노동당의 지도적 인물들 가운데 하나였다.

1889년 남편과 함께 여성참정권연맹을 만들며 여성운동에 정식으로 뛰어든 에멀린은 1898년 남편이 죽은 뒤에도 여성사회정치동맹을 조직해 일생동안 '남성과 평등한' 여성참정권 획득을 위해 애썼다. 남편이 그에게 남겨놓고 간 딸 셋도 그에게 큰 힘이 되었다. 이들 네 모녀는 여성의 즉각적 참정권 획득을 위해 폭력시위도 불사함으로써 감옥을 들락거렸다.

그러나 에멀린과 큰딸 크리스타벨은 선거권의 계급적 평등을 후순위로 돌리고 오직 성적 평등에 집착함으로써, 남편과 아버지가 주춧돌을 놓은 노동당과 등을 돌렸다. 당시 영국에서는 여성만이 아니라 노동자도 참정권 바깥에 있었다. 제1차세계대전이 터지자 에멀린과 크리스타벨은 영국이 이 제국주의 전쟁에 참가하는 것을 지지했으나, 둘째딸 실비아와 셋째딸 아델라는 반전의 기치를 내걸고 노동자계급 쪽으로 다가갔다.

에멀린 팽크허스트는 분명히 부르주아 여성운동가였다. 그러나 이 부르주아 운동가의 노력이 보태져 영국의 여성 노동자도 결국 참정권을 얻었고, 그것은 1948년 한국의 모든 여성이 참정권을 얻는 데도 힘이 되었다.

오리건협정
06.15.

1846년 6월 15일 당시 캐나다의 식민모국 영국과 미합중국 사이에 오리건협정이 체결돼 이 지역의 영유권을 둘러싼 두 나라의 갈등이 마무리됐다. 이로써 북위 49도선을 기준으로 하는 오늘날의 미국-캐나다 국경이 확정됐다. 영국과 미국 사이에 불화를 낳고 있던 오리건 지역은 오늘날의 미국 오리건주만이 아니라 로키산맥에서 태평양 연안 사이의 북위 42도~54도 41분을 망라하는 광대한 땅을 가리켰다.

정착민이 거의 없었던 오리건 지역은 1818년 영국과 미국이 맺은 조약 이후 두 나라의 공동 영토로 인정되고 있었다. 그러나 그 뒤 20여 년 동안 미국인 이주자들을 태운 역마차가 끊임없이 오리건으로 향했고, 1844년까지 약 5천 명의 미국인들이 이 지역에 보금자리를 만들었다.

바로 그 해 대통령 선거에서 오리건 전역의 영토권을 주장한 민주당 후보 제임스 녹스 포크를 미국 유권자들이 백악관의 새 입주자로 뽑으면서, 영국과 미국 사이에는 긴장이 일기 시작했다. 애국주의적 신문들도 이내 포크의 노선을 거들었다. 1845년 12월 《뉴욕 모닝 뉴스》의 편집인 존 설리번은 "대륙 전체에 자유와 연방 정부의 위대한 경험을 퍼뜨리는 것이 미합중국의 명백한 운명"이라고 주장했다. 그리고 이 '명백한 운명'에 따라 애국주의 신문들이 총궐기해 "54도 40분 아니면 전쟁을!"을 외쳤다.

미국의 이 난데없는 주장에 영국 본토의 여론이 악화하면서 두 나라 사이에는 전운이 감돌기 시작했다. 그러나 당시 국내 문제로 골치를 앓고 있던 영국 총리 로버트 필은 전쟁을 결정하기가 쉽지 않았다. 그래서 그는 미국 측에 49도선을 타협안으로 제시했다. 텍사스 병합으로 멕시코와 갈등을 빚고 있던 포크 역시 영국과의 전쟁이 부담스러웠다. 상원도 영국안의 수락을 권고했다. 이로써 자를 대고 그린 듯한 미국-캐나다 국경이 결정됐다.

김수임 金壽任

06.16.

　1950년 6월 16일 육군본부 고등군법회의는 39세의 여성 김수임에게 간첩죄를 적용해 사형을 선고했다. 김수임은 한국전쟁 발발 직전 처형되었다.

　김수임이라는 이름은 늘 이강국李康國이라는 이름과 묶여 거론된다. 이강국은 경성제국대학과 베를린대학에서 공부한 인텔리 공산주의자로, 북한 최고인민회의 제1기 대의원을 지낸 인물이다. 두 사람은 애인 사이였고, 김수임이 간첩 활동을 한 것은 공산주의에 대한 신념 때문이 아니라 이강국에 대한 사랑 때문이었다는 것이 '여간첩 김수임'에 대한 가장 흔한 변론이다.

　김수임의 해방기 간첩 활동은 그가 미국인 고문관 베어드 대령과 동거하던 서울 옥인동 자택을 중심으로 이뤄졌다. 미군정이 이강국에게 체포령을 내리자 김수임은 그를 옥인동 집에 숨겼다가 베어드 대령의 차로 월북시켰고, 그 뒤에도 자신의 집을 거점으로 이강국과 연락을 취하며 이북의 대남 공작 활동을 도왔다고 한다. 그것이 사실이라면, 김수임과 이강국, 베어드 대령의 관계가 참으로 묘하다. 이들의 '삼각관계'는 치열한 첩보 활동과 이념 전쟁의 긴장을 배반하듯 평화로웠다는 뜻일 테니 말이다.

　김수임은 개성 출신이다. 집안이 가난했으나 미국인 선교사의 도움으로 이화여전에 진학했고, 학교 선배 모윤숙을 통해 다섯 살 위인 이강국을 알게 됐다고 한다.

　이강국의 죽음도 김수임의 죽음만큼이나 비극적이었다. 이강국은 한국전쟁이 끝난 뒤 북한에서 대대적으로 이뤄진 남로당 숙청 바람에 휩쓸려 1955년 목숨을 잃었다. 김수임이 남한의 군사법정에서 사형을 선고받았듯, 이강국도 북한의 군사법정에서 사형을 선고받았다. 중요 죄목이 간첩 활동이었다는 것도 똑같다. 김수임의 간첩 활동이 북한을 위한 것이었다면, 그를 조종했다는 이강국의 간첩 활동은, 북한 당국의 주장에 따르면, 미제국주의자들을 위한 것이었다.

자유의 여신상
06.17.

1885년 6월 17일 자유의 여신상이 프랑스 배 '이제르' 호에 실려 뉴욕항에 도착했다. 오늘날 '자유국가' 미국의 상징물이자 세계에서 가장 유명한 건조물 가운데 하나가 된 높이 47.5m, 무게 225t의 자유의 여신상은 미국 독립 110주년을 맞은 이듬해 10월 28일 미국 대통령 스티븐 클리블랜드의 주재로 헌정식을 가진 뒤 베들로섬에 그 위용을 드러냈다. 베들로섬은 1956년 자유의 여신상 이름을 따 리버티섬으로 이름을 바꿨다.

정식 이름이 '세계를 비추는 자유의 여신상Statue de la Liberté Éclairant le Monde'인 자유의 여신상은 미국 독립 100주년(1876)을 기념해 프랑스 국민이 미국 국민에게 기증한 것이다. 100주년 한 해 전인 1875년 파리에서 조직된 민간단체 '프랑스-아메리카 연합위원회'가 돈을 모아 프레데릭 오귀스트 바르톨디에게 설계와 제작을 맡겼으나, 작업 진척이 늦어져 110주년에야 뉴욕에 서게 됐다.

작업 전반을 지휘한 것은 바르톨디지만, 에펠탑 설계자로 유명한 귀스타브 에펠도 내부 구조 설계를 도왔다. 1884년 1월에 조립이 끝난 여신상은 한동안 파리의 명물 노릇을 하다가 이듬해 각 부분마다 번호가 매겨지면서 완전히 해체된 뒤 214개의 상자에 담겨 기차로 항구도시 루앙으로 옮겨졌고, 거기서 '이제르' 호에 실려 5월 21일 미국을 향해 떠났다.

뉴욕에 자유의 여신상이 세워지고 세 해 뒤인 1889년 파리 센강의 시뉴섬에도 자유의 여신상이 세워졌다. 모양은 뉴욕 것과 같지만, 크기는 1/4이다. 이 자유의 여신상은 뉴욕의 자유의 여신상 기증에 대해 프랑스인들에게 고마움을 표하고 프랑스혁명 100주년을 경축하기 위해, 파리의 미국인회가 기증한 것이다. 설계자는 역시 바르톨디였다. 19세기 말까지만 해도, 미국과 프랑스가 서로 데면데면한 사이는 아니었던 셈이다.

레지스탕스
06.18.

1940년 6월 18일 밤 영국 BBC 방송은 이 나라에 망명한 프랑스 육군 소장 샤를 드골의 호소를 내보냈다. 프랑스가 독일에 항복하고 반半주권 국가가 된 직후였다.

그 뒤 수없이 인용된, "프랑스는 전투에서는 졌지만 전쟁에서는 지지 않았습니다. 프랑스 레지스탕스의 불길이 꺼져서는 안 될 것이고, 또한 꺼지지도 않을 것입니다"라는 선언을 담은 이 방송 연설이 프랑스 사람 대다수에게 즉각 전해지지는 않았을 것이다. 사실 드골이라는 이름조차 당시 프랑스인들에게는 그리 널리 알려져 있지 않았다.

그러나 드골의 이 날 연설은 20세기 프랑스사에서 '피어린 영광'의 출발점으로 기록됐다. 이 연설을 기점으로 독일 점령군에게 맞서는 레지스탕스가 공식적으로 시동을 걸었고, 프랑스는 페탱 원수가 이끄는 본토의 프랑스국과 드골이 망명지에서 이끄는 자유프랑스(뒤에 '싸우는 프랑스'로 개칭)로 양분되었다. 이제 프랑스는 더 이상 '불가분의 단일한' 공화국이 아니었다. 그로부터 4년 뒤 드골이 이끄는 자유프랑스는 파리에 입성해 프랑스 역사의 정통성을 이었다.

프랑스어로 '저항'을 뜻하는 레지스탕스는 일반적으로 제2차세계대전 중 나치 독일에 점령된 프랑스 네덜란드 유고슬라비아 체코슬로바키아 그리스 폴란드 소련 등 유럽 국가에서 비합법적으로 전개된 항독抗獨 저항 운동을 가리킨다. 그러나 좁은 뜻의 레지스탕스는 그 가운데서도 특히 프랑스에서의 저항 운동을 가리킨다.

무신론자와 기독교신자, 좌파와 우파를 묶어세우며 반파쇼 세력 전부를 망라한 프랑스 레지스탕스는 1944년 초 그 조직원이 10만여 명에 이르렀고, 종전이 다가옴에 따라 프랑스국내군FFI이라는 이름 아래 통합돼 연합군의 노르망디 상륙 작전 개시와 함께 전국적 무장 봉기의 견인차가 되었다.

루이 게릭 Henry Louis Gehrig
06.19.

1903년 6월 19일 미국 프로야구선수 헨리 루이 게릭이 뉴욕에서 태어났다. 1941년 리버데일에서 몰.

컬럼비아대학 출신의 게릭은 1924년 뉴욕 양키스의 1루수로 메이저리그에 발을 들여놓았고, 1925년 6월부터 1939년 4월까지 2,130게임 연속 출장 기록을 세웠다. 이 대기록은 그 뒤 반세기를 넘긴 1995년에야 깨졌다.

'철마'(鐵馬, Iron Horse)라는 별명을 지녔던 게릭은 1931년 시즌에 184타점으로 아메리칸리그 타점 신기록을 세웠고, 1934년에는 메이저리그 3관왕(타율·홈런·타점)이 되었다. 그는 양키스의 4번 타자로서, 3번 타자 베이브 루스와 함께 이 팀의 타력 전성기를 구가했다.

1939년 7월 4일 양키 스타디움에서 열린 게릭의 은퇴식은 관중들의 울음바다가 되었다. 게릭은 16년간의 선수 생활을 회고하며 동료와 팬과 가족들에게 고마움을 표한 뒤, 바로 그들 덕분에 자신은 지상에서 가장 행복한 사람이라고 말했다. 그러나 게릭은 그 때 이미 근위축성 측삭경화증 판정을 받은 상태였다.

오늘날 그의 이름을 따 루게릭병('루'는 '루이'의 애칭)이라고도 부르게 된 근위축성 측삭경화증은 척수신경이나 간뇌의 운동세포가 서서히 파괴되면서 이 세포의 지배를 받는 근육이 위축돼 힘을 쓰지 못하게 되는 병이다. 히스테리 연구 분야에서 프로이트의 스승이었던 프랑스의 신경병학자 장 마르탱 샤르코도 이 병을 연구한 바 있어서 샤르코병 또는 샤르코증후군이라고도 부른다. 루게릭병이 일반인들에게 널리 알려지게 된 것은 영국의 우주물리학자 스티븐 호킹이 이 병을 앓으면서다.

게릭은 은퇴한 지 2년 만에 이 병으로 죽었다. 그 이듬해 게리 쿠퍼가 주연해 게릭의 일생을 그린 영화〈양키스의 긍지〉가 만들어졌고, 1989년에는 게릭의 초상을 담은 우표가 미국에서 발행되었다.

체트킨 Clara Zetkin
06.20.

1933년 6월 20일 독일의 혁명가 클라라 체트킨이 76세로 작고했다. 체트킨은 독일 사회주의 운동의 지도자이자 여성해방운동의 견결한 투사였다. 체트킨 이후에야 여성운동은 교양을 위한 투쟁이라는 '숙녀의 문제Damenfrage'를 벗어나 프롤레타리아 운동이 되었다.

작센주 비데라우에서 태어난 체트킨은 비스마르크가 사회주의자 진압법을 시행한 1878년부터 독일 사회민주당 당원으로 혁명운동에 뛰어들었다. 사민당에서 그는 카를 리프크네히트, 로자 룩셈부르크, 프란츠 메링 등과 어깨를 겯고 당 주류의 수정주의에 맞서 좌익 그룹을 이끌었다. 제1차세계대전 중에 사민당의 전쟁협력 노선에 반기를 들고 탈당해 스파르타쿠스단을 결성하고 종전 직후 이 혁명단체를 독일 공산당으로 발전시킨 것도 체트킨을 포함한 이들 좌익 그룹이었다.

체트킨은 작고하기 한 해 전인 1932년 8월, 나치스가 제1당이 된 독일 의회에서 최연장 의원으로서 임시 의장이 돼 230명의 나치 의원들을 노려보며, 민주주의 세력에게 반反파쇼 통일전선의 결성을 호소했다.

체트킨은 세계 여성의 날(3월 8일) 제정을 발의한 사람이기도 하다. 1910년 덴마크 코펜하겐에서 열린 제2차 국제사회주의여성대회에서 체트킨은 3월 8일을 세계 여성의 날로 제정하자고 제안했고, 대회에 참석한 노동조합 사회당 여성노동자그룹 대표들은 만장일치로 그 제안을 승인했다.

3월 8일을 고른 것은 1857년 3월 8일과 1908년 3월 8일 미국의 여성노동자들이 노동조건 개선과 참정권 쟁취를 위해 대규모 시위를 벌였기 때문이다. 러시아혁명 이후인 1922년 레닌은 체트킨의 권유로 여성의 날을 공휴일로 지정했고, 이후 여성의 날은 사회주의권 정부와 각국의 사회주의자들에 의해 기념돼 오다가 1977년 유네스코에 의해 국제 기념일로 지정됐다.

사강 François Sagan
06.21.

1935년 6월 21일 소설가 프랑수아즈 사강이 남프랑스 카자르크에서 태어났다. 2004년 몰.

사강은 19세의 소르본대학 학생이었던 1954년 장편『슬픔이여 안녕』을 발표하며 파리 문단의 스타로 떠올랐다. 세실이라는 17세 소녀가 홀아비인 아버지의 애인에게 느끼는 미묘한 감정을 씁쓸하면서도 달콤하게 그려낸 이 소설은 그 뒤 수많은 언어로 옮겨져 사강에게 국제적 명성을 안겼다.

사강은 고답적인 문학비평가들로부터 그리 후한 점수를 받지는 못했지만, 당대 프랑스어권 작가들 가운데 가장 많은 독자를 거느린 이른바 베스트셀러 소설가 가운데 한 사람이었다.『슬픔이여 안녕』이후에도 그는『어떤 미소』(1956),『한 달 뒤 한 해 뒤』(1957),『브람스를 좋아하세요?』(1959),『신기한 구름』(1961),『흐트러진 침대』(1977) 등의 소설을 잇달아 발표하며 독자들의 사랑을 받았다.

그가 설령 대중소설가라 할지라도, 그의 작품들이 수행해온 남녀 사이의 섬세한 심리 묘사는 일급 심리소설들의 고전적 장면에 그리 뒤쳐지지 않는다. 사강은 희곡에도 손을 대『스웨덴의 성城』(1960),『바이올린은 때때로』(1961) 같은 작품들을 무대에 올렸고, 샹송 가사와 발레 각본도 썼다.

50대 이후 사강은 마약 복용 혐의로 몇 차례 기소돼 유죄 판결을 받았고, 2002년에는 조세포탈죄로 금고 1년 집행유예 1년을 선고받기도 했다. '자유주의' 문필가로서, 사강은 개인의 마약 복용 여부에 국가 권력이 간여하는 것을 평생 반대했다. 1995년 코카인 복용 혐의로 유죄판결을 받은 뒤 그는 "남에게 해를 끼치지 않는 한, 나는 나를 파괴할 권리가 있다"는 유명한 발언을 남겼다. 자유의 한계에 대해 곰곰 생각해보는 사람들에게 이 발언은 여전히 깊은 울림을 준다.

월드컵 4강
06.22.

　오늘은 한국 축구 대표팀이 월드컵 4강에 끼이게 된 날이다. 2002년 6월 22일 광주 월드컵경기장에서 열린 한·일 월드컵 축구대회 8강전에서 한국 팀은 승부차기 끝에 스페인 팀을 5대 3으로 누르고 준결승에 진출했다. 19세기 말 축구가 도입된 이래 한국 팀이 국제 경기에서 거둔 최고 성적이었다.

　경기가 쉽게 풀린 것은 아니다. 두 팀은 전후반 90분과 연장전 30분 동안 한 골도 넣지 못해 피 말리는 승부차기에 들어갔다. 경기 내용에서 앞섰던 스페인 팀으로서는 이 승부차기가 더 불길했을 것이다. 황선홍과 이에로, 박지성과 바라하, 설기현과 사비로 이어진 양 팀의 세 차례 킥이 모두 성공한 뒤, 한국의 네 번째 키커 안정환 역시 볼을 골문 안에 박았다.

　그러나 스페인의 네 번째 키커 호아킨의 발을 떠난 볼은 한국 팀 골키퍼 이운재의 거미손에 걸려 골문 밖으로 튕겨나갔다. 이어 한국의 마지막 키커 홍명보의 킥에 스페인의 골네트가 출렁이며 한국의 승리가 확정됐다. '철벽 수문장' 이운재는 특히 이 경기로 국민적 영웅이 되었다.

　한국은 2002 월드컵 예선 첫 경기에서 폴란드를 2대 0으로 눌러 월드컵 출전 사상 첫 승리를 맛보았고, 그 뒤 미국과 1대 1로 비기고 포르투갈을 1대 0으로 이겨 조1위로 예선을 통과했다. 본선 첫 경기인 16강전에서도 이탈리아를 2대 1로 눌러 세계를 경악시켰다.

　심판이 한국 팀에 유리하게 경기를 운영했다는 비난이 이탈리아와 중국 언론에서 쏟아져 나왔지만, 그 당시 한국 팀의 투지와 기량을 놓고 보면 승리를 '훔쳤다'고 판단할 상황은 전혀 아니었다. 한국은 스페인전 이후 준결승에서 독일 팀에 0대 1로 지고 3·4위 결정전에서 터키에 2대 3으로 져 종합순위 4위를 기록했다. 이 '4위'는 네 해 뒤 독일월드컵에서 신기루가 되었다.

윈저 공 Windsor 公
06.23.

1894년 6월 23일 영국 왕 에드워드 8세가 리치먼드에서 태어났다. 1972년 파리 근교 뇌유쉬르센에서 몰.

에드워드 8세는 조지 5세의 맏아들이자 엘리자베스 2세의 백부다. 그의 재위 기간은 1936년 1월 20일부터 그 해 12월 11일까지였다. 그러니까 에드워드 8세는 채 1년도 왕위에 있지 않았다. 독신으로 즉위한 그가 결혼하고자 했던 여성을 왕실도, 내각도, 국민도 받아들이지 않았기 때문이다. 그래서 그는 왕관을 버리고 사랑을 택했다. 동생인 앨버트가 조지 6세라는 이름으로 기쁘게 왕위를 물려받았다.

에드워드 8세의 사랑은 미국인 이혼녀 심프슨 부인이었다. 그녀와 결혼하기 위해서 그는 왕위에서 물러나 윈저 공이 되었다. 그 윈저 공은 자신의 신부에게 "나는 당신을 차지하기 위해 하찮은 이득을 포기했소. 앞으로 남자들은, '나도 널 위해서라면 왕위라도 버릴 수 있다'며 자신의 신붓감을 설득하겠지요"라고 자랑스럽게 말했다.

그러나 영국인들에게는 윈저 공이 비천한 미국 여자의 서방일 뿐이었다. 그들은 그 때 이미 두 번이나 이혼한 심프슨 부인이 왕비는커녕 공작부인이 되는 것도 거부했다. 그래서 윈저 공은 자신의 반려와 함께 영국해협을 건넜다. 그들은 프랑스에서 결혼했고, 죽을 때까지 조국을 등진 채 주로 파리에서 살았다.

시사주간지 《타임》은 한 남자로 하여금 대영제국의 군주 자리를 포기하게 만든 월리스 워필드 스펜서 심프슨이라는 여성을 1936년 '올해의 인물'로 뽑았다. 워필드는 이 여성의 본디 성이고, 스펜서는 첫 남편의 성이며, 심프슨은 두 번째 남편의 성이다.

군주로서의 에드워드 8세든 퇴역군주로서의 윈저 공이든 정치적으로 사려 깊은 사람은 아니었다. 그는 공개적으로 히틀러와 무솔리니에게 찬사를 보내곤 했다.

악마의 사전
06.24.

    1842년 6월 24일 미국 오하이오주 호스케이브크릭에서 태어나 1914년 멕시코에서 죽은 것으로 추정되는 앰브로스 비어스는 귀신이나 둔갑술·텔레파시 같은 초자연적 현상들을 소재로 단편들을 여럿 써 환상문학의 한 봉우리로 꼽히는 소설가다. 그러나 그의 저서 가운데 가장 잘 알려지고 가장 널리 인용되는 것은 냉소와 풍자를 통해 인간과 세계에 대한 통찰을 보여준 『악마의 사전』(1911)일 것이다.

    "달콤한 술보다는 쓸쓸한 술을, 감정보다는 감각을, 유머보다는 기지를, 속어보다는 깨끗한 영어를 좋아하는 사람들을 위해 썼다"고 저자가 밝힌 이 책은 사람들이 자연스럽게 받아들이는 가치들의 어두운 속살을 가차없이 헤집는다.

    이 사전의 정의에 따르면 '행복'은 '다른 사람의 불행을 곱씹어볼 때 드는 유쾌한 감정'이고, '증오'는 '타인이 나보다 잘난 경우에 생기는 감정'이며, '축하'는 '질투의 사회적 표현'이다. '편애'는 '환멸의 예비 과정'이고, '충고'는 '친구를 잃는 수많은 방법 가운데 바보가 특히 선호하는 것'이다.

    '애국자'는 '부분에 대한 관심이 전체에 대한 관심을 능가하는 사람'이고, '기자'는 '추측을 통해 진실을 찾아가며 말의 홍수로 그 진실을 흐리는 작가'이며, '변호사'는 '법을 우회하는 기술을 지닌 사람'이다. 또 '반감'은 '친구의 친구가 불러일으키는 감정'이고, '고뇌'는 '친구의 성공을 목격했을 때 걸리는 질병'이며, '능가하다'는 '적을 만들다'라는 뜻이고, '대담大膽'은 '안전한 상태에 있는 남성의 가장 두드러진 특성'이다.

    비어스가 내린 이 정의들은 책 제목 그대로 악마적·악의적이고, 크게 과장되었고, 말할 나위 없이 일면적이다. 그러나 그 정의들은 바로 그 일면성을 통해, 한 움큼의 진실을 통해, 세상을 지배하는 이치들의 그늘을 드러내며 우리 눈을 맑게 한다. 슬프게도.

푸코 Michel Foucault
06.25.

1984년 6월 25일 프랑스 철학자 미셸 푸코가 파리 살페트리에르병원에서 58세로 작고했다. 세상에 막 알려지기 시작한 에이즈라는 병이 그를 죽음으로 몰아갔다.

그보다 네 해 전 사르트르의 죽음과 마찬가지로, 그리고 2002년 피에르 부르디외의 죽음과 마찬가지로, 푸코의 죽음 역시 단순히 학자의 죽음은 아니었다. 푸코는 마르크스주의를 포함해 어떤 정치적·이념적 깃발도 내세우지 않았지만, 정치적 반대자·노동자·죄수·이민자·동성애자(그 자신도 동성애자였다) 등 사회적 소수파들이 핍박받는 곳에 늘 저항적 태도로 입회했다. 그를 좋아하지 않았던 사르트르나 그의 철학적·역사학적 미시권력 이론을 사회학의 층위에서 탐구한 부르디외가 그랬듯, 푸코 역시 단순히 직업적 학자가 아니라 지식인이었다. 그래서 이들의 죽음은 개인의 죽음을 넘어 시대의 죽음이라는 울림을 품고 있다.

『감시와 처벌』이라는 책에서 그 때까지 지배적 개념이었던 피라미드 형태의 중앙집권적 권력관을 파괴한 이래 푸코는 흔히 '권력의 사상가'로 알려지게 됐지만, 철학에서든 정치학에서든 푸코라는 이름을 어떤 뚜렷한 이념적 틀 안에 가두기는 어렵다. 어떤 이는 그에게서 무정부주의자를 발견하고, 어떤 이는 위장된 마르크스주의자를 발견하며, 또 다른 이는 노골적인 반反마르크스주의자를 찾아낸다. 실제로 사르트르는 푸코의 『말과 사물』을 "부르주아지가 마르크스에 대항해 세울 수 있는 마지막 장벽"이라고 혹평했다. 그런가 하면 푸코는 드골주의의 선전자이자 동시에 교활한 신자유주의자라는 상반된 비판을 받기도 했다.

푸코의 세계는 이렇게 온갖 해석을 허용하되 어떤 단색의 해석적 틀도 거부하는 현대적 만다라화의 세계다. 그래서 그것은 엄밀히 말해 푸코의 세계가 아니라 푸코들의 세계다.

데니스 대처 Denis Thatcher
06.26.

2003년 6월 26일 마거릿 대처 전 영국 총리의 남편 데니스 대처가 런던의 리스터병원에서 작고했다. 향년 88세. 아내 마거릿과 마크, 캐럴 두 자식이 그의 마지막 숨결을 지켜보았다.

총리 재임 당시 '철의 여인'으로 불렸던 마거릿은 "데니스가 내 곁에 없었다면 나는 열한 해가 넘게 이어진 총리직을 결코 수행하지 못했을 것"이라고 남편을 기렸다. 마거릿 대처의 정치적 둥지라 할 보수당 중앙당사에도 영국 국기 유니언잭이 반기半旗로 내걸렸다.

데니스 대처는 그 자신 탐스러운 군인 경력을 거쳐 성공적인 사업가로 일생을 살았지만, 그의 공적 명성은 주로 마거릿과의 결혼 덕분에 생겨난 것이었다. 아내 쪽이 영국 최고 권력자였던 11년을 포함한 50여 년의 결혼 생활 동안, 이 부부는 보수당 지지자들의 마음에 쏙 들 만한, 모범적으로 화목한 가정을 꾸려나갔다.

두 사람 가운데 그런 화목을 이루는 데 더 크게 이바지한 쪽은 강한 성격의 권력자 아내를 질시하거나 경원하지 않고, 그렇다고 그 권력에 편승하지도 않은 데니스일 테다. '퍼스트 젠틀맨'이라는 말을 영어의 일상 어휘로 만든 11년 동안 데니스의 삶을 이끈 것은 "늘 아내 곁에 있되 결코 자신을 드러내지 않는다always present, never there"는 모토였다. 그는 그런 모토에 이끌리는 자신을 '그림자 남편'이라고 부르기도 했다. 이런 지혜로운 처신 덕에 데니스는 보수당 지지자들만이 아니라 영국인 일반으로부터 존경과 사랑을 받았다.

마거릿 대처는 남편이나 아버지의 후광 없이 한 나라의 최고 지도자가 돼 성공적으로 직무를 수행한 매우 드문 여성 정치인이다. 한국에서도 그런 여성 최고 지도자가 나왔으면 좋겠다. 그런 여성 정치인의 '그림자 남편'으로서 시민들의 사랑과 존경을 받는 한국의 '퍼스트 젠틀맨'을 보고 싶다.

헬렌 켈러 Helen Keller
06.27.

1880년 6월 27일 미국의 사회사업가 헬렌 애덤스 켈러가 앨러배머주 터스컴비아에서 태어났다. 1968년 몰.

생후 19개월째에 열병을 심하게 앓은 뒤로, 어린 헬렌은 볼 수도 들을 수도 말할 수도 없게 되었다. 그러나 그녀는 거의 치명적이라고 할 만한 이런 신체적 불리를 딛고 사회사업가로 자라나, 자기처럼 불행한 사람들을 돕는 데 생애를 바쳤다. 그래서 헬렌 켈러는 흔히 '삼중고三重苦의 성녀', '빛의 천사'라고 불린다.

헬렌 켈러와 그녀의 스승 맨스필드 설리반 사이의 여러 일화들은, 어디까지가 진실이든, 장애인 교육의 역사에서 가장 감동적인 장면들로 회자되고 있다. 그 자신 불우한 성장기를 보낸 설리반은 오직 촉각을 통해서만 세상을 인식할 수 있었던 고집 센 소녀 헬렌을 인내심과 엄격함과 사랑으로 감싸 안으며, 여느 비장애인보다도 더 지적이고 감수성 있는 어른으로 키워냈다.

헬렌은 자신에게 남아 있던 촉각을 통해 말하는 법과 글 읽는 법을 배웠고, 미국 최고의 여성 고등교육 기관인 래드클리프 칼리지에 입학해 우등으로 졸업했다. 대학을 졸업하고 나서는 매사추세츠주 맹인구제과 위원을 시작으로 미국 전역과 해외를 돌아다니며 맹농아인을 위한 복지사업에 힘을 쏟았다. 헬렌 켈러는 1937년 한국을 방문한 바 있다.

헬렌 켈러의 비범한 생애는 많은 사람들의 가슴을 촉촉이 적신다. 그러나 모든 장애인이 그녀처럼 비범하기를 기대할 수는 없다. 게다가 어린 헬렌이 가난한 집 아이였다면, 그래서 인내심과 지혜로 자신을 이끌어줄 스승을 만나지 못했다면, 그녀는 완전한 어둠과 고요 속에서 짧고 불행한 삶을 살다 갔을 수도 있다. 중요한 것은 개인들의 신체적 불리를 사회 전체가 제도적으로 보완해주는 것이다. 행복 추구는 기본적 인권에 속하기 때문이다.

루소 Jean-Jacques Rousseau
06.28.

1712년 6월 28일 계몽사상가 장 자크 루소가 제네바에서 태어났다. 1778년 몰.

루소는 그가 죽고 11년 뒤에 일어난 프랑스혁명에 가장 큰 영향을 끼친 저술가이자 인류 지성사를 통틀어서도 두드러지게 헌걸찬 지성 가운데 하나였지만, 부모 없이 자란 탓에 정규 교육을 거의 받지 못했다. 그러나 그는 견습 시계공으로 보낸 어린 시절부터 탐욕스러운 독서가였다. 그리고 그가 '엄마'라고 불렀던 바랑 부인과의 만남 덕에 청년기의 방랑을 접고 안정된 분위기에서 독서와 사색에 매진할 수 있었다. 루소의 삶에 결정적 영향을 끼친 바랑 부인과의 관계는 모자 사이의 사랑과 이성 사이의 사랑이 기묘하게 뒤섞인 것이었다.

30세에 파리로 나와 디드로를 비롯한 백과전서파와 친교를 맺으며 루소는 당대 진보적 지성의 대열에 합류하게 되었고, 37세에 디종 아카데미의 현상 공모에 당선된 『학문과 예술론』을 출판하며 문명을 떨치기 시작했다. 그 뒤 잇따라 출간한 『인간불평등기원론』, 『정치경제론』, 『사회계약론』 등으로 그는 유럽에서 가장 유명한 저술가 가운데 한 사람이 되었다.

그러나 인간의 본성을 옹호하는 그의 '진보적' 사상은 자연 상태로의 복귀를 꾀하는 '보수적' 사상이기도 했다. 그는 그 진보성 때문에 파리대학 신학부의 고발로 한때 프랑스 바깥으로 떠돌아야 했고, 그 보수성 때문에 디드로와 철천지 원수가 되었다.

루소는 당대 최고의 베스트셀러 저술가로서 독자들의 사랑을 한 몸에 받으면서도, 친구들과의 불화로 소외감에 시달리던 모순적 인물이었다. 탁월한 교육소설 『에밀』을 쓸 수 있었으면서도 그 자신은 제 아이들을 유기한 형편없는 아버지였다는 점 역시 그 모순을 도드라지게 한다. 사상에서나 생활에서나 자유분방했던 오늘의 주인공은 프랑스혁명의 염결한 지도자 로베스피에르가 가장 존경한 정신적 은사였다.

캐서린 헵번 Katharine Hepburn
06.29.

2003년 6월 29일 미국 영화배우 캐서린 헵번이 96세로 작고했다. 파킨슨씨병으로 만년이 힘들었다. 그러나 그의 농익은 연기와 빛나는 지성은 앞으로도 오래도록 영화 팬들의 기억 속에 살아 있을 것이다.

연극무대에서 출발해 스크린과 브라운관으로 진출한 캐서린 헵번은 반세기 가까운 영화 활동을 통해 아카데미 여우주연상을 네 차례나 받았다. 수상작은 〈모닝글로리〉(1933), 〈초대받지 않은 손님〉(1967), 〈겨울의 라이언〉(1968), 〈황금연못〉(1981)이다. 아카데미상에 노미네이트된 것은 열두 번에 이른다.

아홉 작품에 함께 출연한 스펜서 트레이시는 헵번의 오랜 연인이었다. 헵번은 트레이시 외에도 캐리 그랜트, 험프리 보가트, 제임스 스튜어트, 진저 로저스, 헨리 폰다 등과 함께 여러 차례 공연했다. 헵번은 영화계에 들어온 뒤에도 연극무대의 끈을 놓지 않았다. 그는 셰익스피어 무대에 가장 많이 오른 미국 여배우였고, 브로드웨이 뮤지컬에도 더러 얼굴을 내밀었다.

독립적이고, 지적으로 견고하고, 정력적이고, 여성주의적이고, 리버럴하고, 어기찬 민주당 지지자였다는 것이 헵번의 이미지다. 심리학박사 학위를 지닌 배우라는 선입견을 걷어내고 보더라도, 캐서린 헵번의 어록은 만만치 않은 지적 통찰로 채워져 있다. "프로이트는 미국에 불건전한 영향을 끼쳤다. 나는 사람들이 자신을 너무 심각하게 받아들인다고 생각한다. 훨씬 더 중요한 것은 자기규율이다"라거나, "연기라는 것은 하찮은 재능이다. 연기를 잘 한다고 노벨상을 주지는 않는다는 것을, 그리고 셜리 템플은 불과 네 살 때 완벽하게 연기를 해낼 수 있었다는 것을 잊어서는 안 된다"라거나, "남자와 여자라는 것이 정말 서로 꼭 맞는 짝인지 의심스러울 때가 있다. 그냥 옆집에 살면서 이따금씩 서로 방문하는 것이 낫지 않을까?" 같은 발언들이 그렇다.

통일의 꽃
06.30.

    1989년 6월 30일 한국외국어대학교 불어과 4학년생 임수경이 전국대학생대표자협의회(전대협) 대표 자격으로 세계청년학생축전에 참석하기 위해 평양에 도착했다. 그는 6월 21일 서울을 떠나 일본과 독일을 거쳐 열흘 만에야 평양에 들어갔고, 그로부터 46일 뒤인 8월 15일 판문점을 통해 남으로 돌아왔다.

    분단 이후 판문점을 통해 북에서 남으로 넘어온 민간인은 임수경이 처음이었다. 임수경이 혼자 내려온 것은 아니다. 도드라지게 당차 보였으나 어쩔 수 없이 여린 21세 여성이기도 했던 그를 '보호'하기 위해 천주교 정의구현사제단은 문규현 신부를 북으로 보냈고, 문 신부는 임수경의 손을 잡고 함께 분단의 벽을 넘었다.

    임수경의 방북은 그 해 3월 문익환 목사와 평민당 서경원 의원의 방북과 함께, 노태우 정부가 이른바 '공안 정국'을 조성해 정치적 반대파를 탄압하는 구실이 되었다. 그래서 자주·통일 운동보다 실질적 민주주의의 확대를 우선시했던 사회운동권 일각으로부터 사려 깊지 못한 행동이었다는 비판도 받았다.

    그러나 임수경은 국제 언론이 지켜보는 가운데 반세기의 금기를 가볍게 깨뜨리고 감옥으로 직행함으로써, 통일에 대한 한국인들의 열망을 전 세계에 증언했다. '통일의 꽃'이라는 명예로운 이름이 그에게 주어진 것도 지나친 일은 아니다. 임수경과 문규현은 구속 재판 끝에 그 해 12월 똑같이 징역 5년, 자격정지 5년형이 확정돼 복역하다가 1992년 말 함께 가석방되었다.

    평양에서 임수경이 참가한 세계청년학생축전은 반제 자주, 반전 평화의 기치 아래 주로 사회주의 나라 청년·학생들이 모여 열었던 행사다. 1945년 10월 런던에서 결성된 세계민주청년연맹이 이듬해의 파리 이사회에서 창설을 결정한 이 축전은 1947년 7월 프라하에서 처음 열렸다. 1989년 7월에 열린 평양 축전은 열세 번째 행사였다.

7
홍콩 반환에서
바오다이까지

홍콩 반환
07.01.

1997년 7월 1일 영국령 홍콩이 중국에 반환됐다. 아편전쟁을 마무리한 1842년의 난징조약南京條約으로 홍콩이 영국에 할양된 지 155년 만이었다.

홍콩 반환은 1984년 12월 영국 총리 마거릿 대처와 중국 총리 자오지양趙紫陽 사이에 체결된 홍콩반환협정에 따른 것이다. 이 협정의 골자 셋은 1997년 7월 1일 홍콩 전역을 중국에 반환하고 이곳에 특별행정구SAR를 설치한다, 중국은 홍콩 반환 이후 50년간 홍콩의 현행 체제를 기본적으로 유지한다, 홍콩 주민들은 반환 이후에도 외교·국방 분야를 제외하고는 고도의 자치권을 갖는다는 것이었다.

반환 이후 홍콩은 '중화인민공화국 홍콩특별행정구'가 되었다. 홍콩은 홍콩섬과 그 주변의 섬들 그리고 주룽반도九龍半島로 이뤄져 있다. 주도主都는 홍콩섬의 빅토리아시다. 흔히 홍콩이라고 할 때는 좁은 의미의 홍콩 곧 빅토리아시를 가리킨다.

홍콩은 한자로 香港(향항)으로 표기한다. 중국어(베이징어)로는 '샹캉'이라고 읽는다. '홍콩'은 香港을 광둥어廣東語에 가깝게 읽은 것이다. 홍콩의 중국인들은 대부분 광둥인들이고, 그래서 베이징어와 영어가 공용어로 돼 있기는 하지만 일상적으로 통용되는 언어는 광둥어다.

광둥어는 흔히 중국어의 한 방언으로 간주되지만, 언어학적으로는 다른 언어라 할 수 있다. 베이징어 사용자와 광둥어 사용자 사이에 소통이 거의 불가능하기 때문이다. 베이징어와 광둥어를 동일한 언어의 방언들로 만드는 것은 중국이라는 단일정치체일 뿐이다.

광둥어는 베이징어에 견주어 중세 중국어의 특질을 많이 보존하고 있다. 광둥어 사용자는 4천만 남짓으로 중국어 사용자 전체에서 차지하는 비중이 크다 할 수 없지만, 동남아시아나 캘리포니아를 비롯해 해외에 사는 중국인들 다수가 광둥 출신이어서 중국 바깥에서는 베이징어 못지않은 위세를 떨치고 있다.

통일베트남
07.02.

　1976년 7월 2일 개원한 남북 베트남의 통합 국회는 북베트남의 베트남민주공화국과 남베트남의 베트남민족해방전선(베트콩)을 아우르는 베트남사회주의공화국이 출범했음을 선언했다.

　이로써 1954년 제네바 극동평화회의에서 조인된 휴전협정이 북위 17도를 남북 베트남의 잠정 군사경계선으로 설정해 그 전까지의 느슨했던 분단을 고착화한 이래 20여 년 만에, 두 베트남의 법적 통일이 완수됐다. 정치적 통일, 곧 사실상의 통일은 그 전해 4월 30일 해방전선의 깃발을 내건 베트남민주공화국 군대의 장갑차들이 베트남공화국(남베트남)의 수도 사이공(지금의 호치민)으로 진입하면서 이미 이뤄진 바 있다.

　1954년 7월의 제네바협정이 충실히 이행됐다면 베트남에서는 그 즈음 포연이 사라졌을 터였다. 이 협정에 따르면 그 해에 베트남은 전국적 선거를 통해 통일 정부를 구성하고 그 이후 프랑스군이 베트남에서 완전히 철수하기로 돼 있었다. 그 직전 디엔비엔푸 전투에서 보구엔지압 장군이 이끄는 베트민군에게 대패해 5,000여 명의 전사자를 낸 프랑스는 송두리째 전의를 상실해 인도차이나 지배를 포기하고 철군했지만, 베트남 민중의 뜻이 베트민 지도자 호치민에게 있다고 판단한 남베트남 정부는 이 협정에 따른 전국 선거를 거부했다. 게다가 미국이 프랑스와 교대해 남베트남을 지지하며 전쟁에 개입하면서, 인도차이나에서는 한국전쟁 이후 최대 규모의 살육이 벌어지게 되었다.

　1930년대 말 스페인내전과 함께 20세기 인류 양심의 시험대로 불렸던 베트남전쟁은 결국 미국의 패배로 끝났다. 스페인에서 진 인류의 양심이 베트남에서는 이겼다. 베트남전쟁은 역사상 미국이 처음으로 패배한 전쟁이기도 했다. 이 더러운 전쟁에 미국의 들러리로 개입한 한국은 1992년 말에야 베트남사회주의공화국과 대사급 외교관계를 수립했다.

카프카 Franz Kafka
07.03.

1924년 6월 3일 체코 출신의 소설가 프란츠 카프카가 빈 교외의 킬링 요양원에서 죽었다. 향년 41세.

'절망과 불안을 조장하는 부르주아 퇴폐 반동 작가'라는 이유로 오래도록 카프카를 금기시했던 소련 공산당이 1964년 마침내 그의 작품들의 러시아어 번역·출간을 허락했을 때, 그것이 뜻했던 것은 이 요절 작가가 20세기의 가장 영향력 있는 예술가 가운데 한 사람이 됐다는 사실이었다.

개인과 세계 사이의 불화라는 주제에 자신의 문학적 삶을 소진한 이 작가는 생전에 "한 개인에 대한 후세 사람들의 판단은 그에 대한 동시대인들의 판단보다 정당하게 마련"이라는 말을 한 적이 있는데, 그것은 그대로 자신의 이름과 작품에 대한 예언적 옹호처럼 들린다. 오늘날 문학사의 20세기 장(章)은 대체로 카프카로부터 시작한다. 그의 활동기가 세기의 전환기와 맞물려 있었기 때문만이 아니라, 카프카라는 이름 자체가 20세기 문학이기 때문이다.

프라하의 유대인 가정에서 태어난 카프카는 체코어와 독일어가 함께 사용되던 이 도시에서 자라 직장을 얻었고, 독일어로 소설을 썼다. 프라하의 운명에 따라 그의 첫 번째 국적은 오스트리아-헝가리 제국이었고, 뒤에는 체코슬로바키아가 되었다.

이런 세계 시민으로서의 카프카의 존재 안에 숨겨져 있던 것은 일종의 무국적 의식이었다. 그 무국적 의식은 카프카의 주인공들에게도 투영돼 있다. 그 주인공들은 흔히 구체적 이름 대신 K.라고 불리거나, 더러는 아예 이름 없이 시간적 또는 공간적 현존만을 막연히 부여받고 있을 뿐이다.

릴케나 베르펠 같은 프라하 출신의 다른 독일어권 문인들과는 달리 카프카의 독일어는 빈약하다 싶을 정도로 간결했지만, 그 간결한 독일어는 독일어 산문 문학의 역사상 가장 명료하고 아름다운 것 가운데 하나였다.

7월 4일생
07.04.

　베트남 전쟁을 소재로 삼은 올리버 스톤 감독의 영화 〈7월 4일생〉은 론 코빅이라는 사내가 쓴 같은 제목의 자전 소설에 바탕을 두었다. 원작자 코빅은 영화 주인공 론처럼 미국 독립기념일인 7월 4일이 생일이고, 베트남 전장戰場에서 해병대원으로 복무하다 척추를 다쳐 귀향한 뒤 반전운동에 뛰어들었다.

　스톤 감독은 이 영화를 통해 미국 정부가 베트남전쟁의 대의로 내세웠던 '자유의 수호'가 얼마나 허망한 구호였는지를 섬뜩하게 보여준다. 론이 베트남에 가서 한 일이라고는 공포 속에서 민간인들을 살해하고 오발로 동료 병사를 죽인 것뿐이다.

　척추에 총상을 입고 허리 아래를 못 쓰게 돼 미국으로 후송된 론이 겪는 마음의 요동을 묘사하는 대목에서, 스톤 감독은 냉정하다 못해 비정하다. 자신은 나라를 위해 싸우다 불구가 됐는데, 조국에 돌아와 보니 좋아했던 여자친구와 동생까지도 반전주의자가 돼 있다. 한편에선 정치인들이 '자유의 수호'를 위한 확전을 끊임없이 되뇐다. 누구의 자유를 위해?

　군인병원에 입원해 노상 신경질만 내는 론에게 흑인 남자 간호사가 내뱉는 말이 인상적이다. "불행한 사람들은 미국에도 지천이야. 굶어 죽는 사람들, 아파도 병원 갈 수 없는 사람들. 네가 그 사람들을 알아?" 미국 정치인들이 베트남 인민의 자유를 생각하는 것만큼 제 나라의 소수자들에게 관심을 가졌다면, 미국과 세계는 훨씬 더 살 만한 곳이 됐을 것이다.

　미국은 베트남에서와 달리 이라크에서는 (적어도 일시적으로는) 이겼다. 그래도 달라지지 않은 것이 있다. 베트남에서처럼 이라크에서도 어린이들을 포함해 수많은 민간인이 죽었고, 죽거나 불구가 된 미군 병사도 여럿이고, 미국엔 여전히 불행한 사람들이 지천이다. 항공모함 링컨호에서 우아하게 승전 선언을 하는 부시의 마음속에 그 사람들이 들어갈 자리가 있었을까?

콕토 Jean Cocteau
07.05.

1889년 7월 5일 프랑스의 시인 장 콕토가 파리 교외의 메종라피트에서 태어났다. 1963년 몰.

한국 독자들은 콕토라는 이름에서 흔히 "내 귀는 소라껍질/ 바다 소리를 그리워한다"라는 2행시를 떠올릴 것이다. 이 시는 「칸」이라는 제목의 연작 단시 가운데 다섯 번째 작품이다. 칸은 국제 영화제로 잘 알려진 지중해 연안 도시다. 파리의 부르주아들을 비롯해 전 세계의 부자들이 즐겨 찾는 휴양지이기도 하다. 유복한 가정에서 태어난 콕토는 어린 시절 겨울마다 가족과 함께 칸을 찾았고 그곳을 제2의 고향으로 부르곤 했다.

부잣집 자식답게 콕토는 일찍부터 파리의 사교계를 드나들었고, 17살 때 '콕토 시 낭송의 밤'을 열어 올되게 시단에 데뷔했으며, 20살 때 처녀 시집 『알라딘의 램프』를 냈다. 뛰어난 시인들로 바글거렸던 프랑스 시단에서 콕토가 최일급이었다고 단언할 수는 없겠지만, 다재다능에 관한 한 그를 따를 사람이 없었다.

그는 일차적으로 시인이었지만, 『무서운 아이들』을 쓴 소설가이기도 했고, 『바쿠스』를 쓴 극작가이기도 했고, 『미녀와 야수』를 쓴 시나리오 작가이기도 했고, 『에펠탑의 신랑신부』 등 발레 각본을 쓴 안무가이기도 했고, 『직업의 비밀』을 쓴 평론가이기도 했다. 그는 더 나아가 영화감독, 삽화가, 포스터 디자이너, 재즈 연주가, 무대 장치가로 활동했다.

콕토의 사교 범위는 발레 프로듀서 디아길레프, 작곡가 스트라빈스키, 화가 피카소와 모딜리아니, 시인 아폴리네르 등 당대의 일급 예술가들을 아울렀고, 레종도뇌르 훈장, 옥스퍼드대학 명예박사 학위, 아카데미 프랑세즈 회원, 아메리카 아카데미 회원, 프랑스-헝가리 협회 명예회장, 칸영화제 명예회장 등 세속의 온갖 명예가 그를 찾았다. 호화찬란한 삶이었다.

9대 대선
07.06.

　1978년 7월 6일 제9대 대통령 선거가 치러졌다. 이른바 유신체제 아래서 치러진 두 번째 대통령 선거였다. 그 첫 번째 선거였던 1972년 12월 23일의 8대 대선처럼 9대 대선도 서울 장충체육관에서 치러졌고, 박정희 자신이 의장인 이른바 통일주체국민회의에 의한 간접선거였고, 무효표를 빼면 박정희가 100% 지지를 얻었다.

　8대 대선에서 두 표였던 무효표는 9대 대선에서는 한 표로 줄었다. 유신체제 시절의 대통령 선거라는 것이 비장·공포와 코믹·익살을 버무려놓고 있던 터라, 도대체 그 한 표의 무효표는 어떻게 나오게 됐을까가 세간의 화젯거리였다.

　물론 그것은 은밀한 곳에서의 화제였다. 무효표를 이야깃거리로 삼는 것은 이 우스운 선거제도를 가능하게 한 유신헌법을 비방하는 행위로 비칠 수 있는데, 그 당시 헌법보다도 오히려 더 높은 규범이었던 긴급조치는 대한민국 헌법을 부정·반대·왜곡·비방하는 일체의 행위를 금하고 있었기 때문이다.

　긴급조치에 따르면 유신헌법을 비방한 자는 법관의 영장 없이 체포·구속해 비상군법회의에 넘긴 뒤 15년 이하의 징역에 처할 수 있었다. 게다가 이 긴급조치를 비방한 자 역시 똑같이 처벌할 수 있었다. 긴급조치는 그 조치를 비판하는 사람을 바로 그 조치로 처벌하는 재귀적再歸的 희극성까지 겸하고 있었던 셈이다. 그러나 그 희극성은, '합법적인' 15년 이하 징역과 '불법적인' 고문이 통치자 멋대로 남발되고 저질러질 수 있었던 그 시절에는 끔찍한 비극성이기도 했다.

　박정희는 대한민국 건국 이래 제가 붙인 공화국 번호판을 떼어내고 새 번호판을 붙인 유일한 대통령이었다. 그는 5·16군사반란으로 제3공화국을 선포하더니, 대통령 직선제가 귀찮아졌는지 다시 군대를 앞세워 체육관 선거제도를 도입하고는 그것을 제4공화국이라고 우겼다. 그 때도 대한민국은 '민주공화국'이었다.

7·7선언
07.07.

1988년 7월 7일 당시 대통령 노태우가 '민족자존과 번영을 위한 대통령 특별선언'을 발표했다. 흔히 7·7선언으로 불리는 노 정권의 이 이니셔티브는 그 뒤 남북대화의 적극적 모색, 사회주의권과의 경제 교류 및 수교 등 이른바 북방정책의 시발점이 되었다.

노태우는 이 선언에서 자주·평화·민주·복지의 원칙에 입각해 민족구성원 전체가 참여하는 사회·문화·경제·정치공동체를 이룩함으로써 민족자존과 통일번영의 새 시대를 열어갈 것을 천명하고, 이를 위한 여섯 항목의 실천 방안을 제시했다.

그 실천 지침 6개항은 남북 동포 사이의 상호 교류 및 해외 동포의 자유로운 남북 왕래를 위한 문호 개방, 이산가족의 서신 왕래 및 상호 방문 적극 지원, 남북간 교역을 위한 문호 개방, 비非군사 물자에 대한 한국 우방과 북한 사이의 교역 동의, 남북간의 소모적인 경쟁 대결외교 지양과 남북 대표간의 상호 협력, 북한과 한국 우방 사이의 관계 개선 및 사회주의 국가와 한국 사이의 관계 개선을 위한 상호 협조다.

7·7선언은 1988년 봄부터 민간에서 조국통일촉진운동이 확산되고 서울지역 총학생회연합(서총련)과 전국대학생대표자협의회(전대협)가 6·10남북청년학생 회담을 추진하자, 정권측이 이에 대응해 통일 논의의 기선을 제압하고 대북 접촉 창구를 독점하기 위해 내놓은 조처로도 해석된다.

동기가 어땠든, 이 선언은 세 해 뒤 서울에서 열린 제5차 남북 고위급회담에서 남북한 화해와 불가침, 교류 협력을 핵심으로 한 남북기본합의서가 채택되게 한 원동력이 되었고, 2000년 6월의 첫 남북정상회담으로 열매 맺게 될 남북 화해 무드의 씨앗을 뿌린 셈이 됐다. 한 해 뒤 동유럽 사회주의 체제가 무너져 내리기 시작할지를 당시 정권이 예측했는지는 알 수 없지만, 이 선언은 결과적으로 세계사의 흐름을 선취한 능동적 제스처이기도 했다.

가산 카나파니 Ghassān Kanafāni
07.08.

1972년 7월 8일 팔레스타인 소설가 가산 카나파니가 36세로 죽었다. 그는 이스라엘 정보부 요원들이 설치한 것으로 추정되는 폭탄이 터지는 바람에 차 안에서 온몸이 갈기갈기 찢긴 채 생을 마감했다.

카나파니는 팔레스타인 서북해안의 항구 도시 아크레 출신이다. 1948년 5월 이스라엘의 건국과 함께 터진 제1차 중동전쟁의 여파로 80만 명에 가까운 팔레스타인 사람들이 고향을 등졌을 때, 카나파니도 가족을 따라 레바논으로 갔다. 그는 그 뒤 시리아와 쿠웨이트에서 교사와 언론인으로 일했다. 살해됐을 때, 카나파니는 팔레스타인해방인민전선 대변인 겸 그 단체의 기관지 《알 하다프》 편집인이었다.

카나파니는 주로 팔레스타인 사람들의 뿌리 뽑힘과 민족해방투쟁을 소설 속에 담았다. 한국 독자들도 소설집 『불볕 속의 사람들』(창작과비평사)에서 카나파니 문학의 면모를 엿볼 수 있다. 거기 실린 중편 「하이파에 돌아와서」는 이스라엘의 식민주의 때문에 이산하게 된 팔레스타인 부모와 아들 사이의 갈등을 차가운 감동으로 승화시켜냈다.

갓난아이였던 아들을 챙기지 못한 채 고향 하이파에서 쫓겨난 지 20년 만에야 고향을 방문할 수 있게 된 사이드 부부는 유대인 양부모 밑에서 유대인으로 자라나 이스라엘 수비대원이 된 아들의 격렬한 적개심과 맞닥뜨린다. 사이드가 그 '유대인' 청년에게 말한다. "우리의 비겁함을 인정하네. 그러나 그것이 자네를 정당화해주는 건 아닐세. 누구든 인간으로서 저지를 수 있는 가장 큰 잘못은, 다른 사람들의 나약함과 실수가 자신에게 그들을 희생시킬 권리를 준다고 생각하는 것, 그것이 자기 자신의 실수와 잘못을 정당화해준다고 생각하는 것일세. 우리가 어느 날 갑자기 더 이상 실수를 하지 않게 된다면 어쩌겠나? 그 때 자네는 어떻게 할 건가?"

발렌베리 Roul Wallenberg
07.09.

1944년 7월 9일, 32세의 스웨덴 사업가 라울 구스타브 발렌베리가 헝가리 부다페스트에 도착했다. 스웨덴의 영향력 있는 은행가 집안 출신의 발렌베리는 미국 미시건대학에서 건축을 공부한 뒤 무역업에 종사해왔다. 외교관 여권을 소지한 발렌베리가 부다페스트로 '출장' 온 진짜 목적은 헝가리 유대인들을 나치로부터 구하는 것이었다.

1944년 3월 히틀러는 나치 친위대 책임자 아돌프 아이히만을 헝가리로 보내 유대인들을 농촌 지역으로 강제 이주시키기 시작했고, 미국 유대인들이 만든 전쟁난민위원회는 중립국 스웨덴 정부에 부다페스트의 유대인들을 구해낼 사람의 추천을 부탁했다. 발렌베리는 죽음의 위험을 무릅쓰고 이 임무를 수락했다.

발렌베리는 임무를 유능하게 수행했다. 그는 부다페스트 안에 '스웨덴의 집' 서른 곳을 설립한 뒤 스웨덴 국기가 걸린 이 건물에 유대인들을 보호하는 한편, 수많은 유대인들에게 스웨덴 보호여권을 발급해 중립국으로 피신시켰다. 소련군이 부다페스트 외곽까지 진격해 오자 철수를 앞둔 독일군은 베를린으로부터 게토의 유대인을 모두 살해하라는 명령을 받고 실행에 착수하려 했으나, 발렌베리는 전쟁이 끝나면 독일군 부다페스트 책임자들을 전범으로 고발해 교수대로 보내겠다고 위협하며 이 일을 막아냈다.

발렌베리 덕분에 목숨을 구한 유대인은 10만이 넘었다. 그러나 부다페스트를 점령한 소련군은 나치 치하에서 발렌베리가 벌인 인도주의적 행동을 이해할 수 없었고, 그래서 그를 나치나 미국의 첩자로 판단했다. 체포된 발렌베리는 내무인민위원회(NKVD, 당시 소련의 정치경찰)로 넘겨진 뒤 투옥됐다. 이 위대한 휴머니스트의 종적은 그 뒤로 끊겼다. 러시아와 스웨덴의 공동조사위원회가 2001년 1월 12일 내놓은 보고서도 발렌베리의 최후에 대해 결론을 유보하고 있다.

한위건 韓偉健
07.10.

1937년 7월 10일 사회주의 운동가 한위건이 중국 공산당 근거지인 옌안延安의 한 요양소에서 작고했다. 36세였다.

일제 강점기 사회주의 운동의 3대 정파로는 흔히 서울-상해파, 화요파, ML(마르크스-레닌주의)파를 꼽는데, 이 가운데 ML파의 이론적 지도자가 한위건이었다. 함남 홍원 출신의 이 조선인 혁명가는 1930년 이래 중국 공산당원이었고, 죽기 직전의 당내 직책은 허베이성河北省 위원회 서기였다. 중국 공산당은 1945년 당 7차 대회를 앞두고 한위건의 묘에 추모비를 세웠는데, 여기에는 한때 '우경취소주의'라는 비판을 받으며 당사자의 출당黜黨까지 불러왔던 한위건 만년의 노선이 옳았다는 것을 중국 공산당이 공식적으로 승인했다는 의미가 담겨 있었다.

1930년대 전반 중국 공산당의 지도 노선이었던 '왕밍王明 노선'은 중국 혁명이 임박했다는 전제 아래 홍군이 주요 도시들을 탈취하고 국민당 통치구에서 즉각적 총파업과 무장 봉기를 일으켜야 한다는 입장을 견지했다. 한위건은 공개 문서를 통해 이 노선이 당 조직을 파괴하고 당원들을 희생시킬 좌익 맹동주의라고 격렬히 비판하고, 먼저 주관적 역량을 정돈해 진정한 볼셰비키화를 이뤄내야 한다고 주장했다. 한위건의 이 입장은 중국 공산당 안에서의 그의 활동명이었던 리철부李鐵夫를 따 '철부 노선'이라고 불렸다.

경성의학전문학교 학생이었던 10대 말 이래 한위건의 길지 않은 삶은 3·1운동 학생 대표, 대한민국 임시정부 내무위원, 제3차 조선공산당 중앙위원, 중국 공산당 톈진天津 시위원회 서기 등으로 이어졌다. 말하자면 그는 민족주의자에서 사회주의자로 넘어간 셈인데, 실상 20세기 피압박민족 출신의 많은 혁명가들에게 그랬듯 한위건에게도 민족해방운동과 사회주의 운동은 다른 것이 아니었다.

토레즈 — Maurice Thorez
07.11.

1964년 7월 11일 프랑스 공산당 지도자 모리스 토레즈가 64세로 작고했다. 그의 유해는 파리 제20구 페르-라셰즈 묘지의 '코뮌 전사들의 벽' 맞은편에 자리잡은 공산당 묘역에 묻혔다.

토레즈는 20세기 전반 프랑스 공산주의 운동의 뛰어난 지도자였다. 누아엘고도의 노동자 집안에서 태어난 그는 12살 때부터 파드칼레의 탄광촌에서 일하며 가족의 생계를 꾸렸다.

토레즈가 정치에 발을 들여놓은 것은 19살에 사회당에 입당하면서다. 당시 사회당에는 마르크스주의자들과 온건 사회주의자들이 동거하고 있었다. 1920년 사회당의 급진 좌파가 탈당해 프랑스 공산당을 창건했을 때, 토레즈도 몸을 함께 움직였다. 그는 1930년에 공산당 서기장이 되었고, 1932년에는 하원의원으로 뽑혔다.

토레즈는 이어 독일과 이탈리아에서 프랑스로 밀려오던 파시즘의 물결에 맞서 레옹 블룸, 에두아르 달라디에, 에두아르 에리오 등 범좌파 지도자들과 함께 인민전선을 결성했다. 공산당, 사회당, 급진 사회당 등으로 구성된 인민전선은 1936년 선거에서 승리해 사회당의 블룸을 총리로 앉히고 40시간 노동제 도입 등 개혁 정책을 추진해나갔다. 토레즈는 이 과정에서 정치적 역량을 발휘해 국제 공산주의 운동의 지도적 인물 가운데 하나가 되었다.

토레즈는 제2차세계대전 중에 항독抗獨 레지스탕스 운동에 가담했다가 모스크바로 망명했고, 1944년 해방 직후 파리로 돌아왔다. 이듬해 치러진 총선거에서 공산당은 25%를 얻어 제1당이 되었다. 이 결과로 들어선 사회당-공산당 연립 내각에서 토레즈는 부총리를 맡았으나, 1947년 동서 냉전이 격화하면서 정부에서 물러났다. 그는 1961년에 공산당 서기장으로 다시 뽑혔고, 작고하기 직전 서기장 직을 발데크 로셰에게 이양하고 은퇴했다.

에라스무스 —Erasmus
07.12.

1536년 7월 12일 네덜란드의 인문주의자 에라스무스가 바젤에서 죽었다. 향년 67세.

인문주의자란 르네상스 시대에 고대 그리스·로마의 언어와 학문을 연구하고 고대 문헌들을 새로 편찬하던 사람들을 뜻한다.

사생아로 태어난 에라스무스는 수도원에 맡겨졌는데, 그는 거기서 라틴어 뭉치에 파묻혀 살면서 10대 후반에 이미 걸어 다니는 백과사전이 되었다. 또 스물 넘어서는 고대 그리스어를 깊이 공부해, 그 시대에 이미 널널한 휴지가 돼가고 있던 그리스 고전들을 대량으로 편집했다. 당대의 어린이들에게 고전 언어를 가르치기 위해 집필한 그리스어·라틴어 격언집 『아다지아』가 유명하다.

에라스무스의 대표작은 『우신예찬』(1511)이다. 1509년 가을 절친한 벗 토마스 모어의 런던 집에 머물며 일주일 만에 썼다는 이 책은 어리석음의 여신 모리아가 이 세상이 얼마나 많은 어리석음으로 채워져 있는지를 낱낱이 들어 보이면서 자신의 힘을 뽐내는 형식으로 씌어졌다.

참고 문헌 없이 오로지 저자의 기억에 의존해 집필됐다는 이 책에는 고대 그리스·로마 시대의 철학·문학 문헌들과 성경이 종횡무진 인용돼 있어서, 저자의 박람강기에 혀를 내두르게 만든다. 에라스무스는 그 시대의 진지한 사람들이라면 별로 좋아하지 않았을 포복절도할 유머와 수다로 지식인들의 무용한 논쟁과 성직자의 위선, 교회의 부패를 신랄히 풍자했다.

종교개혁의 불꽃이 일기 시작하던 시절을 살았던 에라스무스는 가톨릭교회를 비판하면서도 루터를 지지하지는 않았다. 그는 신학 논쟁의 불을 지피는 열정이 지나쳐서 그것이 종교 전쟁으로 확산될 때 세상이 어떤 꼴이 될지를 알고 있었다. 그래서 그는 가톨릭 광신자들과 프로테스탄트 광신자들로부터 동시에 공격을 받았다. 그는 생각이 너무 많았던 회색인이었다.

마라 Jean Paul Marat
07.13.

프랑스 혁명기인 1793년 7월 13일 급진주의적 산악당의 지도자 장 폴 마라가 파리의 자택 욕실에서 칼에 찔려 죽었다. 50세였다.

마라를 척살刺殺한 사람은 산악당의 독재를 증오하던 25세 여성 샤를로트 코르데였다. 코르데는 즉시 체포돼 나흘 뒤 단두대에서 처형되었다. 마라의 이 센세이셔널한 죽음은 3개월 뒤 자크 루이 다비드의 유화 〈마라의 죽음〉(벨기에 브뤼셀 왕립미술관 소장)에 담겨 회화사의 한 자리를 차지하게 되었다.

스위스 뇌샤텔에서 태어난 마라는 보르도와 런던에서 인술을 연마한 의사였다. 프랑스혁명 이전부터 『노예제도의 사슬』(1774) 등의 저술을 통해 구체제의 절대주의적 정치를 비판하던 그는, 1789년 7월에 혁명이 터지자 두 달 뒤 《민중의 벗》이라는 잡지를 창간해 혁명의 급진화를 북돋았다. 산악당 출신의 국민공회 의원으로서 그는 과거와 완전히 절연된 프랑스를 꿈꾸었다. 마라가 꿈꾼 새로운 프랑스는 모든 특권층과 기생계급이 사라지고 소농小農과 프티부르주아 등 기층민중의 삶이 고루 넉넉해지는 사회였다.

그러나 이 순결한 혁명가는 자신에게 엄격한 만큼이나 반혁명파와 동료들에게도 엄격해서 도처에 적을 만들어냈다. 마라의 그로테스크한 죽음은 그가 너무 강퍅한 원칙주의자였던 것과도 관련 있을 것이다.

그래도 그는 오래 산 편이다. 그 뒤 1년 사이에 그의 산악파 동지들인 당통, 로베스피에르, 생쥐스트 등이 내부의 숙청이나 반혁명 쿠데타로 처형됐을 때 이들은 모두 30대였다.

마라를 살해한 코르데는 비극작가 코르네유의 후손이다. 루소의 애독자였던 그녀는 혁명에 열광했지만, 1793년 산악파의 독재체제가 완료되자 환멸 끝에 온건파 지롱드당 지지로 선회했다. 뒷날 시인 라마르틴은 그녀를 '암살의 천사'라고 불렀다.

제2인터내셔널
07.14.

프랑스대혁명 1백주년을 맞은 1889년 7월 14일, 독일 사민당을 비롯한 20개국의 노동운동 및 사회주의 정당 대표들이 파리에 모여 제2인터내셔널을 출범시켰다. 마르크스와 엥겔스가 주도해 결성한 제1인터내셔널이 해산된 지 13년 만이었다.

인터내셔널은 국제노동자협회를 줄인 말로, 노동자 정당들의 국제 조직을 가리킨다. 1871년의 파리 코뮌 직후 외젠 포티에가 작사하고 피에르 데게이테르가 곡을 붙인 노래 〈인터내셔널〉은 인터내셔널의 당가黨歌다.

1864년 런던에서 제1인터내셔널이 출범할 때는 버젓한 노동자 정당이 어느 나라에도 없었기 때문에, 각국의 노동조합, 노동자 교육단체, 개별적인 사회주의자들이 모여 조직을 결성했다. 이 조직 속에는 마르크스주의만이 아니라 온갖 좌파 사상들이 동거하고 있었다.

1889년 오늘 제2인터내셔널이 출범할 때는 마르크스가 이미 죽은 터라, 엥겔스가 이론적 가이드라인을 제시했다. 초기의 제2인터내셔널에는 제1인터내셔널을 혼란스럽게 했던 무정부주의적 분파가 말끔히 청산돼 마르크스주의가 지도 이론으로 자리잡았다. 그러나 20세기 들어 독점자본주의 시대가 열리자 제2인터내셔널의 여러 당 지도부는 개량화의 길을 걷기 시작했고, 조직 차원의 반전反戰 결의에도 불구하고 각국 당이 제1차세계대전 발발과 함께 자국 정부의 전쟁 수행에 협력하면서 이 두 번째 인터내셔널도 무너졌다.

러시아혁명 이후인 1919년 레닌은 모스크바에서 제3인터내셔널을 조직했다. 흔히 코민테른이라고 불렸던 제3인터내셔널을 통해서 스탈린은 각국 공산당을 통제했으나, 제2차세계대전 중인 1943년 연합국 파트너였던 미국의 요구로 이를 해산했다. 스탈린과의 권력 투쟁에서 밀려난 트로츠키는 1938년 제3인터내셔널에 맞서 제4인터내셔널을 조직한 바 있다.

베냐민 Walter Benjamin
07.15.

1892년 7월 15일 예술철학자 발터 베냐민이 독일 베를린에서 태어났다. 1940년 졸.

20세기의 가장 뛰어난 지성들은 거의 예외 없이 대학 교단에서 밥벌이를 했다. 베냐민은, 사르트르와 함께, 그런 관례에 대한 두드러진 예외였다. 그러나 사르트르가 대학 제도 자체를 꺼려 대학 바깥에 남았던 반면에 베냐민은, 자신이 그 일원이었던 프랑크푸르트학파 동료들의 관례대로 프랑크푸르트대학에서 가르치기를 원했으나, 뜻을 이루지 못했다. 프랑크푸르트대학이 그의 교수자격 취득 논문으로 거부한 『독일비극의 기원』(1928)은 베냐민이 생전에 출간한 단 한 권의 단행본이었다. 그의 나머지 저술들은 논문이든 에세이든 모두 단편적인 것이었고, 그 가운데 상당수는 그가 죽은 뒤에야 출간되었다.

그러나 베냐민의 저술들은 오늘날의 문화연구가들에게 닳지 않는 사색의 원천이 되고 있다. 영화나 사진을 예로 들며 원본 대용품(가짜)으로서의 복제와는 다른 의미의 복제, 다시 말해 원본에서 독립한 복제를 통해 예술이 만들어지는 시대가 왔음을 지적한 「기술복제시대의 예술작품」(1936) 같은 에세이는 이미 1980년대부터 한국에서도 읽히기 시작했다.

텍스트들의 주제와 형식이 워낙 다양했다는 것은 베냐민 연구가들에게 매력이자 난점이다. 베냐민 텍스트의 주제는 독일 고전비극에서부터 낭만주의, 유대주의, 모더니티, 역사학, 언어학, 번역, 영화, 사진을 거쳐 파리, 보들레르, 마르크스주의, 서사 이론에 이르렀고, 그 형식도 논문, 에세이, 단평, 아포리즘 등 거칠 것이 없었다.

베냐민은 이런 전방위적 글쓰기를 수행하며 20대 이후를 사학자私學者로 살았다. 그 사학자는, 베냐민 자신의 표현을 빌면, 소멸 직전의 존재 형태였다. 프랑스에서 제2차세계대전을 맞은 베냐민은 나치에 쫓겨 피레네산맥을 넘어가려다 좌절되자 자살했다.

카라얀 Herbert von Karajan
07.16.

1989년 7월 16일 오스트리아의 지휘자 헤르베르트 폰 카라얀이 81세로 작고했다. 카라얀은 1955년에 베를린 필하모니의 종신 지휘자로 임명됐지만, 죽기 직전에 경영진과의 갈등 끝에 사임했다.

20세기 클래식 음악의 역사에서 카라얀만큼 대중적으로 널리 알려진 이름도 찾기 힘들다. 카라얀은 당초 피아니스트를 지망했다. 빈에서 피아노를 배우던 그는 빈 국립음악원의 지휘자 프란츠 샬크에게 사사하며 지휘 쪽으로 방향을 돌렸다. 21세 때인 1929년에 울름의 오페라 극장에서 지휘자로 데뷔한 이래, 그의 자리는 늘 지휘자 석이었다.

나치에 협력한 경력 때문에 제2차세계대전이 끝난 뒤 2년 남짓 지휘 활동이 금지되기도 했지만, 카라얀이라는 이름은 클래식 음악의 가장 위대한 악단들과 밀접하게 관련돼 있다. 그의 이름과 떼어놓을 수 없는 베를린 필하모니는 물론이고, 빈 필하모니, 파리 필하모니 등 유럽 클래식 음악을 대표하는 관현악단이 그의 지휘를 받았다.

카라얀은 또 바그너 오페라를 전문적으로 상연하는 바이로이트 축제극장에서도 지휘봉을 잡았고, 1960년대 이후 죽을 때까지 잘츠부르크 음악제의 총감독을 맡았다. 매년 여름에 열리는 바이로이트 음악제와 잘츠부르크 음악제는 유럽의 음악제 가운데 가장 널리 알려진 것이다. 독일 바이로이트는 바그너가 만년에 살았던 곳이고, 오스트리아 잘츠부르크는 모차르트와 카라얀의 고향이다.

카라얀은 세 번 결혼했다. 오페라 디바였던 첫 번째 아내 엘미 홀거뢰프는 그보다 11살 연상이었다. 유대인의 피가 1/4 섞인 두 번째 아내 안나 마리아 귀터만은 카라얀보다 9살 아래였다. 그리고 세 번째 아내인 프랑스인 엘리에트 무레는 모델 출신으로 그보다 29세 연하였다. 카라얀은 이 세 번째 결혼에서 두 딸을 낳았다.

빌리 홀리데이 Billie Holiday
07.17.

　1959년 7월 17일 '레이디 데이Lady Day'라는 애칭으로 유명한 미국의 흑인 여성 재즈가수 빌리 홀리데이가 44세로 작고했다. 그녀가 산 생애보다 긴 세월이 그녀가 죽은 뒤에 흘렀지만 그녀의 목소리, 창법, 제스처, 그리고 그녀 머리 위에 꽂혀 있던 흰 치자꽃은 많은 사람들의 기억 속에 살아 꿈틀거리고 있다.

　1910년대 미국의 슬럼에서 흑인 여자아이로 태어나는 것은 당사자의 미래를 위해 추천할 만한 일이 아니었다. 메릴랜드주 볼티모어에서 일리어노러 페이건 거프라는 이름으로 빌리 홀리데이가 태어났을 때, 아이의 어머니는 13세였고 아버지는 15세였다. 가난과 인종차별은 어린 일리어노러에게 숨쉬는 공기와 같았다. 그러나 한편으로 그 공기는 벗어날 수만 있다면 벗어나고픈 족쇄이기도 했다. 좋아하던 영화배우 빌리 더브의 이름을 딴 빌리 홀리데이라는 예명으로 재즈계를 평정하며 가난에서 벗어난 뒤에도, 그녀는 끝내 인종차별의 족쇄에서는 벗어날 수 없었다.

　그러나 오늘날 빌리 홀리데이라는 이름은 많은 흑인 재즈 아티스트들의, 그리고 아마도 백인 재즈 아티스트들의 목표이자 전설이자 장벽이 되었다. 루이 암스트롱과 베시 스미스의 음악을 들으며 무대의 꿈을 키웠고, 베니 굿맨에게 이끌려 처음 레코드 취입을 한 빌리 홀리데이는 이내 그 유명한 음악적 선배들 못지않게 이름을 얻었다.

　노래는 그녀의 천분이었다. "〈내가 사랑하는 남자〉나 〈포지〉 같은 노래를 부르는 것은 앉아서 오리 요리를 먹는 것 이상으로 힘든 일이 아니다. 더구나 나는 오리 요리를 좋아한다"고 빌리 홀리데이는 자서전에서 회고한 바 있다. 그녀는 제 노래의 독창성에 대해서도 자부심이 유난했다. 빌리 홀리데이의 주장에 따르면, "지구 위의 어떤 두 사람도 똑같지 않다. 음악도 그래야 한다. 그렇지 않다면 그것은 음악이 아니다."

야콥슨 Roman Jakobson
07.18.

1982년 7월 18일 러시아 출신의 미국 언어학자 로만 야콥슨이 86세로 작고했다. 야콥슨은 음운론·문법학·시학·운율학·언어심리학·정보 이론 등 언어학의 모든 분야에서 휘황한 이론의 궁전을 세운 지적 거장이다. "나는 언어학자다. 언어와 관련된 것치고 내게 무관한 것은 없다"는 그의 발언은 좁은 의미의 언어학만이 아니라 인접 과학으로까지 거침없이 뻗어나갔던 그의 탐욕스러운 지적 먹성을 요약한다.

모스크바에서 태어난 야콥슨은 20대에 체코의 프라하로 이주했다가, 1939년 나치스를 피해 미국으로 갔다. 그는 자신의 발길이 닿은 곳 모두를 학문의 성지聖地로 만들었다. 모스크바에서 그는 쉬클로프스키, 티냐노프 등의 동료들과 함께 마르크스주의 예술이론에 맞서 예술의 자율적 기능을 중시하는 러시안 포멀리즘 운동을 주도했다. 러시안 포멀리스트들이 보기에 문학에서 중요한 것은 무엇을 쓰는가가 아니라 어떻게 쓰는가였다.

프라하에서 야콥슨은 체코인 동료 마테지우스, 하브라네크, 트른카 그리고 동향의 벗 트루베츠코이 등과 더불어 20세기 구조주의 언어학의 출발점이 될 프라하 언어학 서클을 만들었다. 언어의 어떤 요소도 체계 바깥에서는 관찰될 수 없다고 생각했다는 점에서 프라하학파는 러시안 포멀리즘의 유산을 상속하고 있었다. 야콥슨은 특히 자신이 음운론에 도입한 '대립Opposition'의 개념을 형태론과 통사론에까지 전용해 언어의 모든 형식을 체계 전체의 구조에 의해 규정되는 순수한 대립 가치로 파악했다.

대서양을 건너 처음 정착한 뉴욕에서 야콥슨은 프랑스인 동료 앙드레 마르티네와 함께 뉴욕 언어학 서클을 만들어 프라하학파의 이론을 미국에 이식했다. 그 뒤 야콥슨이 교편을 잡은 하버드와 MIT는 오늘날 언어학의 중심 대학이 되었다.

여성권리대회
07.19.

1848년 7월 19일과 그 이튿날, 미국 뉴욕주 세니카폴스에서 여성권리대회가 열렸다. 정식 이름이 '여성의 사회적·시민적·종교적 조건과 권리들을 토론하는 대회'였던 이 대회는 미국 여성운동의 시동을 걸면서 세니카폴스를 세계 여성운동의 성지로 만들었다.

세니카폴스는 의복의 남녀평등을 제창한 어밀리어 젠크스 블루머의 고향이기도 하고, 1848년 오늘 열린 여성권리대회의 주동자 엘리자베스 케이디 스탠턴의 활동 근거지이기도 했다. 지금도 주민 수가 채 1만이 안 되는 이 조그만 타운에는 '여성명예전당'을 비롯한 여성운동 관련 사적지들이 많다.

세니카폴스 여성대회를 주도한 스탠턴이나 루크리샤 모트는 견결한 노예제 폐지론자이기도 했다. 이 여성운동가들은 노예제 역시 성차별주의처럼 인간 진보의 장애물이라고 생각했다.

그러나 여성해방운동의 큰 줄기였던 여성참정권 운동이 인종이나 계급 같은 다른 범주에 늘 따스한 눈길을 건넸던 것은 아니다. 19세기 말 미국의 많은 여성참정권 운동가들은 인종주의에 맞서기가 버거워지자 백인 여성에게만 참정권을 주자고 주장했다. 20세기 초 영국의 좀 더 리버럴한 여성참정권 운동가들에게는 계급의 벽이 문제가 되었다. 예컨대 영국 여성참정권 운동의 헌신적 투사였던 에멀린 팽크허스트는 우선 부르주아 여성이라도 부르주아 남성과 동일한 참정권을 얻을 수 있다면, 여성노동자나 남성노동자의 참정권 획득은 미룰 수도 있다고 생각했다.

여성해방운동의 흐름 속에서 즉각적인 성적 평등의 획득에 집착하는 근본주의적radical 경향과 성차별을 계급적 맥락에서 파악하는 마르크스주의적 경향은 일정한 긴장관계를 유지해왔다. 민족해방운동이나 환경운동에서도 마찬가지였다. 당연하다. 인간의 정체성을 이루는 특질들의 기반이 다원적이기 때문이다.

초대 대선
07.20.

　1948년 7월 20일 대한민국 최초의 대통령 선거가 치러졌다. 그보다 사흘 전에 공포된 제헌헌법은 국회 재적의원 2/3 이상의 출석과 출석의원 2/3 이상의 찬성으로 대통령을 뽑는 간선제를 규정하고 있었다. 그렇게 뽑힌 대통령에게 명목상의 국가원수 직만이 아니라 실질적 통치권을 부여하고 있었으므로, 제헌헌법은 대통령중심제와 의원내각제를 버무려놓았던 셈이다.

　초대 대선에 출마한 후보는 대한독립촉성국민회의 이승만과 무소속의 김구·안재홍 세 사람이었다. 국회 재적의원 198명 가운데 197명이 출석해 치른 이 선거에서 이승만이 92.3%(180표)의 압도적 득표율로 대한민국 초대 대통령으로 당선됐다. 김구와 안재홍은 각각 13표, 2표를 얻었고, 기권이 2표였다. 대통령 선거와 함께 치러진 부통령 선거에서는 출석의원 197명 가운데 133표를 얻은 이시영이 당선됐다. 이승만과 이시영은 7월 24일 대통령·부통령으로 취임했고, 8월 15일 대한민국 정부가 수립됐다. 이승만은 1960년 4·19혁명으로 물러날 때까지 12년간 철권을 휘두르며 제1공화국의 유일한 대통령으로 군림했다.

　1987년 6월시민항쟁의 결과로 그 이듬해 제6공화국이 출범할 때까지, 한국 정치사는 정권이 바뀌면 자동적으로 공화국의 번호판이 바뀌는 비정상적 관행을 되풀이했다. 이승만 정권과 제1공화국, 장면 정권과 제2공화국, 전두환 정권과 제5공화국은 거의 고스란히 포개진다. 박정희는 스스로 선포한 제3공화국도 마음에 차지 않는지, 1972년 이른바 10월유신이라는 파시스트 정변을 통해 제4공화국을 선포함으로써 두 개의 공화국을 거느리는 진기록을 수립했다.

　1988년 2월에 출범한 제6공화국은 합법적이고 순조로운 정권 이양을 통해 벌써 다섯 번째 대통령을 맞을 참이다. 정치적 민주주의의 수준에서는 그것만 해도 소중한 역사적 자산이다.

맥루언 Herbert Marshall Mcluhan
07.21.

1911년 7월 21일 미디어 이론가 허버트 마셜 맥루언이 캐나다 앨버타주 에드먼튼에서 태어났다. 1980년 졸.

맥루언은 케임브리지대학에서 16세기 영국 작가 토머스 내시를 주제로 학위논문을 쓴 뒤 캐나다와 미국 대학을 오가며 영문학자로 학문적 이력을 시작했지만, 제 이름을 국제적으로 알린 것은 미디어와 대중문화에 대한 일련의 저서들을 내면서부터다. 『구텐베르크 은하계』(1962), 『미디어의 이해』(1964), 『미디어는 마사지다』(1967, 퀜틴 피오리와 공저) 같은 책들은 수많은 언어로 번역되며 문화이론의 고전으로 자리잡았다.

냉전의 종식과 함께 세계화가 빠른 속도로 진행되면서 사람들의 입에 새삼 오르내리게 된 '지구촌global village'이라는 말을 처음 쓴 사람이 맥루언이다. 맥루언에 따르면 텔레비전 등의 전자미디어를 통한 상호의존은 세계를 지구촌의 이미지로 재창조하고 있다. 그 지구촌 안에서 미디어는 메시지다. 다시 말해 커뮤니케이션 수단은 사람들에게 정보 그 자체보다도 더 큰 영향을 끼친다. 그런데 몸의 기술적 확장으로서의 그 미디어는 인간의 감각 가운데 특히 촉각을 자극하는 마사지이기도 하다. 그리고 모든 미디어는 경험을 새로운 형태로 번역하는 능동적 은유다.

맥루언의 지적 영향력은 그가 죽은 뒤 더욱 강력해지고 있지만, 그는 생전에도 이미 슈퍼스타였다. 1960년대 이후 샌프란시스코를 비롯해 여러 곳에서 맥루언 심포지엄이 열렸고, 미국마케팅협회에서부터 미국전신전화회사와 IBM에 이르기까지 수많은 단체·기업들이 이 미디어·팝 문화의 대부를 앞 다퉈 초청해 강연을 들었다. 맥루언은 작고하기 세 해 전인 1977년 우디 앨런 감독의 로맨틱 코미디 〈애니 홀〉에 유명한 미디어 이론가 맥루언의 역을 맡아, 다시 말해 '자기 자신 역'을 맡아 출연하기도 했다.

스푸너리즘
07.22.

1844년 7월 22일 런던에서 태어나 1930년에 작고한 윌리엄 아치볼드 스푸너는 옥스퍼드대학 뉴칼리지에서 고대사·철학·신학을 가르치며 학장까지 지낸 성공회 성직자다.

한 번은 빅토리아여왕도 끼인 만찬에서 그가 "우리 별난 학장님을 위해for our queer old dean" 건배를 외쳤다. 사실 그는 "우리 경애하는 여왕님을 위해for our dear old queen" 건배를 하려 했으나, dear queen(경애하는 여왕)의 첫 소리 /d/와 /k/를 맞바꿔 queer dean(별난 학장)을 만들어버린 것이다.

스푸너는 이런 두음전환頭音轉換을 통한 말실수를 일상으로 저질렀다. 그는 '불을 밝히자light a fire'고 말하려다 '거짓말쟁이와 싸우자fight a liar'고 말했고, '여러 톤의 흙tons of soil'을 '노역勞役의 자식들sons of toil'로 바꿨다. 역사학 강좌를 빼먹은missed history lecture 학생에게는 괴기 강좌를 야유hissed mystery lecture했다고 야단치기도 했다. 스푸너가 "벌레를 두 마리를 맛보다니You've tasted two worms!" 하고 한탄할 때, 학생들은 이 말을 "두 학기를 낭비하다니You've wasted two terms!"로 번역해 들어야 했다. 그 뒤 언어학자들은 이런 두음전환을 스푸너리즘spoonerism이라고 부르게 됐다.

스푸너리즘은 한국어에도 있을 수 있다. 식당에서 '삶은 닭'을 주문하려다 '닮은 삵'을 주문할 수도 있고, '소리를 작게 하라'고 말한다는 것이 '조리를 삭게 하라'가 돼버릴 수도 있다. '서러운 돈 좀 씻으라'는 말은 '더러운 손 좀 씻으라'는 말일 터이다. 미운 놈의 '숨을 꺾는' 것과 '꿈을 섞는' 것, 어느 쪽이 더 현명할까?

중공 中共
07.23.

　1921년 7월 23일 마오쩌둥, 둥비우董必武, 장궈타오張國燾, 저우포하이周佛海 등 지역대표 13명과 코민테른 주駐중국 대표 헨드리쿠스 마링, 코민테른 극동서기처 대표 니콜스키가 상하이 프랑스 조계에서 중국 공산당을 출범시켰다. 최고지도자인 총서기로는 천두슈陳獨秀가 선출됐다. 당원 총 57명의 꼬마정당으로 출발한 중국 공산당은 이내 세계 최대 규모의 공산당으로 자라났고, 역사상 가장 긴 혁명을 통해 중국 대륙을 탈바꿈시켰다.

　중국 공산당은 냉전 시절 소련 공산당과 함께 국제공산주의 운동의 영수領袖 노릇을 했다. 당 스스로 과오를 인정한 문화대혁명(1966~1976)을 통해 수정주의 비판의 최선봉에 서기도 한 중국공산당은 한때 그 고삐 풀린 극좌 노선 덕분에 제3세계 좌익 정파들만이 아니라 서유럽 좌파 지식인들에게도 어둠의 세계를 비추는 한 줄기 빛으로 여겨졌다.

　문화혁명의 종결과 덩샤오핑鄧小平 집권 이래 발길을 오른쪽으로 돌린 중국 공산당은 이제 더 이상 전통적 의미의 프롤레타리아 정당이라고 부르기 어렵게 됐지만, 세계 최대 인구를 지닌 나라에서 여전히 권력의 유일한 원천이 되고 있다. 중국이라는 말이 대만을 가리켰던 1980년대 말까지의 한국 사회에서, 대륙 중국은 중국 공산당의 약칭인 '중공'으로 불렸다.

　중공 창당 대회에 참가한 인물들의 뒷날은 크게 엇갈렸다. 마오쩌둥은 1935년 구이저우성貴州省 쭌이遵義의 당정치국 확대회의에서 당권을 획득한 이래 1976년 죽을 때까지 당 최고지도자로 있었다. 일본 지역을 대표해 창당 대회에 참가한 저우포하이는 곧 전향해 반공 캠페인에 앞장서다가 제2차세계대전 종전 뒤 전범으로 기소돼 옥사했고, 코민테른을 대표했던 네덜란드인 마링은 귀국해 하원의원으로 활동하다 독일 점령 하에서 게슈타포에 체포돼 총살됐다.

아이작 싱어 Isaac Singer
07.24.

1991년 7월 24일 폴란드 출신의 미국 유대계 소설가 아이작 싱어가 마이애미에서 작고했다. 향년 87세.

문학사는 아이작 싱어를 유대계 미국 문학의 중요한 이름으로 기록하고 있지만, 싱어의 작품들이 '영어로 쓴 문학'이라는 의미에서 영문학에 속하는지는 확실치 않다. 그의 작품 대부분은 작가에게 가장 익숙한 언어였던 이디시(헤브라이어·게르만어·슬라브어가 버무려진 중세 이래 유대인 언어)로 먼저 쓰여진 뒤 영어로 번역됐기 때문이다. 체코 출신의 프랑스 작가 밀란 쿤데라의 소설 대부분이 일단 체코어로 쓰여진 뒤 프랑스어로 번역돼 동시 출간된 것과 비슷한 상황이다. 번역에 작가가 꼭 참가했던 것도 두 사람의 공통점이다.

러시아령 폴란드의 라지민에서 태어난 싱어는 31세 때인 1935년 미국 뉴욕으로 이주했다. 그의 아버지는 하시디즘(18세기 초 이래 폴란드와 우크라이나의 유대인들 사이에서 성과 속의 합일을 내세우며 일어난 경건주의 운동)을 신봉하는 랍비였고, 싱어 역시 바르샤바 유대교 신학교에서 전통적 유대 교육을 받았다.

그러나 싱어는 랍비보다는 작가가 되기를 원했고, 미국으로 건너가기 전부터 소설을 쓰기 시작했다. 『고레이의 사탄』(1955), 『루블린의 마술사』(1960), 『사랑의 미로』(1972)를 포함한 많은 소설들에서 싱어는 성과 속, 유대적 가치와 이단적 가치 사이에서 갈등하고 동요하고 찢기는 유대인들의 모습을 생생하게 그려냈다.

싱어는 1978년 노벨문학상을 받았다. 수상 연설에서 그는 "이디시는 지난 500년 동안 고난을 받아왔고, 이 고난은 앞으로도 1,000년은 더 계속될 것"이라고 말했다. 뒷부분의 예언은 들어맞지 않을 것 같다. 이제 이디시 출판이 거의 사라져버린 만큼 이 언어는 앞으로 한두 세기를 더 살아내기 힘들 것이고, 죽은 뒤 고난을 받을 수는 없을 테니 말이다.

도버해협 횡단
07.25

1909년 7월 25일 프랑스 항공기술자 루이 블레리오가 자신이 만든 단엽비행기 '블레리오11'을 타고 도버해협을 횡단했다. 유럽 대륙과 영국을 가르는 이 바다를 인간이 날아서 건넌 것은 역사상 이것이 처음이었다.

이 날 오전 4시 35분 동이 트자마자 프랑스의 칼레를 떠난 25마력의 '블레리오11'은 정확히 37분 뒤인 5시 12분에 영국 도버에 동체착륙했다. 이 모험적 이벤트를 주관한 영국 신문《데일리메일》을 비롯한 언론의 대서특필로 블레리오는 하루 사이에 세계적 저명인사가 되었다.

40km의 해협을 날아 도버에 도착한 뒤 자신의 단엽기에서 내리는 블레리오에게, 영국 세관원은 물품신고서를 들이밀었다. 아직 '비행기 조종사'라는 직업이 없던 터라, 블레리오의 직업은 '요트 단엽기호號의 선장'이라고 기록되었다. 이튿날 배로 도버에 도착한 아내와 함께 블레리오는 런던으로 가 런던 시민들의 환호에 파묻혔다. 며칠 뒤 '블레리오11'도 런던으로 옮겨져 옥스퍼드 거리 셀프리지 백화점에 나흘 동안 전시되었다.

블레리오는 초창기 프랑스 항공 산업을 주름잡은 일급 비행기 제작자였다. 제1차세계대전 기간 동안 전설적인 전투기 조종사였던 조르주 마리 긴메르를 포함해 프랑스의 모든 공군 비행사들은 블레리오가 제작한 스파드기機를 탔다.

그러나 조종사로서 그가 얻은 명성은 행운에 신세진 바가 크다. 도버해협의 첫 횡단 비행을 두고 그와 경쟁을 벌이던 위베르 라탕이라는 사내는 블레리오 못지않은 비행기 전문가였으나, 몇 차례의 시도가 악천후로 좌절되면서 블레리오에게 도버의 명예를 양보할 수밖에 없었다. 그러나 블레리오의 쾌거가 있고 6개월이 지난 뒤인 1910년 1월, 라탕은 역사상 최초로 고도 1,000m 비행에 성공해 인류 항공의 역사에 제 이름을 새겼다.

올더스 헉슬리 Aldous Huxley
07.26.

1894년 7월 26일 영국의 소설가 겸 비평가 올더스 헉슬리가 태어났다. 1963년 몰.

헉슬리 집안 사람들의 피에는 문기文氣가 짙게 배어 있었다. 올더스 헉슬리의 조부는 네안데르탈인 화석 연구와 해파리 연구로 유명한 동물학자 토머스 헉슬리였고, 형 줄리언 헉슬리와 동생 앤드루 헉슬리도 당대의 저명한 생물학자였다. 특히 앤드루 헉슬리는 신경세포막 연구로 1963년에 노벨생리·의학상을 수상하기도 했다. 저명한 문예비평가 매슈 아놀드도 올더스 헉슬리의 외가 쪽 친척이었다.

올더스 헉슬리는 이런 지적 분위기에서 자라나 이튼학교를 졸업한 뒤 옥스퍼드대학에서 영문학을 공부했다. 올더스 역시 당초에는 형제들처럼 의학이나 생물학을 공부할 생각이었지만, 이튼학교 시절에 거의 실명에 이를 뻔한 안질을 앓은 뒤에 자연과학도의 길을 포기했다.

올더스 헉슬리의 가장 잘 알려진 작품은 미래소설 『멋진 신세계』(1932)다. 이 소설은 문명이 최고도로 발달해 과학이 사회의 모든 부문을 관리하게 된 미래 세계를 풍자적으로 그리고 있다. 헉슬리가 이 소설에서 그리는 미래는 유토피아가 아니라 반反유토피아다. 소설 속의 아이들은 인공수정으로 태어나 유리병 속에서 보살핌을 받는다. 이 아이들은 부모가 누구인지도 모른다. 사람들은 지능의 우열에 따라 직업과 지위가 결정된다. 그들은 과학적 관리체계에 따라 할당된 역할을 의무적으로 수행해야 한다. 괴로움은 정제로 된 신경안정제로 해소한다.

『멋진 신세계』가 그리고 있는 세상은 지금 세상에서 얼마나 떨어져 있는 것일까? 유전공학과 컴퓨터공학의 결합은 생명현상을 인간의 통제 아래 둘 가능성을 점점 높이고 있다. 현실은 더러 상상을 추월한다. 현실은 이따금 소설보다 더 소설적이다.

주시경 周時經
07.27.

1914년 7월 27일 국어학자 주시경이 타계했다. 향년 38세.

주시경의 호는 한힌샘이다. 황해도 평산 출생. 주시경은 20세기에 개화한 모든 유파의 국어학과 국어운동의 맨 앞에 우뚝 서 있다. 한힌샘이라는 호와 그의 짧은 삶 속에는 민족주의라는 고갱이가 있었다. 그리고 그가 살았던 시대와 공간은 민족주의에 일정한 진보성을 부여했다.

주시경의 언어민족주의는 우선 문자체계로서 한자를 버리고 한글을 쓰자는 주장으로 시작되었다. 그는 순한글 신문인 《독립신문》에서 교열을 보았고, 이 신문에 네 차례 기고한 「국문론」을 통해 소리글자인 한글이 뜻글자인 한자에 견주어 훨씬 더 우월하다는 것을 강조했다.

주시경은 거기서 더 나아가 국어에 들어온 한자어를 되도록 고유어로 바꾸자고 제안했다. 그는 일본에서 한자어로 번역된 문법 용어를 무시하고 임(명사), 엇(형용사), 움(동사), 언(관사), 억(부사), 놀(감탄사), 겻(조사), 잇(접속사), 끗(종지사) 등의 토박이말 용어를 만들어 자신의 문법체계를 세웠다.

표기체계로서 한자 대신에 한글을 쓰자는 그의 주장은 해방 뒤 북한에서 전면적으로 실현되었고, 남한에서도 일부 학술서적을 제외하고는 거의 실현되었다. 국어 어휘 안의 한자어를 고유어로 대체하자는 그의 주장은 북한에서 이른바 어휘정리사업을 통한 말다듬기로 구체화했고, 남한에서는 한글학회를 중심으로 한 국어순화운동으로 이어졌다.

너무 이르게 세상을 버린 탓에 주시경은 큰 학자가 되지 못했다. 그러나 그가 조선어 강습원의 일요 국어 강습을 통해 배출한 장지영 김윤경 김두봉 최현배 등의 제자들은 뒷날 국어학의 대가들로 자라 민족어의 파수를 맡았다. 세종이 봉건시대의 '훈민정음'을 만들어냈다면, 주시경은 시민사회의 '한글'을 만들어냈다.

사법파동
07.28.

1971년 7월 28일 서울지검 이규명 검사가 서울형사지법 이범열 부장판사, 최공웅 판사, 이남영 서기에 대해 구속영장을 신청했다. 반공법 위반 사건 항소심을 맡은 이 부장판사와 최 판사가 그 달 2일부터 4일까지 증인 신문을 위해 이 서기와 함께 제주도로 출장을 다녀오면서 피고인의 변호인으로부터 항공료와 숙박비, 술값 등 97,000원 상당의 뇌물을 받은 혐의였다.

3선 개헌을 통해 박정희가 세 번째 대통령직에 취임한 지 12일 만에 벌어진 이 사태는 외견상 현직 판사들의 수뢰 사건이었지만, 그 속내는 정권의 사법부 길들이기였다. 일부 법령에 대한 위헌 판결과 시국 사건 피고인들에 대한 법원의 잇따른 관용적 태도로 박정희 정권과 사법부 사이에는 그 전 몇 해 동안 긴장이 누적되고 있었다. 정권은 관행에 편승한 현직 판사들의 '명백한 범죄 행위'를 빌미로 사법부에 타격을 가하려 했고, 이를 통해 사법부의 기가 꺾이기를 바랐다.

그러나 구속 영장이 청구된 바로 그 날 서울형사지법 판사 37명이 사표를 냄으로써 사태는 걷잡을 수 없이 확산되기 시작했다. 사표 행렬은 전국으로 번져 며칠 사이에 무려 153명의 법관이 사표를 제출했다. '사법권 수호'를 내세운 법원과 '엄격한 법 집행'을 내세운 검찰은 구속영장의 기각, 재신청, 기각을 되풀이하며 극한으로 대립했다.

여론이 법원 편으로 돌아가자 박정희는 8월 1일 법무장관 신직수에게 수사 중지를 지시했고, 검찰이 사건 관련 검사들을 인사 조치함으로써 사태가 마무리됐다. 흔히 제1차 사법파동으로 불리는 이 사건은 뒤이은 유신시대에 정권의 완전한 시녀로 전락할 사법부가 박정희 정권의 외압에 맞서 보여준 마지막 저항의 몸부림이었다. 소장 판사들이 정권과 법원 수뇌부의 수구적 태도에 다시 맞서기 시작한 것은 민주화의 시동이 걸린 1988년 이후다.

함마르셸드 Dag Hammarskjöld
07.29.

1905년 7월 29일 국제연합의 제2대 사무총장을 지낸 다그 함마르셸드가 스웨덴 남부 베테른호(湖) 부근의 옌셰핑에서 태어났다. 그는 사무총장 재직 중인 1961년, 콩고의 반정부군 지도자 촘베를 만나 그 나라 내전의 종결 방안을 의논하기 위해 북로디지아(지금의 잠비아)의 은돌라로 가다가 비행기 추락 사고로 사망했다. 그 해 12월 노르웨이 국회는 함마르셸드에게 노벨평화상을 수여했다.

함마르셸드의 고향 옌셰핑은 성냥 공업으로 유명하다. 스웨덴은 세계 최대의 성냥 생산국으로 전 세계 성냥의 1/3을 공급하고 있는데, 스웨덴 성냥 생산의 70%를 감당하고 있는 도시가 옌셰핑이다.

함마르셸드는 스톡홀름대학교 경제학 교수를 거쳐 스웨덴 외무부에서 일하다가, 1953년 노르웨이 출신의 트리그베 리에 이어 국제연합의 제2대 사무총장이 되었다. 그는 두 차례의 임기 동안 중동과 아프리카의 분쟁들을 해결하기 위해 동분서주하는 한편, 국제연합 사무국의 독립성을 강화하기 위해 애썼다.

함마르셸드가 취임할 무렵 미국엔 매카시즘이 극성을 부리고 있었는데, 함마르셸드는 미국연방수사국이 사무국의 몇몇 '의심스러운' 직원들을 조사할 수 있도록 해달라는 미국 국무장관 존 포스터 덜레스의 요구를 단호히 뿌리쳤다. 국제연합의 재정을 미국이 거의 도맡아 지탱하던 그 시절에 사무총장이 미국 정부의 요구를 거절하는 것은 쉬운 일이 아니었다.

함마르셸드가 죽은 뒤 미얀마 출신의 우 탄트, 오스트리아 출신의 쿠르트 발트하임, 페루 출신의 하비에르 페레스 데 쿠에야르, 이집트 출신의 부트로스 부트로스 갈리, 가나 출신의 코피 아난, 한국 출신의 반기문이 차례로 국제연합의 살림을 맡았다.

함마르셸드의 격언 한마디. "삶은 우리가 할 수 있는 것만을 우리에게 요구한다. 그러니 우리가 세울 수 있는 위업은 도망가지 않는 것이다."

비스마르크 Otto von Bismarck

07.30.

1898년 7월 30일 독일의 정치가 오토 폰 비스마르크가 죽었다. 향년 83세.

비스마르크는 독일이라는 국가의 초석을 놓은 사람이다. 그의 비범한 정치적 재능과 노력에 힘입어 독일은 통일을 이뤘고, 그의 조국 프로이센은 독일제국으로 확대될 수 있었다.

비스마르크는 명석했지만 완고했다. 그는 일생을 반혁명 보수주의자로 일관했고, 그의 정치원리는 "현재의 큰 문제는 언론이나 다수결을 통해서가 아니라 쇠와 피를 통해 결정된다"는 철혈정책으로 요약됐다. 47살 때 프로이센의 총리가 되면서 그 취임연설에서 피력한 이 철혈정책 때문에 그는 흔히 철혈재상이라고 불렸다.

프로이센의 쇤하우젠에서 융커(지주 귀족)의 아들로 태어난 비스마르크는 프로이센의 관리가 된 20대 이후 늘 독일의 통일과 번영에 마음을 쏟았다. 러시아 주재 대사, 프랑스 주재 대사 등을 거치며 국제정치의 안목을 넓힌 그는 빌헬름 1세의 프로이센 총리로서 군비확장을 주도하며 이웃 열강과 여러 차례 전쟁을 치렀고, 1870~1871년의 프로이센-프랑스전쟁에서 승리함으로써 마침내 독일의 통일을 이루고 독일제국의 초대 총리가 되었다. 통일 뒤에는 이제 유럽의 평화가 독일의 번영에 중요해졌으므로, 비스마르크는 유럽 각국과의 거미줄 같은 동맹을 통해서 숙적 프랑스를 고립시키려고 애썼다.

국제정치에서 탁월함을 보인 비스마르크는 그러나 국내정치에서는 많은 난관에 부딪쳤다. 그는 남독일 바이에른주를 중심으로 한 가톨릭교도를 억압하기 위해 1872년 이후 반가톨릭교회 투쟁 곧 '문화투쟁'을 벌였지만, 교회의 격렬한 저항으로 실패했다. 그는 또 사회주의 운동을 억제하기 위해 사회주의자 진압법을 제정하는 한편 건강·양로보험 등 사회정책을 추진했지만, 독일의 사회주의 세력은 더욱 더 번성했다.

바오다이 保大
07.31.

1997년 7월 31일 베트남 구엔왕조의 마지막 황제 바오다이(재위 1926~1945)가 파리의 한 병원에서 삶을 마쳤다. 84세였다.

대부분의 '마지막 황제'들이 그렇듯, 바오다이도 유능하거나 강건한 인물은 아니었다. 그러나 그가 유능하고 강건했다고 하더라도, 죽을 때까지 황제로 남아 있을 수는 없었을 것이다. 바오다이가 살았던 시대는 더 이상 황제를 요구하고 있지 않았다. 게다가 그가 물려받은 베트남은 온전한 독립국도 아니었다.

바오다이가 아버지 카이 딘 황제로부터 제위를 물려받은 것은 13세 때다. 그러나 1858년 이래 베트남을 거듭 침공해 보호국으로 삼은 프랑스가 1887년 라오스·크메르와 함께 베트남을 프랑스령 인도차이나 연방으로 통합해버린 터라, 바오다이는 아버지가 그랬듯 이름뿐인 황제에 지나지 않았다.

당시 프랑스는 베트남 식민지를 셋으로 나누어 북부 하노이 중심의 통킹을 반半보호령으로, 남부 사이공(지금의 호치민시) 중심의 코친차이나를 직할령으로, 중부 후에를 중심으로 하는 안남을 보호령으로 삼고 있었다. 프랑스는 안남의 후에를 수도로 삼은 구엔왕조의 황권을 형식적으로는 인정했지만, 실제의 시정권施政權은 파리에서 파견된 총독에게 있었다.

1945년 3월 베트남을 침공해 프랑스 세력을 몰아낸 일본군은 바오다이로 하여금 베트남 독립을 선언하도록 하고 그의 제위帝位를 확인해주었다. 그러나 여전히 허울뿐이었던 이 제위마저 베트민이 중심이 된 그 해 8월혁명으로 역사의 뒤켠으로 사라졌다.

종전 뒤 바오다이는 다시 베트남에서 패권의 발톱을 드러내던 프랑스의 위세를 업고 남베트남의 원수元首가 되었지만, 1955년 미국의 지원을 받은 총리 고딘디엠吳廷琰이 국민투표를 통해 왕정을 폐지하자 프랑스로 망명했다.

8
오페라 심청에서
로키까지

오페라 심청

08.01.

　1972년 8월 1일 독일 뮌헨에서 윤이상(尹伊桑, 1917~1995)의 오페라 〈심청〉이 초연됐다. 독일 극작가 하랄트 쿤츠가 대본을 쓴 〈심청〉은 그 해 뮌헨에서 열린 제20회 여름 올림픽을 기념해 만들어졌다.

　오페라 〈심청〉은 무대를 영생永生의 공간인 '천상天上'과 세상살이의 공간인 '지상地上' 그리고 죽음의 공간인 '바다'로 나누어 우리 고전「심청전」을 새롭게 구성했다. 고음이 위태롭게 넘실대는 윤이상 음악의 탈투脫套는 선불교와 노장老莊의 분위기를 점점이 박은 쿤츠의 리브레토와 어우러져, 오페라 〈심청〉을 웅장하면서도 섬세한 탈속의 공간으로 만들었다.

　윤이상의 조국 한국에서 오페라 〈심청〉이 초연된 것은 작곡자가 작고하고 4년이 지난 1999년 들어서다. 그를 독일에서 납치해 간첩으로 몰았던 박정희 정권은 1979년에 무너졌지만, 뒤이은 군사정권은 물론이고 민간정권도 끝내 이 '불온 인물'의 '조건 없는' 조국 방문에 동의하지 않았다. 그가 고문을 통해 간첩으로 조작된 1967년 사건은 흔히 '동백림 사건'이라고 불린다. '백림伯林'은 베를린의 한자 이름이다. 이 사건에는 재불在佛 화가 이응로李應魯도 걸려들었다.

　두 해 동안의 옥살이 끝에 서독 정부의 노력으로 풀려난 윤이상은 베를린으로 돌아가 얼마 뒤 서독에 귀화했고, 결국 독일인으로 죽었다. 작고하기 한 해 전인 1994년 정부가 그에게 내놓은 '귀국 조건' 때문에 윤이상의 신경이 극도로 날카로워져 있을 때, 나는 베를린 자택에서 그를 만났다. 20세기 한국이 낳은 가장 위대한 작곡가가 틀림없을 그는, 조국을 방문하기 위해 '서약서'라는 이름의 '반성문'을 쓰라는 것은 그 때까지 자신이 추구해온 예술 세계를 스스로 부정하라는 것이라며 분개했다.

레이먼드 카버 Raymond Carver
08.02.

1988년 8월 2일 미국 단편작가 레이먼드 카버가 50세로 작고했다. 시인 테스 갤러거와 재혼한 지 두 달 만이었다.

시인이기도 했던 카버는 1970년대 말 이후 미국 문학에서 단편소설이 새롭게 생기를 얻는 데 결정적으로 기여한 작가다. 스티븐 크레인이나 어니스트 헤밍웨이의 리얼리즘 전통을 이어받은 그의 작품 세계는 흔히 '미니멀리즘'으로 불렸는데, 작가 자신은 이 딱지를 좋아하지 않았다. 미니멀리즘이라는 말이 문학 세계의 왜소함을 암시하는 것 같다는 이유에서였다. 로버트 앨트먼 감독의 영화 〈숏 컷〉(1993)은 카버의 단편을 여럿 조합해 만든 것이다.

19세 때 세 살 아래의 메리언 버크와 결혼한 카버는 돈벌이를 하며 캘리포니아 훔볼트대학과 아이오와대학에서 글쓰기 훈련을 받은 뒤, 시라큐스대학을 비롯한 여러 학교에서 영어와 문예창작을 가르쳤다. 그러나 경제 사정은 늘 나빴고, 아내와도 화목하지 못했던 데다가 알코올 중독까지 겹쳐 사생활이 밝지 못했다. 36세 때 첫 소설집 『내 입장이 돼봐』(1974)를 냈지만 평단의 주목을 받지 못하다가, 두 해 뒤 소설집 『제발 조용히 해줘』를 내면서 크게 이름을 얻었다.

"우리들이 쓰는 모든 것은 어떤 방식으로든 자전적이다"라는 그의 발언에서도 드러나듯, 카버의 작품들은 대체로 경험을 토대로 씌어졌다. 노동자나 외판원이나 웨이트리스들이 느끼는 절망감과 무력감, 사랑이 결핍된 결혼의 힘겨움 같은 그의 소설 제재들은 카버 자신이나 그의 부모의 상황이었다.

프란츠 카프카의 소설세계를 연상시키는 무거운 분위기를 명료하고 간결한 문장에 실음으로써, 카버는 1960~70년대 미국의 실험적 단편들이 내쫓았던 독자들을 다시 끌어 모았다. 일상의 그늘을 정면으로 응시하고 핍진하게 묘사한 탓에 그는 '더러운 리얼리스트'로 불렸지만, 그것은 작가에게 가장 명예로운 호칭이었다.

콘라드 —Joseph Conrad
08.03.

1924년 8월 3일 폴란드 출신의 영국 소설가 조셉 콘라드가 67세로 작고했다.

콘라드는 여러 가지 점에서 특이한 작가다. 우선 그는 정규 교육을 거의 받지 못했다. 본디 폴란드 영토였다가 제정 러시아의 지배를 받게 된 우크라이나의 베르디체프에서 태어난 그는 어려서 어머니와 아버지를 차례로 잃고 외숙부의 보살핌을 받으며 자랐다. 그가 부모를 잃은 것은 아버지의 독립운동 때문에 가족 전체가 유배되었던 북부 러시아에서였다. 고아 체험, 유형지 체험은 이후 콘라드의 생애와 작품에 짙은 그늘을 드리웠다.

콘라드는 또 38세에 이르러 등단한 늦깎이 작가다. 17세 때인 1874년 마르세유에서 견습선원으로 처음 원양어선을 탄 이래 1895년 처녀작 『올메이어의 우행愚行』을 발표하기까지, 그는 20년간 프랑스와 영국의 배를 타고 세계를 돌아다녔다. 그 체험이 반영된 『나시서스호의 흑인』, 『로드 짐』 같은 작품 덕분에 콘라드는 해양문학의 대표적 작가로 꼽힌다.

콘라드는 또 20대 이후에야 영어를 배우기 시작해 영문학사에서 버젓한 자리를 차지한 아웃사이더 작가이기도 하다.

콘라드 문학을 떠받치는 정신은 도덕에 대한 집요하고 섬세한 탐구다. 말레이 군도를 배경으로 인간의 윤리규범과 죄의식의 문제를 천착한 『로드 짐』이나 가상의 남아메리카 국가 코스타구아나를 배경으로 남성들의 낭만적·관념적 도덕의 허구성을 파헤친 『노스트로모』 같은 장편들이 그 예다. 19세기 말 벨기에령 콩고를 배경으로 커츠라는 상아 수집가의 얘기를 그린 중편 「어둠의 오지」는 최근의 탈식민주의 문학이론가들도 즐겨 인용하는 텍스트다. 콘라드는 이 작품을 통해 식민주의의 참상을 비판한 진보적 작가라는 평과 더불어 흑인을 인간 이하의 존재로 묘사한 극단적 인종주의자라는 평도 받았다.

시몽 드 몽포르 —Simon de Montfort

08.04.

1265년 8월 4일 잉글랜드 의회의 산파로 불리는 시몽 드 몽포르가 왕세자 에드워드의 군대와 벌인 이브셤 전투에서 사망했다. 향년은 60 전후로만 알려져 있다.

몽포르 집안은 중세 프랑스의 저명한 귀족 가문이다. 시몽이라는 이름을 지녔던 이도 이 집안에 여럿이어서, 보통은 이들을 구별하기 위해 작위나 세호世號를 붙인다.

오늘의 주인공도 흔히 레스터 백작 시몽 드 몽포르로 불린다. 그가 잉글랜드 백작이었던 것처럼, 그의 아버지 시몽4세도 프랑스 백작이었다. '강건한 시몽 Simon le Fort' 이라는 별명을 지녔던 시몽4세는 십자군전쟁의 영웅이었다.

시몽 드 몽포르는 외가인 레스터 백작 가문의 권리를 찾기 위해 잉글랜드로 건너가 헨리3세의 누이와 결혼한 뒤 잉글랜드 귀족 사회의 실세가 되었다. 헨리3세가 실정을 거듭하자 몽포르는 1258년 반란을 일으켜 통치권을 15명의 대귀족에게 양도할 것을 내용으로 하는 옥스퍼드조례를 국왕에게 강요했다.

일단 요구를 받아들였던 국왕은 교황의 부추김을 받아 세 해 뒤 이를 거부했고, 곧 왕과 귀족 사이에 전쟁이 시작되었다. 몽포르의 귀족군은 친위군을 제압하고 왕을 사로잡은 뒤, 1265년 귀족·성직자·기사·자치시 대표 등이 참가하는 선량의회 Good Parliament를 소집했다. 이것이 잉글랜드 의회의 효시다.

시몽 드 몽포르는 자신을 포함한 귀족들이 '잉글랜드인들의 공동체'를 대변해 국왕에게 저항한다고 주장했는데, 이것은 1066년 노르망디공 윌리엄의 잉글랜드 정복 이래 자신들을 프랑스인 또는 노르망디인으로 생각했던 잉글랜드 귀족들이 잉글랜드인의 정체성을 지니게 됐다는 표지로 읽힌다. 감옥에서 탈출한 왕세자 에드워드는 친위군을 규합해 몽포르의 귀족군을 격파한 뒤 왕권을 회복시켰지만, 몽포르가 초석을 놓은 의회는 잉글랜드 정치체제에서 사라지기는커녕 점차 힘을 키워갔다.

폴란드 분할

08.05.

1772년 8월 5일 프로이센, 러시아, 오스트리아에 의한 제1차 폴란드 분할이 이뤄졌다. 단속적 독립 기간을 제외하고 제2차세계대전 종전까지 이어질 기다란 폴란드 분할 시대의 막이 열린 것이다.

제1차 분할의 계기는 러시아 예카테리나2세의 후원으로 즉위한 폴란드 왕 스타니슬라프스키와 이 나라의 전통적 귀족계급 슐라흐타 사이의 반목에서 주어졌다. 몇몇 귀족가문의 반란이 초래한 폴란드의 무정부상태를 바로잡겠다며 예카테리나2세가 출병 움직임을 보이자, 프로이센 왕 프리드리히2세는 러시아가 폴란드를 독차지하게 될 것을 염려해 오스트리아 여제 마리아 테레지아를 끌어들여 폴란드 분할을 시도했다.

제1차 분할의 결과로 러시아는 벨로루시 일부를, 프로이센은 서프로이센을, 오스트리아는 갈리치아를 얻었다. 분할에 맞서 폴란드에서는 민족주의 운동이 일었지만, 프로이센·러시아에 의한 1793년의 2차 분할과 1795년의 3차 분할을 통해 폴란드는 유럽 지도에서 사라졌다.

나폴레옹전쟁기인 1807년부터 1815년 사이에 바르샤바공국이라는 이름으로 명목상의 독립을 유지한 것을 빼면, 폴란드는 제1차세계대전이 끝날 때까지 세 나라의 지배 아래 있었다. 해서, 쇼팽이나 마리 퀴리에게 조국은 늘 서러웠다.

양차 세계대전 사이에 폴란드는 독립을 유지했지만, 1939년 9월 나치스 독일의 침공과 이에 대한 소련의 맞대응으로 다시 독일과 소련에 분할 점령되었다. 임시정부가 파리를 거쳐 런던으로 망명해 있던 전쟁 기간 동안 독일 점령지역에서는 아우슈비츠 수용소로 상징되는 대규모 학살이 자행됐다.

전쟁이 끝난 뒤 정해진 지금의 국경선은 폴란드의 역사적 영토보다 사뭇 서쪽으로 옮겨졌다. 소련이 폴란드 동부 영토 일부를 자국에 편입시키는 대가로 독일 동부 영토 일부를 폴란드로 편입시키게 한 탓이다. 폴란드는 어쩐지 한국을 닮았다.

임화 林和
08.06.

1953년 8월 6일 시인 임화가 처형됐다. 45세였다. 그는 1952년 말 조선 노동당 중앙위원회 제5차 전원회의 직후 박헌영 이승엽 등과 함께 체포·구속됐다. 기소장과 판결문에 적혀 있는 그의 '죄상'은 첫째 미제국주의를 위해 감행한 간첩행위, 둘째 남반부 민주역량 파괴·약화 음모와 테러·학살 행위, 셋째 공화국 정권 전복을 위한 무장폭동 행위였다.

임화라는 이름 두자를 짓누르고 있는 것은 한국 현대사의 무게다. 시인으로서, 비평가로서, 문학운동가로서 그리고 문학사가로서 임화에 필적하거나 그를 압도하는 이름을 우리는 많이 알고 있다. 더 나아가 이 모든 장르와 부문을 임화보다 더 치열하고 성실하게 하나의 영육 속에 통합한 개인을 문학 인명록에서 찾아내는 것도 불가능한 일은 아니다.

그러나 그런 뛰어난 개인이 누구든, 그는 적어도 임화가 겪은 바와 같은 비극적 죽음을 맞지는 않았다. 그 죽음으로 해서 임화는 당대의 역사와 문학, 공동체와 개인, 의지와 운명이 서로 긴장하고 길항하는 양태를 뜨겁게 상징하고 있다. 이런 상징의 뜨거움에서 임화 오른쪽에 올 만한 문필가는 없다.

6·25 직후부터 남한에서 제6공화국이 출범하기까지 임화라는 이름은 남북 양쪽의 문학사에서 완전히 실종됐다. 남의 친미 반공 정권이 보기에 이 카프 서기장 출신의 월북 시인은 위험스럽기 짝이 없는 공산주의자였고, 북의 공산주의 정권의 주장에 따르면 그는 프롤레타리아와 민족을 배신하고 친일 행각과 반공·반소책동에 골몰한 미제의 스파이였다.

진실은 아직 손에 잡히지 않는다. 그러나 우리는 임화의 죽음을 통해서, 혁명의 열기 위에 세워진 정권 내부의 어떤 풍경, 윤리의 베일 속에 숨어 있는 그 복잡한 욕망과 권력의지의 풍경을 상상해볼 수는 있다.

김도연 金度淵
08.07.

어떤 이름을 떠올릴 때, 그 개인으로서보다 오히려 세대로서 기억되는 사람이 있다. 예컨대 프랑스의 경우에 소설가 알랭 푸르니에나 폴 니장 같은 이름은 그들의 작품으로 기억되기보다 각각 '아름다운 시절(벨에포크)의 마지막 세대'나 '정치와 문학 사이에서 찢겨진 세대' 같은 이미지 속에 버무려져 있다.

그래서 제1차세계대전 때 전사한 푸르니에의 브랜드는 그의 소설『대장 몬』못지않게 그의 매제이자 절친한 친구였던 평론가 자크 리비에르고, 제2차세계대전 때 전사한 니장의 브랜드 역시 그의 이런저런 소설이나 에세이보다는 가까웠던 친구이자 동지 사르트르다.

1993년 8월 7일 경기도 부천에서 교통사고로 작고한 김도연도 그런 경우가 아닌가 싶다. 그는 1980년대 민족민중문학운동의 기념비적 평론 가운데 하나라 할「장르 확산을 위하여」의 필자이지만, 오늘날 문학인 김도연의 이미지가 그리 또렷한 것은 아니다. 41세로 죽었을 때 그의 명함에는 민주당 부대변인이라는 직함이 박혀 있었지만, 오늘날 정치인 김도연의 이미지도 그리 또렷하지 않다.

김도연이라는 이름이 환기시키는 이미지는 차라리 어떤 세대와 관련돼 있다. 그 세대는 1952년 앞뒤에 태어나 20대를 유신 파쇼체제 아래서 보냈고, 30대를 광주의 자장磁場 안에서 소진시켰다. 이들 가운데 몇몇은 문학적으로 이름을 얻었고, 몇몇은 정치적으로 이름을 얻었다.

문학 쪽에는 김정환, 최승자, 이인성, 최인석, 최윤, 황지우, 이성복, 임철우 같은 이름들이 있고, 정치 쪽에는 이해찬, 천정배, 정동영 같은 이름들이 있다. 문학에서 영화로 넘어간 이창동도 이 '김도연 세대'에 속한다. 세대는 다르지만, 김도연의 정치적 동료 가운데 한 사람은 2002년 12월 대한민국의 제16대 대통령으로 뽑혔다.

데이너 Charles A. Dana
08.08.

1819년 8월 8일 미국의 저널리스트 찰스 데이너가 태어났다. 1897년 몰.

데이너는 하버드에서 공부하고 《뉴욕 트리뷴》, 《시카고 리퍼블리컨》, 《선》 같은 신문을 편집하거나 경영했다. 데이너가 《뉴욕 트리뷴》의 편집국장이었던 시절, 이 신문은 세계 최대의 발행부수(30만 부)를 뽐냈다. 런던에서 망명 생활을 하던 마르크스는 1851년부터 5년간 이 신문의 유럽통신원으로 일했다. 그는 매주 기사 두 편을 송고하고 기사 한 편당 2파운드를 받았는데, 마르크스 이름으로 게재된 기사의 반 가량은 엥겔스가 쓴 것이었다. 마르크스의 영어가 깔끔하지 못했기 때문이다.

사람들이 오늘날까지 데이너라는 이름을 기억하는 것은 그가 남긴 명언 한마디 때문이다. "개가 사람을 물면 뉴스가 되지 않지만 사람이 개를 물면 뉴스가 된다"는 그의 경구는 보도 가치의 핵심을 간결히 요약하면서 지금도 인구에 회자되고 있다.

데이너가 살던 시기에 기자들은 사건을 찾아다니고 사건을 기다렸다. 그러나 오늘날의 언론이나 홍보 담당자들은 흔히 사건을 만든다. 이런 사건을 미국의 역사학자 대니얼 부어스틴은 '의사사건'이라고 불렀다. 의사사건이란 언론의 보도를 예상하고 조직한 사건이다. 흔히 '이벤트'라고 불리는 행사들이 그렇다. '이벤트'는 매스미디어에 보도되기 위해 꾸며진 사건이지만, 그렇다고 그 사건이 '없었던 일'은 아니다. 오늘날 선거 캠페인이나 시민운동은 절대적으로 의사사건에 의존하고, 언론도 그것을 반영한다. 언론 쪽에서 만드는 의사사건으로는 인터뷰가 대표적이다.

사건을 조직하는 데서 더 나아가 조작해서 '특종'을 하는 경우도 있다. 예컨대 사람을 고용해 개를 물게 한 뒤 이를 보도하는 식이다. 이런 사기 보도를 일본에서는 '야라세'라고 한다.

국기에 대한 맹세

08.09.

1972년 8월 9일 문교부(지금의 교육인적자원부)가 각급 학교에 '국기에 대한 맹세'를 시행토록 시달했다. 이 날부터 전국의 학교와 관공서에서는 기존의 애국가 제창이나 순국선열에 대한 묵념 외에 국기에 대한 맹세가 국민의례의 새로운 항목으로 추가됐다. 그보다 네 해 전 충청남도 교육위에서 문안을 만들어내 보급하기 시작했다는 국기에 대한 맹세는 유신시대와 5공화국 군사정권 시절을 거쳐 정치적 민주화가 사뭇 진전된 지금까지도 시행되고 있다.

그 법적 근거는 5공 시절인 1984년 2월 21일 대통령령 제11361호로 처음 공포된 '대한민국 국기에 관한 규정'이다. 이 규정 제3조는 "국기에 대한 경례를 할 때에는 다음의 맹세문을 낭송하여야 한다. 다만, 국기에 대한 경례 중 애국가를 주악하는 경우에는 이를 낭송하지 아니한다"고 전제한 뒤, "나는 자랑스런 태극기 앞에 조국과 민족의 무궁한 영광을 위하여 몸과 마음을 바쳐 충성을 다할 것을 굳게 다짐합니다"라고 맹세의 내용을 밝혀놓고 있다. 2007년 7월, 정부는 맹세의 문구를 "나는 자랑스러운 태극기 앞에 자유롭고 정의로운 대한민국의 무궁한 영광을 위하여 충성을 다할 것을 굳게 다짐합니다"로 수정했다.

국민국가가 존속하는 한 애국심은 늘 커다란 가치로 남을 것이다. 그러나 그 애국심을 꼭 정형화한 문구로 남들 앞에서 증명해 보일 필요는 없을 것이다. 보수적 정치인들의 낮은 군 복무율에서 보듯, 입만 열면 애국심을 되뇌는 사람이 반드시 국민공동체를 위해 자신을 희생할 준비가 돼 있는 사람인지는 확실치 않다.

『악마의 사전』의 저자 앰브로스 비어스는 "애국심은 악당의 마지막 피난처"라는 새뮤얼 존슨의 경구를 한 번 더 비틀어 그것이 '악당의 첫 번째 피난처'라고 비꼰 바 있다. 무엇보다도, 조국이나 민족처럼 보이지도 않고 손에 잡히지도 않는 것을 사랑하는 것은 엄밀히 말해 불가능하다. 우리들이 사랑할 수 있는 것은 사람, 풀꽃, 갈매기, 가을비, 붉은 포도주, 디스플러스 담배, 열무냉면 같은 구체적 대상들뿐이다.

우장춘 禹長春
08.10.

1959년 8월 10일 농학자 우장춘이 서울 메디컬센터에서 별세했다. 향년 61세.

우장춘은 세간에 '씨 없는 수박'을 처음 만든 사람으로 흔히 알려져 있다. 그러나 씨 없는 수박을 처음 만들어낸 것은 일본의 기하라 연구소다. 우장춘이 1955년경 농민들에게 과학의 힘을 보여주기 위해 기하라 연구소의 방법으로 씨 없는 수박을 만든 적이 있는데, 그것이 우장춘의 '발명품'으로 와전됐다고 한다.

그러나 씨 없는 수박과 상관없이 우장춘은 뛰어난 학자였다. 그의 도쿄제국대학 박사 학위논문은 다윈의 진화론을 수정한 '종種의 합성설'로 큰 반향을 불러 일으켰다.

학위 논문 주제에서도 드러나듯 우장춘의 전공은 육종학이었다. 30대 초에 겹꽃 피튜니아의 육종합성에 성공한 이래, 그는 일본과 한국에서의 삶을 채소·곡물류의 육종 합성에 바쳤다.

요즘의 엄격한 생태주의자들이라면 우장춘의 작업을 고작 '유전자 변형 식품'을 만드는 것이었다고 폄하할 수도 있겠지만, 자기 생애의 마지막 10년을 낯설기만 한 조국에서 보내며 그가 우리 토양과 기후에 맞게 개발한 종자들 덕분에 한국인들은 채소 종자를 자급자족할 수 있게 됐다.

우장춘의 개인사는 을씨년스러웠다. 그의 아버지 우범선은 1895년 을미사변 때 명성황후의 살해에 가담한 친일파 무인이었다. 우범선은 일본에 망명해 사카이酒井라는 여성과 결혼해 장춘을 낳았지만, 1903년 본국에서 보낸 자객에게 암살당했다. 그 때 장춘의 나이가 네 살이었다. 고아원과 어머니 품을 오가며 자라 일본 농무성의 일급 과학자가 된 그는 당연히 한국어를 몰랐지만, 직장 측이 창씨개명과 일본 국적 취득을 권유하자 즉시 사표를 냈다. 조국에서 사는 동안 그는 딱 두 번 일본인 아내를 만났다. 두 번째는 죽기 직전 병석에서였다.

바이마르 헌법

08.11.

1919년 8월 11일 바이마르 헌법이 공포되면서 바이마르공화국이 정식으로 출범했다. 바이마르는 이 헌법을 제정한 제헌국민회의가 소집된 튀링겐주의 도시다. 괴테와 실러, 니체와 리스트 등 예술가·철학자들의 숨결이 남아 있는 이 도시의 이름이 제1차세계대전 이후 새롭게 태어난 독일의 헌법 이름이자 나라 이름이 된 것이다.

바이마르 헌법은 당대의 가장 진보적인 헌법이었다. 이 헌법은 무엇보다도 여성에게 남성과 평등한 참정권을 부여해 프랑스나 영국 같은 '민주주의 선진국들'을 부끄럽게 했다. 바이마르 헌법은 또 고전적인 자유민주주의를 기초로 삼으면서도, 재산권 행사는 공공복리에 어긋나지 않아야 하고 국민은 생존에 필요한 경제적 조건의 보장을 국가에 요구할 수 있다는 점을 명확히 했다. 그 뒤의 민주주의적 헌법들이 본받게 된 사회권적 기본권 조항을 처음으로 헌법에 넣어 '사회국가'의 법적 근거를 마련한 것이다.

내각이 비례대표 의회에 책임을 지기는 했지만, 7년 임기의 대통령을 국민이 직접 선출하고 이 대통령이 일종의 '대리황제'로서 총리 임면권, 의회 해산권 등 상당한 권한을 지녔던 터라, 바이마르공화국의 정치체제는 의원내각제라기보다 이원집정부제라고 할 수 있었다.

바이마르공화국은 건축의 발터 그로피우스, 음악의 아르놀트 쇤베르크, 소설의 토마스 만과 하인리히 만, 시의 라이너 마리아 릴케, 희곡의 베르톨트 브레히트, 미술의 '푸른 기사파'와 '다리파' 등이 활약하며 문화적 약동을 뽐냈지만, 가혹한 강화 조약과 불안정한 경제 상황 때문에 국내 정치는 계속 불안했다. 바이마르공화국은 좌우파 극단주의자들의 협공에 시달리며 14년을 보낸 뒤, 합헌적으로 총리가 된 아돌프 히틀러가 인류 역사상 최악의 체제를 출범시키면서 역사의 뒤꼍으로 사라졌다.

JAL기 추락사고
08.12.

1985년 8월 12일 승객 509명과 승무원 15명을 태우고 도쿄 하네다 공항을 떠나 오사카로 가던 일본항공JAL 소속 보잉 747 점보여객기가 이륙 32분 만에 추락했다. 탑승자 524명 가운데 살아남은 사람은 고작 네 명이었다. 오치아이 유미라는 이름의 여성 승무원을 포함한 생존자 넷 가운데는 12세 소녀가 포함돼 있었는데, 이 아이는 가벼운 찰과상만을 입었을 뿐 몸이 온전해 화제가 됐다.

단일 항공기 사고로는 역사상 최악의 참사로 기록된 1985년 오늘의 재앙은 일본 열도 전체를 슬픔으로 뒤덮었지만, 동시에 '아름다운 일본인'을 전 세계에 알리는 계기가 되기도 했다. 사고가 터지자 일본 정부는 점보기가 추락한 산악지대의 숲을 샅샅이 뒤져 사망자 520명의 시신을 모두 찾아냈고, 찢겨진 시체들을 하나하나 꿰매 본디모습에 가깝게 되돌려놓은 뒤 신원을 확인했다. 사고 당시의 하네다 공항 정비 책임자는 유족에게 사죄 편지를 남기고 자살했고, 사고 직후 일본항공은 과격하다 할 만한 물갈이 인사를 통해 긴장의 고삐를 한껏 죄었다.

일본항공은 그 날 이후 '인명 사고 제로' 행진을 이어가고 있다. 그 날 참사를 당한 승객들은 비행기가 추락하는 도중에도 가족에게 유서를 쓰거나 당시의 급박한 상황을 메모로 남겨놓아 '기록의 민족' 이라는 일본인의 명성을 다시 확인시켰다.

당시 미국 보잉사는 항공사측의 정비 소홀로 점보기가 추락했다며 사고 책임을 회피하려 했으나, 일본항공은 정부의 도움을 받아 사고 주변 지역을 이 잡듯 뒤진 끝에 비행기 꼬리를 찾아낸 뒤 사고 원인이 점보기 자체의 결함에 있었다는 것을 밝혀냈다. 보잉사는 결국 손해배상에 더해 자사自社의 점보기 생산 과정을 일본항공에게 조사받는 수모를 겪어야 했다. 일본인, 이럴 때 무섭고 아름답다.

베를린 장벽
08.13.

1961년 8월 13일 당시 동독의 수도였던 동베를린과 미국·영국·프랑스 3개국이 분할 점령하고 있던 서베를린 사이에 철조망이 쳐졌다. 이 철조망은 곧 콘크리트 담장으로 대치됐다. 이로써 프로이센 시절 이래 독일의 수도였던 베를린은 완전히 별개의 두 도시로 분단됐다.

장벽은 18세기 말에 세워진 브란덴부르크 문을 가로지르며 남북으로 세워졌다. 제국 수도 시절의 주요 공공건물이 들어서 있던 동베를린이 이제 서베를린 사람들에게는 장벽 너머의 이방이 되었고, 선진 자본주의의 전시장이었던 서베를린 역시 동베를린 사람들에게는 금단의 땅이 되었다.

제2차세계대전 종전과 함께 베를린이 정치적으로 분단된 뒤에도 베를린 시민들은 별 어려움 없이 동서를 오갈 수 있었다. 그 덕분에 정치적 분단 이후 1961년까지 300만 명의 동독인이 서베를린을 통해서 서독으로 망명했다. 특히 1961년 들어서는 서베를린에 일터를 둔 동베를린 노동자들이 집으로 돌아오지 않는 경우가 급격히 늘었다.

소련은 이 현상이 베를린에서 두드러지게 벌어지고 있던 동서 진영의 대결에서 사회주의 체제가 패배하고 있다는 증거로 해석될 것을 두려워했고, 이내 동독 정부에 장벽을 설치하라고 요구했다. 베를린 장벽은 1989년 11월 10일 무너져 내렸다. 그것은 사회주의 체제 몰락의 신호탄이기도 했다.

베를린 장벽이 무너지고 20년이 가까워지도록 한반도에는 냉전의 장벽이 버티고 서 있다. 그 장벽 너머에는 완고하기 짝이 없는 전체주의 정권이 버티고 서 있고, 장벽 이쪽에서는 주먹이 근질근질해 참을 수 없는 듯 보이는 세계 유일 초강대국이 근육질을 뽐내고 있다. 이 아슬아슬한 평화를 확고한 평화로 다져내는 것이 독일 사람들 식으로 얘기하자면 '시대정신'이다.

골즈워디 John Galsworthy
08.14.

1867년 8월 14일 영국 소설가 존 골즈워디가 태어났다. 1933년 몰.

골즈워디는 1932년 노벨문학상 수상자다. 스웨덴 한림원은 그의 가장 큰 업적으로 『포사이트 연대기』를 꼽았다. 『포사이트 연대기』는 1906년부터 20여 년에 걸쳐 골즈워디가 발표한 장편 여섯, 단편 넷을 뭉뚱그려 가리킨다. 이 연작은 탐욕스러운 부르주아를 주인공으로 내세워 물질만능주의에 침윤된 당대 영국 사회를 비판적으로 그렸다.

골즈워디는 국제펜클럽의 초대 회장이기도 했다. 1921년 런던에서 발족한 이 단체의 공식 명칭은 국제 시인·극작가·편집자·수필가·소설가 협회다. 그 약칭 PEN은 시인poet·극작가playwright의 P, 수필가essayist·편집자editor의 E, 소설가novelist의 N을 잇댄 것이다. 물론, 그 이름이 문필가들의 필수품인 펜과 맞아떨어지기도 해 채택됐을 것이다. 집필과 펜 사이의 연결이 매우 느슨해진 21세기에 이 단체가 생겼다면 이름이 달라졌을지도 모른다.

한국은 1954년에 국제펜클럽에 가입했고, 한국 본부 주최로 1970년의 제37회 세계 대회와 1988년의 제55회 대회가 서울에서 열린 바 있다. 그러나 한국 본부를 주도한 사람들이 대체로 보수적 문인들이어서, 서울에서 열린 펜 대회조차 한국의 투옥 문인들에게 눈길을 거의 주지 않았다. 부끄러운 일이다.

펜은 칼보다 힘세다는 격언이 있다. 완전히 그른 말은 아닐지 모른다. 에밀 졸라의 펜은 드레퓌스의 누명을 벗기는 데 크게 이바지했다. 언론학자 강준만 씨가 '부드러운 파시즘'이라고 부르는 보수주의 체제는 그 큰 부분을 언론에 기대고 있다. 그러나 역사가 우리에게 가르쳐주는 진실은 펜의 힘이 그리 세지 않다는 것이다. 펜이 칼보다 힘센 듯 보이는 경우에도, 지금 한국 사회의 과점언론에서 보듯, 그 펜의 진짜 모습은 돈인 경우가 많다. 그러니 격언을 이렇게 바꾸자. 돈은 칼보다 힘세다. 돈이 세든 칼이 세든, 슬픈 일이다.

서울 지하철
08.15.

1974년 광복절에 맞추어 서울 지하철 1호선이 개통됐다. 서울역과 청량리 사이의 7.8km 구간을 땅속으로 연결하는 철도가 개통됨에 따라 서울은 세계에서 지하철을 가진 41번째 도시가 되었다. 종로 아래를 달리는 지하철 1호선 개통에 때맞춰 서울-인천, 서울-수원, 청량리-성북역 사이의 수도권 전철도 완공돼, 적어도 서울·경기 일원에서는 지하철·전철 시대가 열렸다.

그러나 지하철 1호선은 그런 상징적 의미에 걸맞은 수송 분담률을 감당하지 못했다. 제2호 순환선이 착공된 1978년까지 지하철의 수송 분담률은 7%에도 미치지 못했다. 그 뒤 급속히 진행된 서울지하철공사公社(2005년에 이름을 '서울메트로'로 바꿨다)의 지하철 공사工事는 지상의 교통체증을 완화하기 위해 당분간 그 교통체증을 심화하는 과정이라 할 만했다.

1970년대 후반부터 지금까지 서울이라는 도시는 어딘가에서 반드시 '지하철 공사 중'이었다. 그리고 그 지하철 공사가 지상의 운전자들과 승객들을 극도의 짜증과 신경질로 내몰았다. 10개 노선이 운행되는 현재 서울의 지하철 총연장은 300km가 넘는다. 도시 규모에 워낙 큰 차이가 있기는 하지만, '지하철의 도시'로 알려진 파리의 지하철 총연장이 199km라는 점을 생각하면 이제 서울도 지하철의 도시라고 할 만하다. 2000년 이후 지하철의 서울 교통 수송 분담률은 35~6%를 기록하고 있다. 서울에 이어 부산, 대구, 인천, 광주에도 지하철이 개통되었다.

2003년 2월 18일, 대구 지하철 중앙로역은 끔찍하고 어처구니없는 참사의 현장이 되었다. 이 사고의 발생과 처리 과정은 우리 사회의 무사안일과 비인간성을 적나라하게 드러냈다. 어이없이 희생된 분들의 명복을 빈다.

융단폭격
08.16.

　한국전쟁 중이던 1950년 8월 16일 오전 11시 58분부터 26분간, 미군 B-29 폭격기 101대가 경북 왜관 서북방 북한군 진지 지역(가로 3.3마일, 세로 7.5마일)에 1,000t의 폭탄을 떨어뜨려 이 일대를 초토화했다. 제2차세계대전 이후 지구상에서 처음 시도된 융단폭격이었다. 폭격의 규모와 집중성에 견주어 북한군이 입은 피해는 미미했던 것으로 알려지고 있다.

　융단폭격carpet bombing은 대편대大編隊의 폭격기들이 특정지역에 융단을 깔아가듯 집중적이고 연속적으로 폭탄을 투하하는 대규모 폭격을 가리킨다. 거의 빈틈없이 폭탄이 떨어지므로, 융단폭격의 대상이 된 지역은 그야말로 폐허가 되고 만다. 융단폭격의 효시는 제2차세계대전 중이던 1942년 5월 30일 영국 공군이 독일 쾰른시에 감행한 폭격이다. 90분 동안 2,000t의 폭탄이 비 오듯 쏟아졌는데, 이 폭격으로 사상자 5,500명, 이재민 4만 5000명이 나왔을 뿐만 아니라 쾰른시 일부가 완전한 폐허로 변했다. 두 해 뒤인 1944년 6월의 노르망디 상륙 작전 때도 미군과 영국군의 폭격기 1만 2500대가 해안 인근에 융단폭격을 가해 연합군 상륙의 발판을 만든 바 있다.

　융단폭격은 현대전이 드러내는 잔혹함의 한 측면이다. 이 융단폭격이 무차별폭격과 결합할 때 그 잔혹성은 끝 간 데로 치닫는다. 무차별폭격은 민간인들을 포함한 비군사적 목표를 군사목표와 구별하지 않고 가하는 폭격이다.

　전시에 군사목표와 비군사물을 구별해 군사목표에 대한 포폭격砲爆擊만을 허용한다는 군사목표주의는 20세기 초 이래 확립된 국제법상의 원칙이지만, 이 원칙은 자주 무시된다. 한국전쟁 당시 북한의 상당지역을 '석기시대'로 되돌린 것은 이런 무차별폭격의 결과였다. 이라크에서도 보듯, 전쟁의 마수는 점점 군인들보다 민간인들을 더 겨누고 있다.

헤스 —Rudolf Hess
08.17.

1987년 8월 17일 히틀러의 동료였던 루돌프 헤스가 베를린의 슈판다우 연합군 교도소에서 사망했다. 93세였다. 헤스를 관리하던 영국군은 그의 죽음이 자살이었다고 발표했지만, 네오나치들은 연합군이 그를 살해했거나 자살을 방조했다고 주장하고 있다.

헤스의 죽음 못지않게 베일에 싸인 것은 그의 후반기 삶이다. 이집트 알렉산드리아에서 독일인 무역상의 아들로 태어난 헤스는 제1차세계대전에 참전하며 열혈 애국청년이 되었다. 흔히 비어홀 폭동이라고 불리는 1923년의 뮌헨 반란에 히틀러를 도와 가담한 그는 감옥 안에서 히틀러의 『나의 투쟁』을 받아 적으며 미래 독일 총통의 최측근이 되었다.

헤스는 히틀러가 집권한 뒤 부총통이 되면서 나치 서열 3위에 올랐다. 그의 삶이 극적으로 몰락한 것은 제2차세계대전 중인 1941년 5월 메서슈미트 110D기를 타고 아우크스부르크 비행장을 떠나 스코틀랜드로 건너간 뒤다. 헤스는 소련과의 개전開戰이 임박한 상황에서 독일의 궁극적 승전은 영국과의 강화講和 없이는 불가능하다고 판단했다. 그는 히틀러를 포함한 독일 지도부에게도 자기 계획을 알리지 않고 독자적으로 영국과 협상에 나섰지만, 영국 정부는 즉시 헤스를 투옥했다. 뒤늦게 이 사실을 알게 된 독일 측은 헤스가 미쳤다고 발표했다. 헤스는 종전 뒤 뉘른베르크 재판에서 종신형을 선고받고 슈판다우 교도소로 이송됐다.

영국에서 헤스가 어느 선까지의 인물들을 만났고 그의 감옥 생활이 어땠는지는 영국 정부가 입을 다물고 있어 잘 알려져 있지 않다. 또 연합군 교도소에 감금된 사람이 '가짜 헤스'라는 풍문도 끊임없이 흘러나왔다. 진짜든 가짜든, 슈판다우 교도소의 수인囚人 제7호는 생전에나 사후에나 네오나치들에게 '평화의 순교자'로 추앙받고 있다.

판문점 도끼사건

08.18.

1976년 8월 18일 판문점 공동경비구역 안에서 미군 장교 두 명이 북한군이 휘두르는 도끼에 맞아 죽었다. 살해된 보니파스 대위와 바레트 중위는 동료 군인들과 함께 돌아오지 않는 다리 남쪽 유엔군 측 제3초소 근처에서 시야를 가리는 미루나무 가지를 치는 한국인 노무자들을 지휘·감독하던 중 변을 당했다.

주한 미군 사령관 리처드 스틸웰이 즉각 데프콘3(예비경계태세)을 발동하고 북한도 북풍1호(준전시 상태) 선포로 맞서면서 한반도에는 전운이 감돌기 시작했다. 미군이 폴 버니언 작전(폴 버니언은 미국 전래 이야기에 나오는 벌목꾼)이라는 이름 아래 문제의 미루나무를 베어낸 8월 21일에는 데프콘2(공격준비태세)가 발동되면서 미국 본토와 괌, 오키나와에서 수십 대의 전투기·폭격기가 날아와 한반도 상공을 휘돌았고, 미7함대 소속 항공모함 미드웨이호가 동해를 북상해서 북한 해역으로 진입했다.

세계의 시선이 위기의 한반도로 쏠렸다. 북한이 폴 버니언 작전을 묵인하고 김일성 이름으로 미군 피살에 대해 유감을 표함으로써, 한반도는 아슬아슬하게 전쟁을 에돌아갔다.

폴 버니언 작전에는 카투사병으로 위장한 한국군 특전사 장병들도 참가했는데, 이들에게는 공동경비구역 내 북한군 초소들을 파괴하라는 명령이 내려졌다. 이 지시는 미군과의 협의 없이 한국 군부가 독자적으로 내린 것으로 알려졌다.

자신들의 초소가 공격당하는 것을 보면서도 인민군이 무대응으로 일관한 덕에 특전사의 의도적 도발이 교전으로 이어지지는 않았지만, 만일 그 당시 북한군이 단 한발의 총알로라도 대응했다면 한반도는 전면전에 휩싸였을지도 모른다. 국내 민주주의 세력의 저항과 국제 여론의 악화, 미국 정부와의 불화 등으로 정권 유지에 어려움을 느끼고 있던 박정희가 그것을 원했다고 해도 놀랄 일은 아니다.

가르시아 로르카 Federico García Lorca
08.19.

스페인내전이 터지고 얼마 뒤인 1936년 8월 19일 시인 페데리코 가르시아 로르카가 고향 그라나다 부근의 한 과수원에서 프랑코 반란군에게 살해당했다. 38세였다.

가르시아 로르카를 쏘아 죽인 군인들은 자신들이 20세기의 가장 위대한 시인 한 사람의 생애를 끝장내고 있다는 것을 몰랐으리라. 물론 그걸 알았다고 해도 그들이 마음을 바꾸었을 것 같지는 않다. 전쟁과 살육의 광기 속에서, 그 분노와 공포와 증오 속에서, 예술적 재능이라는 것이 얼마나 값나가 보이겠는가.

가르시아 로르카는 극작가로서도 어엿하다. 팔자 사나운 여자들의 삶을 그린 『피의 결혼』, 『예르마』, 『베르나르다 알바가家』가 흔히 그의 3대 비극으로 꼽힌다.

시인 가르시아 로르카는 김지하를 연상시키는 바가 있다. 두 사람 다 본질적으로 정치시인이라기보다 뛰어난 서정시인이었음에도 정치적 이유로 파시스트들에게 험한 꼴을 당했다는 점이 그렇고, 자기 고향의 전통적 연행예술 리듬을 시 속에 옮겨온 것도 그렇다. 시를 솟아나오게 하는 힘으로서 가르시아 로르카가 설정한 소위 '두엔데'도 김지하의 신비주의를 연상시키는 바가 있다.

가르시아 로르카의 고향 그라나다는 아름다운 도시다. 프란시스코 타레가의 기타 독주곡 〈알람브라 궁전의 추억〉의 소재가 된 알람브라 궁전이 바로 거기 있다. 그곳 사람들은 제 고향의 아름다움에 대한 자부심을 "세상에서 가장 불행한 사람은 그라나다의 장님"이라는 속담에 담았다.

오늘의 주인공 가르시아 로르카도 자기 고향을 이렇게 불멸화했다. "그 빛깔은 은색, 진한 초록빛/ 라 시에라, 달빛이 스치면/ 커다란 터키 구슬이 되지/ 실편백나무들이 잠 깨어/ 힘없는 떨림으로 향을 뿜으면/ 바람은 그라나다를 오르간으로 만들지/ 좁다란 길들은 음관이 되고/ 그라나다는 소리와 빛깔의 꿈이었다네."

일진회 一進會

08.20.

대한제국의 운명이 바람 앞의 등불 같았던 1904년 8월 20일 친일단체 일진회가 창립됐다. 이 단체는 한일합방 조약이 체결된 다음 달인 1910년 9월 26일 해체됐다.

일진회는 노다 헤이지로野田平治郎라는 이름으로 일본 야마구치현山口縣에서 누에치기에 종사하다가 러일전쟁 발발과 함께 일본군 통역으로 귀국한 송병준宋秉畯이 1904년 8월 18일에 조직한 유신회維新會가 이틀 뒤 이름을 바꾼 것이다. 송병준은 독립협회 활동을 한 바 있는 윤시병尹始炳을 회장으로 추대하고, 그 해 말에는 동학당의 친일 분파를 이끌던 이용구李容九를 끌어들여 13도 총회장에 앉혔다. 그 자신은 평의원장評議員長을 맡았다.

일진회가 겉으로 내세운 것은 문명개화와 정치개혁이었지만, 그 슬로건의 속살은 일본 제국주의에 내응內應해 한국 정부를 압박하면서 합방의 길을 닦는 것이었다. 한국 근대사에서 흔히 진보성의 표상으로 이해되고 있는 독립협회나 동학당의 구성원들이 일제의 앞잡이 노릇을 했다는 것은 씁쓸한 아이러니다. 그것은 19세기 말~20세기 초 한국 지식인들의 세계 인식이 그만큼 피상적이었다는 뜻이기도 하고, 그 시대에 대한 역사 교과서의 기술이 크게 바뀌어야 한다는 뜻이기도 하다.

그 시대의 '개화파' 지식인들이 대체로 천박하고 잔인한 사회진화론자들이었다는 것은 오슬로대학의 박노자 교수가 『나를 배반한 역사』라는 책에서 단단한 논거로써 밝혀놓고 있거니와, 제폭구민除暴求民·보국안민輔國安民·척양척왜斥洋斥倭의 기치 아래 반외세·반봉건 농민전쟁을 벌였던 동학교단도 이미 이 시기에는 그 주류가 친일 대열에 합류했다. 한일합방은 한국 현대사를 비틀어놓은 결정적 사건이었지만, 이 민족사적 불행의 책임이 오로지 일본에만 있었던 것은 결코 아니다.

베니그노 아키노 —Benigno Aquino
08.21.

1983년 8월 21일 3년간의 미국 망명 생활을 접고 고국 땅을 밟은 필리핀 야당 지도자 베니그노 아키노가 마닐라 공항에서 암살됐다. 51세였다.

마르코스 독재에 시달리며 아키노에게 희망을 걸고 있던 많은 필리핀 사람들은 그의 죽음과 함께 정권 교체의 꿈도 사라졌다고 생각했다. 그러나 그로부터 세 해도 안 되어 꿈은 부활했고, '피플파워'로 불린 무혈혁명을 통해 실현되었다. 그의 장례식장을 채운 수백만의 발걸음이 그 꿈의 소멸을 막아냈고, 그의 아내 코라손 아키노가 그 꿈의 실현에 앞장선 끝에 말라카낭궁(필리핀 대통령 관저)의 새 입주자가 되었다.

베니그노 아키노는 루손섬 지주 집안에서 태어나 《마닐라타임스》 기자를 거쳐 정계에 진출했고, 야당 리버럴당 간사장으로 국민적 인기를 누리며 대통령 마르코스의 최대 정적으로 떠올랐다. 마르코스는 1972년 계엄령 선포와 함께 아키노를 감옥에 가두었고, 다섯 해 뒤에는 조작된 살인미수죄를 뒤집어씌워 군사법정을 통해 사형을 선고했다가 다시 세 해 뒤인 1980년 심장병 수술을 명분으로 미국으로 추방했다.

아키노 부부는 미국에서 비슷한 처지의 김대중 부부를 만나 교분을 나눴다. 베니그노로서는 1950년 《마닐라타임스》 기자로 한국전쟁을 취재한 이래 한국과의 두 번째 인연이었던 셈이다.

1986년 코라손 아키노의 집권으로 진정한 민주주의 체제가 필리핀에 들어섰는지는 확실치 않다. 예나 지금이나 필리핀 정치는 지주·자본가 출신 엘리트들의 과두정일 뿐이다. 아키노 부부가 그랬듯, 지금 대통령 글로리아 아로요도 최상류층 출신이다. 영화배우 출신의 직전 대통령 조셉 에스트라다가 세 해 만에 이른바 '제2의 피플파워'로 쫓겨난 것은 부정부패 때문이라기보다 '보잘 것 없는' 출신 때문인지도 모른다. 필리핀 기득권층은 그를 자신들의 일원으로 받아들이고 싶지 않았을 것이다.

마이클 콜린스 — Michael Collins
08.22.

1922년 8월 22일 아일랜드자유국 정부 수반 마이클 콜린스가 밴던에서 암살당했다. 32세였다. 그를 살해한 사람들이 아일랜드공화국군IRA 대원들이라는 것이 얄궂다. 바로 콜린스 자신이 IRA의 창설자였기 때문이다.

영국으로부터의 아일랜드 독립을 라이프워크로 삼은 콜린스는 정치 활동의 출발을 폭동과 테러로 시작했다. 그는 일주일간 더블린을 점령하며 500여 명의 희생자를 낸 1916년 부활절 봉기에 참가한 뒤 IRA를 조직해 테러와 도시게릴라전을 실천했다. 그러나 1921년 IRA가 영국군 합참의장 헨리 윌리엄을 살해한 뒤 피비린내 나는 보복전 끝에 이듬해 1월 영국-아일랜드 조약으로 아일랜드자유국이 탄생하면서, 콜린스와 IRA 사이에는 균열이 생기기 시작했다.

아일랜드자유국은 아일랜드섬 32개 주 가운데 북부의 6개 주를 제외한 데다가, 완전한 독립국이 아닌 영국 자치령이었다. 콜린스는 아일랜드섬 전체를 아우르는 완전 독립국의 수립을 뒤로 미루는 '현실주의' 노선을 취했지만, 이것을 받아들일 수 없었던 IRA 강경파는 콜린스를 배반자로 판단했다.

사실, 1937년 아일랜드가 독립을 선언한 지 70여 년이 지난 지금까지 북아일랜드가 여전히 영국 영토로 남아 있다는 것을 생각하면, 콜린스의 현실주의 노선이 아일랜드 사람의 처지에서 반드시 옳았는지는 알 수 없다. IRA는 1990년대까지도 아일랜드와 영국령 북아일랜드의 통일을 이루기 위해 무장투쟁을 계속해왔다.

비타협적 테러리스트로 출발해 현실주의 정치인이 됐다는 점에서 콜린스는 야세르 아라파트를 닮았다. 일부 동족에게는 '배신자'라는 비판을 받았던 아라파트가 이스라엘과 미국의 우파에게는 여전히 파렴치한 테러리스트였듯, 동족에게 살해당한 콜린스도 영국 우파에게는 여전히 냉혈 테러리스트로 남아 있다.

사코 Sacco 와 반제티 Vanzetti
08.23.

1927년 8월 23일, 재심再審을 요구하는 전 세계 여론에 아랑곳없이 미국 정부는 이탈리아계 미국인 니콜라 사코와 바르톨로메오 반제티를 처형했다. 사코는 36세였고, 반제티는 39세였다.

구두수선공 사코와 생선행상 반제티는 1920년 4월 15일 매사추세츠주 보스턴 남쪽 사우스브레인트리의 대로大路에서 한 제화공장 경리 직원과 그 경호원을 살해하고 종업원들의 급료를 탈취한 혐의로 체포돼 이듬해 5월 기소되었다. 6년간의 재판 끝에 1927년 4월 매사추세츠 대법원이 사코와 반제티의 사형 판결을 확정하자, 미국만이 아니라 파리·런던·부에노스아이레스를 포함한 전 세계의 많은 도시에서 이 재판의 불공정성을 규탄하는 시위가 벌어졌다.

국내외의 대중적 압력에 직면한 매사추세츠 주지사 앨빈 풀러는 하버드대학 총장 로렌스 로웰을 위원장으로 한 자문위원회를 조직해 의견을 물었으나, 로웰 위원회는 재판 과정이 '대체로on the whole' 공정했고 따라서 감형은 필요 없다는 결론을 내렸다. 사코와 반제티의 무죄를 주장했던 사람들은 로웰의 역할에 분개해 하버드대학을 '망나니의 집Hangman's house'이라고 불렀다.

이 재판이 논란을 불러일으킨 데는 그만한 이유가 있었다. 체포될 때 사코와 반제티가 권총을 소지하고 있었다는 것 말고는 아무런 증거가 없었는데도, 검찰은 이들을 살인범으로 몰아갔다. 이들이 무정부주의자였다는 사실이 두 사람에게 결정적으로 불리하게 작용했다.

재판이 진행 중이던 1925년, 살인판결을 받은 기결수 한 사람이 자신이 문제의 범행에 가담했다고 자백했지만, 이 사실은 사코와 반제티 재판에서 고려되지 않았다. 미국 사법부는 1977년 사코와 반제티에 대한 유죄 선고를 취소함으로써, 이들이 정치재판의 희생자였다는 사실을 시인했다.

워싱턴 방화放火
08.24.

나폴레옹이 내린 대륙봉쇄령의 여파로 1812년 미국과 영국 사이에 전쟁이 터졌을 때, 미국의 수도 워싱턴은 인구 8천 남짓의 조그만 도시였다. 백악관을 비롯한 몇몇 공공건물들이 들어서 있기는 했으나, 이 도시는 그 때까지 군사적 방어 수단을 거의 갖추지 못하고 있었다. 1814년 8월 24일 4,500여 명의 영국군 선발대가 워싱턴으로 밀고 들어가자, 시민들은 급조된 민병대를 통해 잠시 저항의 제스처를 취하다가 이내 달아나버렸다. 영국군은 거의 무혈로 워싱턴에 입성했다.

영국군은 자신들이 점령한 옛 식민지의 수도를 그대로 놓아두지 않았다. 건설 중이었던 의회 건물을 첫 표적으로 삼은 방화는 제임스 매디슨 대통령이 비우고 달아난 백악관과 재무부·국무부 건물을 비롯한 관공서들로 이어졌고, 이내 상점과 일반 주택들도 화염에 휩싸였다.

영국군에게 아무 탈이 없었던 것은 아니다. 이튿날 1백여 명의 영국군이 죽거나 다쳤는데, 이것은 미군이나 워싱턴 시민들의 공격에 의해서가 아니라 영국군 스스로 불을 지른 미군 병기창이 폭발하면서 그 주변 건물들이 무너져 내렸기 때문이다. 영국군은 사기를 잃기 시작했고, 그 날 밤 미군이 진격해오자 서둘러 이 도시를 떠났다.

1814년 영국군의 워싱턴 점령과 방화는, 2001년의 9·11테러 때까지는, 미국 역사상 외국 무장세력에 의해 본토가, 더구나 수도가 공격당한 유일한 사건이었다. 미국은 건국 이래 2백 수십 년 동안 무수한 전쟁을 치러낸 말 그대로의 '전쟁국가'지만, 자국 영토 한복판에서 수행한 전쟁은 남부와 북부 사이의 내전을 제외하고는 이 1812년~14년의 미영전쟁이 유일하다.

영국을 겨냥한 프랑스의 대륙봉쇄령과 이에 맞선 영국의 역봉쇄령에 미국이 휘말리면서 일어난 미영전쟁은 1814년 12월 24일 벨기에의 헨트에서 강화조약이 체결돼 마무리됐다.

파리해방
08.25.

1944년 8월 25일 4년여의 망명 끝에 샤를 드골이 파리로 돌아왔다. 프랑스의 수도가 나치 점령군으로부터 해방된 것이다. 드골의 파리 도착 일성은 이랬다. "파리는 모욕받았고, 파리는 파손됐지만, 마침내 파리는 해방됐다."

해방의 희망이 싹튼 것은 그 해 6월 6일 미군과 영국군을 주축으로 한 연합군이 노르망디에 상륙하면서였다. 그러나 독일군의 저항이 만만치 않아, 연합군의 진격은 파리 시민들의 기대만큼 빠르지 못했다. 프랑스인들은 국내 레지스탕스의 봉기로 독일군의 후방을 교란했다. 대혁명 155주년 기념일이었던 그 해 7월 14일에는 일부 대담한 파리 시민들이 삼색기를 유리창에 내걸기도 했다.

연합군은 오를레앙을 거쳐 파리 남서쪽 샤르트르에까지 이르렀다. 이와 동시에, 레지스탕스 대원들은 파리 시청과 구청들 앞에 바리케이드를 설치하고 독일 점령군과 전투를 시작했다. 마침내 8월 23일, 르클레르 장군이 이끄는 프랑스군 제2장갑사단이 포르트도를레앙을 통과해 파리로 들어왔다.

그 직전 베를린의 히틀러는 파리 전역에 불을 질러 그 도시의 모든 유적·유물과 주요 건물을 파괴하라고 독일군 파리 사령부에 명령했지만, 이 아름다운 도시에 반한 독일군 사령관은 명령을 어기고 항복하는 쪽을 택했다. 이 일화는 뒷날 르네 클레망 감독의 영화 〈파리는 불타고 있는가〉(1966)의 소재가 되었다. "파리는 불타고 있는가?"는 영화 속에서 히틀러가 전화로 파리 점령군 사령관을 다그치는 대사이기도 하다. 독일 장군의 파리 애호 덕분에, 르클레르 장군이 파리로 진격했을 때 파리는 불타고 있지 않았다.

이틀 뒤 드골이 파리 땅을 밟았다. 프랑스의 해방은 압도적으로 미국의 공로다. 그러나 드골은 프랑스의 명예를 위해 파리 해방만은 프랑스군이 주도하기를 바랐고, 뜻을 이뤘다.

라부아지에 Antoine Laurent Lavoisier
08.26.

1743년 8월 26일 프랑스 화학자 앙투안 로랑 라부아지에가 파리에서 태어났다. 1794년 졸.

라부아지에는 프랑스대혁명의 물결에 휩쓸려 너무 일찍 사라진 두뇌 가운데서도 가장 빼어난 두뇌라 할 만했다. 그가 단두대에서 생을 마쳤을 때, 수학자 조제프 루이 라그랑주는 "이 머리를 베어내는 덴 한순간이면 충분하지만, 같은 머리를 다시 만들려면 한 세기로도 모자랄 것"이라고 그를 애도했다.

사실 라부아지에는 귀족이 아니었다. 그는 신분적으로 프랑스혁명을 주도한 제3신분(부르주아)에 속했다. 그러나 얼마간 생업으로 삼았던 징세청부업이 구체제의 절대왕정과 밀접한 관련을 맺고 있던 터라, 라부아지에는 혁명 주체의 증오를 피할 수 없었다. 그에게 사형을 선고한 재판관은 단호히 말했다. "공화국 프랑스에는 이제 더 이상 천재 따위는 필요 없다."

이 천재가 자연과학사에 깊은 흔적을 남기기에 51년의 생애가 짧은 것은 아니었다. 뉴턴이 근대 물리학의 초석을 놓았다면, 화학에서 그 역할을 한 것은 라부아지에였다. 그는 근대적 연소 이론을 세워 18세기까지 화학계를 지배하던 신비주의적 플로지스톤설을 부정했고, 화학 반응의 앞뒤에 원물질(原物質, 반응물질)의 질량 전체와 생성물질의 질량 전체가 같다는 질량보존의 법칙을 발견했다. 오늘날에는 초등학생들도 물이 산소와 수소의 결합물이라는 것을 알고 있다. 그러나 이것이 인류의 지식 안에 들어온 것은 1783년 6월 28일 라부아지에가 프랑스 과학아카데미에서 그 사실을 공표한 뒤다.

'신맛을 생성한다'는 뜻의 '산소'(酸素, oxygène)라는 이름이나 '물을 생성한다'는 뜻의 '수소'(水素, hydrogène)라는 이름을 만들어낸 사람이 라부아지에다. 라부아지에가 토대를 놓은 근대적 화학 명명법은 오늘날까지도 큰 틀에서 유지되고 있다.

11대 대선
08.27.

광주민주화운동이 압살된 지 꼭 석 달 만인 1980년 8월 27일 서울 장충체육관에서 제11대 대통령 선거가 치러졌다. 유신헌법이 규정한 대로 통일주체국민회의가 실시한 마지막 대선이었던 이 선거에는 이른바 국가보위비상대책위원회 상임위원장을 맡고 있던 전두환이 단독 출마해 100% 득표율로 당선됐다. 이로써 전두환은 박정희, 최규하에 이어 제4공화국의 세 번째이자 마지막 대통령이 되었다.

선거 엿새 전인 8월 21일 이른바 전군 주요지휘관 회의는 그 우두머리 전두환을 국가원수로 추대하기로 결의했고, 그 다음날 전두환은 군복을 벗었다. 그 전해 10월 26일 박정희가 살해됐을 때 소장 계급장을 달고 있던 그는 전역식 때는 대장 계급장을 달고 있었다. 전두환을 초고속으로 승진시킨 것이 허수아비 대통령 최규하가 아니라 전두환 자신이라는 것은 누구에게나 또렷했다.

최규하는 8월 16일 하야 성명을 발표하고 물러나 있었는데, 이미 그 이전부터 국보위 상임위원장 전두환을 새 시대의 영도자로 찬미하는 기사들이 도하 언론을 채웠다. 시대의 역겨움은 5월의 피 냄새 때문만은 아니었다. 그렇게, 그런 식으로 전두환은 피 묻은 손을 들어 취임 선서를 하며 대한민국의 11대 대통령이 되었다.

박정희가 그랬듯 전두환도 자기만의 공화국을 세우고 싶었다. 그래서 그는 새로 헌법을 만들어 통일주체국민회의라는 것을 대통령선거인단이라는 것으로 바꿨고, 저만의 정당 민주정의당을 만들었고, 이듬해 2월 25일 다시 한 번 대통령선거에 출마했다. 전두환은 12대 대선에서는 90%를 조금 웃도는 득표율을 얻었다. 여전히 간접선거이기는 했으나, 통일주체국민회의에서의 대선이 늘 당선자에게 100% 지지를 베풀었던 것에 견주면 그나마 기이함이 덜했다. 전두환은 그 10%의 차이야말로 '민주'와 '정의'의 진전이라고 우기고 싶었는지도 모른다.

람슈타인 에어쇼 참사

08.28.

1988년 8월 28일 독일 람슈타인에 자리잡은 미군 공군기지. 30만 명 이상의 군중이 모여 에어쇼를 구경하고 있었다. 날씨도 화창해 하늘 위의 곡예를 감상하기엔 안성맞춤이었다. 이 날 에어쇼의 피날레를 맡은 것은 이탈리아 공군이었다. 열 대의 이탈리아 공군 제트기가 빨강·하양·녹색 연기 속에서 서로를 덮치고 내빼며 온갖 묘기를 뽐냈다.

갑자기 지상 30m 상공에서 제트기 세 대가 충돌했다. 그것은 색다른 묘기가 아니라 사고였다. 충돌한 제트기 가운데 두 대는 인근 숲으로 떨어져 화염에 휩싸였다. 조종사는 사망했지만, 이 두 제트기는 더 이상의 인명 피해는 내지 않았다.

그러나 세 번째 제트기는 구경하던 군중들을 덮치며 엄청난 재앙을 불러일으켰다. 이 제트기는 공포에 질린 군중을 잔디 깎듯 밀어내며 50여 명의 사망자와 500여 명의 부상자를 냈다. 람슈타인 공군기지는 순식간에 피비린내 나는 아수라장으로 변했다.

항공기나 항공 기재의 성능을 뽐내는 에어쇼는 입장료가 필요 없는 공중의 볼거리다. 한국의 경우, 1960~70년대에는 10월 1일 국군의 날이 되면 공군이 에어쇼를 펼쳐 어린이들을 즐겁게 했다.

그러나 람슈타인 에어쇼 참사에서 보듯, 에어쇼는 더러 끔찍한 사고로 이어지기도 했다. 1973년 6월 3일 파리 에어쇼 도중에 소련 투폴레프TU-144 초음속 여객기가 공중에서 폭발해 승무원 6명과 구경꾼 9명의 죽음을 초래한 이래, 지난 30여 년 동안에만 열 건이 넘는 크고 작은 에어쇼 사고가 있었다.

역사상 최악의 에어쇼 참사는 2002년 7월 27일 우크라이나 서부 도시 리비프에서 일어났다. 이 날 에어쇼에서는 러시아제 수호이SU-27 전투기 한 대가 저공 비행 시험을 보이다 관중석으로 추락해 85명이 숨지고 200여 명이 다쳤다.

시오니즘
08.29.

1897년 8월 29일 스위스의 바젤에서 제1차 시오니스트 회의가 열렸다. 시오니스트란 시오니즘의 신봉자를 뜻하고, 시오니즘이란 팔레스타인에 유대 민족 국가를 건설하기 위한 유대 민족주의 운동을 가리킨다.

시오니즘은 또 배타적인 유대 민족주의 일반을 뜻하기도 한다. 이 말들의 어원인 시온은 예루살렘에 있었다는 언덕 이름이다. 다윗이 이 언덕 근처를 수도로 삼았고, 그 아들인 솔로몬이 그곳에 야훼의 성전과 커다란 궁전을 세워 유대 민족의 정치·신앙 중심지로 만들었다고 한다. 그 뒤 시온은 예루살렘만이 아니라 이스라엘 전체를 상징하게 되었다.

바젤의 제1차 시오니스트 회의를 소집한 사람은 헝가리 출신의 오스트리아 저널리스트 테오도르 헤르츨이다. 그는 1891년부터 1895년까지 빈에서 발행되는 《신자유신문》의 통신원으로 파리에 체재했는데, 그 기간에 드레퓌스 사건을 목격하고 유대인들의 단결과 국가 건설을 결심했다. 드레퓌스 사건이란 프랑스군의 유대인 대위 알프레 드레퓌스가 프랑스 군부의 음모로 독일군의 스파이로 몰린 사건이다.

시오니즘 운동이 일관되게 팔레스타인만을 재건 국가의 보금자리로 상정한 것은 아니었다. 팔레스타인은 시나이반도, 영국령 동아프리카, 남아메리카 등 여러 후보 지역 가운데 하나였다. 그러나 팔레스타인이 고대 유대 민족의 거처였던 만큼, 이곳에 대한 유대인들의 정서적 집착은 딴 곳들과는 달랐다.

1901년의 제5차 시오니스트 회의 이후 잠시 수면 아래로 잠겼던 시오니즘 운동은 1905년의 러시아혁명 실패 뒤 러시아의 유대인들이 팔레스타인으로 이주하기 시작하면서 다시 힘을 얻었다. 그 뒤 40여 년 동안 유대인 수십만 명의 이주와 정치 공작의 결과 1948년에 팔레스타인에 이스라엘 국가가 수립됐다.

유진오 俞鎭午
08.30.

1987년 8월 30일 법학자 유진오가 81세로 작고했다. 유진오의 호는 현민玄民이다. 서울 출생.

현민의 짧지 않은 삶은 온갖 영예로 화려하다. 경기고 전신인 경성제일고보를 거쳐 경성제국대학 법문학부를 다니는 동안, 그는 자신의 가장 뛰어난 학우들마저 평범하게 보이게 할 만큼 지적으로 두드러졌다. 모교의 강사로 시작한 그의 교직 생활은 보성전문학교 교수를 거쳐 해방 뒤에는 그 학교의 후신인 고려대의 총장으로까지 이어졌다. 1920년대 후반~30년대 전반 프롤레타리아 문학의 전성기 때는 동반작가로 이름을 떨쳤다.

현민은 또 당대 최고의 법학자로서 대한민국 헌법을 기초했고, 초대 법제처장을 지냈다. 1960년대 후반에는 정계에 들어가 신민당 총재로 활약하기도 했다.

그런데도 1987년 오늘 그가 타계했을 때 빈소에서는 큰 소란이 일어났다. 현민의 사회장 빈소가 차려진 고려대는 그가 교직 생활의 대부분을 보냈을 뿐만 아니라 14년간이나 총장을 지낸 '실질적 모교'였지만, 일부 교수와 학생들은 현민을 '반민족·반민주 인사'로 규정하고 빈소 철거를 요구하며 시위와 연좌 농성을 벌였다.

사실 현민의 화려한 영예 속에는 지울 수 없는 불명예가 점점이 박혀 있었다. 1980년대 전두환 내란정권의 국정자문위원 자리를 받아들인 것이 그의 마지막 불명예였다면, 1940년대 전반기의 친일 문필 활동은 그의 불명예가 시작되는 지점에 놓여 있을 것이다.

일문 잡지 《신세대新世代》 1944년 9월호에 실려 있는 현민의 전쟁 선동 연설한 대목. "일억대화一億大和, 최후의 돌격을 향해 매진해야 하겠습니다. 여러분, 필승의 신념은 결코 헛된 맹신이 아닙니다. 실로 이와 같은 필승의 이理를 자각하고 '대화일치大和一致', 서로 굳세게 최후의 단계를 돌파하고 나아가야겠습니다."

로키 Rocky
08.31.

1969년 8월 31일 미국 프로권투 선수 로키 마르시아노가 비행기 사고로 사망했다. 46세였다.

로키 마르시아노의 본명은 로코 마르케자노다. 이름에서 대뜸 짐작할 수 있듯 이탈리아계 백인이다. 이제는 흑인들의 독점적 무대가 돼버린 듯한 프로권투의 세계에서 로키는 찬란한 전설을 뒤로 하고 사라진 마지막 백인 영웅이었다.

24세 때인 1947년 리 에퍼슨을 3회 케이오로 누르고 프로에 데뷔한 로키는 다섯 해 뒤인 1952년 조 월코트를 12회 티케이오로 누르고 WBA 헤비급 세계 챔피언이 되었고, 1956년 은퇴할 때까지 여섯 차례나 타이틀을 방어했다. 로키는 한 번도 져본 적이 없다. 그의 프로 통산 전적은 49전 전승, 43 케이오승이다.

로키 마르시아노의 전설은 1976년 〈로키〉라는 영화가 나온 뒤 더욱 대중적으로 소비되기 시작했다. 영화 〈로키〉 시리즈는 물론 로키 마르시아노의 삶과 아무런 관련이 없다. 그러나 영화 속의 이탈리아계 미국인 주인공 이름이 로키라는 것, 그 영화의 각본을 쓰고 주인공 역을 맡은 실베스터 스탤론 역시 이탈리아계 미국인이라는 것 등 영화 안팎의 사정은 관객의 상상력 속에서 영화 〈로키〉를 로키 마르시아노와 이어주기에 충분했다.

가난과 무명 속에서 허덕이다 이 영화로 단번에 '미국의 꿈'을 이룬 스탤론 자신도 〈로키〉가 로키 마르시아노의 생애와 무하마드 알리의 경기 내용을 버무려놓은 것이라고 털어놓은 바 있다. 필라델피아 슬럼가에 사는 삼류 복서의 좌절과 분투와 사랑을 들큼하게 그린 〈로키〉 1탄은 그 해에 아카데미 작품상, 감독상, 편집상을 받았다. 그러나 뒤이은 〈로키〉 시리즈는, 같은 배우가 주연을 맡은 〈람보〉 시리즈와 마찬가지로, 레이건 정권이 들어선 뒤 반소反蘇 선전물 냄새를 물씬 풍겼다.

9

KAL기 피격에서 패트릭 화이트까지

KAL기 피격
09.01.

1983년 9월 1일 미국 뉴욕을 출발해 서울로 오던 대한항공 007편 보잉 747 점보여객기가 사할린 남서쪽 모네론섬 부근 상공에서 소련 전투기의 미사일 공격을 받고 추락했다.

여객기가 일본 자위대의 레이더 스크린에서 사라진 것은 오전 3시 38분이었다. 추락한 여객기에는 한국인 승객 81명을 포함해 269명이 타고 있었는데, 모두 사망한 것으로 보인다. 사망자 가운데 한 사람이었던 미국 하원의원 래리 맥도날드는 극우 단체인 존 버치 협회의 회장이기도 했다.

비무장 민간 항공기를 공격해 끔찍한 참사를 초래한 소련 군부에 대해 즉각 국제적 비난이 쏟아졌다. 당시 한국과 국교가 없던 중국까지도 소련군의 민항기 격추를 '용서할 수 없는 만행'이라고 비난했다. 다수의 자국 승객들이 희생된 미국·일본과 소련의 관계는 크게 냉각됐고, 민간 차원에서는 국제조종사협회연맹이 60일간 모스크바 취항을 중단한다는 결의를 하기도 했다.

그러나 소련은 보잉 747기가 항행등을 켜지 않고 있었을 뿐만 아니라 항로를 바꾸라는 여러 차례의 경고를 무시했다고 주장했다. 이 주장에는 여객기가 소련 영공으로 들어온 것이 단순한 실수는 아닐지 모른다는 함축이 담겨 있었다.

그 즈음 국제 저널리즘 일각에서는 대한항공 여객기가 소련의 방공防空 태세를 시험해보려는 미국 측의 비밀 작전에 승객들의 목숨을 담보로 동원됐다는 주장이 제기됐다. 이 주장이 가정하고 있는 미국 군사정보기관의 비윤리성이 평균인의 상상을 훌쩍 초월하는 것이어서, KAL기의 첩보 활동설은 사람들을 거의 설득하지 못했다.

첩보 활동의 개연성을 지지하던 소수의 사람들 가운데는 미국의 대표적 언어학자이자 정치평론가인 노엄 촘스키도 포함돼 있었다. 진실이 어느 쪽에 있든, KAL기 피격은 국가이성의 야만을 상징하는 사건이었다.

9월학살
09.02.

1792년 9월 2일 프랑스혁명은 새로운 단계를 맞기 시작했다. 혁명의 전파를 염려한 프로이센의 침공으로 이 날 베르됭이 적군의 손에 들어가자 파리 시민들은 공포와 증오에 휩싸였고, 장 폴 마라를 필두로 한 코뮌 지도자들은 이 상황을 '수습' 하기 위해 '인민의 정의'에 호소하기로 마음먹었다.

이 날부터 9월 7일까지 엿새 동안 이들의 부추김에 힘입어 열성적 혁명 지지자들 수백 명이 파리의 감옥들을 습격해 수인囚人들을 재판 없이 잔혹하게 살해했다. 역사가들은 이 사건을 9월학살이라고 부른다.

파리의 감옥들에는 8월 10일 시민 봉기로 국왕 루이16세와 왕비 마리 앙투아네트가 탕플 탑에 유폐된 이래 불과 세 주 동안 왕당파로 지목돼 체포된 수인들이 수천 명이나 있었다. 엿새 동안의 학살에 희생된 수인들은 1,200여 명에 이른다. 9월 3일 살해된 사람 가운데는 어려서 시집온 왕비가 친언니처럼 따랐던 랑발 공작부인이 있었는데, 파리 시민들은 공작부인의 머리를 창끝에 얹어 탕플 탑까지 운반한 뒤 왕비 거처의 창窓 앞에 전시했다. 이 끔찍한 정경은 불과 한 해 뒤 그 자신 단두대에서 생을 마감할 왕비에게 제 운명을 암시하는 또렷한 흉조였을 것이다. 혁명정부의 법무장관 조르주 당통은 이 모든 사태를 수수방관했다.

코뮌 지도자들은 전국 주요 도시에 회람장을 보내 수인들 사이에서 반혁명 음모가 진행되고 있다며 파리 학살을 정당화했고, 지역에서도 같은 조처를 취할 것을 권고했다. 베르사유, 랭스, 리옹, 캉을 비롯해 회람장이 도착한 많은 지역에서도 파리에서와 비슷한 방식의 학살이 저질러졌다.

9월학살은 프랑스혁명이 공포정치로 파행하는 계기가 되었다. 민주주의를 신봉하는 모든 역사가들에게 프랑스혁명은 인류 역사의 결정적 진보를 이룩한 쾌거로 찬양되지만, 그 혁명사의 페이지 곳곳에는 피비린내가 그득하다.

니콜로 아마티 Nicolò Amati
09.03.

1596년 9월 3일 현악기 제작자 니콜로 아마티가 이탈리아 크레모나에서 태어났다. 1684년 졸.

바이올린의 역사에서 크레모나라는 지명과 아마티라는 가문은 산실과 산파 역할을 맡았다. 그 이전까지의 현악기들이 16세기 들어와 지금의 바이올린 형태로 개량된 것이 크레모나에서였고, 그런 개량 작업의 중심에 아마티 가문이 있었다. 크레모나는 바이올린과 비올라를 비롯한 현악기의 역사에 아마티 가문 못지않게 기여한 구아르네리 가문과 스트라디바리 가문의 본향이기도 하다.

오늘의 주인공 니콜로 아마티의 할아버지 안드레아 아마티의 손을 거치며 지금 형태와 비슷하게 개량된 바이올린은 안드레아의 아들 안토니오와 지롤라모 형제를 통해 더 다듬어졌고, 지롤라모의 아들 니콜로에 이르러 완전한 예술적 명기名器가 되었다. 자신이 운영하는 공방에서 니콜로가 직접 만든 바이올린들은 '대大아마티'로 불렸다.

니콜로 아마티의 공방에는 안토니오 스트라디바리와 안드레아 구아르네리라는 도제徒弟가 있었는데, 이들의 손재주도 스승 못지않게 뛰어나 각자가 이내 독립해 독자적 형태의 바이올린을 만들었다. 특히 작고하기 한 해 전인 92세 때까지 일손을 놓지 않은 안토니오 스트라디바리의 악기들은 스승의 것보다 더욱 큰 음량과 섬세한 음색을 자랑해 이미 그의 생전부터 명기라는 소문이 높았다.

아마티 가문에서 시작된 크레모나파派의 영향은 이내 밀라노·볼로냐·베네치아·나폴리 등 이탈리아 각지로 퍼져나갔다. 세 가문의 장인匠人들은 음악이라는 예술을 담아내는 악기 자체를 또 하나의 예술로 만든 사람들이었다. 명필은 붓을 가리지 않는다는 말이 있기는 하지만, 현악기 연주자들의 생각은 다른 모양이다. 지금까지 남아 있는 안토니오 스트라디바리의 악기 수백 개는 수집가들만이 아니라 일급 연주자들의 군침을 돌게 하고 있다.

라 아르헨티나 La Argentina
09.04.

1890년 9월 4일 스페인 무용가 라 아르헨티나가 아르헨티나 부에노스아이레스에서 태어났다. 1936년 프랑스 바욘에서 졸.

라 아르헨티나의 본명은 안토니아 메르세 이 루케다. 메르세는 아버지 성이고 루케는 어머니 성이다. 그 사이의 '이y'는 영어의 and에 해당하는 스페인어 접속사다.

스페인 안달루시아 지방 출신의 아버지 마누엘 메르세와 카스티야 지방 출신의 어머니 호세피나 루케 역시 직업 무용가였다. 이들의 딸 안토니아는 아홉 살 때 마드리드 왕립오페라극장에서 발레리나로 데뷔하면서, 태어난 나라 이름 아르헨티나를 예명으로 삼았다. 아르헨티나 앞의 '라La'는 스페인어 여성정관사다.

고은광순이니 조한혜정이니 신윤동욱이니 하는 이름에서 보듯, 1990년대 후반 이래 한국 사회에서는 부모의 성을 함께 쓰는 관행이 일부 여성주의자들 사이에 느릿느릿 퍼져나가고 있다. 아직 우리에게는 낯선 관행이지만, 라 아르헨티나의 본명 안토니아 메르세 이 루케에서 보듯 스페인어권에서는 심상한 일이다. 예컨대 1930년대 말 스페인 내전의 와중에 파시스트들에게 살해된 시인 페데리코 가르시아 로르카의 가르시아는 아버지 성이고 로르카는 어머니 성이다. 또 이른바 마술적 리얼리즘 문학의 챔피언으로 꼽히는 콜롬비아 작가 가브리엘 가르시아 마르케스의 경우도, 가르시아가 아버지 성이고 마르케스가 어머니 성이다.

라 아르헨티나는 14세에 발레를 포기하고 스페인 민속무용 쪽으로 방향을 틀었다. 그녀는 플라멩코 춤을 현대화하는 데 결정적으로 이바지했을 뿐만 아니라, 마누엘 데 파야, 가르시아 로르카, 엔리케 그라나도스 등의 전위 예술가들과 협력하며 무용을 종합무대예술의 핵심 부분으로 끌어올렸다. 전통적 집시 춤들은 라 아르헨티나의 세련된 안무를 거쳐 현대의 가장 강력한 무대예술 장르 가운데 하나가 되었다.

전향

09.05.

아서 케스틀러(1905.9.5~1983)는 헝가리 출신의 영국 소설가 겸 저널리스트다. 그는 삶의 전반을 떠돌이로 살았다. 케스틀러는 부다페스트에서 태어나 빈에서 대학을 다녔고, 한 독일 신문의 특파원으로 중근동과 파리·베를린을 순회했으며, 경식硬式 비행선 발명자 페르디난트 체펠린의 북극 탐험 비행에도 동승했다.

가장 격렬한 체험은 1930년대 후반 스페인과 프랑스에서 겪었다. 그는 1936년 스페인내전이 터지자 한 영국 신문의 특파원으로 그곳에 갔다가 프랑코 반란군 측에 체포됐고, 제2차세계대전이 터지자 프랑스로 갔다가 다시 체포되었다. 1931년 이래의 공산당원으로서 스페인과 프랑스에서 겪은 비참한 감옥 생활은 자전적 소설 『인간쓰레기』(1941)에 담겼다.

그러나 케스틀러에게 더 힘들었던 것은 마음의 감옥이었다. 파시즘의 어둠을 가르는 단 한 줄기의 빛을 모스크바에서 발견했던 이 이상주의자에게, 1930년대 후반의 모스크바 숙청재판 소식은 청천벽력이었다. 그는 공산주의에 환멸을 느껴 탈당했고, 모스크바 재판을 소재로 『정오의 어둠』(1940)을 발표했다. 혁명의 영웅으로 칭송되다가 갑자기 체포돼 자신이 하지 않은 일들을 자백하도록 강요당하는 루바쇼프라는 사내가 이 소설의 주인공이다. 『정오의 어둠』은 케스틀러를 20세기의 대표적 정치소설가로 만들었다.

'전향'이라는 말은 대체로 부정적 뉘앙스를 담아 사용되지만, 나는 케스틀러의 전향에서 지식인의 용기를 발견한다. 그토록 아름다운 시 「연인」을 쓴 폴 엘뤼아르가 모스크바 재판을 옹호했다는 것을 알았을 때, 나는 몹시 놀라고 실망했다. 고급 레스토랑에서 캐비어를 먹으며 혁명을 찬양하는 것은 누구에게나 쉬운 일이다. 그러나 자신이 살아낼 수 없는 혁명을 옹호하는 것은 역겨운 허영이다.

인공 人共
09.06.

1945년 9월 6일 서울 광화문 옛 경기여고 강당에서 조선인민공화국(인공)이 선포됐다. 인공은 일제로부터의 해방 당일인 그 해 8월 15일 여운형을 중심으로 조직된 조선건국준비위원회(건준)가 미군 진주에 앞서 정치적 정통성을 확보하기 위해 서둘러 선포한 것이다. 이 날 '조선인민공화국 임시조직법안'이 통과되며 인공이 선포됨에 따라 건준은 해체되고 9월 11일 인공의 조각이 단행되었다.

건준이 좌파 세력에 치우쳐 있었다는 우파 쪽의 비판을 의식한 듯, 인공은 주석에 이승만, 부주석에 여운형, 총리에 허헌을 추대·임명하고, 대표위원과 고문위원에 김구 김성수 김병로 신익희 조만식 등 우익 인사들을 다수 추대했다. 그러나 세勢 불리를 의식해 미군 진주와 임시정부 귀국을 기다리던 우익 세력은 이를 벽상조각壁上組閣이라고 비난하며 취임을 거부했다.

실제로 인공의 최고결정기관인 중앙인민위원회는 3/4 가까이가 좌파와 중도좌파 세력으로 채워졌던 터라, 우파가 가담했다 해도 들러리에 가까웠을 것이다. 인공은 그 해 10월 10일 미군정청이 공식적으로 이 '유사 정부'의 승인을 거부함에 따라 해체됐고, 그 주도세력은 이듬해 2월에 발족한 민주주의민족전선으로 흡수됐다.

인공이라는 약칭은 1945년 오늘 서울에서 선포된 조선인민공화국만이 아니라, 1948년 9월 9일 평양에서 수립된 조선민주주의인민공화국(북한의 정식 국호)에 대해서도 사용된다. 한국전쟁 초기 남한 대부분 지역이 북한 정권의 지배 아래 있던 시기를 '인공 치하治下'라 이른다거나 북한 국기를 '인공기'라 부르는 관행이 그 예다. 그래서 더러 두 '인공'이 혼동되기도 한다. 그러나 인공이 조선민주주의인민공화국까지 가리키게 된 것은 북한 정권 수립 이후다. 해방기 문헌에서 인공이란 분단 이전에 건준이 주도해 선포한 전국적 유사 정부와 국호의 약칭이다.

엘리자베스1세 Elizabeth I
09.07.

1533년 9월 7일 잉글랜드 여왕 엘리자베스1세가 그리니치에서 태어났다. 1603년 졸.

엘리자베스1세는 튜더왕가의 마지막 군주다. 헨리8세와 그의 두 번째 왕비 앤 불린 사이에서 태어난 그는 25세에 이복언니 메리1세를 이어 즉위했다. 이 처녀 여왕은 영국 역사상 가장 강력한 군주 가운데 한 사람이었다. 그는 1558년 즉위 직후 통일령Act of Uniformity을 반포해 국왕이 국가와 교회의 '유일 최고 통치자'라는 사실을 재확인한 뒤, 도전받지 않는 정치적·종교적 최고지도자로서 절대권력을 행사하면서 영국 제해권의 초석을 놓는 한편, 엄격한 신분질서와 기사도의 선양을 통해 이른바 '즐거운 잉글랜드Merry England'를 난숙의 단계로 이끌었다.

해적이면서 국민적 영웅이었던 프랜시스 드레이크와 '악화는 양화를 구축한다'는 그레셤의 법칙으로 유명한 재무관 토머스 그레셤이 엘리자베스1세 시대의 영국 군사력과 경제력을 상징한다면, 윌리엄 셰익스피어, 에드먼드 스펜서, 프랜시스 베이컨 등 많은 문인·학자들은 그의 치세 아래 영국이 뽐내던 문화의 힘을 상징한다. '엘리자베스조의Elizabethan'라는 수식어는 뒷날 문학·건축·연극·소네트 등 여러 장르의 예술 이름과 어울려 영국 문화사 텍스트의 표제어로 등재되면서, 엘리자베스1세 치하와 그 직후 영국이 누린 문화적 활력을 증명하고 있다.

엘리자베스조 문화 가운데서도 연극의 개화는 특히 두드러져, 당시의 런던은 그리스 황금시대의 아테네에 견주어지기도 한다. 유럽 최고의 시인 겸 극작가라 할 셰익스피어를 비롯해 크리스토퍼 말로, 토머스 키드, 벤 존슨, 존 플레처, 토머스 미들턴, 제임스 셜리, 존 웹스터, 필립 매신저 등 수많은 스타 극작가들이 빛을 내뿜으며 엘리자베스조 연극의 아름답고 휘황한 성좌를 만들어냈다.

양세봉 梁世奉

09.08.

1934년 9월 8일 독립운동가 양세봉이 만주滿洲 지린성吉林省 통화현通化縣 터우다오거우頭道溝에서 순국했다. 향년 38세. 1930년대 항일 무장투쟁사의 우뚝한 봉우리였던 양세봉은 일본군의 사주를 받은 친일 반역자 무리의 꾐에 빠져 매복 일본군과 친일 분자들에게 사살됐다. 그는 "조선 독립혁명을 완성하지 못하고 몸을 잘못 놀려 개죽음을 하는 나는 민족의 죄인"이라는 말을 남겼다.

양세봉은 평북 철산 출신이다. 호는 벽해碧海. 그는 1919년 3·1운동 직후 항일 무장운동 단체인 천마산대天摩山隊에 가입한 이래 길지 않은 생애를 민족해방운동의 견결한 전사로 살았다. 양세봉이 치러낸 수많은 전투 가운데 비교적 잘 알려진 것은 1932년 3월의 영릉가성永陵街城 전투다. 그 즈음은 일본이 만주사변을 통해서 괴뢰 국가 만주국을 출범시킨 직후였는데, 조선혁명당 산하 조선혁명군의 총사령관이었던 양세봉은 휘하 3개 중대를 이끌고 중국 의용군과 함께 만주 영릉가성을 공격해 일-만 연합군을 패퇴시켰다. 그것은 일본 측으로서는 만주 점령 이후에도 항일 게릴라전이 계속되리라는 불길한 징조였다.

실제로 항일무장투쟁사에서 조선혁명군이 차지하는 중요성은, 일제가 괴뢰 국가 만주국을 통해 중국 동북지방을 거의 완전히 장악한 1930년대에도 이 항일군이 10년 가까이 싸움을 계속했다는 데 있다. 봉오동 전투나 청산리 전투처럼 널리 알려진 항일 게릴라전은 만주에 대한 일본의 손길이 덜 촘촘했던 1920년대 초에 벌어졌다.

통화현의 조선인들은 양세봉의 시신을 수습해 마을 뒷산에 묻었으나, 일본 영사관 소속 군경들은 그의 무덤을 파헤쳐 잘라낸 목을 담장에 걸어놓았다고 전한다. 이 끔찍한 에피소드가 설령 사실이 아니더라도, 이런 전언 자체가 양세봉에 대한 일본군 측의 증오와 두려움을 알려준다.

라캉 Jacques Lacan
09.09.

1981년 9월 9일 프랑스 정신분석학자 자크 라캉이 80세로 작고했다.

공정하든 그렇지 않든, 라캉은 프로이트 이후 최고의 정신분석학자로 평가된다. 주체 형성의 시발로서의 '거울단계', 주체를 구성하는 세 질서로서의 '상상계'·'상징계'·'실재계' 같은 라캉의 개념들은 오늘날 정신분석학만이 아니라 인접 인문학에서도 중요하게 취급되고 있다.

30대 이후에 자신이 몰두한 프로이트 재해석 노력을 라캉은 '프로이트에게로 돌아가기retour a Freud'라고 불렀으나, 실제로 그가 구축한 학문의 성채는 프로이트의 것과는 상당히 다른 외양을 하고 있다. 라캉 정신분석학의 외양을 프로이트의 것과 다르게 만든 결정적 요인은 정신분석학에 대한 라캉의 언어학적 접근이었다. 라캉은 무의식이 언어와 동일한 구조를 지니고 있다고 생각했다. "언어는 무의식의 조건이다"라는 그의 유명한 발언은 이런 생각을 정식화한 것이다. 프로이트가 억압이라고 부른 것은 라캉이 보기에 은유에 해당하는 것이었고, 프로이트가 전이라고 부른 것은 라캉이 보기에 환유에 해당하는 것이었다.

인간 존재가 간주관성의 변증법에 다다르는 것은 시니피앙의 질서로서의 파롤을 통해서라고 라캉은 생각했다. 이 간주관성의 변증법은 단순한 생리적 욕망에 지배되는 것이 아니라, 제 욕망을 인정받고 싶어 하는 욕망에 지배된다. 이 대목에서 라캉은 알렉상드르 코제브를 통해 얻은 헤겔주의적 감수성을 내비치고 있기도 하다.

언어학자 미셸 아리베는 라캉을 포함한 구조주의자들이 '시니피앙'이나 '파롤' 같은 소쉬르의 개념들을 언어학 바깥으로 끄집어내면서 그 엄밀함을 훼손했다고 비판한 바 있지만, 라캉은 이미 생전에 프랑스 지식인 사회에서 '거장 중의 거장'으로 추앙받았다. 라캉의 두 번째 아내인 배우 실비아 바타유는 소설가 조르주 바타유의 두 번째 아내이기도 했다.

호세 펠리시아노 — José Feliciano
09.10.

1945년 9월 10일 가수 호세 펠리시아노가 푸에르토리코 라레스에서 태어났다. 위로 형이 여섯 있었고, 동생이 넷 더 태어날 예정이었다. 집은 가난했고, 설상가상으로 그는 날 때부터 시력이 없었다. 캄캄한 세상에서 출발한 그의 삶에 별다른 빛이 내리비치리라고는 가족들조차 상상하기 어려웠다. 그러나 갑년을 넘겨 되돌아보는 호세 펠리시아노의 삶은 휘황한 빛으로 충만하다.

호세 펠리시아노는 영어권 음악시장에 성공적으로 진입한 첫 번째 라틴계 가수다. 그가 열어놓은 문을 통해 수많은 라틴계 가수가 미국 시장으로 들어가, 오늘날 미국 방송에서 스페인어 노래를 듣는 것은 아주 흔한 일이 되었다. '살아 있는 세고비아'라는 헌사가 가리키듯, 호세 펠리시아노는 또 생존하는 최고의 기타리스트로 꼽힌다. 그는 여섯 차례의 그래미상 수상을 비롯해 대중음악상을 수없이 받았고, 빈심포니, 런던심포니를 포함한 최고의 클래식 교향악단과 협연했다. 코네티컷주 페어필드의 세이크리드하트聖心대학은 그에게 명예 문학박사 학위를 수여했고, 뉴욕시는 이스트할렘 구역의 한 공립학교에 호세 펠리시아노 공연예술학교라는 이름을 붙였다.

교황 요한 바오로2세가 1994년 크리스마스 때 그를 바티칸으로 초대하자, 네 해 뒤 크리스마스에는 클린턴 대통령 부부도 그를 백악관으로 초대했다. 그는 조엘 코엔 감독의 〈파고〉를 비롯해 몇몇 영화에 카메오로 출연하기도 했다.

그러나 호세 펠리시아노의 가장 큰 축복은 〈레인〉, 〈라잇 마이 파이어〉, 〈콴도 엘 아모르 세 아카바〉(사랑이 끝났을 때), 〈포르케 테 텡고 케 올비다르〉(왜 내가 널 잊어야 하나) 등 그가 영어나 스페인어로 부른 수많은 노래들이 세계 곳곳에서 울려 퍼지고 있다는 사실일 것이다. 호세 펠리시아노는 미국 국가를 대중적 스타일로 불러 빌보드차트에 올린 첫 번째 가수이기도 하다.

화씨 9/11 Fahrenheit 9/11
09.11.

일정한 견해를 지닌 사람을 설득하는 일은 쉽지 않다. 특히 그 견해가 정서에 바탕을 두었을 땐 더 그렇다. 그 때, 판단 주체는 있는 사실을 보기보다는 보고 싶은 사실을 보기 때문이다. 그래서 어떤 메시지는, 아주 섬세히 짜여졌을지라도, 그 메시지에 본디 동의하고 있던 사람들끼리의 신념을 강화하는 데 그치는 경우가 많다.

마이클 무어 감독의 다큐멘터리 〈화씨 9/11〉도 마찬가지였다. 이 기록물이 겨냥한 바는 2004년 11월 대통령 선거에서 조지 부시 2세를 낙선시키는 것이었다. 무어는 이 기록물에서 평균적 이성·감성과 정치적 중립성을 지닌 사람이라면 누구라도 기꺼이 납득할 만큼 유창하게, 부시가 재선돼서는 안 되는 이유를 나열했다.

부시가 9·11참사 직후 미국의 빈 라덴가 사람들을 왜 그리고 어떻게 탈출시켰는가, 부시 가문과 빈 라덴 가문 그리고 사우디 왕가는 어떻게 연결돼 있는가, 참사 직후 부시가 아프가니스탄을 제쳐두고 대뜸 이라크를 지목한 것은 어떤 이유에서였는가, '코믹누아르적'인 미국 핵심 권력자들이 대자본과 어떻게 얽혀 있고 그들은 이라크에서 어떤 이득을 취하고 있는가, 전쟁터의 미군은 왜 주로 하층계급 출신인가에 대한 무어의 설명을 듣고 나서도 부시 정권과 이라크 전쟁에 찬성하기는 어려울 것처럼 보였다.

그러나 이 영화는 미국의 어기찬 공화당 지지자들을 설득할 수 없었다. 정치적 견해라는 게 완고한 감성에 오염돼 있기 십상이라는 사실 때문이었을 것이다. 그래도 독자들에게 비디오로라도 이 영화를 한번 보기를 권한다. 이 영화는 백악관과 미국 행정부 주변에 포진해 있던 인물들이 얼마나 위험한 세력인지를 깔끔하게 보여주고 있기 때문이다.

영화보다 책을 더 즐기는 독자들에게는 언론인 김지석 씨의 저서 『미국을 파국으로 이끄는 세력에 대한 보고서』(교양인)를 권하고 싶다. 그나저나, 다음 미국 대선에서는 부시보다 나은 사람이 뽑힐까?

카로사 Hans Carossa
09.12.

1956년 9월 12일 독일의 소설가 한스 카로사가 리트슈타이크에서 작고했다. 향년 78세.

결핵 전문의의 아들로 태어난 카로사는 가업을 이어 의사가 되는데, 이 의업은 카로사 작품 세계의 중요한 소재가 된다. 실상 카로사의 가장 뛰어난 작품들은 거의 자전적 소설들이다. 그 소설들의 주인공이 의사가 되는 과정은 중편 『아름다운 미혹의 해』(1941)에서 그려진다. 뮌헨 의과대학 시절 한 해 동안 겪는 사랑과 방황의 기록인 이 작품은 이사가 잦았던 어린 시절을 그린 『유년시대』 (1922), 란츠푸트의 고등학교 시절을 그린 『청춘의 변전』(1928)을 잇는 작품이다. 『아름다운 미혹의 해』는 비록 청년기를 그리고 있기는 하지만, 60대 노작가의 솜씨로 빚어져 원숙하고 단단하다.

의사 개업 시절의 체험을 담은 일기체 소설 『뷔르거 박사의 운명』은 오히려 『아름다운 미혹의 해』보다 많이 이른 1930년에 발표됐다. 처녀작 『뷔르거 박사의 최후』(1913)를 개작한 이 작품의 주인공은 결핵전문 의사다. 그는 환자들에게 매우 헌신적인 의사이지만, 자신이 사랑하던 한 여성 환자를 죽음에서 구해낼 수 없게 되자 자살한다. 카로사가 가장 존경하던 작가는 괴테였는데, 주인공의 자살로 마감되는 『뷔르거 박사의 운명』은 흔히 '20세기의 『젊은 베르테르의 슬픔』'이라고 불린다. 카로사의 다른 작품들인 『의사 기온』이나 『젊은 의사의 날』도 자신을 모델로 한 듯한 의사를 주인공으로 삼았다.

카로사는 자전 소설에서 더 나아가 아예 수기를 쓰기도 했다. 군의관으로 종군한 제1차세계대전 때의 체험을 기록한 『루마니아 일기』(1924)는 전쟁문학의 백미로 꼽힌다. 참혹한 전쟁터에서 내면의 빛을 갈구하는 이 수기의 모토는 "뱀의 입에서 빛을 잡아라"였다.

클라라 슈만 Clara Schumann
09.13.

    1819년 9월 13일 독일 피아니스트 클라라 슈만이 라이프치히에서 태어났다. 태어날 때 그녀의 성은 비크였으나, 21세에 작곡가 로베르트 슈만과 결혼해 슈만 부인이 되었다.

    두 사람의 결혼이 쉽게 이루어지진 않았다. 클라라의 아버지이자 로베르트 슈만의 피아노 스승이었던 프리드리히 비크가 이 결혼에 완강히 반대했기 때문이다. 로베르트 슈만은 법원에 결혼 허락을 위한 소송을 냈고, 고통스러운 재판 과정이 마무리된 뒤에야 클라라와 결혼할 수 있었다.

    두 사람 사이의 사랑이 얼마나 깊었든, 이 결혼은 피아니스트로서의 클라라에게 그리 좋은 일이 아니었음이 곧 드러났다. 남편의 작곡에 방해가 될까 봐 클라라는 집에서 피아노를 칠 수도 없었고, 남편이 그녀를 늘 제 곁에 두려고 했던 터라 콘서트 여행도 자주 할 수 없었다. 어쩌다 여행을 하게 될 때는 남편이 꼭 동행했다. 클라라는 음악과 멀어지는 동안 아이를 여덟이나 낳았다. 이미 결혼 무렵부터 정신장애 증세를 보였던 로베르트 슈만은 결혼한 지 17년 만인 1856년 46세로 정신병원에서 삶을 마쳤다.

    클라라는 남편이 죽은 뒤 40년을 더 살았다. 남편의 죽음이 클라라에게 얼마나 큰 슬픔을 주었든, 이 죽음은 피아니스트로서의 클라라에게 나쁜 일이 아니었다는 것이 곧 드러났다. 클라라는 결혼 생활 동안 소홀히 했던 피아노로 다시 돌아와 정력적으로 연주 활동을 했고, 이내 리스트에 견줄 만한 명연주가라는 평판을 얻게 됐다. 그녀는 특히 남편 로베르트 슈만과 요하네스 브람스의 뛰어난 해석자로 이름을 날렸다.

    평생을 독신으로 산 브람스에게 열네 살 위의 클라라 슈만은 동경의 여인이었다. 1896년 5월 20일 클라라 슈만이 죽자 브람스는 비탄에 잠겨 말했다. "세상 모든 것이 헛되고 헛되다. 내가 진정 사랑했던 단 하나의 여인이 오늘 땅에 묻혔다."

포퍼 Karl Popper
09.14.

1994년 9월 14일 영국 런던 교외의 버킹엄셔에서 철학자 칼 포퍼가 작고했다. 그는 빈에서 오스트리아인으로 태어났고, 1946년 이래 영국인이었다. 1902년생이므로 아흔두 해의 생애를 살았다.

위대한 정신의 내면은 깊은 연속성을 지니고 있어서 그 안에 칸막이를 하는 것은 쉽지 않지만, 포퍼의 글쓰기 영역을 굳이 나누자면 크게 과학철학(인식론)과 사회철학(실천론)으로 대별할 수 있다. 전자가 그의 첫 저서이자 유일한 독일어 저서인 『탐구의 논리』에서 큰 틀이 완성된 뒤 『추측과 논박』, 『객관적 지식』 등의 저서에서 더 정교해졌다면, 후자는 『열린 사회와 그 적들』과 『역사주의의 빈곤』에서 확고한 표현을 얻었다.

포퍼 인식론의 처음이자 끝은 과학과 과학 아닌 것을 구별하는 기준이 '반증 가능성'에 있다는 주장에 있다. 그래서 포퍼가 보기에 프로이트주의나 마르크스주의는 과학이 아니었다. 프로이트의 이론은 어떤 관찰에 의해서도 반증이 불가능하고, 마르크스주의자들은 자기들의 이론을 끊임없이 수정함으로써 반증의 기회를 봉쇄하기 때문이다.

포퍼는 나치즘을 피해 뉴질랜드에서 망명 생활을 하던 제2차세계대전 중에 『열린 사회와 그 적들』을 썼다. 플라톤과 마르크스에 대한 격렬한 비판으로 가득 찬 이 책에서, 그는 정의를 향한 인간의 노력은 개인의 자유 신장을 수반할 때만 진정한 진보를 구성한다고 주장했다. 포퍼는 또 『역사주의의 빈곤』에서 마르크스주의자들의 세계관 노릇을 한 역사주의, 곧 역사 진행의 밑바탕에는 경향성·법칙·리듬이 있다는 견해를 단호히 비판했다.

경험과 토론을 통해 오류를 고쳐가며 자유의 신장과 고통의 극소화를 꾀하는 포퍼의 '점진적 사회 공학'은 현실사회주의가 몰락하기 시작한 1989년 이후 새롭게 주목되고 있다.

애거서 크리스티 Agatha Christie
09.15.

1890년 9월 15일 영국의 추리소설가 애거서 크리스티가 잉글랜드 남해안의 토케이에서 태어났다. 1976년 몰.

『그리고 아무도 없었다』(일명 『열 개의 인디언 인형』), 『쥐덫』, 『나일강의 죽음』, 『오리엔트 특급 살인』 등의 작품으로 우리나라 독자들로부터도 폭넓은 사랑을 받고 있는 크리스티는 흔히 미스터리의 여왕으로 불린다. 그녀는 생전에 단편소설 147편, 희곡 15편, 장편소설 90편을 썼는데, 이 책들은 50여 개 언어로 출판돼 20억 부가 훨씬 넘게 팔렸다. 그래서 그녀는 성경의 기록자들 다음으로 많은 독자를 지닌 문필가로 꼽힌다.

크리스티의 작품 세계는 명탐정 셜록 홈스의 작가 코넌 도일을 낳은 영국 탐정소설의 전통 위에서 실증주의와 심미주의를 결합시켜 고도의 지적 향취를 발산했다고 평가된다. 그녀가 추리소설 속에 확고히 세워놓은 다중구조의 미로는 이탈리아의 기호학자 움베르토 에코의 『장미의 이름』이나 『푸코의 진자』 같은 작품들 속에서 더욱 섬세해지고 있다.

발로 뛰기보다는 잿빛 뇌세포로 추리하기를 더 좋아하는 그녀의 벨기에인 주인공 에르퀼 푸아로가 1975년 작 『커튼』에서 죽자 미국의 《뉴욕 타임스》는 그 해 6월 1일자 1면에 이 탐정의 부음 기사를 실었고, 뜨개질을 좋아하는 그녀의 또 다른 주인공인 독신 노처녀 제인 마플은 텔레비전 프로그램 〈제시카의 추리극장〉의 제시카 플레처를 비롯해 그 뒤에 창조된 여성 탐정들의 모델이 됐다.

애거서는 외도가 심했던 첫 남편 아치볼드 크리스티와 이혼하고 14살 연하의 고고학자 맥스 맬로언과 재혼한 얼마 뒤 한 기자로부터 "왜 하필 고고학자와 결혼했느냐"는 질문을 받았다. 그 때 크리스티가 한 대답은 이랬다. "고고학자 남편은 내가 늙어갈수록 나를 더 사랑할 테니까요."

사브라·샤틸라 학살

09.16.

1982년 9월 16일 레바논의 파시스트 정당인 팔랑헤당 소속 기독교 민병대가 이스라엘군의 방조 속에 서베이루트 사브라와 샤틸라의 팔레스타인 난민촌에 난입해 무차별 학살을 시작했다. 이스라엘이 레바논을 침공한 지 석 달 만에, 그리고 팔레스타인해방기구PLO가 팔레스타인 난민들의 눈물 속에서 시리아로 근거지를 옮긴 지 불과 수주일 만에 일어난 이 학살 사건은 전 세계에 놀라움과 분노를 불러일으켰다.

이스라엘은 PLO가 시리아로 철수하는 조건으로 휴전이 이뤄지면 서베이루트로 진격하지 않겠다는 약속을 미국 레이건 행정부에 한 바 있지만, 메나헴 베긴 총리와 아리엘 샤론 국방장관은 이 협정을 무시하기로 결정했고, 9월 15일 아침 이스라엘군이 서베이루트로 밀려들어와 이튿날에는 전지역을 장악했다.

미국과 레바논 정부는 이스라엘에 항의했지만, 힘없는 레바논 정부만이 아니라 힘 있는 미국 정부도 말과 속셈이 달랐던 듯하다. 이스라엘군은 중무장 병사들과 탱크로 사브라와 샤틸라 난민촌을 포위한 뒤 레바논 극우파 민병대원들을 난민촌 안으로 들여보냈다.

그 날 오후부터 18일 오전까지 만 이틀 동안 벌어진 '살인 파티'의 희생자가 얼마나 되는지는 정확히 알려져 있지 않다. 국제적십자사의 비교적 보수적인 집계에 따르더라도 피살자는 2,750명에 이른다. 이 수치는 주로 현장에 널브러져 있던 시신들을 기초로 한 것이다. 이 시신들은 대부분 사지가 절단돼 있었다. 민병대원들은 학살의 무기로 기관총보다는 도끼나 대검을 더 선호한 것이다. 이 학살자들이 불도저를 동원해 구덩이를 파고 묻은 시신들은 제대로 발굴되지 않았다. 거기다 피랍·실종자들까지 계산하면 희생자 수는 훨씬 더 늘어날 것이다. 이 더러운 작전의 방조자인(어쩌면 기획자인) 아리엘 샤론은 뒷날 이스라엘 총리를 지냈다.

작가회의
09.17.

　1987년 9월 17일 민족문학작가회의(작가회의)가 창립됐다. 작가회의는 표현의 자유 쟁취를 포함한 한국사회 민주화를 기치로 내걸고 1974년 11월 18일 창립된 자유실천문인협의회(자실)의 후신이다.

　한국문인협회(문협)를 비롯한 기존 문인단체가 유신 파쇼체제의 나팔수가 돼 있던 시절 소수 문인들의 양식과 용기에 힘입어 태어난 자실은 전두환 독재 시절인 1984년 12월 19일 제2회 민족문학의 밤 개최와 더불어 재창립됐고, 6월항쟁의 자장磁場 속에서 민족민주운동이 고양되던 1987년 오늘 민족문학작가회의라는 이름으로 확대 개편되었다.

　감옥 속의 시인 김지하에게 연대를 표명한 「문학인 101인 선언」 발표와 함께 출발한 자실은 이 선언으로 고은 박태순 윤흥길 이문구 이시영 송기원 등이 연행된 것을 시작으로, 지금의 작가회의까지 이어지는 30년 너머의 역사 속에서 수많은 회원들을 경찰서 유치장으로, 구치소로, 교도소로 보냈다. 「노예수첩」 사건의 양성우, 남민전 사건의 김남주와 임헌영, 《민중교육》지 사건의 윤재철과 김진경 등은 비교적 널리 알려진 구속 문인이었을 뿐이다. 문익환, 송기숙, 김병걸, 박용수, 황석영, 김종철, 이광웅, 김정환, 김사인, 백무산, 박노해, 김명인, 백진기를 포함한 다수의 회원들이 때로는 어마어마한 조직 사건에 연루돼, 때로는 단지 소박한 표현의 자유를 행사했다는 이유로 길고 짧은 옥살이를 해야 했다.

　작가가 어떤 문학단체에 소속돼 있어야 할 이유는 없지만, 오늘날 작가회의는 한국문학 그 자체라 해도 좋을 만큼 대다수의 역량 있는 작가들을 회원으로 안고 있다. 예총 산하의 다른 장르 단체들이 아직도 제 나름의 주류적 기득권을 향유하며 민예총 산하의 장르 단체들과 경쟁하고 있는 것과 달리, 문협만은 유독 작가회의의 구심력에 무너져 내리며 겨우 허울만을 유지하고 있다. 기이하다.

지미 헨드릭스 —Jimi Hendrix

09.18.

1970년 9월 18일 미국 기타리스트 지미 헨드릭스가 런던에서 약물 중독으로 죽었다. 28세였다.

지미 헨드릭스는 록그룹 '도어스'의 리드싱어 짐 모리슨, 여성 블루스 가수 재니스 조플린과 함께 '세 J'로 불렸던 대중음악가다. 1960년대 청년들의 우상이었던 이 세 미국인은 비슷한 시기에 태어나 비슷한 시기에 죽었다. 사인이 약물 중독이라는 것도 똑같다. 텍사스 출신으로 헨드릭스보다 한 살 아래였던 조플린은 헨드릭스가 죽은 지 석 달 만인 1970년 12월 4일 할리우드의 한 호텔에서 죽었다. 플로리다 출신으로 역시 헨드릭스보다 한 살 아래였던 모리슨은 헨드릭스가 죽고 열 달 뒤인 1971년 7월 3일 파리의 제 집 욕실에서 죽은 채 발견됐다.

지미 헨드릭스는 워싱턴주 시애틀 출신이다. 대중음악계의 슈퍼스타로 군림한 것은 죽기 전 네 해에 불과하지만, 그는 이 짧은 기간에 다양하고 창조적인 기법을 통해 전기기타의 어휘목록을 크게 불려놓았다. 1970년대 헤비메탈 기타리스트에게 헨드릭스가 끼친 영향은 결정적이다. 헨드릭스는 또 청중 앞에서의 쇼맨십도 대단해, 기타를 등 뒤로 연주하는가 하면 손가락 대신 이齒牙를 사용해 연주하기도 했고, 연주 도중 기타를 불에 태우기도 했다.

헨드릭스가 스타덤에 오른 것은 영국 록그룹 '애니멀스'의 베이시스트 채스 챈들러의 눈에 띄면서였다. '애니멀스'가 해체의 길을 걷고 있던 1966년 뉴욕의 한 클럽에서 이 재능 있는 기타리스트를 발견한 챈들러는 매니저로 나서기로 결심하고 헨드릭스를 런던으로 오도록 설득해, 드럼의 미치 미첼, 베이스의 노엘 레딩과 함께 '지미 헨드릭스 익스피어리언스'를 결성토록 했다. 헨드릭스 신화의 시작이었다. 그룹의 해체, 재결합, 재해체로 이어진 그 뒤 어수선한 네 해 동안 지미 헨드릭스라는 이름은 그대로 한 세대의 이름이 되었다.

치올코프스키 Konstantin Eduardovich Tsiolkovskii
09.19.

1935년 9월 19일 러시아의 물리학자 겸 기술자 콘스탄틴 에두아르도비치 치올코프스키가 칼루가에서 작고했다. 78세였다.

치올코프스키는 우주비행 이론의 선구자다. 과학소설가가 아닌 과학기술자로서 우주비행에 진지한 관심을 기울인 사람은 그의 당대까지 매우 드물었다. 치올코프스키는 우주여행에 대한 과학소설가들의 상상을 진지한 탐구의 영역으로 끌어온 거의 첫 이론가라고 할 만하다.

10세에 걸린 성홍열의 후유증으로 청각을 잃게 된 치올코프스키는 소리로부터의 단절감을 우주비행에 대한 연구로 메웠다. 그가 일생 동안 대학 제도 바깥에 있었다는 사실이 오히려 그의 과학적 상상력을 도왔다. 거의 독학으로 물리학과 천문학을 공부한 뒤 중등학교 교사가 된 치올코프스키는 "태양이 그 에너지를 다 써버렸을 때는 그 곁을 떠나 새로 에너지를 뿜기 시작한 젊은 별을 찾아가는 것이 옳다"는 과학소설적 상상력에 떠밀려 우주여행의 방도를 탐구했고, 그의 연구는 1898년 「로켓에 의한 우주공간 탐구」라는 논문으로 응결됐다.

치올코프스키는 이 논문에서 로켓의 이상적인 도달 속도는 가스의 분출 속도에 비례하고, 로켓 발사 때와 연소 종료 때의 무게의 비에 관련된다는 치올코프스키식式을 제시했다. 그는 또 가스의 분출 속도를 높이기 위해서는 액체 추진제를 쓰는 것이 유리하다는 점도 밝혔다.

모스크바에서 남서쪽으로 170km 떨어진 도시 칼루가는 치올코프스키가 그곳에 살며 연구에 몰두한 덕에 우주과학사에 이름을 새겼다. 그가 생전에 살았던 집은 우주비행 박물관으로 고쳐져 보존되고 있다. 1957년은 치올코프스키가 태어난 지 1백년이 되는 해였다. 옛 소련 정부는 바로 그 해에 세계 최초의 인공위성 스푸트니크1호를 발사해 우주비행 이론의 선구자에게 경의를 표했다.

정글 Jungle
09.20.

미국 소설가 업튼 싱클레어(1878.9.20~1968)는 생전에 11부작 역사소설 『래니 버드』 시리즈를 자신의 대표작으로 꼽곤 했다. 그러나 그의 소설 가운데 가장 널리 읽힌 것은 『정글』(1906)이다. 저기스 러드커스라는 리투아니아 출신 이주 노동자를 주인공으로 삼아 시카고의 한 식육 가공 공장의 노동 현실을 핍진逼眞하게 그려낸 이 소설은 작가가 의도하지 않은 방향으로 미국 사회에 커다란 센세이션을 불러일으켰다.

사회주의자였던 싱클레어는 『정글』을 통해 20세기 초 미국 노동자들의 비참한 삶을 환기시키고자 했지만, 독자들이 그 소설에서 읽은 것은 소시지 제조 공정의 불결함이었다. 소설이 발간되자마자 식품 가공 과정의 비위생성에 대한 비난이 높아지면서 미국의 소시지 판매량은 절반으로 떨어졌다. 결국 그 해에 '신선 식품 및 의약품에 관한 법률'이 제정됐고, 이 법을 기초로 식품의약청FDA이 신설됐다.

『정글』은 스토 부인의 『톰 아저씨의 오두막』(1852) 이래 미국 사회에 가장 커다란 영향을 끼친 소설로 꼽힌다. 이 소설이 노동자 옹호로서가 아니라 소비자 옹호로 읽힌 데 대해 싱클레어는 "내가 겨냥한 것은 사람들의 가슴이었는데 뜻밖에 위장을 후려치고 말았다"고 술회한 바 있다. 그러나 싱클레어는 결과적으로 미국 노동자의 건강 증진에 이바지했다. 불량 가공 식품의 소비자들은 주로 노동자였으니 말이다.

『정글』이 나오기 전에도 식품 가공 과정의 위생성 여부에 대한 의구심이 간간히 제기되긴 했으나, 식품 자본가들의 눈치를 보지 않을 수 없던 의회 실력자들은 가공식품의 무해성을 보장할 입법을 추진하는 데 소극적이었다. 『정글』이 촉발시킨 전국민적 분노에 힘입어, 시어도어 루스벨트 행정부는 보수적 의회를 제압하고 입법을 밀어붙일 수 있었다.

사보나롤라 Girolamo Savonarola
09.21.

1452년 9월 21일 도미니크회 수도사 겸 교회개혁가 지롤라모 사보나롤라가 북이탈리아 페라라에서 태어났다. 1498년 피렌체에서 졸.

사보나롤라가 피렌체에서 산 것은 생애의 마지막 일곱 해뿐이지만, 그 일곱 해는 그의 이름을 전 유럽에 알린 종교적 열정으로 채워졌다. 그 종교적 열정은 당대 가톨릭교회의 주류 세력에게 매우 위험스럽게 비쳐졌고, 그래서 그는 비극적 죽음을 맞아야 했다. 사보나롤라가 한두 세대 뒤에 태어나 마르틴 루터나 장 칼뱅의 동시대인이 되었다면, 가톨릭 수도사로 남지 않고 개신교의 첫 세대 성직자가 되었을지도 모른다.

39세 때인 1491년 피렌체 산마르코수도원의 원장이 된 사보나롤라는 예언자적 언행으로 교회혁신을 설교하며 시민들의 정신적 지도자가 되었다. 두 해 뒤 프랑스 샤를8세의 이탈리아 원정이 피렌체 사람들에게 그가 예언한 '하느님의 노여움'으로 받아들여지면서, 이 도시에서 사보나롤라의 권위는 더욱 확고해졌다. 뒷날 칼뱅이 제네바에서 그랬듯, 사보나롤라는 피렌체의 정치적·종교적 우두머리가 되어 민주주의적 신정체제를 수립했다.

칼뱅처럼 사보나롤라도 금욕주의자였고, 그 금욕주의를 시민들에게 강요했다. 그는 피렌체에서 사육제를 금했고, '허영의 소각'이라는 이름으로 사치품과 이교도적 상징물들을 불태웠으며, 부패한 관리들을 엄히 처벌했다. 사보나롤라의 이런 비타협적 엄숙주의는 피렌체 시민들을 그에게 적대적인 '아랍비아티'(격노한 사람들)와 그에게 호의적인 '피아뇨니'(우는 사람들)로 분열시켰다.

게다가 사보나롤라는 교황 알렉산드르6세를 격렬히 비판함으로써 고립을 자초했다. 교황은 사보나롤라가 소환에 불응하자 그를 파문했고, 아랍비아티는 이를 구실로 산마르코수도원을 습격해 사보나롤라를 체포했다. 그는 종교 재판에 회부돼 사형을 선고받고 교수된 뒤 다시 불태워졌다.

균형
09.22.

1792년 9월 22일 프랑스에 공화정이 선포됐다. 그 해엔 이 날이 추분이었다. 이 날을 기점으로 삼은 공화력을 제정하면서, 프랑스인들은 "프랑스 인민의 대표자들이 시민적·정신적 평등을 선포한 바로 그 순간, 낮과 밤의 평등이 하늘에 새겨졌다"고 기록했다. 낮과 밤의 길이가 같아서 밝음과 어둠이 균형을 이루는 세시歲時를 평등이라는 프랑스혁명 이념에 포갠 것이다. 혁명의 주체들 생각으로, 평등은 균형이었다.

균형은 어느 한쪽으로 기울거나 치우치지 않고 고른 상태다. 그것은 태고 이래 동양과 서양에서 윤리적·미적·정치적 이상을 함축하는 개념이기도 했다. 지나침과 모자람 어느 쪽으로도 기울지 않는 중간 지대에 덕德이 존재한다는 아리스토텔레스 윤리학의 중용론은, 어느 한쪽으로 치우치지 않는 평상平常이라는 뜻의 중국적 중용과 더불어, 균형이라는 개념이 고대인들에게 촉발시킨 윤리적 상상력의 한 자락을 보여준다.

독일 미학에서 균형은 조화, 균제, 율동 따위와 함께 다양성의 통일이라는 미적 형식 원리를 이루는 중요한 개념이었다. 좌우의 양감量感이 평형을 이룬 뒤에야, 예술 작품은 제 나름의 고전성에 다다를 수 있었다.

이상적인 자유민주주의는 좌와 우의 균형 위에 위태롭게 서 있다. 달리 말하면 자유와 평등의 균형 위에 서 있다. 평등이 쇠약해질 때, 자유는 흔히 더 힘세고 사나운 사람들이 약하고 순한 사람들을 짓밟으며 제 이익을 멋대로 취할 수 있는 권리로 변질된다. 자유가 비실거릴 때, 평등은 흔히 다수의 횡포와 중우정치로 가는 길을 닦는다.

인류 역사를 돌이켜보면, 자유에 대한 열망과 평등에 대한 열망은 거의 비슷한 정도로 인간의 유전자에 각인돼 있는 듯하다. 회색 지대에서 이 둘의 균형을 꾀하는 것이 좌우의 근본주의자들에게는 마땅치 않겠지만, 진·선·미는 바로 그곳에 있다.

리프먼 Walter Lippmann
09.23.

1889년 9월 23일 미국 저널리스트 월터 리프먼이 뉴욕에서 태어났다. 1974년 졸.

리프먼은 하버드대학을 졸업한 뒤 1914년 잡지 《뉴 리퍼블릭》 부주필로 언론인 생활을 시작했고, 1921년 《뉴욕월드》로 자리를 옮겨 논설 담당 기자로 일하며 이름을 얻었다. 그러나 그가 미국 바깥에까지 영향을 끼치는 중량급 언론인으로 성장한 것은 1931년 《뉴욕 헤럴드 트리뷴》으로 자리를 옮기면서다. 리프먼은 1966년 은퇴할 때까지 이 신문의 「오늘과 내일」 난을 담당하며 시대의 관찰자 겸 조언자 노릇을 했다.

월터 리프먼이라는 이름에서 사람들이 대뜸 떠올리는 말은 '냉전'이다. 냉전은 제2차세계대전이 끝난 뒤 미국이 주도하는 자유주의-자본주의 진영과 소련이 이끄는 사회주의 진영 사이에 벌어진 정치적·이념적 갈등이나 군사적 수준의 잠재적 투쟁을 가리킨다. '냉전'이라는 용어는, 누가 이 말을 처음 고안했든, 리프먼이 1947년 「냉전」이라는 논문을 발표한 이후 대중화되었다.

1989년 베를린 장벽이 무너지고 그에 이어 동유럽 사회주의체제가 차례로 붕괴하면서 마무리된 냉전은, 무기를 사용하지 않는 전쟁이라는 애초의 함의와 달리, 수없이 많은 국지적 열전으로 이뤄진 유사 세계대전이었다.

미디어 이론가로서 리프먼이 이룬 두드러진 업적 하나는 '의사擬似환경' 개념의 수립이다. 리프먼은 1922년에 출간한 저서 『여론』에서 매스미디어가 활자나 영상 같은 상징을 통해 만들어내는 간접적 환경이 많은 경우에 직접적 환경 못지않게 사람들에게 영향을 끼친다는 사실을 지적하고, 이런 간접적 환경을 의사환경이라고 불렀다. 불연속적인 상징이 연속적인 세계를 고스란히 재현하는 것은 본질적으로 불가능하므로, 의사환경은 저널리스트의 악의가 개입되지 않는 경우에도 리프먼이 '스테레오타입'이라고 부른 과정을 통해 실제 환경을 다소 왜곡하게 마련이다.

파라셀수스 Paracelsus
09.24.

1493년 9월 24일 스위스의 의학자 겸 화학자 필리푸스 아우레올루스 파라셀수스가 아인지델른에서 태어났다. 1541년 오스트리아 잘츠부르크에서 몰.

파라셀수스는 바젤대학과 페라라대학에서 공부한 뒤 1526년 바젤시의 시의市醫 겸 바젤대학 교수가 됐다. 그러나 의학에 대한 그의 생각이 너무 혁신적이어서 두 해 뒤 그 도시에서 추방당했다.

파라셀수스는 흔히 마지막 연금술사이자 최초의 화학자라고 불린다. 그는 또 의학에 화학적 개념들을 도입한 의화학醫化學의 원조이기도 하다. 중세의 어둠이 걷히지 않은 시기를 산 파라셀수스는 어쩔 수 없이 점성술이나 연금술을 자기 의학의 한 뿌리로 삼고 있었지만, 그런 한편 전통에 매이지 않고 실험을 통해 많은 의약품을 만들어냈다. 산화철 납 구리 수은 안티몬 비소 등의 금속들을 의약품의 원료로 처음 사용한 것이 파라셀수스다. 그런 점에서 그는 근대 약학의 아버지라고도 할 만하다.

파라셀수스의 말 가운데 약학자들이 금과옥조로 여기는 것이 있다. "세상의 모든 약은 독이고 약과 독의 차이를 결정하는 것은 그 사용량일 뿐이다"라는 말이다. 약의 치료효과 못지않게 중요한 것이 그 독성이라는 것을 강조한 이 말은 약리학이 곧 독성학이라는 것을 시사한다.

파라셀수스는 또 수은 유황 소금의 셋이 물질계의 근본이라는 '3원소설'을 주장했다. 그것은 파라셀수스가 연금술의 자장 안에서 근대 의학을 개척했다는 것을 뜻한다. 연금술은 비금속卑金屬을 귀금속으로 전환하는 기술이다. 기원전에 알렉산드리아에서 시작돼 이슬람세계에서 체계화된 뒤 중세 유럽을 풍미한 이 이론체계는 그 주술적 성격 때문에 참다운 과학이 되지는 못했지만, 숱한 시행착오의 과정 속에서 화학이라는 진짜 학문을 낳았다.

바르비 Klaus Barbie
09.25.

1991년 9월 25일 '리옹의 도살자'라고 불리던 전직 게슈타포 간부 클라우스 바르비가 프랑스 리옹의 감옥에서 죽었다. 78세였다.

바르비는 제2차세계대전 중에 반인도죄反人道罪를 저지른 혐의로 1987년 기소돼 리옹 중죄재판소에서 종신형을 선고 받은 바 있다. 전 세계의 이목을 집중시킨 이 재판은 프랑스에서 열린 첫 번째 반인도죄 재판이었다. 그 때까지 프랑스에 사형 제도가 존속했다면 바르비는 틀림없이 사형을 선고받았을 것이다.

독일 바트고데스베르크 출신의 바르비는 10대에 히틀러 유겐트에 들어가 나치의 일원이 됐고, 프랑스가 독일에 점령돼 있던 1942년 리옹의 게슈타포 책임자가 된 뒤 독일군이 패퇴할 때까지 2만 6천여 명의 유대계 프랑스인과 레지스탕스 단원들을 살해하거나 고문하거나 강간하거나 강제수용소로 이송시켰다. 그가 고문해 살해한 사람 가운데는 프랑스 레지스탕스의 전설적 영웅 장 물랭도 포함돼 있었다. 히틀러는 이 공로를 치하하며 바르비에게 직접 일급 철십자가鐵十字架 훈장을 달아주었다.

프랑스가 해방된 뒤에도 바르비는 살아남았다. 비밀경찰로서의 그의 재능과 반공 열정을 높이 평가한 미국이 그를 빼돌려 수년간 방첩 활동에 활용한 뒤, 1951년 그와 가족을 비밀리에 볼리비아로 피신시켰기 때문이다. 바르비는 클라우스 알트만이라는 새 이름으로 볼리비아 국적을 얻고 라파스에 정착한 뒤, 30여 년간 사업가 행세를 하며 볼리비아와 페루 군사독재 정권의 비밀경찰 업무를 지원했다.

해방 직후 궐석 재판에서 바르비에게 사형을 선고한 프랑스 정부는 그를 계속 추적해 소재를 알아냈지만, 볼리비아 정부는 그의 인도를 거부했다. 프랑스가 바르비의 신병을 인수한 것은 볼리비아에 잠깐 민주주의 정부가 들어서서 그의 국적을 박탈한 1983년이었다.

최병우 崔秉宇
09.26.

1958년 9월 26일 언론인 최병우가 대만해협 진먼섬金門島 부근에서 실종됐다. 34세였다. 실종 당시 최병우의 직책은 《코리아타임스》 편집국장 겸 《한국일보》 논설위원이었다.

중국 푸젠성福建省 아모이섬廈門島 동쪽에 자리잡은 진먼섬은 대만 국민정부의 대륙 수복 전초 기지로서 섬 전체가 일종의 요새였는데, 그 해 8월 23일부터 중국군이 이 섬에 포격을 가하면서 중국과 미국·대만 사이에 긴장이 최고조로 치닫고 있었다. 최병우는 그 해 9월 11일 폭탄이 쏟아지는 진먼섬에 외국인 기자로서는 유일하게 상륙해 취재를 하다가 교통사고로 부상을 입고 타이베이臺北로 후송됐으나, 아픈 몸을 이끌고 26일 다시 한 번 진먼섬 상륙을 시도하다 동료 외국인 기자 여섯과 함께 종적이 끊겼다.

최병우는 전남 목포 출신이다. 경기중학과 일본 센다이시仙台市의 도호쿠東北제국대학에서 수학했다. 도쿄의 주일대표부에서 일하던 1950년 봄, 최병우는 한국은행 조사부장 장기영張基榮을 처음 만났다. 그리고 이 만남이 그의 삶을 바꾸어놓았다. 장기영을 도와 개설한 한국은행 도쿄 지점에서 근무하던 최병우는 1952년 장기영이 《조선일보》 사장이 되면서 이 신문의 외신부장으로 언론계에 발을 들여놓았고, 두 해 뒤 장기영이 《한국일보》를 창간하자 그를 따라 태평로에서 안국동으로 일터를 옮겼다.

최병우의 기자 생활은 대여섯 해에 지나지 않았지만, 그는 이 길지 않은 세월을 터질 듯한 밀도로 채웠다. 그는 관훈클럽 창설, 신문주간과 신문의 날(4월 7일) 제정, 한국신문편집인협회의 결성을 주도했을 뿐만 아니라, 쉼 없이 공부하는 기자, 현장에 붙박여 있는 기자의 삶을 모범적으로 실천해 보임으로써 후배 기자들에게 깊은 영향을 주었다. 그의 현장의 시작은 판문점이었고 끝은 대만해협이었다.

보브 호프 데뷔
09.27.

1938년 9월 27일 런던 출신의 레슬리 타운스 호프라는 35세 사나이가 할리우드에서 난생 처음 제 목소리를 라디오 방송에 실었다. 네 살 때 부모를 따라 미국으로 건너와 오하이오주 클리블랜드에서 자란 이 사내는 그 때까지 버젓한 직업을 가져본 적이 없었다. 그러나 그가 이 날 방송에서 늘어놓은 우스개는 청취자들에게 깊은 인상을 주며 그의 나머지 생애를 결정했다. 20세기 최고의 엔터테이너 가운데 한 사람으로 꼽히는 보브 호프가 바로 이 날 '탄생'한 것이다.

그 시절의 엔터테이너들이 대체로 그랬듯, 보브 호프도 할리우드에서 보드빌로 커리어를 시작한 뒤 뉴욕으로 진출해 뮤지컬 배우로 이름을 얻었다. 그는 이내 영화배우와 가수를 겸하게 되었다. 1939년에 보브 호프는 처음으로 아카데미상 시상식의 사회를 보았는데, 이 일은 그 뒤 30년 동안 단속적으로 이어졌다. 보브 호프의 얼굴과 이름을 모든 미국 사람들이 알게 된 것은 그의 쇼가 NBC 텔레비전을 타기 시작한 1950년 4월 9일 이후다. 그 뒤 미국인들은 그의 짤막한 농담과 의뭉스러운 표정에다 삶의 시름을 녹였다.

보브 호프에게 '애국적 미국인'의 이미지가 들러붙은 것은 주로 그의 군 위문 공연 덕이다. 1941년 3월 6일 캘리포니아주 리버사이드의 마치필드 공군기지에서 시작된 그의 군 공연은 걸프전쟁이 터진 1990년까지 계속됐다. 그 사이에 그는 미국만이 아니라 한국과 베트남을 포함해 미군이 싸우고 있는 곳이면 어디든지 달려가 병사들의 애국심을 북돋우고 향수를 달래주었다.

그가 1백회 생일을 맞은 2003년 5월 29일에는 미국의 35개 주가 이 날을 '보브 호프의 날'로 선포하고 축하 행사를 성대히 벌였다. 보브 호프는 그 두 달 뒤인 7월 27일 캘리포니아의 톨루카 레이크 자택에서 작고했다.

메리메 Prosper Mérimée
09.28.

1803년 9월 28일 프랑스의 소설가 프로스페르 메리메가 파리에서 태어났다. 1870년 몰.

메리메의 대표작은 그가 죽은 뒤 비제의 오페라(1875)로 더 유명하게 된 중편소설 「카르멘」(1845)이다. 「카르멘」은 스페인의 세비야를 배경으로 용기병龍騎兵 하사 돈 호세와 집시 여자 카르멘의 사랑을 그린다. 그 사랑은 비대칭적이다. 카르멘에 대한 돈 호세의 사랑은 일편단심이지만, 뜨거운 피와 변덕에 휘둘리는 카르멘은 돈 호세를 이용하려고만 할 뿐 그에게 진심을 주지 않는다. 이 소설은 돈 호세가 카르멘을 살해하고 자수하는 것으로 끝난다. 남자의 순애純愛와 여자의 변덕을 결합시키고 있다는 점에서 「카르멘」은 아베 프레보의 장편소설 『마농 레스코』를 닮았다.

메리메의 또 다른 대표작들인 중편 「콜롱바」(1840)와 단편 「마테오 팔코네」(1829)는 코르시카섬이 배경이다. 이 소설들은 코르시카섬의 전통인 방데타(집안 사이의 복수)나 신의信義 같은 것을 소재로 삼았다. 「콜롱바」는 코르시카섬 피에트라네라 마을의 두 원수 집안인 델라레비아 집안과 바리치니 집안의 방데타를 배경으로, 이 오래된 악습을 끝장내기 위해 고뇌하는 청년 오르소와 아버지의 원수를 갚아야 한다고 주장하는 누이동생 콜롱바 사이의 심리적 갈등을 그렸다.

역시 코르시카섬의 한 밀림을 배경으로 한 「마테오 팔코네」는 아버지가 아들을 처형하는 얘기다. 마테오 부부가 외출해 혼자 집을 지키던 아들 포르튀나트는 경찰에 쫓겨 자기 집에 숨어든 범죄자를 경찰에게 밀고한다. 경찰이 은시계를 주며 꾀었기 때문이다. 범인이 끌려갈 무렵 집에 돌아온 마테오는 자초지종을 알고 나서, 배신자를 용서하지 않는다는 이 섬의 전통에 따라 열 살짜리 외아들을 총으로 쏘아 죽인다.

트리폴리전쟁
09.29.

1911년 9월 29일 이탈리아군이 북아프리카의 오스만투르크제국령 트리폴리로 진격하면서 이탈리아–투르크 전쟁이 시작됐다. 주전장主戰場의 이름을 따 트리폴리전쟁이라고도 부르는 이 전쟁은 20세기 초의 전형적인 제국주의 전쟁 가운데 하나였다.

제국의 건설을 꿈꾸던 신생 통일국가 앞에서 늙은 제국은 무력했다. 이듬해 10월 열강의 조정으로 휴전이 성립됐을 때, 투르크는 트리폴리를 중심으로 한 북아프리카 영토의 상당 부분을 이탈리아에 할양해야 했다. 이탈리아–투르크 전쟁의 무대가 된 지중해 항구 도시 트리폴리는 현재 리비아의 수도다. 지중해에는 트리폴리라는 이름을 지닌 항구 도시가 하나 더 있으니, 레바논 북서부의 트리폴리가 그것이다.

트리폴리전쟁으로 투르크가 중국에 이은 또 하나의 '종이호랑이'라는 것이 드러나자, 그 동안 숨죽이고 있던 발칸의 여러 나라와 민족들은 1912년과 그 이듬해 투르크의 분할을 꾀하며 두 차례 전쟁(발칸전쟁)을 벌였다. 이 두 번의 전쟁으로 발칸 지역은 '유럽의 화약고'라는 별명을 얻게 되었고, 이 지역을 둘러싼 크고 작은 나라들의 이해 대립은 제1차세계대전의 한 원인이 되었다.

한때 아시아 대륙의 서쪽과 중부·동부 유럽, 북아프리카에 이르는 광활한 강역을 아우르고 있던 투르크, 곧 터키는 이제 소아시아라고도 불리는 아나톨리아반도와 유럽 발칸반도의 동쪽 끝머리만을 옹색하게 차지하고 있다. 터키는 몽고와 함께 제국의 영고성쇠를 가장 극적으로 보여주는 예일 것이다.

우연히 이 두 나라는 우리와 친연親緣이 있다. 지금은 알타이어족語族이라는 개념 자체를 부인하는 비교언어학자들도 많지만, 핀란드 언어학자 구스타프 람스테트를 비롯한 알타이어학자들에 따르면 한국어는 몽고어, 터키어 등과 함께 알타이어족을 이룬다.

패트릭 화이트 —Patrick White
09.30.

1990년 9월 30일 오스트레일리아 소설가 패트릭 화이트가 기다란 병고 끝에 시드니에서 작고했다. 향년 78세.

1973년 노벨문학상 수상자인 화이트의 죽음은 고인의 뜻에 따라 장례가 치러진 뒤에야 언론에 공개되었다. 실상 화이트는 작가 생활 내내 자신의 프라이버시가 언론에 침해당하는 것을 경계하고 거부해왔다. 언론에 노출되는 것이 싫어서 자신의 노벨상 시상식에도 참석하지 않았을 정도였다.

화이트는 런던에서 태어나 영국과 오스트레일리아를 오가며 성장기를 보냈다. 케임브리지대학 킹스칼리지에서 불문학과 독문학을 전공한 그는 제임스 조이스를 연상시키는 실험소설들을 쓰며 20대를 보냈다. 패트릭 화이트라는 이름을 국제 문단에 널리 알린 것은 45세 때인 1957년에 발표한 장편 『보스』다. 1840년대를 배경으로 요한 보스라는 독일인의 오스트레일리아 내륙 탐험을 온갖 신비주의적 상징 속에 버무려낸 이 소설은 1848년 오스트레일리아의 사막에서 죽은 루드비히 라이햐르트라는 실존 독일인의 생애에서 영감을 얻은 것이다. 소설 속에서 보스는 시드니에 사는 로라 트레블리언이라는 여성과 일종의 텔레파시를 나눈다.

화이트의 몇몇 소설과 희곡들은 시드니 교외의 사서패릴라라는 가공架空의 마을을 무대로 삼고 있다. 말하자면 화이트의 사서패릴라는 윌리엄 포크너가 자신의 '남부 소설들'의 무대로 창조해낸 바 있는 요크나파토파와 비슷한 역할을 했던 셈이다.

화이트는 이 사서패릴라를 무대로 주로 사회에서 따돌려진 아웃사이더들, 불우한 사람들의 삶과 느낌을 신화와 상징과 우화 냄새가 물씬 풍기는 이야기들 속에 담아냈다. 만년의 화이트는 오스트레일리아 원주민 인권이나 환경 보호, 동성애의 권리 같은 사회적 쟁점들에 관해서 직설적으로 발언했다. 화이트 자신이 동성애자이기도 했다.

10
중화인민공화국에서 키츠까지

중화인민공화국
10.01.

1949년 10월 1일 베이징을 수도로 중화인민공화국이 수립됐다. 1911년 신해혁명의 열매로 그 이듬해 1월 1일 난징南京에 중화민국 정부가 수립된 이래 중국인들이 고난 속에서 수행한 민족혁명의 큰 틀이 마무리된 것이다.

중화인민공화국 수립 직전 대만으로 건너간 장제스蔣介石의 국민정부(국부)는 중화민국이라는 국호를 그대로 사용하며 한 동안 전중국인의 유일·합법·정통 정부를 자임했지만, 오늘날 중국인 다수에게 대만은 중화인민공화국의 미수복 영토일 뿐이다. 1971년 유엔 총회가 중화인민공화국을 승인하면서 유엔에서의 중국대표권이 타이베이 정부에서 베이징 정부로 교체된 이후, 국제사회에서도 중국은 대만의 중화민국이 아니라 대륙의 중화인민공화국을 가리키게 되었다.

13억 인구의 중국은 공식적으로 56개 민족으로 이뤄진 다민족국가다. 그 가운데 한족漢族이 92%를 차지하고, 55개 소수민족이 나머지 인구 8%를 이룬다. 한 나라의 정부나 주류 민족집단에게, 그 나라의 어떤 소수민족이 국경 바로 바깥에 동족 국민국가를 지니고 있다는 것은 불길하게 비칠 수도 있다. 그 국민국가의 존재가 소수민족에게 원심력으로 작용해 동화와 통합을 방해할 수 있기 때문이다. 특히 그 배후의 국민국가가 만만찮은 문화적·경제적 역량을 지니고 있을 때는 더욱 그렇다.

지금 중국 정부가 보기에 조선족과 한국이 그런 경우다. 만약에 통일한국이 지금 이상의 문화적·경제적 역량을 갖추게 된다면, 중국 동북지방의 조선족이 중국인으로 남기보다 (주거지를 옮기지 않은 채) 한국인이 되기를 바라는 상황은 충분히 가능하다. 중국 정부의 이른바 '동북공정'은 이런 범한주의汎韓主義 또는 대大코리아주의의 가능성에 대한 경계에서 나온 것일 터이다. 이 문제가 단지 역사전쟁이 아니라 현재와 미래의 정치학인 이유가 거기 있다.

힌덴부르크 —Paul von Hindenburg
10.02.

1847년 10월 2일 독일의 군인 겸 정치인 파울 폰 힌덴부르크가 폴란드 포즈난에서 태어났다. 1934년 몰.

힌덴부르크는 프랑스의 필리프 페탱, 샤를 드골과 함께 20세기 유럽의 대표적인 군인 정치인이었고, 군인 정치인답게 완고한 우익이었다. 19세기 독일제국 창건의 주축이었던 융커(프로이센의 귀족) 출신인 그는 자기 계급 사람들이 흔히 그랬듯 제국의 장교로 입신했다.

제1차세계대전이 터지지 않았다면, 힌덴부르크라는 이름은 독일 밖으로 거의 알려지지 않았을 것이다. 전쟁이 터지기 세 해 전인 1911년, 64세의 힌덴부르크는 독일 제국 제4군단장 자리를 물러나며 군문에서 은퇴했기 때문이다. 그러나 전쟁이 그를 역사로 불러냈다.

개전 직후 대장 계급과 함께 제8군 사령관으로 임명된 힌덴부르크는 참모장 루덴도르프 소장과 함께 동프로이센 남부의 타넨베르크에서 러시아군을 대파해 초기 전황을 독일에 크게 유리하게 만들었다. 러시아군 9만 명을 포로로 잡은 타넨베르크 전투는, 기원전 3세기 한니발이 이끄는 카르타고군이 남이탈리아에서 로마군을 대파한 칸나이 전투와 함께, 군사학에서 포위섬멸전의 대표적 예로 거론된다.

힌덴부르크는 군신軍神이라는 찬사를 받으며 참모총장에까지 올랐고, 전시 독일을 사실상의 군부독재로 이끌었다. 독일이 패전한 뒤 다시 은퇴한 그는 1925년 4월 보수파의 지지를 받아 바이마르공화국의 제2대 대통령이 되었고, 1932년 재선되었다.

그 이듬해 1월 30일 힌덴부르크는 자신이 그토록 경멸하던 예비역 하사 출신의 원내 제1당 지도자 히틀러를 연립 내각의 총리로 임명했다. 나치가 이미 장악하고 있던 공업·농업 이익집단들과 귀족·대자본가의 압력에 굴복해서였다. 그럼으로써 그는 아마 자신도 원하지 않았을 제3제국의 문을 열어젖혔다.

독일 통일

10.03.

 1990년 10월 3일 독일이 통일됐다. 제2차세계대전 종전으로 소련군과 서방 연합군의 분할 통치가 시작된 지 45년 만이었고, 동베를린을 수도로 한 독일민주공화국(동독)과 본을 수도로 한 독일연방공화국(서독)이 수립돼 분단이 정치적으로 공식화한 지 41년 만이었다. 독일의 통일로 한국은, 딱히 분단 상황이라고 말하기는 어려운 중국-대만을 제외하면, 지구상의 유일한 분단국가가 되었다.

 독일 통일은 독일민주공화국을 구성하고 있던 주(州, 란트)들이 독일연방공화국에 가입하는 형식으로 이뤄진 '흡수통일'이었다. 통일의 기쁨은 잠시 전독일인을 들뜨게 했지만, 이 역사적 사건은 새로운 문젯거리들의 시작이기도 했다. 동독 지역의 경제 재건과 정치적 과거 청산, 행정·사법 체계의 구축, 재산권 처리 문제 등은 통일 얼마 뒤부터 독일 전체를 뒤숭숭하게 만들었고, 그 문제들은 지금까지도 여진을 남기고 있다.

 더욱 근본적인 것은 문화적 감수성의 차이였다. 통일 직후의 한 여론조사는 서독 지역의 독일인들이 동독 출신의 동포들에게보다 오히려 프랑스인들에게 더 동질감을 느낀다는 결과를 내놓아 충격을 주기도 했거니와, 서로를 '동쪽 것'(오시), '서쪽 것'(베시)이라고 경멸의 뉘앙스를 담아 부르는 관행에서 두드러지게 드러났던 통일 초기의 이질감은 아직도 말끔히 가셔지지 않았다.

 분단의 역사가 더 길고 양 체제의 이질성이 훨씬 더 큰 한국의 경우는 통일 뒤에 겪게 될 문화적 감수성의 차이가 독일에 비할 바가 아닐 터이다. 2003년 8월 대구에서 하계 유니버시아드가 열렸을 때, 우리는 이런 문화적 감수성의 차이를 북쪽 응원단의 눈에 선 행동들에서 씁쓸히 확인한 바 있다. 무턱대고 통일을 서두르는 것보다 우선 서로를 있는 그대로 인정하면서 교류를 확대하는 것이 더 중요한 것은 그래서다.

영화 춘향전
10.04.

1935년 10월 4일 한국 최초의 발성 영화 〈춘향전〉이 서울 단성사에서 개봉됐다. 각본은 이기세가 썼고, 감독은 이명우였다. 두 주인공 성춘향과 이몽룡 역은 문예봉과 박제행이 각각 맡았다. 발성 영화답게 우리 영화 사상 처음으로 주제가를 삽입했는데, 작곡을 맡은 이는 홍난파였다.

춘향전이 처음 영화로 만들어진 것은 1922년이다. 이 최초의 〈춘향전〉 영화는 일본인 하야카와早川孤舟가 감독을 맡은 무성 영화였다. 배우들은 춘향 역의 한룡, 몽룡 역의 김조성 등 조선인들이었다.

첫 발성 영화 〈춘향전〉이 나온 이듬해인 1936년에는 이규환 감독이 〈그 이도령〉이라는 제목으로 두 젊은이의 사랑을 영화에 담아 그 당시로서는 상상하기 어려웠던 10만 관객을 동원했다. 이규환 감독은 해방 뒤인 1955년에도 이몽룡 역에 이민, 성춘향 역에 조미령, 변학도 역에 이예춘을 내세워 〈춘향전〉을 선보였다.

성춘향과 이몽룡의 연애는 한국 사람들에게 가장 잘 알려진 러브스토리였던 터라, 〈춘향전〉은 그 이후에도 수많은 영화인들을 유혹했다. 김향, 안종화, 이경춘, 홍성기, 신상옥, 이동훈, 김수용, 이성구, 박태원, 한상훈, 임권택 등의 감독이 이 이야기를 영화에 담았고, 최은희, 홍세미, 장미희 등 당대의 톱스타들이 춘향 역을 맡았다.

당초 판소리로 생성돼 소설로 정착한 「춘향전」은 당시 사람들이 자연스럽게 입에 담았던 속담이나 생생한 관용 표현들의 전시장이었다. 예컨대 '사위는 백년지객이라', '쏘아놓은 살이요, 엎지른 물이다', '마파람에 게눈 감추듯', '심은 나무 꺾어지고 공든 탑이 무너졌네', '짝 잃은 원앙', '죽은 중 매질하기', '개구멍 서방', '죽으러 가는 양의 걸음', '대한大旱 칠년七年 비 바라듯', '구년지수九年之水 해 바라듯' 등.

브랜디스 —Louis Brandies
10.05.

1941년 10월 5일 미국 법률가 루이 브랜디스가 85세로 작고했다. 스물두 해 남짓의 연방대법원 판사직에서 물러난 지 두 해 만이었다.

켄터키주 루이빌 출신의 브랜디스는 1916년 유대인으로는 처음 미국 연방대법원 판사가 되었다. 연방대법원 판사로서 브랜디스는, 절친했던 동료 올리버 웬델 홈스와 함께, 미국 사법부의 혁신적 흐름을 대표했다. 시장 실패를 치유하기 위한 정부의 개입을 타당하게 여겨 프랭클린 루스벨트 정부 시절의 뉴딜 입법을 적극적으로 옹호한 것이 그 예다. 그러나 브랜디스는 초기 뉴딜정책의 버팀목이었던 전국산업부흥법이 입법권을 정부에 부당하게 위임한 위헌법률이라고 판시해 정부 개입의 한계를 지적하기도 했다.

소수자 인권에 대한 브랜디스의 관심은 그가 보스턴에서 변호사로 개업한 20대 초에 시작됐다. 브랜디스는 노동자와 여성, 중소기업의 이익을 법률적으로 대변하며 이름을 얻은 대가로 대자본가를 비롯한 백인 남성 지배계급의 눈 밖에 나기 시작했다. 그의 연방대법원 판사 지명은 미국 주류집단의 질시와 배척을 막아내며 뜻을 굽히지 않은 우드로 윌슨 대통령의 결단으로 가능했다.

법사상사에 대한 브랜디스의 가장 큰 기여는 '홀로 남겨질 권리Right to be left alone', 다시 말해 프라이버시권을 개념화한 데 있다. 브랜디스는 정략적·상업적 이익을 위해 개인의 사생활을 들여다보고 싶어 하는 정부와 거대기업의 행태가, 타인의 사생활에 대한 호기심을 억제하지 못하는 대중의 욕망과 이를 이용해 돈을 벌려는 미디어의 선정주의와 결합해, 자유의 본질적 부분인 프라이버시를 위협할 수 있음을 꿰뚫어 보았다.

자유주의적 법률가로서 브랜디스가 강력하게 옹호한 프라이버시권은 범죄예방을 명분으로 개인들을 유리벽 속으로 마구 밀어 넣고 있는 오늘날의 전자감시사회에서 점점 더 설 자리를 잃고 있다.

리다자오 李大釗
10.06.

　1889년 10월 6일 중국 공산당 초기 지도자 리다자오가 허베이성에서 태어났다. 38세 때인 1927년 군벌 두목 장쭤린張作霖 군대에게 붙잡혀 총살당한 리다자오는 열 살 위의 천두슈와 함께 중국 공산당의 주춧돌을 놓은 사람이었다. 그는 또 네 살 아래의 마오쩌둥에게는 둘도 없는 스승이자 절친한 선배였다. 리다자오는 1918년부터 1920년대 초까지 베이징대학 역사학 교수 겸 도서관 주임으로 재직했는데, 그의 첫 번째 조교가 된 청년이 마오쩌둥이었다.

　마오쩌둥은 리다자오로부터 마르크스주의를 배웠을 뿐만 아니라, 마르크스주의를 중국 현실에 맞게 실천해야 한다는 사실도 배웠다. 다시 말해, 중국 혁명은 마르크스주의의 기존 공식과 달리 프롤레타리아가 아니라 인구 대다수를 차지하는 농민이 주도해야 한다는 아이디어를 마오쩌둥에게 건넨 사람이 리다자오였다.

　리다자오가 요절하지 않고 반제반봉건 혁명전쟁 뒤까지 살아남아 중화인민공화국 수립을 목격했다면, 두 사람의 관계가 어떻게 설정됐을지 궁금하다. 두 사람 다 지식인의 면모와 실천적 혁명가·전략가의 면모를 아울러 갖추고 있었으니 하는 말이다.

　마오쩌둥이 주로 독학을 통해 지식인이 된 반면, 리다자오는 제도교육의 경로를 따라 지식인이 되었다. 톈진의 베이양北洋법정전문학교를 졸업한 뒤 일본으로 건너가 와세다대학에서 수학한 리다자오는 귀국해 베이징의 진보적 신문 《신종보晨鐘報》의 편집자로 일하다 베이징대학에 취직했다.

　그러나 그는 이미 20대 초인 1911년 신해혁명 때부터 혁명운동에 뛰어들어 쑨원孫文의 중국동맹회, 중국공산당, (국공합작 시기의) 국민당 등을 둥지로 새로운 중국을 만들기 위해 동분서주한 전사戰士이기도 했다. 그의 비극적 죽음도 어찌 보면 전사에게 어울리는 것이었다.

마리오 란차 Mario Lanza
10.07.

1959년 10월 7일 미국 테너 가수 마리오 란차가 심장마비로 작고했다. 38세였다.

마리오 란차의 본명은 알프레도 아놀드 코코차다. 그의 아버지 안토니오 코코차는 16세에 이탈리아에서 미국으로 건너가 군복무 중 중상을 입고 생애 후반부를 연금으로 살았다. 안토니오 코코차의 아내 마리아 란차도 이탈리아 출신으로 생후 6개월 만에 가족을 따라 미국으로 이민했다. 이 두 사람은 1919년에 결혼해 필라델피아에 정착했고, 두 해 뒤 알프레도를 낳았다. 이 아이는 뒷날 어머니 이름 '마리아'를 남성형 '마리오'로 바꾸고 성은 그대로 따와 제 예명으로 삼았다.

마리오 란차가 태어난 1921년은 이탈리아 테너 가수 엔리코 카루소가 48세로 작고한 해이기도 하다. 당연히 이 두 테너 가수는 생전에 만날 기회가 없었으나, 카루소의 삶과 예술은 란차에게 결정적 영향을 끼쳤다. 란차가 음악에 관심을 갖게 된 것이 어린 시절 레코드로 들은 카루소의 노래 때문이기도 했거니와, 독학으로 성악을 공부해 어렵사리 데뷔한 란차가 전국적 명성을 얻게 된 것 역시 카루소의 전기 영화 〈위대한 카루소〉(1951)의 주인공 역을 맡으면서였다.

란차는 책과 증언을 통해 선배 테너가수의 걸음걸이와 무대 스타일만이 아니라 사소한 버릇까지 완전히 익혔고, 그래서 영화 속에서 카루소와 란차는 말 그대로 하나가 되었다. 이 영화에서 란차가 부른 노래들을 담은 레코드는 순식간에 1백만 장 이상 팔려나갔다.

마리오 란차가 출연은 하지 않고 목소리만 빌려준 뮤지컬 영화 〈황태자의 첫사랑〉(1954)도 그의 대중적 명성을 드높였다. 영화 속에서 하이델베르크 왕자 카를 역을 맡은 에드먼드 퍼덤의 립싱크 곡 〈드링킹 송〉은 맥주 광고의 배경음악으로도 흔히 사용돼 마리오 란차의 가장 잘 알려진 노래가 되었다.

김성칠 金聖七
10.08.

  6·25전쟁 중이던 1951년 10월 8일, 역사학자 김성칠이 고향 영천에 들러 하룻밤 머물다가 괴한의 저격으로 작고했다. 38세였다. 김성칠의 작고 당시 직책은 서울대 사학과 조교수였다.

  김성칠은 해방 직후 『조선역사』(1946)라는 책을 냈고 펄 벅의 『대지』와 강용흘의 『초당』 같은 소설을 우리말로 옮기기도 했지만, 그의 이름이 일반인에게 널리 알려진 것은 만년의 일기가 『역사 앞에서』(창작과비평사)라는 표제로 출간된 1993년 이후다. 이 일기는 1945년 12월 1일에 시작해 1951년 4월 8일에 끝난다. 인공 치하의 서울 생활을 기록한 부분이 특히 자세하다. 책의 형태로 나온 텍스트와 원래의 일기 원고 사이에 혹시 있을지도 모르는 거리는 원고를 간직하고 있던 유족들만 알겠지만, 설령 출간 과정에서 다소의 윤문이 가해졌다고 해도 이 일기의 가치는 엄연하다.

  지식인의 균형 감각 위에 얹힌 객관성과 공정함에서, 당대의 혼탁한 국어 현실을 훌쩍 뛰어넘은 문체의 단정함에서, 약소민족 구성원의 근원적 비애감을 바탕으로 필자가 전달하는 전시戰時 일상생활의 생생한 실감에서, 『역사 앞에서』는 단순한 사료를 넘어 일기문학의 고전으로 꼽을 만하다.

  1950년 12월 28일자 일기 한 대목. "마을에는 홍남서 철수해온 미병美兵들이 들어서 여러 가지 불안한 공기를 자아내고 있다. 부흥동과 치일동에서 부녀를 강간한 사건이 생겼고, 아랫마을에는 여자를 내어주지 않는다 해서 무고한 백성을 쏘아 죽인 사건이 생겼다. 젊은 여자들은 모두 산중으로 피란 가고 있다. 이런 외군이라도 제발 오래오래 계셔 주시옵소서 하고 비두발괄해야만 할 대한민국의 처지다. 그렇게 되지 않을 수 없도록 인민공화국이 만들어버린 것이다. 아아, 어디에 가면 진정한 우리의 조국이 있을 것인가."

한글
10.09.

　10월 9일은 한글날이다. 1940년 7월 경북 안동에서 발견된 『훈민정음』 원본의 정인지 서문에 '정통正統 십일 년 구월 상한上澣'이라는 기록이 있어서, 훈민정음이 1446년 음력 9월 상순에 반포됐다는 사실이 밝혀졌다. 10월 9일은 그 해 음력 9월 상순의 마지막 날인 9월 10일을 양력으로 환산한 것이다. 이 날을 한글날로 기념하기 시작한 것은 1946년이지만, 조선어연구회가 음력 9월 29일을 가갸날로 선포한 것이 1926년이므로 한글날의 역사도 80년이 넘었다.

　문자의 제정을 기념하고 경축하는 민족은 지구 위에서 한국인들밖에 없을 것이다. 그것이 꼭 한글에 대한 축복이랄 수는 없다. 이 유별난 관행에는 우리 언어와 문자가 겪어온 시련의 그림자가 어른거리고 있기 때문이다.

　한글을 둘러싼 신화가 둘 있다. 첫째는 한글 창제를 세종의 애민정신과 관련시키는 신화다. 그러나 한글의 창제가 크게 보면 백성세계의 의식성장과 정권 측의 민중통제 의지가 맞물려 이뤄졌다는 것, 구체적으로는 한국 한자음을 되도록 중국 음에 가깝게 고치겠다는 욕심을 품은 세종이, 정비된 한자음을 표기하기 위해 한글을 만들었다는 것이 학계의 정설이다.

　다음, 한글의 우수성에 대한 신화가 있다. 물론 한글은 우수하다. 특히 제자원리가 그렇다. 그러나 한글이 로마문자보다 훨씬 나은 글자라고 하더라도, 우리는 한글이 로마문자보다 2,000년쯤 뒤에 나타난 글자라는 것을 잊어서는 안 된다. 다시 말해, 그 2,000년 동안 인류가 쌓은 지식이 한글의 체계에 반영됐다는 사실을 지나쳐서는 안 된다. 게다가 한글은 본질적으로 로마문자 같은 음소문자이면서도 음절단위로 네모지게 모아 쓰고 있어서, 실제의 운용에서는 일본의 가나 같은 음절문자에서 크게 나아가지 못했다.

율 브리너 Yul Brynner
10.10.

1985년 10월 10일 영화배우 율 브리너가 작고했다. 그는 그보다 65년 전 블라디보스토크에서 태어났다. 본명이 타이제 칸인 율 브리너는 몽골인 광산 기사와 루마니아 집시 사이에서 러시아인으로 태어나 미국인으로 죽었다.

13세에 나이트클럽에서 발라드를 부르는 것으로 무대에 서기 시작한 율 브리너는 서커스 곡예사와 유랑극단 배우, 텔레비전 디렉터를 거친 뒤 31세 때인 1951년 뮤지컬 〈왕과 나〉의 주역을 맡아 브로드웨이 스타로 발돋움했다. 1860년대 샴 왕국(지금의 타이)을 배경으로 의롭되 완고한 통치자와 그 아이들의 영국인 가정교사 사이의 애정과 갈등을 그린 이 작품은 무려 1,246회나 연속 공연됐다. 율 브리너는 이 작품에서의 연기로 '연극의 아카데미상'이라고 불리는 토니상을 받았다.

1956년에 영화로 만들어진 〈왕과 나〉에서도 율 브리너는 역시 주연을 맡아 아카데미 남우주연상을 받았다. 그는 〈왕과 나〉에서 왕을 연기하기 위해 삭발한 머리를 그 뒤 자신의 트레이드마크로 삼았다.

〈왕과 나〉 외에 율 브리너의 대표작으로는 구약성서에서 소재를 취한 〈십계〉와 제정 러시아의 마지막 황제 니콜라이 2세의 막내딸 아나스타시아에 얽힌 소문을 소재로 취한 〈아나스타시아〉가 꼽힌다. 세 작품 모두 1956년 작이다. 1956년은 율 브리너에게 최고의 해였던 셈이다. 〈아나스타시아〉는 혁명군에게 처형당한 아나스타시아와 닮은 여성을 파리의 센 강변에서 발견하고 그를 진짜 왕녀로 조작해 로마노프 황가의 유산을 가로채려던 러시아 장군의 얘기다.

애연가였던 율 브리너는 폐암으로 죽기 직전에 텔레비전 공익 광고에 출연해 금연 캠페인을 벌이기도 했다. 그 점에서 그는 말보로 담배의 광고 모델이었던 웨인 매클래런이나 2002년 작고한 코미디언 이주일 씨의 선배였다.

피아프 Édith Piaf
10.11.

1963년 10월 11일 샹송 가수 에디트 피아프가 48세로 죽었다.

피아프가 가장 위대한 샹송 가수였다는 데 동의할 사람은 많지 않겠지만, 그녀가 가장 널리 사랑받은 샹송 가수라는 데에는 많은 사람이 동의할 것이다. 피아프의 교유는 당대 파리 문화계의 그럴싸한 표본이기도 했다. 시인 레몽 아소와 철학자 장 폴 사르트르가 그녀를 위해서 가사를 썼고, 작곡가 마르그리트 모노가 그녀를 위해 가락을 만들었으며, 시인 장 콕토가 그녀를 위해 모노드라마를 썼다. 피아프는 또 이브 몽탕이라는 이탈리아 출신 젊은이를 후원해 프랑스 연예계의 스타로 만들었다.

모노의 곡에 피아프가 직접 가사를 붙인 〈사랑의 찬가〉(1949)는 피아프의 수많은 히트곡 가운데서도 가장 널리 알려진 노래일 것이다. 당시 피아프는 권투 선수 마르셀 세르당과 열애 중이었는데, 세르당이 비행기 사고로 죽자 그를 그리며 이 가사를 썼다고 한다.

"푸른 하늘이 무너질 수도 있겠지요/ 땅이 꺼질 수도 있겠지요/ 그러나 당신이 날 사랑하기만 한다면 무슨 상관이겠어요/ 내가 깨어나는 아침마다 사랑이 넘쳐흐르고/ 내 몸이 당신 손 아래서 떨고 있는 한/ 아무런 문제가 없어요/ 당신이 날 사랑하고 있으니/ 나는 달이라도 따올 거예요/ 나는 돈을 훔칠 수도 있어요/ 당신이 그걸 원한다면/ 나는 조국을 버릴 수도 있어요/ 나는 친구를 버릴 수도 있어요/ 당신이 그걸 원한다면/ 남들은 날 비웃겠지요/ 그러나 난 뭐든지 할 거예요/ 당신이 그걸 바란다면/ 어느 날 인생이 내게서 당신을 빼앗아간다 해도/ 당신이 죽어 내게서 멀리 떨어져 있다고 해도/ 당신이 날 사랑한다면 상관없어요/ 나 역시 죽을 테니까요/ 우리에겐 영원이 있어요/ 거대한 창공 속에서/ 하느님은 서로 사랑하는 사람을 맺어줄 거예요."

콜럼버스의 날
10.12.

　1492년 10월 12일 이탈리아 출신의 탐험가 크리스토퍼 콜럼버스(이탈리아식 이름은 크리스토포로 콜롬보, 스페인식 이름은 크리스토발 콜론)가 이끄는 스페인 항해단이 대서양을 건너 현재 바하마 제도의 와틀링섬에 도착했다. 유럽인들이 '신대륙 발견'이라고 부르는 사건이었다.

　콜럼버스는 아시아로 가는 서방 항로를 개척하고자 했던 카스티야 여왕 이사벨1세에게 등용돼 그 해 8월 3일 스페인을 출발했다. 그가 이사벨1세와 맺은 계약에 따르면, 콜럼버스는 새로 발견한 토지의 부왕副王으로 임명되고 그 땅에서 나오는 모든 귀금속의 10분의 1을 갖게 돼 있었다.

　콜럼버스는 와틀링섬을 인도의 한 부분으로 생각했고, 신에 대한 감사의 뜻으로 이 섬을 산살바도르(거룩한 구세주)라고 불렀다. 미국에서는 콜럼버스가 와틀링섬에 도착한 10월 12일을 '콜럼버스의 날'로 정해 기념하고 있다.

　1492년의 항해에는 산타마리아, 핀타, 니냐 등 세 척의 배가 참가했다. 콜럼버스는 와틀링섬을 발견한 데 이어, 쿠바와 히스파니올라(아이티)에 도달해 선원 가운데 일부를 그곳에 남겨놓고 스페인으로 돌아갔다. 그가 미지의 땅에서 가져간 금제품은 유럽인들에게 깊은 인상을 주었지만, 그의 대서양 항해를 대수롭지 않게 생각하는 사람들도 있었다. 콜럼버스는 그들에게 달걀을 세울 수 있느냐고 물은 뒤, 고개를 젓는 사람들 앞에서 달걀 아랫부분을 깨 세워 보임으로써, '콜럼버스의 달걀'이라는 일화를 만들어냈다.

　콜럼버스는 그 뒤에도 세 차례 더 대서양을 항해했다. 그는 그 과정에서 그가 인도인이라고 믿었던 아메리카 원주민들을 학대·살육·노예화하고, 도시를 건설하고, 금광을 경영하고, 파나마 지협을 발견했다. 피비린내가 잦아들 날 없었던 '신대륙 개척'의 역사는 그렇게 시작됐다.

카를 힐티 Carl Hilty
10.13.

1909년 10월 13일 스위스의 법률가 겸 철학자 카를 힐티가 76세로 작고했다.

힐티는 베를린대학에서 헌법과 국제법을 가르치고 헤이그 국제사법재판소의 스위스 위원으로 활동한 법률가지만, 그의 국제적 명성은 『행복론』과 『잠 못 이루는 밤을 위하여』 같은 에세이를 통해 확립됐다.

『잠 못 이루는 밤을 위하여』는 제1부가 1901년에 나오고 제2부는 저자가 작고한 지 10년 만인 1919년에 유고로 출간됐는데, 한국에서도 여러 출판사에서 중복 간행돼 우리 독자들에게 익숙하다. 힐티는 이 책의 서문에서 불면의 원인과 그에 대한 대책을 설명한 뒤, 본문에서는 1년 365일 동안 그 날 그 날의 불면에 맞서 사색할 거리들을 서술하고 있다.

불면은 모든 사람들에게 고통스럽다. 그러나 잠을 이룰 수 없는 이 밤들은 나날의 생활을 되돌아보고 바람직한 삶의 길을 모색하는 데 선용할 수 있다는 점에서 오히려 하느님의 축복일 수도 있다는 것이 힐티의 생각이었다. 그는 이 책에서 자신의 생각을 개진하는 것 외에 독자들이 읽어야 할 성서의 장절章節을 지시함으로써 성서 읽기를 생활화하는 기독교적 삶을 추천하기도 했다. 힐티 사상의 요체는 기독교 신앙을 바탕으로 삼은 사회개량주의라 할 만했다.

기독교 신자들이 흔히 인용하는 『잠 못 이루는 밤을 위하여』의 한 대목 : "위대한 사상은 크나큰 고통으로 깊이 파헤쳐진 마음의 바닥에서만 자라난다. 이런 고통을 모르는 사람의 마음에는 천박한 범용성만 남는다. 디딤돌에 올라가서 아무리 발돋움을 해보아야 소용없다. 부득이한 형편이 아니라면 어느 누가 수확 많은 그러나 동시에 공포스러운 이 길에 스스로 발을 들여놓을 용기를 낼 수 있겠는가? 또 신의 인도가 없다면 어느 누가 아주 좁고 때로는 깊은 심연의 이 길을 지나갈 수 있을 것인가?"

사랑의 식당

10.14.

1997년 겨울의 외환 위기 이래 한국의 거리에서 노숙자들을 보는 것은 별난 일이 아니게 되었다. 그러나 노숙자들은 덜 부유한 사회에 고유한 현상이 아니다. 세계 제일의 부자 나라라는 미국에도 노숙자는 흔하고, 미국에 견주어 사회보장의 그물이 촘촘하다고 알려진 서유럽에도 노숙자는 있다. 루아시의 샤를드골 공항에서 고속전철을 타고 파리 북역에 내린 외국인 관광객은 유럽의 꿈을 상징하던 나라에서 자신들을 처음 맞는 사람들이 허름한 옷의 술 취한 노숙자들이라는 것을 깨닫고는 묘한 기분이 들 것이다.

파리를 비롯한 프랑스의 주요 도시에서 노숙자가 크게 는 것은 1970년대 말 이후다. 프랑스는 해방 이후 지속됐던 이른바 '번영의 30년Trente Glorieuses'에서 벗어나고 있었고, 빈부의 차가 커지며 광과 냉장고는 꽉 차 있는데 뱃속은 텅 비는 '자본주의적 추레함'이 몰골을 드러내고 있었다.

1985년 10월 14일 콜뤼슈라는 예명으로 알려진 41세의 배우 미셸 콜뤼슈가 '사랑의 식당Restos du coeur'을 출범시켰다. 콜뤼슈의 아이디어는 대기업들로부터 기부금을 받아서 은퇴자들이나 학생들의 자원봉사로 노숙자들을 비롯한 빈민층에 무료급식을 한다는 것이었다. 이 아이디어는 즉각 큰 호응을 얻어내 첫해 겨울에 850만 끼니를 제공했고, 20세기가 끝날 때는 급식이 2천5백만 끼니 이상으로 늘었다.

사랑의 식당은 제대로 된 복지국가라면 정부가 해야 할 일을 대신하고 있는 셈이어서 프랑스라는 나라의 자랑이랄 수만은 없지만, 적어도 시민사회의 연대를 표상하고는 있다. 콜뤼슈는 사랑의 식당이 출범한 이듬해 여름 교통사고로 죽었다. 그에게 헌정된 장 자크 골드만의 노래 한 대목. "오늘날 사람들에겐 권리가 없다네/ 굶어 죽을 권리도, 얼어 죽을 권리도."

마타하리 Mata Hari
10.15.

　제1차세계대전 중인 1917년 10월 15일 파리 동쪽 교외 뱅센성城의 해자垓字에서 마타하리라는 예명藝名의 전직 무용수가 총살당했다. 41세였다. 프랑스 군사법원은 그 해 7월 그녀에게 간첩죄를 물어 사형을 선고했다. 마타하리라는 이름에 여성 스파이 신화가 입혀지는 순간이었다.

　네덜란드의 레바르덴에서 마르가레타 게르트뤼다 젤레라는 이름으로 태어난 마타하리는 레이덴 교육대학을 다니다 19세에 스코틀랜드 출신의 네덜란드군 장교 캠벨 매클라우드와 결혼해 매클라우드 부인이 되었다. 남편의 근무지인 식민지 인도네시아에서 살며 발리 춤을 배운 그녀는 25세 때인 1901년 이혼하고 유럽으로 돌아와 파리 몽마르트르의 댄스홀 물랭루주를 중심으로 무희로 활동했다. 첫 예명은 '레이디 매클라우드'였으나 그녀는 곧 이를 '마타하리'로 바꿨다. 마타하리는 말레이-인도네시아어로 '낮의 눈동자' 곧 '태양'을 뜻한다고 한다.

　마타하리의 요염한 나체 춤은 타고난 미모와 어우러져 그녀를 파리만이 아니라 유럽에서 가장 유명한 댄서로 만들었고, 그녀는 이내 파리 상류사회에도 드나들기 시작했다. 그러나 이 불세출의 무희도 나이를 당해낼 수는 없었다. 서른 중반을 넘기면서 그녀의 인기는 사그라지기 시작했다. 제1차세계대전이 터졌다. 독일군 참호에도 프랑스군 참호에도 마타하리의 핀업 사진이 걸려 있었지만, 그녀의 벌이는 예전 같지 않았다.

　마타하리는 독일 측과 프랑스 측으로부터 거의 동시에 스파이 활동을 제안받았고, 이를 둘 다 수락했다. 그러나 그녀의 서툰 이중간첩 활동은 곧 프랑스 정보부에 들통 났다. 마타하리는 법정에서 자신이 독일 측으로부터 돈을 받은 것은 사실이지만, 간첩 활동을 하지는 않았다고 항변했다. 그 말은 전시戰時의 재판관을 설득시키지 못했다.

부마민주항쟁 釜馬民主抗爭

10.16.

1979년 10월 16일 부산지역 대학생·시민과 경찰이 충돌하면서 부마민주항쟁이 시작됐다. 그 전날인 15일 부산대학교에서 민주선언문이 배포되면서 부산 시내 분위기는 이미 일촉즉발 상태였다. 대학생들이 시동을 건 반정부 시위는 시민들이 합세하면서 규모만 커진 것이 아니라 민중폭동의 형태를 띠게 돼, 파출소·경찰서·세무서·방송국 등 유신체제의 손발 노릇을 하던 관공서들이 공격 대상이 되었다. 시위는 18일과 19일 마산과 창원 지역으로 확산되었다.

그 해 봄 김영삼이 야당 신민당의 새 지도자가 된 것은 박정희에게 불길한 징조였다. 박정희는 '중도통합론'이라는 태깔 좋은 구호로 3년간 신민당을 이끌며 유신체제의 고분고분한 파트너 노릇을 했던 이철승의 당권 재창출을 음양으로 지원했으나, 가택연금 중이었던 김대중은 민주회복의 기치 아래 오랜 라이벌 김영삼을 지원함으로써 판세를 뒤바꾸어 놓았다.

김영삼은 그 해 8월 YH무역 노동자들의 농성을 지원해 박정희의 비위를 건드린 이래 국제 언론을 통해 유신체제를 가차없이 비판하며 박정희를 압박했고, 분노한 박정희는 휘하의 유정회·공화당과 법원을 동원해 9월 8일 김영삼의 신민당 총재직 정지 가처분 결정에 이어 10월 4일에는 의원직 박탈까지 이끌어냄으로써 부산·경남 지역 민심을 크게 자극했다.

유신 선포 7주년(10월 17일)에 맞춰 터진 부마항쟁은 박 정권에 위기의식을 불러일으켰다. 박정희는 18일 0시를 기해 부산에 비상명령을 선포한 데 이어, 20일 정오에는 마산과 창원에 위수령을 발동하고 1,560여 명을 연행해 그 가운데 120여 명을 군사재판에 회부했다. 박정희의 강경대응으로 시위는 진정됐지만, 이 사건은 현장을 둘러본 중앙정보부장 김재규로 하여금 유신체제의 정당성과 실효성을 회의해 10월 26일 박정희를 암살하게 하는 결정적 계기가 되었다.

레몽 아롱 Raymond Aron

10.17.

1983년 10월 17일 프랑스 사회학자 레몽 아롱이 78세로 작고했다.

프랑스 지성사의 맥락에서 '지식인'을 단순한 '학자'와 구별하는 기준이 현실에 대한 참여 또는 구속이라면, 아롱은 지식인의 한 모델이었다. 제2차세계대전 이후 프랑스 정치나 사회문제에 대한 아롱의 개입은 '지식인'이라는 말에 고전적 울림을 부여한 동갑내기 사르트르의 현실 개입 못지않았다.

그러나 아롱의 참여는 동시대 프랑스 지식인들의 전형적인 참여와는 거리가 있었다. 첫째, 아롱은 대다수 프랑스 지식인들의 자연스러운 이념적·정치적 둥지였던 좌파에 속하지 않았다. 파리 고등사범학교 재학시절 잠깐 '사회주의 학생 동맹'에 들었다가 나온 이래, 아롱은 죽을 때까지 고개를 왼쪽으로 틀지 않았다.

둘째, 우파 지식인으로서 아롱의 참여는 열정보다 이성에 바탕을 두었다. 그는 좌파의 친공산주의든, 중간파의 유럽주의든, 우파의 신식민주의든, 이성보다 열정에 이끌리고 있다고 자신이 판단한 모든 '주의'를 단호히 거부했다. 제2차 세계대전 중 런던의 '자유 프랑스' 시절 이래 긴밀한 정치적 동반자였던 드골이 알제리를 독립시키기로 결정하기 여러 해 전부터, 아롱은 공인된 우파답지 않게 프랑스가 알제리에서 손을 떼야 한다고 주장했다.

셋째, 아롱의 참여는 단속적斷續的이었다. 1981년에 나온 그의 대담집 제목대로 아롱은 '참여적 방관자'였다. 그 참여와 방관은 동시적이라기보다 선조적線條的이었다. 그는 더러는 참여자였고, 더러는 방관자였다.

종교를 '민중의 아편'이라고 규정한 마르크스의 말을 비틀어 마르크스주의를 '지식인의 아편'이라고 조롱하고 1968년 혁명을 백안시한 이 방관자가 프랑스 지식인 사회에서 많은 벗을 얻을 수는 없었다. 그러나 역사는 그의 손을 들어준 것 같다.

뉘른베르크 Nürnberg
10.18.

1945년 10월 18일 독일 전쟁범죄자 24명이 기소되면서 뉘른베르크 재판의 막이 올랐다. 정식 이름이 국제군사재판인 뉘른베르크 재판은 미국 영국 프랑스 소련 네 나라 사이에 그 해 8월 8일 체결된 국제군사재판에 관한 협정에 따라, 제2차세계대전을 주동한 독일 전범들을 소추해 처벌하기 위해 열렸다.

4대 전승국 출신의 판사 네 사람으로 구성된 재판부는 그 해 11월 20일부터 이듬해 8월 31일까지 403회의 공판을 통해 심리를 마치고 9월 30일과 10월 1일, 2일에 판결을 내렸다. 피고인 가운데 12명에게 교수형이 선고됐고, 세 명에게 종신형이, 네 명에게 유기징역이 선고되었다. 교수형을 선고받은 사람 가운데는 나치 정권의 2인자로 꼽히던 헤르만 괴링도 포함돼 있었으나, 그는 처형 직전에 음독자살했다.

뉘른베르크 재판의 검찰관들은 피고인들의 죄를 크게 넷으로 분류했다. 첫째가 침략 전쟁 모의, 둘째가 평화에 대한 죄, 셋째가 전쟁 법규 위반, 넷째가 인도人道에 대한 죄였다. 재판은 이 가운데 특히 전쟁 법규 위반과 인도에 대한 죄에 무게를 두고 진행되었다. 태평양전쟁의 법적 처리를 위해 1946년부터 1948년까지 열린 극동군사재판(도쿄 재판)이 평화에 대한 죄나 침략 전쟁 모의에 무게를 둔 것과 비교된다. 이것은 뉘른베르크 재판부가 전시 유럽에서 저질러진 집단 학살에 특히 유의했다는 뜻이겠다.

뉘른베르크 재판과 도쿄 재판의 큰 의의 가운데 하나는 침략 전쟁을 하나의 범죄로 명확히 규정하는 데서 더 나아가, 그 책임을 국가만이 아니라 개인에게도 물었다는 데 있다. 그러나 당사국과 제3국으로 이뤄져야 마땅할 국제재판소가 전승국들에 의해 일방적으로 구성돼 그곳에서 패전국 국적자들의 죄상을 논했다는 점에서, 이 재판의 공정성에 이의가 제기되기도 했다.

여순麗順사건
10.19.

1948년 10월 19일 밤, 4·3폭동을 진압하기 위해 제주도로 떠날 예정이던 여수 주둔 국군 제14연대 소속 군인들이 반란을 일으켜 여수·순천 일대를 장악하고 인민위원회를 건설했다. 조정래의 대하소설 『태백산맥』의 배경이 되기도 한 이 사건은 군내의 남로당계 좌익세력만이 아니라 광복군계를 포함한 대부분의 반反이승만계 인맥을 솎아내는 대규모 숙군의 계기가 되었다. 또 반란이 진압되면서 반란군 1천여 명이 지리산 일대로 들어가 장기항전에 돌입함으로써 좌익 유격투쟁이 본격화하는 계기가 되기도 했다.

여순 반란의 주체인 제14연대는 1948년 5월 초 확군擴軍 작업의 일환으로 광주 국방경비대 제4연대 1대대를 주축 삼아 창설됐다. 이 연대에는 지창수 상사, 김지회 중위, 홍순석 중위 등 여순사건의 주모자가 될 좌익계 간부들이 사병들에게 영향을 끼칠 만한 자리에 포진해 있었다.

남한만의 5·10총선거와 단독정부 수립에 반대해 그 해 4월 제주도에서 봉기한 좌익 무장세력은 각처에서 토벌대를 위협했고, 이승만 정권은 계속적인 병력 투입으로 이에 맞섰다. 국방경비대 사령부가 제14연대에 제주도 출동 명령을 내린 것은 10월 15일이었다. 14연대 내 좌익계 군인들은 출동 시각인 19일 오후 8시까지 나흘 사이에 동족상잔과 반란 가운데 하나를 선택해야 할 운명에 놓이게 됐다. 그들은 뒤쪽을 택했다.

반란은 정부군이 10월 23일 순천을 점령한 데 이어 27일 여수를 점령함으로써 종결됐다. 그러나 반란군의 여수·순천 지역 점령 기간에 이뤄진 경찰과 그 가족, 공무원들의 처형과 반란 진압 이후 이른바 부역자 색출 과정에서 이뤄진 대규모의 민간인 학살은 지역사회에 지울 수 없는 상처를 냈다. 이 비극은 여수·순천만의 일도 아니었다. 해방 얼마 뒤부터 6·25 종전까지 이런 보복극은 한국의 방방곡곡을 피로 물들였다.

문화 文化
10.20.

 오늘은 문화의 날이다. 지금 동아시아에서 사용되는 '문화'라는 말은 라틴어 cultura(영어의 culture)의 번역이다. 본디 경작이나 재배를 뜻했던 cultura는 그 파생의미로 교양이나 예술활동을 의미하게 되었고, 오늘날에는 흔히 '지식·종교·예술·도덕·법률·관습 등 인간이 공동체 구성원으로서 획득한 능력 또는 습속의 총체'라는 넓은 뜻으로 사용된다. '문화의 날' 할 때의 문화는 그보다는 좁은 뜻으로 주로 예술과 학문 영역을 가리키는 듯하다. 문화의 날은 1973년 대통령령으로 정해졌다.

 국가가 문화의 주체로 또렷이 등장한 것은 20세기 초에 사회주의 정권들이 들어서면서다. 진보의 열정으로 무장한 이 새로운 정권 담당자들은 문화에서 선전·선동·교육의 힘, 새로운 인간형을 창출할 수 있는 거푸집의 역할을 발견했다. 물론 전근대 시대에도 명망 있는 군주가 문예진흥에 제한적으로 개입한 역사적 예들이 있기는 하지만, 문화가 적극적인 '국가 정책'의 대상이 된 것은 프롤레타리아혁명 이후인 셈이다.

 1959년에 비공산권 사회에서는 처음으로 프랑스에 문화부가 생겼고, 이 관행은 이내 유럽대륙과 세계 여러 곳으로 퍼져나갔다. 1990년에는 한국에도 문화부(지금의 문화관광부)가 생겼다.

 프랑스의 문학사학자 마르크 퓌마롤리는 『문화국가』(1992)라는 책에서 '문화부'라는 부처로 상징되는 국가의 문화 개입을 신랄히 비판한 바 있다. 퓌마롤리의 주장에 따르면, 1959년 프랑스에 문화부가 생긴 이래 프랑스의 예술과 문학은 무엇이 '문화적'이고 무엇이 '비문화적'인지를 결정할 권한을 부여받은 한줌의 문화관료들에게 차압되었다. 그는 또 국가의 문화 개입이 프랑스 문화의 자율성을 해치고 저급화를 부추겨왔다고 비판했다. 프랑스 사정은 잘 모르겠으나, 한국의 경우엔 그런 부정적 역할을 하고 있는 것이 국가가 아니라 시장인 듯하다.

전구 電球
10.21.

1879년 10월 21일 토머스 앨버 에디슨은 자신이 막 만든 백열전구가 빛을 발하는 것을 관찰하고 있었다. 전구는 40시간 동안이나 빛을 내뿜었다. 성공이었다. 에디슨은 인류가 그 때까지 고안해낸 어떤 조명 수단보다 더 밝고 길게 빛을 발할 수 있는 물건을 마침내 발명했다. 천지창조의 첫날 하느님이 "빛이 생겨라"라는 말씀으로 빛과 어둠을 나누신 이래 기나긴 세월 동안 인류의 생애 절반을 지배했던 어둠이 이제 힘을 잃었다. 에디슨은 빛과 어둠 사이의 균형을 깨버렸다.

인류의 먼 조상들이 밤의 어둠 속에서 의지한 유일한 빛은 달빛이었다. 불을 발견하기 전까지는 말이다. 불의 발견 이후 수만 년 동안 횃불이 인류의 밤을 밝혔다. 석기시대에 들어서 인류는 석유등을 만들어냈고, 그 뒤 양초와 가스등이 인류 생활 안으로 들어왔다.

오토 반 귀리케라는 독일 사람이 전기를 통해 빛을 만들 수 있다는 사실을 알아낸 것은 1650년이었지만, 19세기 전반까지 유럽의 밤을 밝힌 것은 가스등이었다. 그리고 가스등이 쫓아낼 수 있는 어둠의 양은 횃불이 쫓아낼 수 있는 어둠의 양과 별 차이가 없었다. 횃불을 켜든 가스등을 켜든, 어둠은 어둠이었다. 그러나 백열등은 달랐다. 이 새로운 발명품은 한정된 공간 안에서 밤을 낮처럼 만들 수 있었다.

에디슨의 이 위대한 업적이 인류에게 복이었는지는 또렷하지 않다. 전구가 발명되기 전까지 기나긴 세월 동안, 인류는 빛과 어둠의 자연적 질서에 조율된 생체 리듬에 맞춰 일상생활을 영위했다. 낮은 활동의 시공간이었고, 밤은 휴식의 시공간이었다. 그런데 어둠이 물러가면서 쉼도 줄었다. 전구의 발명은 '야근'이라는 말을 인류의 어휘에 새로 편입시켰다. 이제 어디에서 찾을 것인가, 모든 정령이 깨어나 세계를 낯선 기氣로 감싸는 밤의 신비를.

알튀세르 —Louis Althusser
10.22.

1990년 10월 22일 마르크스주의 철학자 루이 알튀세르가 프랑스 베리에르의 한 병원에서 72세로 작고했다.

알튀세르는 정신분석학의 자크 라캉, 문학이론의 롤랑 바르트, 철학의 미셸 푸코, 인류학의 클로드 레비-스트로스와 함께 1960년대 프랑스 지식인 사회의 구조주의 열풍을 이끈 사람이다. 그의 구조주의적 마르크스주의 또는 반反인간주의적 마르크스주의는, 그 현실정합성現實整合性이야 어떻든, 촘촘하고 현란한 논리로 당대 프랑스 학계에서만이 아니라 1980년대 말 이후 한국 좌파 학계에서도 또렷한 그림자와 메아리를 얻었다.

알튀세르에 의해서, 마르크스의 전기 저작들과 후기 저작들 사이에는 '단절'이 있다는 것이 공인되었다. 그 단절은 인간주의적 마르크스와 반인간주의적 마르크스 사이의 단절이었다.

대학 교수가 되지 못하고 모교인 파리 고등사범학교의 철학교수시험 준비반 지도 강사로 이력을 마친 알튀세르는 글쓰기 못지않게 삶을 통해 프랑스 지성사를 요란하게 만들었다. 그의 삶에서 가장 극적인 사건은 1980년 11월 16일 아내 엘렌을 목 졸라 죽인 일이었다. 제자인 니코스 풀란차스가 자살한 이듬해에 일어난 이 사건은 철학자 알튀세르의 실질적 죽음이라 할 만했다. 알튀세르는 정신착란 상태에서의 살인이라는 이유로 면소판결을 받은 뒤 10년을 더 살았지만, 주로 병원과 요양원에서 보낸 그 기간에 철학 작업이라고 할 만한 것을 거의 하지 못했다.

그러나 알튀세르는 이 시기에 남은 힘을 추슬러 자서전 『미래는 오래 계속된다』를 집필했다. 그의 사후 1992년에 출간된 이 책은 저자가 철학자라기보다는 차라리 작가였음을, 20대초부터 그를 괴롭혀온 우울증에 맞서 오로지 이성을 무기로 수행한 싸움이 그에게 얼마나 힘겨웠는지를 섬뜩하게 보여준다.

마이클 크라이튼 Michael Crichton
10.23.

1942년 10월 23일 소설가 마이클 크라이튼이 미국 시카고에서 태어났다. 크라이튼은 하버드대학에서 영문학을 전공하고 의과대학에 진학했지만, 영문학도 생리학도 그의 직업적 야심을 채워주지는 못했다. 의과대학 재학 시절 존 랭이나 제프리 허드슨 따위의 가명으로 소설을 발표하기 시작한 크라이튼은 졸업 뒤 개업이나 연구자로서의 삶을 포기하고 본격적으로 소설 쓰기에 나섰다.

이 '전향'은 현명한 일이었음이 곧 드러났다. 본명으로 발표한 첫 소설 『안드로메다 스트레인』(1969)이 베스트셀러가 되며 단번에 세계 출판시장의 큰 이름이 된 크라이튼은 그 뒤 엄청난 정력으로 베스트셀러를 쏟아내며 어지간한 영문학자나 의사로서는 상상도 할 수 없는 명성과 부를 쌓았다.

그는 1970년대 초 할리우드로 건너가 자신의 소설들을 영화화하기 시작했다. 그가 직접 메가폰을 잡았든 시나리오만 썼든, 크라이튼의 원작소설을 바탕으로 한 영화들은 그의 문화권력을 더욱더 키웠다. 도쿄에서도 파리에서도 부에노스아이레스에서도 요하네스버그에서도, 사람들은 〈쥬라기 공원〉에 열광하고 〈열세 번째 전사〉에 환호했다. 크라이튼은 또 텔레비전으로도 진출해 의학드라마 〈E.R.〉의 프로듀서가 되었다.

그러고 보면 크라이튼의 의학수업이 도로徒勞였던 것은 아니다. 그의 상당수 소설에는 생리학을 비롯한 자연과학 지식과 의사·자연과학자 사회에 대한 정보가 스며들어 있기 때문이다. 그것은 변호사 출신으로 출판계와 영화계의 또 다른 큰 손이 된 존 그리섬의 소설에 법률지식과 법률가사회의 정보가 스며들어 있는 것과 비슷하다.

이들은 예정된 전문직업인이 되는 대신에 자신들이 수련과정에서 얻은 지식과 정보를 새콤달콤하게 포장해 대중을 도취시킴으로써, 여느 전문직업인이 감히 넘볼 수 없는 힘을 얻었다. 이들의 소설을 하찮게 보는 진지한 문학평론가들이 이들에게는 정말 하찮게 보일 것이다.

디오르 —Christian Dior
10.24.

1957년 10월 24일 프랑스의 의상 디자이너 크리스티앙 디오르가 52세로 죽었다.

디오르는 20세기 복식사服飾史에서 코코 샤넬, 마들렌 비오네, 엘자 스키아파렐리, 크리스투발 발렌시아가, 에드워드 몰리뉴 등이 주도한 1930년대 스타일을 이어 1940년대 스타일과 1950년대 스타일을 이끈 디자이너다.

뤼시앵 를롱 밑에서 일하다 1947년 파리 몽테뉴가街에 자기 가게를 열어 독립하며 그가 발표한 실루엣 '뉴룩'은 세계 여성 패션의 새 시대를 열었다. 뉴룩은 무릎 밑까지 내려오는 길고 풍성한 스커트와 잘록한 허리, 각진 어깨와 풍만한 가슴을 강조했다. 원단이 부족했던 제2차세계대전 중에 여성들은 실용적이고 밋밋한 옷을 입었지만, 뉴룩을 계기로 여성들의 페미니티가 새로운 코드로 각광을 받아 그 뒤 라인을 강조하는 디오르식 디자인이 주류 여성복 패션으로 자리잡게 되었다. 디오르가 열어젖힌 '라인의 시대'에 위베르 드 지방시, 피에르 발맹 등 다른 디자이너들도 곧 합류했다.

디오르는 1953년 허리를 조이고 어깨를 둥글리고 스커트 길이를 짧게 해 발랄함을 강조한 튤립라인을 발표한 이래, H라인(아리코베르), A라인, Y라인, 마그넷라인(애로라인), 스핀들라인을 잇따라 발표하며 세계 패션을 이끌었다. 디오르가 죽은 이듬해인 1958년 디오르사社의 이브 생 로랑이 사다리꼴라인(트라페즈라인)이라는 이름으로 발표한 색드레스를 끝으로, 라인의 시대는 막을 내렸다.

디오르의 제자인 피에르 카르댕이나 마르크 보앙을 포함해 저명한 복식 디자이너의 압도적 다수는 프랑스인이거나 프랑스에서 활동한 사람들이다. 20세기 후반 이래 파리는 세계 문화의 중심지라는 명성을 뉴욕에 넘겨줬지만, 아직 고급 의상 분야만은 (아마도 밀라노와 함께) 움켜쥐고 있는 것 같다.

피카소 Pablo Picasso
10.25.

1881년 10월 25일 입체파 화가 파블로 피카소가 스페인 말라가에서 태어났다. 1973년 몰.

피카소라는 이름에서 일반인들이 가장 먼저 떠올리는 것은 '난해성'일 것이다. 그의 화폭에서 현실은 극도로 비틀리거나 과장돼 아마추어 감상자들을 어리둥절하게 한다. '전형적인' 피카소 그림에서 아름다움을 느끼기 위해서는 꽤 야무진 눈 훈련이 필요할 것이다. 전문적 감식안을 지닌 사람이라고 해서 모두 피카소를 찬탄하는 것은 아니니, 서양화가 오지호吳之湖는 이미 1930년대에 피카소의 작품 세계를 '가짜'로 파악하고 힐난한 바 있다.

그래도 많은 미술사가들은, 20세기 조형예술을 되돌아보며 단 한 사람의 예술가를 꼽아야 한다면, 주저 없이 피카소를 꼽는다. 피카소의 조형혁명이 과연 그런 영예를 정당화할 만큼 위대했는지는 확실치 않다. 한 가지 확실한 것은, 그의 예술 세계가, 화폭 속에 현실을 해체해버리면서도, 궁극적으로는 현실에 밀착해 있었다는 사실이다. 스페인 내전기에 생산된 판화 연작 〈프랑코의 꿈과 거짓말〉(1937)과 벽화 〈게르니카〉(1937), 6·25전쟁 중에 그린 〈한국에서의 학살〉(1951) 같은 작품들이 그 예다. 피카소의 많은 작품들은, 위대한 예술이 으레 그렇듯, 형식적으로만 전복적인 것이 아니라 내용적으로도 진보적이었다.

내가 초등학교에 다니던 1960년대 중엽에, 또래 아이들에게 최고의 인기를 끌었던 크레파스 상표는 '피카소파스'였다. 그런데 어느 날부터 문구점에 나온 그 크레파스 갑 위의 상표 부분에 종이가 덧대졌고, 그 덧대진 종이 위에는 '피닉스파스'라는 새 상표가 씌어있었다. 피카소파스가 피닉스파스로, 불사조파스로 바뀐 것이다. 왜 그랬을까? 피카소가 공산당 활동을 했다는 것이 어느 순간 문제가 된 걸까? 궁금하다.

박정희朴正熙의 추억
10.26.

1979년 10월 26일 밤 서울 궁정동 중앙정보부 안가에서 박정희가 중앙정보부장 김재규의 총에 맞아 죽었다. 이튿날 아침 그 소식을 들었을 때, 내게는 머리카락 한 올만큼의 슬픔도 일지 않았다. 슬픔이라니? 해묵은 체증이 내려간 것처럼 일순 마음이 후련해졌고, 가슴속 깊은 곳에서 어떤 들뜸이, 새로운 시대에 대한 들뜸이 느껴졌다.

그것은 인간에 대한 예의가 아니라고? 사실은 그 반대다. 박정희의 죽음에 슬픔을 느끼는 것이야말로 인간에 대한 예의가 아니라고 나는 생각했다. 그의 권력욕에 치여 무고하게 죽고 다친 수많은 사람들에 대한 예의 말이다. 박정희 시대는 중앙정보부와 '빙고호텔'의 물고문·전기고문의 시대였고, 조작간첩과 불법 납치·연행과 의문사의 시대였고, 야간통금과 장발단속과 치마단속과 금지곡의 시대였고, 전태일의 분신과 김경숙의 투신의 시대였고, 학생 군사훈련과 일상적 국민의례의 시대였고, 일본인들의 섹스관광의 시대였고, 권력자들의 황음荒淫의 시대였다.

박정희는 대한민국 전체를 병영으로 만들어놓고 저 혼자 욕망의 놀이를 즐기고 있었다. 텔레비전 카메라 앞에서 그는 농부의 손을 붙잡고 막걸리를 마셨지만, 카메라 뒤에서 그는 미희들을 탐하며 양주를 마셨다. 그런데 그 오랜 시대의 감각이 볼품없이 갈라졌다는 서늘한 소식을 들은 것이다.

박정희의 죽음이 내게 베푼 들뜸은 결과적으로 때 이른 것이었다. 한국 민주주의의 재가동은 그로부터 8년의 세월을 더 기다려야 했다. 그러나 그 때의 들뜸은 여전히 내 청년기의 서늘바람으로 기억된다. 그리고 그 기억은 박정희가 죽은 뒤 그의 이름에 바쳐진 수많은 성인전聖人傳들의 과격한 수정주의가 나를 홀리려 할 때마다, 나를 그 미혹에서 깨어나게 하는 해독제 노릇을 해왔다. 그런 맑은 정신으로, 한 세대 전 오늘 연회석에서 횡사한 군인황제의 명복을 빈다.

실비아 플라스 —Sylvia Plath
10.27.

1932년 10월 27일 미국 시인 실비아 플라스가 보스턴에서 태어났다. 1963년 런던에서 졸.

플라스는 여성 특유의 내면적 감정과 고통을 직접적으로 드러낸 고백적 시편들로 현대 페미니즘 문학에 큰 영향을 끼치고 있는 시인이지만, 그의 명성이 더 크게 신세지고 있는 것은 영국 시인 테드 휴즈와의 결혼생활과 비극적 죽음이다. 플라스는 서른한 살에 가스오븐에 머리를 박고 자살했다. 밖으로 떠도는 남편에 대한 배신감과 시 쓰기의 부진에서 온 절망이 자살의 이유로 추정되지만, 어려서부터 여러 차례 자살 기도를 되풀이한 데다 그의 시에도 자살을 다룬 것이 많아 플라스가 평범하게 늙어갈 가능성이 그리 크지는 않았다.

플라스의 자살은 폭압적 남성성에 질식한 순교자의 이미지를 그에게 입혔고, 이내 그의 이름은 페미니즘의 강력한 아이콘이 되었다. 그리고 남편 휴즈는 아내를 버린 이기적 남편으로 페미니스트들의 공격 표적이 되었다. 그러나 플라스 사후에 출간된 그의 일기를 보면, 플라스의 불행한 삶이 꼭 여성이라는 소수자적 지위에서 온 것만은 아닌 듯하다. 18세부터 죽기 직전까지 기록한 이 일기에서 드러나는 플라스는 극단적 이기주의와 자기혐오가 버무려진 모순적 인격체다.

보스턴대학의 저명한 생물학자 오토 플라스의 딸로 태어난 실비아는 스미스대학을 졸업하고 풀브라이트 장학금을 받아 케임브리지대학에 유학하던 중 휴즈를 만났다. 두 아이를 둔 이 부부는 플라스 생전에 이혼은 하지 않았지만, 플라스가 자살하기 5개월 전부터 별거 상태였다.

플라스는 생전에 시집 『거상巨像』(1960)을 냈고, 그의 사후에 『에어리얼』(1968), 『물을 건너며』(1971), 『겨울나무들』(1972), 『시 모음』(1982) 등의 유고 시집이 나왔다. 『시 모음』은 1982년 퓰리처상을 받았다. 다음 차례의 주인공은 플라스의 남편 테드 휴즈다.

테드 휴즈 Ted Hughes

10.28.

1998년 10월 28일 영국 시인 테드 휴즈가 68세로 작고했다. 그의 부고 기사들은 휴즈가 1984년 이래 계관시인이었고 고향인 서부 요크셔 방언으로 황량한 잉글랜드 풍경과 역사 너머의 신화들을 그려낸 뛰어난 시인이었다는 점보다, 31세로 자살한 미국 시인 실비아 플라스의 남편이었다는 점을 더 부각시켰다. 죽은 뒤에 남편보다 훨씬 더 유명해져버린 아내는 휴즈의 평생에 짙은 그늘을 드리웠다.

아내가 자살하기 5개월 전 휴즈는 애시어 웨빌이라는 유부녀 시인과 사랑에 빠져 집을 나갔다. 그 탓에 휴즈에게는 아내와 자식을 유기한 비정한 남편이라는 비난이 쏟아졌다. 사태는 여기서 끝나지 않았다. 플라스가 가스오븐에 머리를 처박고 자살한 지 6년 만에 휴즈의 애인 웨빌 역시 똑같은 방법으로 자살했다. 웨빌은 플라스보다 더 모질었다. 플라스가 잠들어 있는 두 아이 곁에 빵과 우유를 마련해놓고 혼자 죽은 데 비해, 웨빌은 휴즈와의 사이에서 태어난 두 살짜리 딸 슈라와 함께 가스를 마셨다. 휴즈의 삶은 엉망이 되었고, 그는 시와는 무관한 여성과 두 번째 결혼을 한 뒤에야 안정을 찾을 수 있었다.

플라스의 유고 시집과 일기는 모두 저작권 상속자인 휴즈의 편집을 거쳐 나왔는데, 휴즈는 자신에게 불리한 부분들을 자의적으로 잘라냈다는 비판에 계속 시달렸다. 실제로 그는 자식들이 읽을까 두려워 플라스의 일기 마지막 부분을 없애버렸다고 인정해 욕을 더 먹었다. 휴즈의 시 낭송회는 플라스 숭배자들의 야유와 협박으로 난장판이 되기 일쑤였다.

이 모든 비난 속에서도 평생 플라스에 대해 말을 아끼던 휴즈는 죽기 직전 출간한 시집 『생일 편지들』에서 플라스를 회상했다. 시집 속의 플라스는 명민하지만 감정적으로 극히 불안해 늘 자살충동에 휘둘리는 여성이다. 죽은 아내에게 35년간 억압받고 살았던 남성의 뒤늦은 설욕이라 할 만했다.

지로두 Jean Giraudoux
10.29.

1882년 10월 29일 프랑스 소설가 겸 극작가 장 지로두가 오트비엔주 벨라크에서 태어났다. 1944년 파리에서 졸.

가난한 시골 소년 지로두는 프랑스 공화주의의 은덕을 입어 파리에서 공부할 수 있었고, 프랑스의 모든 예비 지식인들이 선망하는 파리 고등사범학교에 입학할 수 있었다. 지로두의 작품들은 20세기 프랑스 문학이 낳은 가장 개성적인 산문들을 품고 있지만, 그가 고등사범학교에서 공부한 것은 독일 문학이었다. 그는 학교 졸업 뒤 몇 차례 독일에 머물며 낭만주의 문학을 연구했다. 독일 낭만주의는 고대 그리스 문화와 더불어 지로두의 문학과 세계관을 살찌운 자양분이었다.

지로두는 잠시 미국 하버드대학에서 강사 노릇을 하기도 했지만, 귀국해서 그가 생업으로 삼은 것은 학문이 아니라 공직이었다. 그는 28세 때인 1910년 외무부에 들어가 58세 때인 1940년 정보국장직을 사임하기까지 30년간 외무 공무원으로 일했다. 그리고 틈틈이 소설과 희곡을 썼다.

인간과 초자연의 중간적 존재로서 영웅이 한계 상황에서 겪는 고뇌를 그린 『트로이 전쟁은 일어나지 않는다』(1935) 같은 희곡은 한국에서도 여러 차례 무대에 오른 바 있다. 외교관으로 겪은 체험은 지로두의 작품 속에 실제로 스미기도 했다. 1926년 소설 『벨라』는 개방외교를 주장한 필리프 베르틀로와 민족주의 외교를 강하게 밀어붙인 레몽 푸앵카레 사이의 갈등을 소재로 삼은 것이다. 베르틀로의 실각으로 이어진 프랑스 외무부 내의 이 갈등을 소설에 담으면서 지로두는 명백히 개방외교 편에 섰다.

지로두가 외무부를 떠난 것은 제2차세계대전 초반에 프랑스가 독일에 패했기 때문인데, 대학 시절부터 독일 문화에 흠뻑 빠져 자신의 작품들 속에서 독일 사랑을 거리낌 없이 드러냈던 그가 히틀러나 괴벨스 같은 기괴한 독일인들에게 어떤 감정을 느꼈을지 궁금하다.

파운드 —Ezra Pound

10.30.

　1885년 10월 30일 미국의 시인 에즈라 파운드가 태어났다. 1972년 몰.

　아이다호 출신의 파운드는 펜실베이니아대학에서 공부한 뒤 영국으로 건너가 이미지즘을 비롯한 신문학 운동의 제창자가 되었다. 이미지즘은 시 창작에서 운율 같은 음악적 구속에 덜 얽매이면서 또렷한 이미지의 창출을 중시한다. 김기림이나 김광균 같은 우리 시인들도 이미지즘의 테두리 안에 있다.

　파운드의 대표작은 '현대의 『신곡新曲』'이라고 불리는 연작 장편시 『캔토스』다. 동서고금을 훑으며 역사의 각 시기에 대응하는 문화적·정치적 이미지들을 중첩시키는 이 미완의 대작을 통해 시인은 이미지즘의 전범을 보여주었다.

　파운드는 엘리엇이나 조이스 같은 문인들을 세상에 소개해 '천재의 발견자'라고도 불린다. 엘리엇의 대표작 「황무지」는 에즈라 파운드에게 헌정됐다.

　파운드는 시인이자 비평가였을 뿐만 아니라 번역가이기도 했다. 이탈리아 애호자로서 파운드는 그 나라 시인들의 작품을 영어로 옮겼고, 이백李白의 시를 영역하기도 했다. 그는 무솔리니를 찬양한 혐의로 제2차세계대전 뒤 정신병원에 연금됐다가 동료 시인들의 석방 운동으로 1960년에야 풀려나 이탈리아로 건너가 살았다.

　파운드의 시 「소녀」. "나무가 내 손으로 들어오네/ 수액이 내 팔로 올라오네/ 나무가 내 가슴속에서 자랐네/ 밑으로 말이야/ 나뭇가지가 내게서 뻗어나오네, 마치 팔처럼// 너는 나무/ 너는 이끼/ 너는 바람을 머리에 이고 있는 제비꽃/ 너는 키다리 어린이/ 세상 사람들에겐 이 모든 게 어리석어 보이겠지."

　파리 콩코르드 지하철역에서 이미지를 얻었다는 「지하철 정거장에서」는 전문이 고작 2행이다. "군중 속에서 허깨비처럼 나타난 이 얼굴들/ 젖은, 검은 가지 위의 꽃잎들."

키츠 John Keats
10.31.

1795년 10월 31일 영국 시인 존 키츠가 런던에서 태어났다. 1821년 로마에서 몰.

키츠의 생애에는 '낭만주의 시인'과 관련해 상상할 수 있는 온갖 상투적 이미지들이 버무려져 있다. 키츠는 우선 가난하게 태어났다. 그의 아버지는 런던의 마부였다. 키츠는 열네 살에 고아가 되었다. 뒷날 그의 추억을 「애도네이스」라는 작품에 담은 퍼시 비슈 셸리를 비롯해 윌리엄 해즐릿, 윌리엄 워즈워스 등 당대 영국의 대표적 문인들과 교분이 있었지만, 키츠는 그들에 비해 너무 초라한 자신의 출신 성분 때문에 평생 괴로워했다. 그는 유일한 사랑이었던 약혼녀 패니 브론과 결국 결혼하지 못하고, 25세를 막 넘긴 뒤 이국땅에서 요절했다.

요컨대 키츠의 생애는 그리 유복하지 못했다. 그러나 그의 짧은 생애는 19세기 영국 시문학의 순금 부분을 대표한다. 키츠의 생애와 작품들은, 일찍 절필해버린 프랑스 시인 아르튀르 랭보의 경우와 더불어, 예술적 역량이 나이와 함께 무르익는 것은 아니라는 것을 가장 인상적으로 보여주는 예일 것이다.

키츠가 유언으로 남긴 자신의 묘비명은 "여기, 이름을 물 위에 새긴 사람이 잠들다"였다.

영국 낭만주의 시의 가장 높은 봉우리 가운데 하나로 꼽히는 「그리스 항아리에 부치는 노래」는 이렇게 끝난다. "오오 아티카의 형체여! 아름다운 자태여!/ 대리석의 남자와 여자를 섞어 조각한/ 숲의 나뭇가지들과 짓밟힌 잡초로 장식한/ 말 없는 형상이여, 너는 영원이 그런 것처럼/ 우리를 생각이 미칠 수 없게 괴롭히는구나, 차가운 목가여/ 노년이 이 세대를 황폐케 할 때/ 너는 우리의 고통과는 다른 괴로움의 한가운데/ 인간의 친구로 남아 인간에게 말하리/ '아름다움은 진리요, 진리가 아름다움' 이라고, 이것이/ 너희들이 세상에서 아는 전부고 알아야 할 전부니라."

11
추축국에서
오스카 와일드까지

추축국
11.01.

추축국은 제2차세계대전 당시 연합국에 맞서 싸운 파시스트 국가들, 특히 독일, 이탈리아, 일본 세 나라를 일컫는 말이다. 이 추축국이라는 말은 이탈리아의 독재자 베니토 무솔리니가 1936년 11월 1일 밀라노에서 '로마-베를린 추축'의 창설을 선언한 데서 비롯됐다. 무솔리니는 이탈리아의 외무장관이었던 제 사위 갈레아초 치아노가 그보다 앞서 히틀러와 함께 체결한 독일-이탈리아 친선 협정을 이 날 '추축Asse'이라고 부름으로써 두 나라의 제휴 관계를 유럽과 전 세계에 과시했다.

이 '로마-베를린 추축'은 독일과 일본, 이탈리아 사이의 방공협정防共協定을 거쳐 1940년에는 세 나라 사이의 군사동맹으로 이어지면서 베를린-로마-도쿄 추축으로 발전했다. 추축이라는 말은 그래서 정치학에서는 군국주의와 파시즘 동맹의 상징이다. 미국 대통령 조지 W. 부시가 2002년 1월 반테러 전쟁의 표적으로 이라크 이란 북한을 거론하며 이 나라들을 '악의 추축an axis of evil'이라 부른 것도, 옛 파시스트 추축의 부정적 이미지를 세 나라에 덧씌우기 위한 것이라 할 수 있다.

오늘날 이 파시스트 추축은 정치의 주류에서는 비껴나 있다. 그러나 그것이 가뭇없이 사라진 것도 아니다. 사회주의체제의 몰락 이후 그 빈 자리를 채우고 있는 극우 민족주의는 이런 파시스트 추축의 부활을 우려하게 만든다. 유럽의 신나치주의자들에서부터 일본의 이른바 '자유주의 사관' 추종자들에 이르기까지, 세계 도처의 극우 민족주의자들은 은밀한 추축을 통해 파시스트 담론의 맥놀이를 만들어내며 인종 사이의 증오를 부추기고 있다. 그리고 이들의 메시지는 세계화의 폭력적 진행 속에서 좌절하는 대중들에게 작지 않은 호소력을 발휘하고 있다. 파시스트 추축에 맞선 민주주의자들의 국제적 연대, 곧 인류의 우애와 평등에 바탕을 둔 민주주의적 추축이 필요한 것은 그래서다.

버나드 쇼 George Bernard Shaw
11.02.

1950년 11월 2일 아일랜드 출신의 영국 작가 조지 버나드 쇼가 94세로 작고했다. 음악 평론에서 출발한 쇼의 글쓰기는 극작, 소설, 연극 평론, 에세이 등 산문 문학의 전 장르에 걸쳐 있다. 「시저와 클레오파트라」, 「인간과 초인」, 「성녀 존」, 「피그말리온」 같은 그의 희곡들은 쇼를 20세기 영국 최고의 극작가로 만들었다.

1913년에 초연된 〈피그말리온〉은 학교 교육을 받지 못한 런던 토박이 처녀가 헨리 히긴스라는 언어학자의 도움을 받아 최고의 숙녀로 뒤바뀌는 과정을 그렸다. 이 작품은 1956년에 〈마이 페어 레이디〉라는 제목의 뮤지컬로 개작돼 무대에 올랐고, 1964년에는 같은 제목으로 영화화되었다. 쇼는 1925년에 노벨문학상을 받았다. 비록 상금은 거절했지만.

쇼는 단순히 서재 안의 작가가 아니라 전투적인 사회 운동가이기도 했다. 가난으로 중등 교육도 채 마치지 못한 그는 자신의 작품 속에서 당대 영국 사회의 위선을 가차없이 비판했을 뿐만 아니라, 1884년에는 토머스 데이비드슨, 시드니 웹 등과 함께 페이비언 협회를 창설해 영국의 사회민주주의 운동을 이끌었다. 점진적 개혁을 통해 영국에 민주적인 사회주의 사회를 건설하고자 했던 페이비언 협회의 노력은 1906년 노동당 창당의 밑거름이 되었다. 사회민주주의가 추구하는 느슨한 평등주의가 자유의 고른 분배를 포함한다면, 쇼가 꿈꾸었던 사회는 현재와 미래의 인류가 마땅히 떠맡아야 할 숙제이기도 할 것이다.

쇼와 관련된 일화 한 가지. 한 기자가 쇼에게 물었다. "금요일에 결혼한 부부는 불행해진다는 속설을 믿으십니까?" 쇼가 대답했다. "물론이지요, 그들이라고 예외는 아닐 테니까요." 쇼는 결혼했다.

에드워드 카 Edward Hallett Carr
11.03.

1982년 11월 3일 영국 역사학자 에드워드 핼릿 카가 90세로 작고했다. 《더 타임스》는 부고 기사에서 "카의 저작들은 그의 태도만큼이나 예리했다. 냉정한 외과의사의 메스로, 그는 우리 시대의 가까운 과거를 샅샅이 해부했다. 의심할 나위 없이, 카는 여러 세대의 역사가들과 사회사상가들에게 또렷한 흔적을 남겼다"고 썼다.

1941년부터 1945년까지 카가 《더 타임스》의 편집 간부로 일하기는 했지만, 이 신문이 '동료애'에 휘둘려 그의 업적을 크게 과장한 것 같지는 않다. 역사가로서만이 아니라 정치학자로서, 저널리스트로서, 그리고 외무성 관리로서 카는 자신이 살던 시대의 가까운 과거를 넓고 깊게 바라보았고, 그 관찰의 결과를 묵직한 책들로 남겼다.

역사학자 카의 이름은 주로 『소비에트 러시아사』라는 기념비적 저서와 연결돼 있다. 《가디언》이 서평 난에서 "20세기 영국 역사학자가 쓴 가장 중요한 저작 가운데 하나"라고 평한 『소비에트 러시아사』는 모두 14권으로 이뤄져 있다. 카는 1945년에 이 책의 집필에 들어가 그 일에 거의 30년을 매달렸다.

카는 뛰어난 전기 작가이기도 했으니, 특히 그가 쓴 도스토예프스키 전기와 바쿠닌 전기는 그 분야의 고전으로 꼽힌다.

카의 저작 가운데 한국 독자들에게 가장 잘 알려진 것은 『역사란 무엇인가』(1961)일 것이다. 이 책은 1970년대 이후 영한英韓 대역판을 포함해 수많은 한국어판이 해적 출판되면서, 학생과 교양인의 필독서가 되었다. 민주주의적 사회주의자가 쓴 이 책은 또 마르크스주의 저작들을 읽을 수 없었던 그 시절 한국인들에게 좌파적 역사 전망의 맛보기 같은 것이기도 했다. 그 첫 번째 장에 역사에 대한 유명한 정의가 나온다. "역사는 역사가와 사실 사이의 부단한 상호작용의 과정이고, 현재와 과거 사이의 끊임없는 대화다."

성철 性徹
11.04.

1993년 11월 4일 대한불교 조계종 종정 성철 스님이 합천 해인사 퇴설당에서 입적했다. 향년 81세.

퇴설당은 그보다 57년 전 성철이 불문에 들어 처음 앉은 자리다. 성철의 속명은 이영주李英柱다. 경남 산청 출신. 진주중학교를 졸업하고 해인사로 출가해 하동산河東山 대종사 밑에서 득도했다고 알려져 있다. 전국의 수많은 사찰을 돌며 하안거夏安居·동안거冬安居를 되풀이했는데, 특히 경북 파계사에서 행한 장좌불와長坐不臥 8년이 잘 알려져 있다.

성철의 법어 가운데 세간에 가장 널리 회자된 것은 1981년 1월 20일 제7대 종정으로 취임하며 발설되었다. "원각이 보조하니 적과 멸이 둘이 아니라/ 보이는 만물은 관음이요 들리는 소리는 묘음이라/ 보고 듣는 이밖에 진리가 따로 없으니/ 사회 대중은 알겠는가?/ 산은 산이요 물은 물이로다."

그 마지막 대목 '산은 산이요 물은 물이로다'는, 단번에 깨달음에 도달한다는 돈오돈수頓悟頓修론과 함께, 선지식 성철이 도달한 경지의 이미지를 집약하고 있다. 그 경지는 보통 사람이 가 닿을 수 없는 드높은 차원의 정신세계에 속해 있다.

그러나 그것은 그야말로 고승·선사의 아스라한 경지일 뿐이다. 필부필부로서는 '산은 산이요 물은 물이로다'라는 동일률의 반복이나 벼락을 맞은 듯한 순간적 깨달음만으로는 세계를 이해할 수 없다. 보통 사람들이 세계를 이해하는 것은 다름의 분별을 통해서다. 꼼꼼히 따져봄으로써만 도달할 수 있는 그 분별이야말로 과학지식을 포함한 모든 지식의 출발점이다.

우리가 성철 식의 동일률과 찰나적 깨달음의 기대 속에 갇혀 무위無爲를 실천한다면, 과학적 앎의 진척은커녕 일상생활의 영위 자체가 불가능해질 터이다. 사람들이 모두 출가할 수도 없고 출가해서는 안 되는 이유가 거기 있다.

비비언 리 Vivien Leigh
11.05.

1913년 11월 5일 영국 배우 비비언 리가 인도 다르질링에서 태어났다. 1967년 졸.

비비언 리는 파리와 런던에서 연기를 배우고 20대 초부터 연극과 영화 활동을 거의 동시에 시작했다. 테네시 윌리엄스의 〈욕망이라는 이름의 전차〉는 그녀가 두 해 차이로 연극과 영화에 잇따라 출연한 작품이다. 비비언 리는 이 작품에서 예민한 성격의 미국 남부 여성 블랑시 뒤부아 역을 맡았다. 그녀는 27세에 셰익스피어 전문 배우이자 연출가로 유명한 로렌스 올리비에와 결혼했으나, 46세에 이혼했다. 이들 부부는 연극 〈안토니우스와 클레오파트라〉에서 함께 타이틀롤을 맡기도 했다.

영화 팬들에게 비비언 리는 무엇보다도 빅터 플레밍 감독의 〈바람과 함께 사라지다〉(1939)에서 여주인공 스칼렛 오하라 역을 맡은 배우로 기억되고 있을 것이다. 미국 남부 조지아주 타라 농장을 지키며 남북전쟁이라는 세찬 '바람'에 모든 것을 빼앗기면서도 들풀처럼 강인하게 살아가는 스칼렛은 원작자 마거릿 미첼의 펜 끝보다 오히려 비비언 리의 연기에서 실감나는 구체성을 얻었다. "내일 생각하자. 내일은 내일의 태양이 뜰 거야"라는 대사의 낙관주의 속에서 비비언 리는 스칼렛과 온전히 한 몸이 되었다.

〈바람과 함께 사라지다〉에 버금가게 영화 팬들의 마음을 사로잡은 비비언 리의 또 다른 작품은 두 해 뒤에 개봉한 머빈 르로이 감독의 〈애수〉(원제는 〈워털루 브리지〉)일 것이다. 로버트 셔우드의 희곡을 원작으로 삼은 이 멜로드라마에서 비비언 리는 역시 전쟁(제1차세계대전)이라는 바람에 휩쓸려 사랑을 잃고 영락의 길을 걸은 끝에 비참하게 죽는 무용수 마이라 역을 맡았다. 마이라와의 짧은 사랑 뒤에 긴 이별을 겪는 영국군 장교 로이 역은 로버트 테일러가 맡았다. 이별의 노래로서 〈올드랭사인〉이 이 영화 속에서만큼 감상적 배경을 이룬 예도 찾기 힘들 것이다.

수자 John Philip Sousa
11.06.

1854년 11월 6일 '행진곡의 왕'으로 불리는 미국 작곡가 존 필립 수자가 워싱턴에서 태어났다. 1932년 몰. 취주악 지휘자로도 이름을 날렸던 수자는 튜바의 일종인 헬리콘 베이스를 개량해 최저음의 대형 금관악기를 고안했는데, 이것이 수자폰이다. 색소폰이라는 이름이 그것을 발명한 벨기에인 아돌프 색스에서 유래한 것과 마찬가지다.

아버지가 포르투갈계 스페인인이었고 어머니가 독일인이었지만, 수자는 미국인의 애국심을 상징하는 인물이 되었다. 많은 미국인들에게 수자는 7월 4일과 비슷한 의미로 다가온다. 그가 1889년에 작곡한 〈워싱턴 포스트 마치〉는 1890년대에 미국과 유럽을 휩쓴 투스텝 댄스 열풍의 근원이었고, 1896년 크리스마스에 작곡한 〈성조기여 영원하라 Stars and Stripes Forever〉는 미합중국의 공식 행진곡이 되었다.

이미 25세에 대통령 의전 악대인 해군 군악대 악장이 된 수자는 그 뒤 민간인으로서 세계적 명성을 쌓았지만, 미국이 제1차세계대전에 참전하자 예순이 넘은 나이로 군에 복귀해 해군 군악대 훈련소장으로 일했다. 놀랍지 않게도, 그의 유해는 워싱턴의 의회 묘지에 묻혔다.

수자가 작곡한 〈성조기여 영원하라〉를 미국 국가인 〈성조기여 영원하라 The Star-Spangled Banner〉와 혼동해서는 안 된다. 미국 국가의 제목을 보통 〈성조기여 영원하라〉라고 일컫기는 하지만, 엄밀히 번역하면 〈별이 촘촘히 박힌 깃발〉 곧 〈성조기〉일 뿐이다. 이 〈성조기〉는 19세기 초 미국에서 크게 유행하던 권주가勸酒歌 〈하늘의 아나크레온에게〉(아나크레온은 술과 사랑의 시로 유명한 고대 그리스 시인)라는 노래의 곡에 프랜시스 스콧 키라는 사람이 새 가사를 붙인 것이다. 미국 의회가 〈성조기〉를 국가로 채택한 것은 1931년이다.

10월혁명
11.07.

　1917년 11월 7일(러시아력 10월 25일) 아침에 눈을 뜬 상트페테르부르크 시민들은 자신들이 다른 세상에 있다는 것을 깨달았다. 하룻밤 사이에 러시아는 공산주의 국가가 되었다. 트로츠키가 이끄는 혁명군은 거의 무혈로 수도를 점령했다. 그 날 저녁 겨울궁을 접수할 때 수비대 여섯 명이 사망한 것이 인명 피해의 전부였다.

　그러나 이 무혈혁명은 그 뒤 세계 도처를 사람의 피로 적실 세계혁명의 첫 단추였을 뿐이다. 프랑스에서 나온 『공산주의 흑서黑書』(1997)라는 책의 서문에 따르면, 공산주의에 희생된 사람의 수는 무려 일억 명에 이른다. 물론 이 책은 그 서문 집필자 스테판 쿠르투아와 다른 공동 저자들의 이견으로 커다란 논란을 불러일으켰고 전반적으로 반공 프로파간다에 가까운 책이기는 하지만, 20세기의 공산주의 혁명이 늘 피비린내를 수반한 것은 사실이다.

　러시아 10월혁명은 그 시작부터 깔끔하지가 않았다. 마르크스는 서유럽의 가장 선진적인 사회에서 사회주의 혁명이 일어나리라고 예측했지만, 실제로 그것이 일어난 것은 유럽의 최후진국 가운데 하나인 러시아에서였다. 레닌은 낮고 뒤떨어진 생산력 위에 생산수단의 소유 형태만을 형식적으로 바꾸어놓은 기형적 혁명을 이룬 것이다.

　그것 못지않게 지적돼야 할 것은 혁명의 시작 단계에서부터 레닌이 보인 비민주성이다. 그는 그 해 말에 실시된 선거에서 볼셰비키가 패배하자 이듬해 봄 제헌의회를 폭력적으로 해산시키고 이에 항의하는 시민들에게 총탄으로 답변했다. 레닌 못지않게 '좌파적'이었던 로자 룩셈부르크마저 레닌의 이 비민주성을 한탄했다. 그 비민주성은 스탈린 시대에 최악에 이르렀다. 파시즘과 함께, 공산주의는 20세기 인류가 만든 가장 흉측한 괴물이었다.

비어홀 폭동
11.08.

1923년 11월 8일 히틀러가 이끄는 나치스 무장돌격대원 600여 명이 뮌헨의 한 맥주홀을 습격하며 바이마르공화국 정부에 맞서 반란을 일으켰다. 흔히 뮌헨 반란 또는 비어홀 폭동이라고 부르는 사건이다.

뮌헨을 중심으로 한 바이에른 지방은 반동 우익 분자들의 소굴이었다. 히틀러는 그 전해 무솔리니가 '로마 진격'을 통해 이탈리아에 파시스트 체제를 수립한 데 크게 고무돼 있었고, 독일에서도 비슷한 방식으로 바이마르공화국을 뒤집어엎을 수 있다고 판단했다.

당시 바이에른 지배 계급과 히틀러의 이해관계가 온전히 겹쳤던 것은 아니다. 바이에른 지배층은 옛 왕실의 부활을 통해 베를린 정부로부터 분리·독립하기를 원했고, 히틀러는 극우 군사 단체들과 협력해 베를린으로 쳐들어간 뒤 파시스트 정부를 수립하고자 했다. 그러나 육군 장관 한스 폰 제크트가 바이에른의 분리주의를 탄압했기 때문에 이 두 세력 사이에 한시적 연대의 여지가 있기는 했다.

히틀러는 맥주홀에서 집회를 열고 있던 바이에른 지도자들을 권총으로 협박하며 반란에 협력할 것을 요구했다. 제1차세계대전의 영웅 에리히 루덴도르프도 현장에 나타나 히틀러에게 협력하겠다고 다짐했다. 그러나 반란의 분위기가 무르익을 무렵 바이에른의 옛 왕실과 가톨릭교회 세력 일부가 이에 반대하면서 히틀러는 고립되었고, 반란은 이틀 만에 불발로 끝났다.

히틀러는 11월 11일 체포됐지만, 재판 과정에서 민족주의 언론의 호감을 한 몸에 받았다. 그는 법정 최저형인 징역 5년을 선고 받았고, 이듬해 성탄절 특사로 풀려나기까지 한 해 동안 감옥살이를 했다. 그는 감옥에서 나치즘의 바이블이 될 『나의 투쟁』을 썼다. 비어홀 폭동의 실패를 계기로 히틀러는 쿠데타 전술을 포기하고 의회주의로 돌아섰고, 그 뒤 10년이 안 되어 합법적으로 독일을 접수했다.

아폴리네르 —Guillaume Apollinaire

11.09.

   1918년 11월 9일 프랑스의 시인 기욤 아폴리네르가 38세로 죽었다. 아폴리네르를 잘 모르는 사람들도 "미라보 다리 아래 센강이 흐르네/ 그리고 우리들의 사랑도/ 기억해야 하는가 그 사랑을"로 시작하는 그의 시 「미라보 다리」는 익숙할 것이다.

   이탈리아인 아버지와 폴란드인 어머니 사이의 사생아로 로마에서 태어난 이 시인을 스위스 출신의 비평가 마르셀 레몽은 "1905년부터 1920년 사이에 프랑스 예술이 열어놓은 모든 길에 그 그림자를 드리운 시인"이라고 평했고, 초현실주의의 기수 앙드레 브르통은 "이 세상 최후의 시인"이라고 불렀다.

   실상 20세기 문학사와 미술사에서 큰 무게를 감당하고 있는 '초현실주의'라는 말을 처음 사용한 것이 아폴리네르였다. 그는 생전에 시인으로만이 아니라 미술평론가로도 이름을 꽤 알렸다.

   아폴리네르는 제1차세계대전이 끝난 이틀 뒤 파리의 페르-라셰즈 묘지에 묻혔다. 그는 그보다 나흘 전에 죽었다. 아폴리네르는 1915년 4월부터 참전했고, 프랑스 정부는 그 대가로 그에게 프랑스 국적을 주었다.

   1916년 3월 전선의 아폴리네르는 두뇌에 관통상을 입었다. 그는 몹시 위험한 수술을 받고서도 용케 살아남았지만, 그 총상에서 회복되던 중에 독감에 걸려 종전을 보지 못하고 죽었다. '스페인 독감'이라고 불렸던 이 독감은 1918년 초부터 전 세계를 휩쓸다가 1919년 중엽에 감쪽같이 사라졌는데, 그 사이에 2000만 명의 목숨을 앗아갔다.

   페르-라셰즈 묘지 제86묘역에 있는 아폴리네르 무덤의 묘비에 새겨진 시의 한 구절. "사람들이 결코 건드리지 못한 것/ 난 그걸 건드렸고 그걸 말했네/ 아무도 그것에서 상상하지 못하는 것/ 난 그 모든 걸 캐냈네."

   바로 이것이야말로 시업詩業의 정의일 것이다.

무스타파 케말 Mustafa Kemal
11.10.

1938년 11월 10일 터키공화국 초대 대통령 무스타파 케말 파샤가 이스탄불에서 작고했다. 향년 57세.

파샤는 오스만투르크제국에서 군대 지휘관이나 고급 관료를 존경의 뜻으로 불렀던 칭호다. 무스타파 케말은 제1차세계대전 중 군사령관으로 다르다넬스 해협과 동부 국경의 방위를 맡은 바 있다. 그러나 터키 사람들은 케말을 파샤라고 부르기보다 아타튀르크라고 부른다. 아타튀르크는 '터키 사람들의 아버지'라는 뜻이다. 이런 관행이 되풀이되다 보니, 아타튀르크가 마치 케말의 성처럼 돼 버렸다. 성이 '국부國父'다!

그럴 만도 하다. 터키 사람들에게 무스타파 케말은 중국 사람들에게 쑨원과 마오쩌둥을 합쳐놓은 것 같은 인물이다. 쑨원처럼, 케말은 오랜 세월 조국을 옥죄던 군주제를 뒤집어엎고 공화제를 수립했다. 마오쩌둥처럼, 케말은 종이호랑이가 된 조국을 짓밟던 외세를 몰아냈다.

무스타파 케말이 이끈 터키혁명은 제1차세계대전의 여진 속에서 진행되었다. 독일·오스트리아 편에 섰다가 패전국이 된 오스만투르크를 유럽 열강들은 분할하고자 했고, 전승국의 일원이 된 그리스는 연합국 열강의 비호 아래 오스만제국의 심장부인 소아시아를 침공했다. 케말은 그리스와의 전쟁을 총지휘해 승리로 이끈 뒤, 1922년 10월 공화제를 선언했다.

케말이 이끄는 공화국 터키가 가장 먼저 한 일은 술탄칼리프제의 폐지였다. 술탄칼리프제란 세속 권력의 일인자인 술탄이 종교 권력의 수장인 칼리프를 겸하는 정교일치제도다. 터키는 혁명 직후 칼리프제와 술탄제를 차례로 폐지했을 뿐만 아니라 엄격한 정교분리 원칙, 곧 세속주의 원칙을 확립했다. 세속주의에 대한 케말의 신념은 확고했고, 그 덕분에 터키는 이슬람 국가로서는 드물게 정치가 종교의 입김에서 비교적 자유로운 나라가 되었다. 최근 들어 그 양상이 달라지고는 있지만.

제1차세계대전 종전終戰

11.11.

1918년 11월 11일 독일의 항복으로 제1차세계대전이 끝났다. 이 전쟁은 영국 프랑스 러시아 등의 협상국(연합국)과 독일 오스트리아-헝가리 등의 동맹국이 주로 유럽에서 싸운 전쟁이었지만, 그 제국주의적 성격 때문에 잠재적 전역戰域이 전 세계에 미쳤다.

제1차세계대전은 무엇보다도 제국주의 전쟁, 식민주의 전쟁이었다. 그것은 유럽 대륙의 패권을 놓고 프랑스와 독일이 맞붙은 전쟁이기도 했지만, 식민주의 기득권 세력인 영국의 3C 정책(캘커타, 카이로, 케이프타운을 잇는 지배권 확립)과 그 도전 세력인 독일의 3B 정책(베를린, 비잔티움, 바그다드를 잇는 지배권 확립)이 충돌한 전쟁이기도 했고, 러시아를 중심으로 한 범슬라브주의와 독일·오스트리아를 중심으로 한 범게르만주의가 맞부딪친 전쟁이기도 했다.

프랑스군과 독일군 사이의 베르됭 전투는 이 전쟁의 가장 처절한 광경이었다. 1916년 2월부터 그 해 말까지 10개월 동안 독가스 폭탄을 비롯한 온갖 살인 병기가 동원돼 진행된 이 전투가 끝났을 때, 전선은 거의 변하지 않았지만 양측의 사상자는 백만을 훨씬 넘었다.

제1차세계대전은 사회주의 운동의 역사에서도 큰 획을 그었다. 유럽의 가장 강력한 사회주의 정당이었던 독일 사회민주당은 카이저 정부와 이른바 성내평화(城內平和, Burgfriede)를 맺어 전쟁협력을 약속함으로써 국제주의를 포기했다. 세르비아와 러시아를 제외한 다른 나라의 사회주의 정당들도 잇따라 이념보다는 민족을 선택함에 따라, 제2인터내셔널이 결국 붕괴했다. 반면에 이 전쟁의 와중에 러시아혁명이 일어나 종전 이듬해에 레닌의 주도로 제3인터내셔널(코민테른)이 만들어졌다.

임종국 林種國
11.12.

    1989년 11월 12일 일제하 친일 문제 연구로 유명한 평론가 임종국이 60세로 작고했다.

    임종국은 경남 창녕 출신이다. 고려대 정외과를 졸업했지만, 문학에 뜻을 두어 시와 문학 평론으로 글쓰기를 시작했다. 해설을 곁들여 그가 엮은 『이상전집 李箱全集』(1956)은 이상 연구의 선구적 업적으로 꼽힌다.

    1965년의 한일 국교 '정상화' 이후 임종국의 글쓰기는 친일 문제를 중심으로 궤적을 그려나갔다. 『친일문학론』(1966)으로 점화한 그의 친일 연구는 『일제 침략과 친일파』(1982), 『밤의 일제 침략사』(1984), 『일제하의 사상탄압』(1986), 『친일 논설 선집』(1987), 『일본군의 조선침략사』(1988) 등으로 이어지며, 친일파와 그의 친구들이 권력과 여론 시장을 틀어쥔 한국 사회에서 민족적 자의식을 일깨우는 데 크게 이바지했다.

    임종국의 작업은, 일본제국주의의 법적 부정을 바탕으로 세워졌으면서도 실제로는 일제 협력자들의 손아귀에 붙들려 있는 대한민국의 분열증적 상황을 진단하고 치료하려는 노력의 시발점이기도 했다. 놀랍지 않게도, 언론계를 포함한 주류 사회는 임종국의 이 '위험한' 작업을 백안시했다.

    임종국의 유고 한 대목. "아일랜드는 300년 만에 압박을 벗었고 유대 민족은 2천 년을 나라 없이 떠돌아다녔으나, 그들은 민족의 전통을 상실하지 않았다. 우리가 불과 35년으로 이 지경까지 타락했었다는 것은 단순히 친일자들의 수치로만 끝날 일이 아니다. 민족 전체의 수치로서, 맹성은 물론 환골탈태의 결사적 고행이 수반되어야만 하는 것이다. 청산이 아니라 오히려 온존된 일제의 잔재는 이 땅의 구석구석에서 민족의 정기를 좀먹었고, 민족의 가치관을 학살하였다. 이 흙탕물을 걷어내지 못하는 한 민족의 자주는 공염불이요, 따라서 민족의 통일도 백일몽이다."

초현실주의
11.13.

    1925년 11월 13일 0시, 파리 보나파르트 거리 13번지 피에르 립 갤러리에서 초현실주의 화가들의 첫 번째 그룹전이 열렸다. 출품 작가들은 스페인의 호안 미로, 스위스의 파울 클레, 미국의 맨 레이, 프랑스의 앙드레 마송과 피에르 루아, 독일에서 프랑스로 국적을 바꾼 막스 에른스트, 스페인에서 프랑스로 국적을 바꾼 파블로 피카소, 그리스 태생의 이탈리아 화가 조르지오 데 키리코 등이었다.

    초현실주의는 국적만 넘나든 것이 아니었다. 그것은 예술의 역사에서 미술과 문학이 행복하게 결합한 첫 번째 예였다. 이 전시회 카탈로그의 서문을 함께 쓴 사람이 프랑스 시인 앙드레 브르통과 로베르 데스노스였다.

    시인 아폴리네르가 명명한 '초현실주의'는 흔히 프로이트 정신분석학의 예술적 표현으로 이해된다. 그 '초현실'은 일차적으로 이성의 지배에서 벗어난 세계, 비현실의 공간이다. 브르통은 그 전해에 쓴 「초현실주의 선언」에서 '초현실주의'를 "말로서든, 글로서든, 다른 방법으로서든, 모든 심미적 도덕적 고려 바깥에서 마음의 현실적 기능작용을 표현하려고 하는 심리적 자동기술自動記述"이라고 정의했다. 말하자면 초현실주의는 예술의 역사에서 처음으로 무의식의 영역에 눈길을 주었다.

    그러나 초현실주의는 또 랭보와 마르크스의 강한 자장 안에서 최고의 현실성을 추구했다. 그것은 '부르주아'라는 말의 대립어로서 '예술가'를 내세움으로써 강한 혁명적 지향을 보였다. "삶을 바꾸어야 한다"는 랭보의 테마와 "세계를 개조해야 한다"는 마르크스의 테마를 동시에 실현하겠다는 야심을 지녔던 것이 초현실주의 운동이었다. 그것은 사랑과 자유와 예술을 동시에 밀고 나가려던 운동이었다.

헤겔 Georg Wilhelm Friedrich Hegel
11.14.

1831년 11월 14일 철학자 게오르크 빌헬름 프리드리히 헤겔이 콜레라로 작고했다. 61세였다.

철학도가 아니라면 헤겔의 책을 직접 읽는 사람은 드물겠지만, 헤겔이라는 이름을 들어보지 못한 채 중등교육을 마치기도 힘들 것이다. 논리학·자연철학·정신철학의 세 영역을 정正·반反·합合의 변증법으로 꿰어낸 그의 방대한 철학체계(엔치클로페디)는 유럽 정신사의 가장 높은 봉우리 가운데 하나다.

헤겔 이후, 위대한 철학 정신들은 헤겔을 옹호하든 부정하든 그 이름에 자신들을 조회하지 않을 수 없었다. 프리드리히 니체나 질 들뢰즈 같은 반反헤겔리언들도 헤겔이라는 돗자리를 미리 깔아놓고서야 자신들의 생각을 도드라지게 만들 수 있었다.

두 세기 뒤의 기준으로 보면 우익 관념론자가 분명한 헤겔은, 그 사유의 넓이와 깊이를 통해 잡다한 스펙트럼의 이념적 후예들을 생산했다. 헤겔학파는 그 비조의 사후, 헤겔 철학과 기독교의 관련에 대한 해석을 두고 헤겔 우파(노인 헤겔파), 헤겔 중앙파, 헤겔 좌파(청년 헤겔파)로 분열되었다.

다비트 프리드리히 슈트라우스, 브루노 바우어, 아르놀트 루게, 루트비히 포이어바흐 같은 청년 헤겔파 철학자들은 헤겔 철학의 비非기독교적 측면을 강조하며 급진적인 종교비판, 사회비판으로 나아갔다. 특히 유물론의 입장에 서서 격렬하게 기독교를 비판한 포이어바흐는 칼 마르크스와 프리드리히 엥겔스가 헤겔의 관념론을 뒤집어 변증법적 유물론을 창안하는 데 작지 않은 영향을 끼쳤다.

헤겔의 명성은 생전에도 화려했다. 그가 재직하던 베를린대학은 오직 헤겔이라는 이름 때문에 유럽 철학의 중심지가 되었다. 그를 질투한 아르투어 쇼펜하우어가 자기 개에게 헤겔이라는 이름을 붙인 뒤 학대했다는 일화가 전해질 정도다.

뒤르켐 Émile Durkheim
11.15.

1917년 11월 15일 프랑스 사회학자 에밀 뒤르켐이 59세로 작고했다. 유대계 출신으로 보르도대학과 소르본대학에서 가르쳤던 뒤르켐은 사회학의 프랑스학파를 건설한 사람이다. 더 나아가 그는, 이웃나라 동료 막스 베버와 함께, 현대 사회학의 창시자라고도 할 수 있다. 철학자 베르그송과 파리 고등사범학교 동기였던 뒤르켐은 친구와 달리 철학의 신비적 추상성에 불만을 느꼈고, 그래서 사회현실과 더 구체적으로 관련되는 학문을 수립하고자 했다. 뒤르켐이 보르도대학 재직 시절 창간한 《사회학 연보》(1896~1913)를 둥지로 삼은 뒤르켐 학파는 그가 죽은 뒤 조카이자 제자 마르셀 모스에게 이끌리며 양차세계대전 사이에 유럽 사회과학계의 주류로 떠올랐다. 모리스 알바크스, 셀레스탱 부글레, 마르셀 그라네, 프랑수아 시미앙 같은 이들이 뒤르켐 학파의 구성원들이었다.

인간에 대한 뒤르켐의 기본 관점은 문화결정론이었다. 문화결정론이란 개인의 행동이 그가 속해 있는 문화에 의해 거의 전적으로 결정된다는 생각이다. 문화는 개인을 초월한 자립적 존재로서 개인에게 환원되지 않으며 개인은 문화 앞에서 무력하다는 이런 관점은 사회학주의의 한 측면이다. 사회학주의란 사회적 사실이 심리적·생리적 현상으로 환원되지 않는다는 생각이다. 뒤르켐이 사회학자를 자처했으니만큼, 그가 문화결정론이나 사회학주의에 이끌린 것은 자연스러운 일이기도 했다. 인간의 정체성이나 행동이 문화환경을 비롯한 사회적 사실들보다 유전자에 의해 더 크게 결정된다고 생각하는 사람이라면, 사회학보다는 생물학 쪽에 더 매력을 느낄 것이다.

이기적 자살, 이타적 자살, 아노미적 자살, 숙명적 자살, 유기적 연대, 기계적 연대 같은 뒤르켐 사회학의 용어들은 이제 저널리즘으로까지 깊이 편입돼 일상적으로 사용되고 있다. 뒤르켐을 통해 사회과학 용어가 된 말 가운데 가장 유명한 것은 '아노미'일 것이다. 사회 규범의 동요나 이완·붕괴가 구성원들의 욕구나 행위에 초래하는 혼돈이나 무규제 상태를 뜻하는 아노미는 한 개인의 발달사에서 청소년기를 특징짓는 말이기도 하다.

목포 부두노동자 파업
11.16.

1903년 11월 16일 목포항의 조선인 부두노동자들이 전면 파업에 돌입했다. 40여 일 동안 계속된 이 파업은 1898년 2월 파업을 시작으로 매년 되풀이된 파업 투쟁의 연장선 위에 있었으나, 반제운동의 성격을 강하게 띠었다는 점에서 그간의 단순한 임금인상 투쟁과는 성격이 달랐다. 부산, 원산, 인천에 이어 1897년 10월 네 번째로 개항한 목포는 당시 전국 최대의 대일對日 미곡 수출 항구였다.

1903년 파업의 발단은 일자리 알선 대가로 부두노동자들로부터 임금의 10%를 뜯어온 십장들이 그 해 8월 소개비를 20%로 올리며 중간착취자로서의 성격을 분명히 한 데 있었다. 노동자들이 십장 수취율 인상에 반대하며 십장제 폐지를 요구했음에도 일본인 자본가와 경찰은 십장들을 거들고 나섰고, 이에 따라 11월 16일 결행된 조선인 노동자들의 파업은 조선인 노동자와 일본인 노동자·친일 상인들 사이의 폭력 사태로까지 이어졌다.

12월 14일 일본 군함과 군대가 목포에 들어와 파업 진압에 나섰어도 사태는 잦아들지 않았고, 마침내 조선 정부가 개입해 십장 선임에 노동자들이 참여하도록 하고 상납금을 재조정한 뒤에야 노동자들은 다시 작업을 시작했다. 그러나 파업을 주도한 노동자 11명에게는 끝내 체포령이 떨어졌다.

이난영의 노래 〈목포는 항구다〉에서 밋밋한 제목을 취한 김지훈 감독의 코믹 액션 영화 〈목포는 항구다〉(2004)를 나는 매우 유쾌하게 봤다. 폭력조직 우두머리 역을 맡은 차인표 씨, 민완형사 역을 맡은 조재현 씨, 여자 검사 역을 맡은 송선미 씨 모두 브라운관에서보다 인상적인 연기를 펼쳤고, 관객들의 웃음이 억지스럽지 않을 정도로 시나리오도 깔끔했던 것 같다. 언젠가 목포를 출발지나 종착지로 삼은 로드무비가 나왔으면 좋겠다. 목포는 신의주로 이어지는 1번 국도가 출발하는 곳이다. 그곳은 한반도의 첫머리이자 끝머리다.

이흥렬 李興烈
11.17.

1980년 11월 17일 〈어머니 마음〉의 작곡가 이흥렬이 71세로 작고했다. 이흥렬은 함남 원산 출신이다. 지금의 도쿄 음악대학 전신인 도요東洋 음악학원에서 피아노를 전공하고 귀국해 교직에 종사하면서 작곡에 발을 들여놓았다.

양주동이 노랫말을 단 〈어머니 마음〉과 함께 대중적으로 가장 널리 알려진 이흥렬의 작품은 가곡 〈바위고개〉(1934)일 것이다. 작곡자가 직접 쓴 가사의 1절은 이렇다. "바위고개 언덕을 혼자 넘자니/ 옛 님이 그리워 눈물 납니다/ 고개 위에 숨어서 기다리던 님/ 그리워 그리워 눈물 납니다."

가사도 가락도 애처로운 이 노래는 흔히 일제 강점기 조선 민족의 비운을 그린 것으로 해석된다. 생전의 이흥렬도 가사 속의 '님'이 조국을 뜻한다고 술회한 바 있다. 그 말을 의심할 필요는 없을 것이다. 식민지 청년 이흥렬이 느꼈을 비애가 잃어버린 조국에 대한 그리움과 포개지며 이 애잔한 노래로 응결되었을 가능성은 매우 높다.

그러나 이흥렬은 그 뒤의 노골적인 친일 행적으로 젊은 날의 이 순수를 값없게 만들었다. 그는 태평양전쟁이 터진 뒤 이른바 국민개창운동을 통해 군국가요 보급에 매진하며 일제 침략 전쟁의 나팔수가 되었다. 그의 노래는 어느새 증오의 노래가 되어 있었다. 이흥렬은 일제 말기의 국민개창운동을 해방 이후에도 이어나갔다. 일제 말기에는 증오의 표적이 귀축영미鬼畜英美였지만, 이번에는 공산주의자들이었다. 그는 오선지에 반공을 새기며 남한 사회의 주류에 안착했다.

이흥렬은 1957년부터 작고할 때까지 예술원 회원으로 있으면서 고려대·숙명여대에서 가르쳤고, 한국작곡가협회장을 지내기도 했다. 그가 1960년대에 방송가요심의위원으로서 이른바 왜색 가요를 솎아내는 일을 한 것은 역사의 아이러니다. 그보다 20년 전 그는 조선천지를 왜색 가요로 물들이느라 온 힘을 쏟고 있었으니 말이다.

엘뤼아르 Paul Éluard

11.18.

1952년 11월 18일 프랑스 시인 폴 엘뤼아르가 57세로 작고했다. 전 세계 지식인들의 애도 속에 그의 유해는 파리 20구 페르-라셰즈 묘지의 공산주의자 묘역에 묻혔다. 그의 무덤 맞은편에는 1871년 파리 코뮌 당시 혁명군이 최후의 항전을 벌이다 집단적으로 사살된 '코뮌 전사의 벽'이 서 있다.

공산당 묘역의 무덤 주인들 가운데 엘뤼아르는 가장 유명한 사람일 테지만, 그의 음택陰宅은 소박하기 짝이 없다. 공산당 서기장을 지냈던 모리스 토레즈의 호화로운 무덤이 바로 옆에 있어서, 엘뤼아르 무덤의 소박함은 더욱 도드라져 보인다.

엘뤼아르는 다다이스트로 출발해 초현실주의자를 거쳐 공산주의자가 되었다. 러시아 태생의 첫 부인 갈라를 비롯해 세 여성과 결혼했는데, 이들은 엘뤼아르 연애시들의 강력한 영감이 되었다.

그러나 엘뤼아르는 단지 사랑의 시인이 아니라 혁명의 시인이었다. 아니, 엘뤼아르에게 사랑과 혁명은 동의어였다. 1936년 스페인내전 발발 이래 좌파 지향을 또렷이 한 그는 제2차세계대전 중 비밀 출판물 '심야총서'를 간행하며 항독 레지스탕스에 가담했고, 1942년 이래의 공산당원으로서 해방 뒤에도 제3세계 민중과 연대하며 반전운동에 힘을 쏟았다.

엘뤼아르의 시 「정의正義」. "이것이 인간의 뜨거운 법칙이다/ 포도로 와인을 만들고/ 숯으로 불을 만들고/ 입맞춤으로 인간을 만드는 것// 이것이 인간의 딱딱한 법칙이다/ 전쟁과 비참에도 불구하고/ 죽음의 위험에도 불구하고/ 본연의 자세를 꼿꼿이 유지하는 것// 이것이 인간의 부드러운 법칙이다/ 물을 빛으로/ 꿈을 현실로/ 적을 형제로 변화시키는 것// 어린아이의 마음속 깊은 곳에서부터/ 최고 이성에 이르기까지/ 스스로를 완성시켜가는/ 낡고도 새로운 법칙이다."

이병철 李秉喆
11.19.

1987년 11월 19일 삼성재벌의 창업자 이병철이 77세로 작고했다.

그의 죽음에 대한 언론의 반응은 한국 부고기사 문화의 관례를 크게 벗어난 것이었다. 그가 창간한 《중앙일보》만이 아니라 대부분의 일간신문들이 두세 면씩을 그의 죽음에 할애했고, 방송도 거기 뒤지지 않았다. 1979년 10월 26일 박정희의 죽음 이후 그 때까지 한국 언론이 그렇게 파격적인 부고 기사를 내보낸 것은 레오니드 브레즈네프를 비롯한 현직 소련 공산당 서기장들이 죽었을 때 말고는 없었던 듯하다. 한국 언론은 이병철의 죽음에 초강대국 현직 최고권력자의 죽음만큼이나 큰 뉴스가치를 부여했던 것이다.

이병철은 경남 의령 출신이다. 중동중학과 와세다대학 전문부에서 공부했다. 26세 때인 1936년 마산에 정미소를 세우며 장사를 시작한 그는 두 해 뒤인 1938년 3월 대구에서 자본금 3만원으로 삼성상회를 설립했다. 삼성상회는 국수·청과류·건어물 따위를 취급했다.

이 삼성상회가 지금 한국 최대의 기업 집단인 삼성그룹의 출발점이었다. 이병철은 1964년에 설립한 한국비료가 두 해 뒤 사카린 밀수사건에 휘말리면서 잠시 경영 일선에서 물러나 있던 것을 제외하곤, 작고할 때까지 삼성재벌을 이끌었다.

다른 재벌 기업들이 그렇듯 삼성에도 정경유착, 조세포탈, 변칙상속 따위의 부정적 이미지가 들러붙어 있지만, 그리고 다른 기업들과는 비교할 수 없을 정도의 반反노조 이미지가 들러붙어 있지만, 아무튼 삼성이라는 소박한 이름은 이제 한국을 대표하는 세련된 브랜드가 되었다.

이병철의 호는 호암湖巖이다. 경기도 용인의 호암미술관, 《중앙일보》 사옥 지하의 호암아트홀과 호암갤러리 같은 문화 공간이 그의 호를 따 명명되었다. 일제 시기의 사학자 겸 언론인 문일평의 호가 호암湖岩이었다는 것도 기억해두자.

두 파시스트

11.20.

1975년 오늘 스페인의 독재자 프란시스코 프랑코가 죽었다. 83세였다.

1936년 인민전선 정부에 대항해 쿠데타를 일으킨 프랑코는 독일의 도움을 받아 3년간의 내전을 승리로 이끈 뒤 40년 가까이 스페인을 철권으로 다스렸다. 그의 파시스트 동료들인 독일의 히틀러와 이탈리아의 무솔리니는 제2차세계대전에서의 패전과 함께 비참한 최후를 맞았지만, 프랑코는 전쟁이 끝난 뒤에도 오래토록 권력을 즐기며 천수를 누렸다. 히틀러의 참전 요청을 프랑코가 이리저리 회피하며 적어도 명목상으로는 추축국과 연합국 사이에서 중립을 표방했기 때문이다.

그러나 전쟁이 끝난 뒤 이 파시스트 국가에 대한 유럽인들의 눈길은 싸늘했다. 구원은 미국으로부터 왔다. 냉전에서의 승리를 위해 반공 진영을 하나로 묶을 필요를 느낀 미국은 1955년에 스페인의 유엔 가입을 실현시키고 세계에서 가장 유명한 이 반공투사를 지원했다. 1967년 '국민운동'으로 발전적 해체를 하기 전까지 프랑코가 이끌던 스페인의 유일당은 팔랑헤당이었다. 그는 내전 중인 1937년에 이 파시스트 정당의 지도자가 되었다.

그러나 이 정당을 만든 사람은 프랑코가 아니라 그보다 열한 살 아래인 호세 안토니오 프리모 데 리베라라는 변호사였다. 이 변호사는, 1923년 쿠데타로 집권해 1930년까지 7년간 스페인을 다스린 미겔 프리모 데 리베라 장군의 아들이었다. 호세 안토니오 프리모 데 리베라는 1931년 스페인에 공화정이 수립되자 위기감을 느껴 가톨릭과 극우세력의 결집체로서 1933년에 팔랑헤당을 만들었다. 그러나 그는 내전 초기인 1936년 11월 20일 공화주의자들에게 체포돼 처형됐다. 묘하게도 이 민간 파시스트가 죽은 지 꼭 39년이 되는 날, 그의 뜻을 이어받은 군사 파시스트도 세상을 떴다.

태평양 횡단

11.21.

  1991년 11월 21일 제라르 다보빌이라는 46세의 사내가 거룻배를 저어 미국 워싱턴주 일와코에 도착했다. 그는 그 해 7월 11일 일본 혼슈本州 남동단의 지바현千葉縣을 출발했었다. 134일 동안 오로지 노를 저어 태평양을 가로지르는 위업을 이뤄낸 것이다. 사나운 물결에 배가 뒤집히는 일은 다반사였다. 하루에 배가 여섯 차례나 뒤집힌 적도 있었다. 거룻배를 통해 인류 역사상 최초로 태평양을 횡단하는 동안 이 프랑스인의 몸무게는 15kg이나 줄어들어 있었다.

  다보빌은 그보다 11년 전에도 거룻배로 미국 매사추세츠의 뉴포트를 출발해 71일 동안 대서양을 건너 프랑스의 브레스트에 도착한 바 있다. 그러나 다보빌이 대서양을 가로지른 최초의 뱃사공은 아니었다. 알랭 봉파르라는 사내가 이미 1952년에 대서양을 노 저어 건넌 적이 있었다.

  아무튼 다보빌이 대서양을 횡단할 무렵만 해도, 거룻배로 할 수 있는 가장 먼 바다여행은 대서양 횡단이라는 것이 일반적 관측이었다. 여정이 길면 길수록 식수와 식량으로 배가 무거워지기 때문이었다. 다보빌이 대서양을 횡단하기 시작했을 때, 무려 950kg에 이르렀던 캡틴쿡호의 반 이상은 물 무게였다.

  그러나 양질의 식수를 만들어낼 수 있는 '서바이버'라는 상표의 물 펌프가 실용화하면서 다보빌은 태평양 횡단의 꿈을 꾸기 시작했다. 게다가 통조림 음식을 '우주 시대에 걸맞은' 마른 음식으로 대치함으로써 배의 무게를 한결 더 줄일 수 있게 되었다.

  태평양을 건넌 섹터호는 두 대의 서바이버를 비롯한 모든 장비를 부착하고 다보빌을 실은 뒤에도 무게가 500kg에 못 미쳤다. 그래도 태평양 횡단은 끔찍한 고독과 공포와 권태와 피로와의 싸움이었다. 노를 저으며 무슨 생각을 했느냐는 기자들의 질문에 다보빌은 답했다. "오직 미국만을 생각했다."

JFK
11.22.

1963년 오늘 미국의 제35대 대통령 존 피츠제럴드 케네디가 텍사스주 댈러스에서 자동차 퍼레이드 중 총탄을 맞고 사망했다. 대통령 부인 재클린의 첫 반응은 "오, 노Oh, No!"라는 두 음절이었다. 사건 발생 두 시간 뒤 현장 부근에서 오즈월드라는 사나이가 용의자로 체포됐다. 그러나 이틀 뒤 경관들의 호위 속에 구치소로 가기 위해 댈러스 경찰서의 지하실을 나오던 오즈월드도 루비라는 사나이에게 사살됐다.

끔찍한 것 못지않게 야릇한 이 사건의 진상을 규명하기 위해 워렌 대법원장을 위원장으로 한 조사위원회가 구성됐고, 10개월 뒤 보고서가 발표됐다. 보고서의 요점은 사건이 오즈월드의 단독 범행이라는 것, 세 발의 탄환이 발사돼 그 가운데 두 발이 대통령에게 명중했다는 것이었다. 그러나 이 밋밋한 보고서에는 범행 동기가 밝혀져 있지 않아 그 뒤로도 배후에 대한 의혹이 가라앉지 않았다.

케네디 암살 사건은 정치적 음모에 대한 인간의 상상력을 한껏 자극해 미국 중앙정보국CIA의 음모설, 연방수사국 관련설에서부터 카스트로 지시설에 이르기까지 수많은 가설을 낳았다. 진실은 아직도 어둠 속에 있고, 아마 앞으로도 그럴 것이다.

1917년생인 존 케네디는 1961년 미국 역사상 최연소 대통령이자 최초의 가톨릭 대통령이 되었다. 케네디는 그 젊음의 매력과 진취적 정책으로 국민들의 열광적 사랑을 받았지만, 아폴로 계획의 수립을 빼고는 실제로 이뤄놓은 업적이 별로 없어서 역사가들이 그에게 주는 점수는 박하다. 존 케네디가 암살된 지 5년 뒤인 1968년 6월에는 민주당의 유력한 대통령 예비 후보였던 동생 로버트 케네디가 캘리포니아주 예비선거에서 승리를 거둔 직후 요르단계 이민자에게 저격당해 사망했다.

류사오치劉少奇 비판

11.23.

　　1966년 11월 23일 오늘 중국의 수도 베이징 시내에 국가주석 류사오치를 '반反마오쩌둥 실권파의 수령', '중국의 흐루시초프' 등으로 비난하는 대자보가 처음으로 나붙었다. 이와 함께 류사오치를 반대하고 당주석 마오쩌둥을 지지하는 홍위병들의 격렬한 시위가 벌어졌다. 이 날을 기점으로 문화대혁명의 일차 표적이 국가주석이었음이 명백해졌다.

　　류사오치는 그 뒤 문화대혁명의 소용돌이 속에서 손자뻘의 홍위병들로부터 야만적인 언어적·신체적 모욕을 당했고, 마침내 1969년 제9기 전국인민대표대회(전인대)에서 출당과 함께 모든 공직이 박탈된 뒤 비참하게 죽었다.

　　문화대혁명은 1966년부터 1976년까지 중국의 최고 지도자 마오쩌둥이 주도한 극좌 사회주의 운동이다. 그러나 그것의 속살은 권력투쟁이었다. 마오쩌둥은 계급투쟁을 모토로 한 청소년 중심의 이 사나운 대중운동을 통해서 중국 공산당 내부의 반대파들, 다시 말해 이념(紅)보다는 산업(專)을 중시하던 류사오치·덩샤오핑 등의 실용주의자들을 제거했다.

　　10년 동안 중국 전역을 반문화反文化 상태로 몰아간 이 문화대혁명은 1976년 9월 마오쩌둥이 사망하고 화궈펑華國鋒에 의해 마오쩌둥 추종자들인 이른바 4인방 세력이 축출됨으로써 실질적으로 종결됐다. 공식적으로는, 1977년 8월 제11기 전인대에서 그 종결이 선포됐다. 죽은 류사오치는 1980년에 복권됐다.

　　문화대혁명은 한때 인간의 개조를 통해 평등사회를 겨냥하는 인류의 위대한 실험이라는 찬사를 받으며 서유럽의 좌파들을 열광시키기도 했지만, 중국 전역을 유혈이 낭자한 무법의 강제노동 수용소로 만들어놓고 말았다. 그것은 20세기 공산주의 역사가 드러낸 가장 끔찍한 얼굴 가운데 하나였다.

스피노자 Baruch de Spinoza

11.24.

1632년 11월 24일 네덜란드의 철학자 바루흐 데 스피노자가 암스테르담에서 태어났다. 1677년 몰.

스피노자는 포르투갈계 유대인 상인의 아들이었다. 그러나 그의 가족들이 게토에 갇혀 있을 필요는 없었다. 암스테르담이라는 도시는 계급적 편견으로 그득 차 있어서 인종적 편견이 들어설 자리가 거의 없었기 때문이다. 시민들의 다수는 칼뱅주의자들이었지만, 유대교도도 가톨릭교도도 그 도시에서 숨을 내쉴 수 있었다.

데카르트주의자들만이 예외였다. 17세기 사람들에게 데카르트라는 이름은 영국 빅토리아 여왕 시대의 다윈이라는 이름만큼이나, 또는 20세기 전반 빈에서의 프로이트라는 이름만큼이나 추잡하고 끔찍한 것이었다.

스피노자의 불행 또는 행복은 그가 그 시대의 금기어였던 데카르트에 매혹됐다는 데서 시작됐다. 유대 교단에서 운영하는 학교의 가장 뛰어난 학생이었던 스피노자는 데카르트의 '방법적 회의'에 감염된 탓에, 그리고 회개를 거부한 탓에 스물네 살에 유대 교회에서 파문됐다. 유대교 광신자들은 그를 암살하려고까지 했다.

1673년에 하이델베르크대학은 스피노자를 철학 정교수로 초청했지만, 그는 이 제안을 거절했다. 그는 평생 결혼하지 않았고, 여가에 렌즈를 갈아서 생활비를 조달하며 연구와 집필에 몰두했다. 지적 자유라는 개념이 정치적 무정부주의와 거의 동의어로 취급되던 도그마의 시대에 그는 독립적 지식인의 삶을 살았다. 그 독립의 대가는 고립이었다.

독일 시인 노발리스는 스피노자를 '신神에 취한 사람'이라고 평한 적이 있다. 그러나 이 범신론자는 죽은 뒤에까지 유물론자·무신론자로서 두려움의 대상이 되었다. 유대인에게든 비유대인에게든, 인격적 신이 아닌 '자연으로서의 신'은 너무 낯설었으므로.

미시마 유키오 三島由紀夫
11.25.

1970년 11월 25일 일본 소설가 미시마 유키오가 할복자살했다. 45세였다. 미시마는 자신이 주재하는 '다테(楯, 방패)의 회' 회원 4명을 이끌고 육상자위대 동부방면 총감부에 난입해 총감을 가두고 막료들에게 부상을 입힌 뒤, 자위대의 궐기를 외치며 제 배를 갈랐다. 흔히 '미시마 사건'으로 불리는 그의 공개 자살은 일본 열도만이 아니라 전 세계 문단에 큰 충격을 주었다.

미시마 유키오의 본명은 히라오카 기미타케平岡公威다. 도쿄에서 태어나 도쿄대학 법학부를 졸업하고 가와바타 야스나리의 추천으로 문단에 데뷔했다. 그는 전후 세대의 허무주의와 이상심리를 탐미적 스타일에 담아 『사랑의 갈증』(1950), 『금색禁色』(1951~1953), 『긴카쿠샤金閣寺』(1956) 등의 작품을 발표하며 일본 문단에서 확고한 자리를 차지했다.

『우국憂國』(1960)을 쓸 무렵부터 급진적 민족주의자로 변한 미시마는 그 뒤 작품들에서 천황제 파시즘에 대한 낭만적 동경을 흘린 끝에 결국 일본의 재무장을 외치며 자결하는 방식으로 '우국지사'가 되었다. 그의 자살은 극단적 탐미주의와 파시즘 사이의 친연親緣을 다시 확인시켰다.

천황주의자 미시마는 아라히토가미現人神였던 히로히토가 인간으로 추락한 사실을 참을 수 없었다. '대일본제국 헌법'과 '일본국 헌법'의 분열 위에 어정쩡한 자세로 있던 천황에게 미시마는 정색을 하고 다시 신의 자리로 돌아가라고 외쳤다.

쇼와 연호의 시작과 함께 생을 시작한 미시마는 20년간 신격神格 천황 아래서 자랐고, 나머지 25년을 인격 천황을 보며 살았다. 그는 이 연호를 사용한 천황이 자기보다 20년 가까이나 더 '인간'으로 살 것을 짐작이나 했을까?

위너 Nobert Wiener
11.26.

1894년 11월 26일 사이버네틱스의 창시자 노버트 위너가 미국 미주리주 컬럼비아에서 태어났다. 1964년 몰.

위너가 보여준 지적 조숙은 제도 교육의 틀이 확고하게 자리잡은 20세기에는 매우 드문 일이었다. 그는 9세에 고등학교에 들어갔고, 14세에 하버드대학 대학원에 들어가 18세에 박사학위를 받았다. 이후 영국으로 건너가 버트런드 러셀에게 수리철학을, 고드프리 해롤드 하디에게 수학을 배웠고, 귀국해서 매사추세츠 공과대학MIT 교수가 되었다.

수학·물리학·전기통신공학·신경생리학·정신병리학 등의 분야에서 위너가 이룬 업적은 그가 창시한 사이버네틱스라는 학문의 바탕이었다. '키잡이'(操舵手, quartermaster)를 뜻하는 그리스어 '퀴베르네테스'에서 나온 사이버네틱스는 생물과 기계를 포함하는 계系에서 제어와 통신 문제를 종합적으로 연구하는 학문이다.

위너 자신의 정의에 따르면 "어떤 체계에 포함되는 변량에는 제어할 수 없는 것이 있고, 제어할 수 있는 것이 있다. 이 때 과거에서 현재에 이르는 제어할 수 없는 변량의 값을 바탕으로 제어할 수 있는 변량의 값을 적절히 정해, 이 체계를 가장 바람직스러운 상태로 만들기 위한 학문이 사이버네틱스다."

요컨대 생물과 기계의 제어와 통신을 유기적으로 묶는 사이버네틱스는 인간의 정신활동부터 사회기구까지를 종합적으로 다루는 통일 과학이다. 인공지능, 자동제어이론, 정보통신이론 등은 모두 이 사이버네틱스의 품 안에 있다. 사이버네틱스는 또 실재세계와 구별되면서 섞이는 사이버세계를 탄생시켰다.

몇몇 유럽어에서 '정부政府'를 뜻하는 말(예컨대 영어의 government)은 사이버네틱스처럼 그리스어 퀴베르네테스에서 나왔다. 20세기에 태어난 사이버네틱스는 21세기 학문과 세계의 정부이자 키잡이다.

로스 맥허터 Ross Mcwhirter
11.27.

1975년 11월 27일 『기네스북』 창간 편집인 로스 맥허터가 미들섹스 엔필드의 자택 부근에서 에이레공화군IRA에게 피격돼 사망했다. 50세였다. IRA는 그 얼마 전에도 맥허터의 아내 로즈머리를 납치하려다 실패한 바 있다.

로스 맥허터가 IRA의 표적이 된 것은 런던에서 폭탄 테러를 벌인 IRA 단원들에게 그가 개인적으로 현상금 5만 파운드를 내걸었기 때문이다. BBC방송의 〈기록을 깨는 사람들Record Breakers〉이라는 프로그램 사회자이기도 했던 로스 맥허터는 영국의 대표적 극우파 가운데 한 사람으로, 북아일랜드 분리운동에 단호한 반대 입장을 보여왔었다.

로스 맥허터의 쌍둥이 동생 노리스 맥허터도 로스와 똑같은 정치적 입장을 지니고 있었다. 단거리 육상선수 출신으로 BBC 텔레비전의 육상 해설가로 활동하기도 한 노리스는 로스와 함께 '자유협회Freedom Association'라는 그럴싸한 이름의 극우 정치단체를 만들어 북아일랜드 분리운동에 호의적인 좌파세력과 격렬히 싸웠다. 노리스는 2004년 4월 19일 심장마비로 죽었다.

신문기자의 아들로 런던에서 태어나 옥스퍼드대학을 졸업하고 아버지처럼 저널리즘 경력을 쌓은 맥허터 형제는 가차없는 극우 행보로 영국 안팎에서 악명을 얻었지만, 『기네스북』은 그 악명을 다소 상쇄시켜주었다. 1954년 기네스 양조회사의 상무이사 휴 비버 경은 맥허터 형제에게 인간과 자연의 경이로운 기록을 담은 책을 만들어보자고 제안했다. 그 유명한 『기네스북』이 기획되는 순간이었다.

『기네스북』은 맥허터 형제의 책임편집으로 이듬해인 1955년 8월 27일 첫 판이 나왔다. 로스 맥허터는 1975년 사망할 때까지, 노리스 맥허터는 1985년까지 『기네스북』의 편집인으로 일했다. 『기네스북』은 1970년대 이후 세계적 베스트셀러로 자리잡았고, 창간 이후의 총판매고가 1억 부를 넘어서 그 자체가 『기네스북』에 올랐다.

엥겔스 —Friedrich Engels
11.28.

1820년 11월 28일, 마르크스와 함께 과학적 사회주의를 창건한 프리드리히 엥겔스가 프로이센 란인주의 바르멘에서 태어났다. 1895년 런던에서 몰.

과학적 사회주의는 마르크스주의라고 불린다. 그것을 엥겔스주의라거나 마르크스-엥겔스주의라고 부르는 일은 좀처럼 없다. 그것은 과학적 사회주의에 대한 엥겔스의 기여를 생각하면 불공평한 일인 것 같다. 게다가 엥겔스라는 이름은 독립적으로 언급되는 경우보다 마르크스와 함께 언급되는 경우가 훨씬 더 많다.

그러나 엥겔스가 이 점에 대해 불평할 것 같지는 않다. 생전의 엥겔스는 마르크스의 가장 친한(어쩌면 유일한) 친구였을 뿐만 아니라, 그 변덕스럽고 신경질적이고 이기적이고 경제적으로 무능했던 친구에게 늘 너그러웠기 때문이다.

20대 중반 이후 엥겔스는 늘 마르크스와 함께 있었고, 책도 더러 함께 썼다. 『신성가족』, 『독일 이데올로기』, 『공산당 선언』 같은 저작물들이 공동 작업의 예다. 『공산당 선언』은 엥겔스가 쓴 『공산주의자의 원리』를 초안으로 삼아 마르크스가 그 내용과 문체를 선언 형태로 고친 것이다. 그 선언의 마지막 문장이 "만국의 프롤레타리아여, 단결하라"다.

엥겔스의 단독 저작 가운데 가장 잘 알려진 것은 『가족, 사유재산 및 국가의 기원』(1884)일 것이다. 마르크스가 죽은 이듬해에 쓴 이 책에서도 엥겔스는 "이 저작은 세상을 떠난 내 벗이 이미 수행할 수 없게 된 것을, 불충분하지만 내가 약간 대신 수행한 것에 불과하다"고 겸손하게 말하고 있다.

이 책의 한 대목. "일부일처제의 확립과 모권제의 전복은 여성의 세계사적 패배였다. 남자는 가정에서도 권력을 장악했다. 여성은 남성의 노예로 전락했다. 남자의 정욕을 채워주고 남자의 아이를 낳아주는 노예로."

KAL기 폭파사건
11.29.

1987년 11월 29일 바그다드에서 서울로 오던 대한항공 858편 보잉 707기가 미얀마 근해에서 공중 폭파됐다. 보잉기는 아랍에미리트의 아부다비에 기착했다가 다음 기착지인 태국의 방콕을 향해 비행 중이었고, 기내에는 대부분이 중동 근로자였던 한국인 승객 93명과 외국인 승객 2명, 승무원 20명 해서 모두 115명이 타고 있었다.

국내외 수사기관의 눈길은 바그다드에서 탑승해 1차 기착지인 아부다비에서 내린 두 일본인에게 이내 집중되었다. 여권에 기재된 이름이 하치야 신이치蜂谷眞一, 하치야 마유미蜂谷眞由美였던 이 남녀는 바레인을 거쳐 요르단으로 가다가 검거되자 독극물을 삼켰지만, 여자는 살아남았다.

12월 15일 한국으로 인도된 하치야 마유미는 수사기관에서 자신의 본명이 김현희金賢姬이고, 음독자살한 남자(본명 김승일)와 함께 김정일의 지시로 보잉기에 폭발물을 놓고 내렸다고 진술했다. 김현희는 1990년 3월 27일 대법원에서 사형이 확정됐지만, 당시 대통령 노태우는 보름 뒤인 4월 12일 유족들의 거센 항의에도 불구하고 그를 특사했다.

제13대 대통령 선거를 불과 하루 앞두고 김포공항에 도착한 김현희가 유권자들의 대북 불안 심리를 크게 부추겨 결과적으로 노태우 후보의 당선에 기여했던 터라, 일찍부터 국내외에서 이 사건의 조작설이 나돌기도 했다. 실종자들 대부분이 노동자여서 북한 정권이 테러의 표적으로 삼았을 성싶지 않다는 점도 이런 조작설을 부풀리는 데 일조했다.

그러나 적어도 지금까지는 조작설을 뒷받침할 실속 있는 증거가 제출된 바 없다. 그리고 만일 사건의 진상이 당시 안기부의 발표대로라면, 어느 때가 되든 김정일이 대한민국 법정이나 국제 법정에 서는 일은 피할 수 없을 것이다. 김현희는 1997년 12월 전직 안기부 요원과 결혼한 뒤 소식이 끊겼다.

오스카 와일드 —Oscar Wilde

11.30.

　1900년 11월 30일 아일랜드의 문인 오스카 와일드가 파리에서 죽었다. 44세였다.

　와일드는 시, 소설, 극작, 평론 등 글쓰기의 모든 장르에서 재능을 보였다. 그의 예술을 이끈 것은 '예술을 위한 예술'이라는 표어로 요약되는 탐미주의였다. 장편소설 『도리언 그레이의 초상』은 그런 탐미주의가 표출된 대표적 작품이다. 이 소설은 유미적 쾌락주의에 이끌려 악과 관능의 세계에 탐닉하는 도리언이라는 청년의 파멸 과정을 그렸다.

　우리나라 독자들에게 더 잘 알려진 작품은 동화 『행복한 왕자』일 것이다. 금과 보석으로 감싸인 행복한 왕자의 동상이 제비에게 부탁해 제 몸뚱이를 가난한 사람들에게 하나하나 떼어준다는 이 이야기다.

　와일드는 역사상 가장 유명한 동성애자 가운데 한 사람이다. 그의 동성애는 결혼 이후 본격화했다. 결혼 이전에 그는 이성애자로서 수많은 여자들에게 차였다. 와일드의 첫 사랑은 플로렌스 발콤브라는 여자였는데, 그녀는 와일드를 버리고 브램 스토커(공포소설 『드라큘라』의 작가)와 결혼했다. 와일드는 결국 콘스탄스 로이드라는 여성과 결혼했지만, 이내 그녀에게 싫증을 내고 또 다른 사랑을 찾았다.

　그런데 이번에는 대상이 남성들이었다. 와일드의 가장 유명한 애인은 '보시'라는 애칭으로 불렸던 귀족 출신의 앨프리드 더글러스다. 보시가 와일드보다 15살 아래였다. 그 둘은 깊이 사랑했지만, 보시의 아버지 더글러스 경은 그것을 이해할 수 있을 만큼 너그러운 사람이 아니었다. 더구나 그 시절 동성애는 형법상의 범죄였다. 그는 와일드를 고발했고, 와일드는 2년형을 선고받고 레딩교도소에서 복역했다. 그는 출옥 뒤에 파리로 가 가난하게 살다가 죽었다. 와일드의 격언 하나. "유혹에서 벗어나는 유일한 길은 그것에 굴복하는 것이다."

12
나폴레옹과 조세핀에서
보어전쟁까지

나폴레옹과 조세핀

12.01.

1804년 12월 1일 파리의 노트르담성당에서 나폴레옹 보나파르트가 조세핀 드 보아르네와 혼인성사를 올렸다. 집전자는 페슈 추기경. 그들은 이미 1896년부터 결혼 상태였다. 이 부부가 이날 특별히 혼인 성사를 올린 것은 나폴레옹이 그 이튿날 대관식을 치르게 돼 있었기 때문이다.

2일, 같은 장소에서 나폴레옹 보나파르트는 제정을 선포하고 프랑스제국의 황제가 되었다. 당연히 조세핀은 황후가 되었다. 그 때 황제는 35세였고, 황후는 그보다 여섯 살이 많은 41세였다. 그 때 그들은 삶의 정점에 있었다.

코르시카의 아작시오에서 태어나 프랑스인도 이탈리아인도 아닌 회색인灰色人의 정체성으로 유년기를 보낸 나폴레옹은 프랑스혁명의 물살을 타고 유럽에서 가장 힘센 군주가 되었다. 서인도제도 마르티니크섬의 트루아질레에서 프랑스 이주민의 딸로 태어난 조세핀은 결혼 실패 이후 발을 들여놓은 파리의 사교계에서 젊은 장교를 만나 그를 유혹한 덕분에 프랑스제국의 황후가 되었다.

그러나 그들이 백년해로한 것은 아니다. 조세핀으로부터 후사를 볼 수 없었던 황제는 1809년 그와 이혼하고 그 이듬해 오스트리아 황제 프란츠1세의 딸인 마리 루이즈와 재혼했다. 황제는 이 두 번째 결혼에서 아들 하나를 얻었다.

나폴레옹은 프랑스혁명의 탈취자이자 전파자였다. 그는 1799년 브뤼메르의 쿠데타로 제1통령이 돼 군사독재를 펼침으로써 민주주의를 배반했고, 마침내 황제가 됨으로써 프랑스혁명의 공화주의를 부정했지만, 연이은 침략 전쟁을 통해서 역설적으로 자유 평등 박애라는 프랑스혁명의 이념을 유럽 곳곳에 뿌렸다.

나폴레옹은 매력적인 인물이었다. 그에 대한 동경을 담은 이른바 '나폴레옹 전설들'은 지금도 수많은 사람의 마음속에 꿈틀거리고 있다.

로맹 가리 Romain Gary
12.02.

　1980년 12월 2일 프랑스 소설가 로맹 가리가 입안에 권총을 넣고 방아쇠를 당겼다. 66세였다. 자살하기 얼마 전 그는 한 친구에게 이렇게 말했다. "나는 제대로 평가받지 못한 게 아니라 단지 무명이었을 뿐이네." 유언처럼 돼버린 이 말은 로맹 가리가 프랑스 문단과 벌인 파천황의 게임 때문에 더욱 깊게 울린다.

　리투아니아의 빌니우스에서 태어난 로맹 가리는 10대에 어머니를 따라 니스에 정착해 프랑스인이 되었다. 그의 직업적·문학적 출발은 하층계급 출신의 귀화인으로서는 두드러지게 화려했다. 제2차세계대전 때 자유프랑스 공군으로 복무한 그는 종전 뒤 레지옹도뇌르 훈장을 받았고, 외교관이 돼 유럽과 아메리카를 오갔고, 사실상의 처녀작인 『유럽의 교육』(1945)으로 비평가상을 받았다. 볼리비아 주재 프랑스 대리대사였던 1956년 로맹 가리가 『하늘의 뿌리』로 공쿠르상을 받았을 때, 프랑스 문단과 정계는 그에 대한 존경과 질투로 가득 찼다.

　그 뒤 자신에 대한 평단의 채점이 박해지자, 로맹 가리는 에밀 아자르라는 가명으로 『자기 앞의 생』(1975)을 발표해 다시 한 번 공쿠르상을 받았다. 늙은 유대인 창녀와 사생아 출신 아랍인 소년 사이의 슬프고 굳센 우애를 그린 이 작품 말고도, 로맹 가리는 에밀 아자르라는 이름으로 작품을 여럿 발표했다. 지금 그 소설들에서 로맹 가리의 목소리를 듣는 것은 누구에게도 너무 쉽지만, 그의 생전에 그 목소리를 들을 귀를 지녔던 비평가는 극소수였다. '재능의 샘이 철철 흐르는 신예 작가' 에밀 아자르와 그를 질투하는 '한물 간 작가' 로맹 가리가 동일인물이라는 것은 로맹 가리의 유고 「에밀 아자르의 삶과 죽음」(1981)을 통해서야 확인되었다.

　로맹 가리는 이 게임을 통해 비평가들의 거드름과 변덕과 무능과 편견을 한껏 조롱한 것이다.

심장 이식

12.03.

　1967년 12월 3일 남아프리카공화국의 외과의사 크리스티안 바너드가 케이프타운의 흐로테 스후르병원에서 인류 역사상 최초의 심장이식 수술을 시행했다. 바너드는 교통사고로 숨진 20대 여성의 심장을, 심부전으로 죽음을 앞두고 있던 55세의 루이 와샨스키에게 옮겨 심었다.

　수술은 성공적으로 끝났지만, 와샨스키는 18일 뒤 폐렴으로 사망했다. 면역 체계가 파괴돼 와샨스키의 몸이 폐렴과 싸울 수가 없었던 것이다. 이 모험적인 수술에 대해 비판이 쏟아지자 바너드는 이렇게 대꾸했다. "환자는 어차피 죽음을 앞두고 있었다. 당신이 사자에게 쫓기고 있다면, 악어가 살고 있다는 이유로 강에 뛰어들지 않겠는가?"

　바너드의 심장이식 수술 성공은 외과학의 새로운 시대를 열었다. 그보다 2주 뒤에는 뉴욕의 외과의사 에이드리언 캔트로위츠도 이 수술을 시도했으나 환자가 깨어나지 못했다. 미국에서 심장이식 수술에 처음으로 성공한 사람은 이듬해 텍사스주 휴즈턴에서 시술한 덴턴 쿨리였다. 한국에서는 1992년 울산의대 흉부외과의 송명근 교수가 처음으로 심장이식 수술에 성공했다.

　다른 사람의 심장을 환자에게 옮겨 심는다는 아이디어는 20세기 초부터 프랑스 외과의사 알렉시스 카렐을 포함한 몇몇 의학자들의 관심을 끌어왔다. 그러나 체외순환법이 개발된 1950년대까지는 제공받을 심장의 순환 유지나 보존에 어려움이 많아 초일류 외과의사들도 감히 이 수술에 엄두를 내지 못했다.

　바너드의 성공 이후 허혈성심질환虛血性心疾患이나 심근경색증 등의 말기 환자들이 이 수술을 통해 생명을 연장할 수 있게 됐지만, 요즘도 생존율이 수술 첫 해에 50% 정도로 만족스러운 수준이 아니다. 게다가 수용자recipient와 뇌사 상태의 공여자donor 사이에 민감한 생명윤리적·법적 문제가 제기될 수도 있다.

아렌트 —Hanna Arendt
12.04.

1975년 12월 4일 철학자 한나 아렌트가 뉴욕에서 작고했다. 향년 69.

아렌트는 『전체주의의 기원』, 『인간의 조건』, 『혁명론』 따위의 저작으로 20세기 정치철학의 아름다운 성채를 구축한 유대인 여성 학자다. 독일 하노버에서 태어나 쾨니히스베르크에서 자란 그녀는 마르부르크대학에 진학해 마르틴 하이데거 밑에서 철학을 공부했다.

유부남이었던 하이데거와 열일곱 살 아래인 아렌트의 관계는 사제 사이를 넘어 연인 사이로 발전했는데, 뒷날 하이데거는 아렌트가 없었다면 『존재와 시간』을 쓸 수 없었을 것이라고까지 회고했다. 『존재와 시간』 초판에 붙어 있던 유대인 스승 에드문트 후설에 대한 헌사를 나치 집권 뒤 슬그머니 지워버린 하이데거로서는 대단한 애정 고백이었다.

하이델베르크와 프라이부르크에서 공부를 계속해 카를 야스퍼스의 지도로 학위논문을 쓴 아렌트는 나치의 유대인 박해를 피해서 파리를 거쳐 뉴욕으로 망명했고, 그 뒤 미국의 여러 대학에서 가르쳤다.

20세기 정치이론에 대한 아렌트의 가장 큰 기여는 전체주의 연구에 있다. 『전체주의의 기원』(1951)으로 한 획을 그은 아렌트의 전체주의 연구는 그가 《뉴요커》 특파원 자격으로 나치 친위대 장교 아돌프 아이히만의 재판을 취재하고 쓴 기사들을 모은 『예루살렘의 아이히만, 악의 진부성에 대한 보고』에서 더욱 벼려졌다.

그 재판에서 아렌트를 가장 놀라게 한 것은 인간 도살자로서의 아이히만 이미지와 나치라는 기계의 톱니바퀴에 불과한 실제의 무구한 개인으로서의 아이히만 이미지 사이의 간극이었다. 아렌트는 이 재판을 통해서 나치의 인종학살이 가장 진부하면서도 가장 체계적인, 효율추구적이며 관료주의적인 동기에서 비롯되었다는 자신의 확신을 더욱 굳히게 되었다. 아렌트의 이 재판 참관기를 일관하는 '악의 진부성'이라는 개념은 그 뒤 전체주의와 폭력을 연구하는 이론가들에게 익숙한 용어가 되었다.

안익태 安益泰

12.05.

1906년 12월 5일 애국가의 작곡가 안익태가 평양에서 태어났다. 1965년 스페인 마요르카섬에서 몰.

오늘날의 애국가는 안익태가 1936년에 베를린에서 작곡한 〈한국환상곡〉 마지막 악장이다. 이 곡은 1948년 8월 15일 대한민국 정부 수립과 함께 국가로 채택되었다. 일제시대의 조선인들은 스코틀랜드 민요 〈올드랭사인〉('오랜 옛날부터'라는 뜻)의 구슬픈 선율에 애국가 가사를 실어 부르곤 했다.

4절로 이뤄진 지금의 애국가 가사를 누가 만들었는지는 정확히 알려져 있지 않다. 여러 사람의 손을 거치며 지금 형태로 다듬어졌기 쉬울 것이다. 현역 군인이 아니라면, 애국가 가사가 한두 군데 가물가물한 사람이 적지 않을 것이다. '무궁화 삼천리'로 시작하는 후렴은 빼고 3절과 4절을 한 번 불러 보자. 3절은 "가을 하늘 공활한데/ 높고 구름 없이/ 밝은 달은 우리 가슴/ 일편단심일세"고, 4절은 "이 기상과 이 맘으로/ 충성을 다하여/ 괴로우나 즐거우나/ 나라 사랑하세"다. 요즘 사람들이 잘 쓰지 않는 '공활空豁하다'는 말은 '텅 비어 너르다'는 뜻이다.

북한의 국가도 우리와 마찬가지로 '애국가'로 불린다. 해방 직후 시인 박세영이 쓴 가사에 김원균이 곡을 붙였다고 한다.

안익태는 도쿄와 필라델피아에서 첼로를 배운 뒤 유럽으로 건너가 작곡과 지휘를 배웠다. 스승 가운데는 독일 작곡가 리하르트 슈트라우스도 있었다. 그가 유럽에 정착하는 데 가장 큰 도움을 준 사람이 리하르트 슈트라우스였다. 안익태가 당대의 파시즘에 대해 어떤 생각을 하고 있었는지는 확실치 않다. 아무튼 그는 나치 협력자였던 리하르트 슈트라우스의 배려로 제2차세계대전 중에 독일에서 활동했고, 전쟁이 막바지에 이를 무렵 파시스트 정권이 건재하던 스페인으로 건너가 가정을 이루고 정착했다.

김병곤
12.06.

1990년 12월 6일 김병곤이라는 사내가 위암으로 서른일곱의 삶을 마쳤다. 그의 유해는 경기도 마석 모란공원 민족민주열사 묘역에 안장됐다.

경남 김해 출신의 김병곤은 1971년 부산고등학교를 졸업하고 서울대 상과대학에 입학한 이래 길지 않은 삶을 민주화운동에 소진시켰다. 그 시대의 많은 민주화운동가처럼 그도 감옥과 거리를 제 삶의 둥지로 삼았다.

대학 3학년 때인 1973년 유신 반대 시위로 처음 구속된 김병곤은 이듬해의 민청학련사건, 1985년의 민민투사건, 1987년의 구로구청사건(제13대 대통령 선거일에 서울 구로갑구 투표 도중 밀반출된 부재자 투표함의 공개를 요구하며 시민들이 구로구청으로 가 항의농성을 벌이다 1,000여 명이 연행돼 200여 명이 구속된 일) 등 군사독재정권 치하의 시국 사건들에 잇따라 연루되며 옥살이를 했다. 그의 몸에서 암이 발견된 것도 구로구청 사건으로 징역을 살던 중이었다.

민청학련사건 재판 때 김병곤은 21세로 구속자 가운데 가장 어렸으나, 검사가 사형을 구형하자 최후 진술 앞머리에 "영광입니다!"라고 외침으로써 법정을 숙연하게 만들었다. 이 뭉클한 장면에 대한 감회를 시인 김지하는 「고행, 1974년」이라는 글에서 이렇게 적었다. "이게 무슨 말인가? 분명히 사형은 죽인다는 말이다. 죽인다는데, 죽는다는데, 목숨이 끝난다는데, 일체의 것이 종말이라는데, 꽃도 바람도 눈매 서늘한 작은 여인도, 어여쁜 놀 가득히 타는 저 산마을의 푸르스름한 저녁 연기의 아름다움도, 늙으신 어머니의 주름살 많은 저 인자한 얼굴 모습도, 일체가, 모든 것이 갑자기 자취 없이 사라져버린다는데, 그런데, '영광입니다.' 확실히 그렇다. 우리는 드디어 죽음을 이긴 것이다. 병곤이 한 사람, 나 한 사람이 이긴 것이 아니라 우리 모두가 집단적으로 이긴 것이다."

촘스키 Noam Chomsky
12.07.

1928년 12월 7일 미국 언어학자 노엄 촘스키가 필라델피아에서 태어났다. 촘스키는 변형생성문법이라 불리는 언어이론의 창시자이자, 무정부주의에 가까운 급진적 정치철학으로 미국 대외정책을 어기차게 비판해온 정치평론가다.

언어학자 촘스키와 정치평론가 촘스키는 이미 1960년대부터 한 몸이었지만, 한국의 지식사회와 독서계는 이 둘을 분리해 순차적으로 소비했다. 우선 1980년대 중엽까지 한국에서 촘스키는 오로지 언어학자였다. 그의 생성문법은 대학의 영문학과와 언어학과를 휩쓸며 전통적 구조주의 언어학을 몰아냈지만, 혜안의 정치평론가 촘스키는 한국에 거의 소개되지 않았다.

반면에 1990년대 이래 촘스키는 한국에서 언어이론가의 모습을 크게 잃어버리고 오로지 정치평론가로서만 소비되고 있다. 특히 세기말을 전후해 촘스키의 정치에세이와 대담들이 『그들에게 국민은 없다』, 『미국의 이라크전쟁』, 『미국이 진정으로 원하는 것』, 『불량국가』, 『권력과 테러』, 『테러리즘의 문화』, 『전쟁에 반대한다』, 『숙명의 트라이앵글』, 『507년 정복은 계속된다』, 『미국의 제3세계 침략전쟁』 등의 제목을 달고 우후죽순처럼 쏟아져 나오면서, 한국 독서계에서 촘스키는 세계의 일을 자신의 일로 여기는 견결한 지식인으로만 받아들여지고 있을 뿐 20세기 인문학에 거대한 혁명을 이뤄낸 언어학자의 면모는 잊혀지고 있다.

그러나 촘스키의 진정한 모습은 그 둘의 총합이다. 그리고 자신이 유대인이자 미국인이면서도 이스라엘의 팽창주의와 미국의 제국주의를 가차없이 비판하는 지식인 촘스키의 매력이 아무리 크다 할지라도, 지성사는 촘스키를 다른 무엇에 앞서 생성문법의 창시자로 기록할 것이다. 자연언어의 심층구조 탐색에 시동을 건 기념비적 저서 『통사구조론』(1957) 이래 촘스키 언어학은 수세기 동안 잠자고 있던 데카르트를 깨워내고 포르루아얄 문법학파를 복권시키며 이성주의의 르네상스를 구가했다.

차금봉 車今奉
12.08.

1898년 12월 8일 사회주의 운동가 차금봉이 서울에서 태어났다. 1929년 서대문 형무소에서 몰.

차금봉의 사인은 고문후유증으로 생긴 심장성 각기증이었다. 그는 1928년 7월 일본 경찰의 좌익사범 일제 검거를 피해 오사카를 거쳐 도쿄로 몸을 피했다가 체포되었다. 체포될 당시 차금봉의 직업은 살수부撒水夫였고, 직책은 제4차 조선 공산당 책임비서 겸 경기도책이었다.

유럽의 한 정치사회학자는 "부르주아지는 프롤레타리아의 검술 선생"이라고 말한 바 있다. 실제로 과학적 사회주의의 창시자 마르크스를 비롯해서, 19세기 이래 많은 노동운동 지도자들은 부르주아계급 출신의 지식인이었다. 차금봉은 그 말을 믿지 않았던 프롤레타리아였다.

《중외일보》가 1929년 3월 12일자 그의 부고 기사에서 적었듯, "노동운동의 선각 차금봉은 학교에서 조직적으로 공부한 일이 별로 없"었다. 그의 공식 교육은 서울 미동보통학교에서 끝났다. 그러나 서울역 화부 견습공을 거쳐 기관사로 현장 노동을 시작한 차금봉이 31세로 생을 마감했을 때, 그는 한국 노동운동의 수석 교사가 돼 있었다.

차금봉은 3·1운동 당시 서울역 앞에서 노동자 시위를 지도하면서 사회운동에 뛰어들었고, 이듬해에는 조선노동공제회 결성에 참가했다. 한국 최초의 전국적 대중 노동운동단체인 조선노동공제회는 당초 지식인들이 지도부를 이루고 있었으나, 차금봉은 동료 노동자들과 함께 지식인 배척 운동을 벌여 이 단체의 중앙집행위원장이 되었다.

그가 《시대일보》에 쓴 글의 제목대로, 차금봉은 늘 '노동자의 입장에서 노동운동의 전도'를 바라보았다. 그가 1928년 3월 제4차 조선 공산당의 책임비서로 뽑힌 것은 한국 좌익운동의 역사상 특기할 만한 일이다. 그것은 노동자가 노동자정당의 최고지도자가 된 유일한 경우이기 때문이다.

세속주의
12.09.

정치와 종교의 분리 원칙은 오늘날 서유럽식 민주주의 국가 대부분의 헌법에 명시돼 있다. 이 정교분리 원칙을 유럽에서는 흔히 세속주의라고 표현한다. 세속주의는 '국가와 공교육이 종교에 대해 중립적이어야 한다는 원칙'으로 흔히 정의된다.

오늘날 이슬람 사회나 극소수 근본주의적 기독교 사회를 빼고는 당연하게 받아들여지는 이 원칙이 역사적으로 그리 자명했던 것은 아니다. 유럽의 기독교 사회에서 오래도록 국가와 교회는 실질적으로 한 몸을 이루었거나, 교권과 왕권 사이의 단속적인 갈등 속에서도 최소한 밀접한 협력 관계에 있었다.

교회와 국가의 이 해묵은 유착에 처음 현저한 균열을 만들어낸 것은 1789년의 프랑스대혁명이다. 그 당시 교회는 혁명의 가장 큰 반대 세력이었다. 혁명은 귀족들의 날개를 단숨에 꺾어버렸지만 교회는 이들보다 훨씬 완강하게 혁명에 저항했고, 절대군주나 귀족계급이 역사의 유물이 된 뒤에도 구체제의 가치와 이익을 대표하며 세속에 간섭해왔다. 대혁명에서 시작해 1830년 7월혁명, 1848년 2월혁명, 1871년 파리 코뮌을 거쳐 19세기 말~20세기 초의 '아름다운 시절'(벨에포크)에 이르기까지 프랑스혁명의 긴 도정은 정치나 교육 같은 세속 영역에서 교회의 입김을 제거하는 과정이기도 했다.

대혁명 지도자들의 무신론적 이성주의의 기세에 눌려 잠시 숨죽이고 있던 교회는 이내 전열을 정비해 속세에 손을 뻗쳤다. 프랑스에서 세속주의가 정식으로 확립된 것은 제3공화국 시절이던 1905년 12월 9일 '교회와 국가의 분리에 관한 법'이 공포되고 나서다.

이후 프랑스는 1946년 제4공화국 헌법 전문에 "모든 수준의 무료 공교육·세속 교육을 조직하는 것은 국가의 의무"라고 선언했고, 더 나아가 1958년 제5공화국 헌법은 그 1조에서 프랑스가 '세속 공화국'임을 선언했다.

이븐 루슈드 ——Ibn Rushd

12.10.

1198년 12월 10일 이슬람 철학자 이븐 루슈드가 모로코의 마라케흐에서 작고했다. 향년 72.

이베리아반도가 이슬람권에 속해 있던 시절 스페인 코르도바에서 태어나 주로 남부 스페인에서 활동한 이븐 루슈드는 아리스토텔레스 저작들에 대해 치밀한 주석을 남김으로써 고대 그리스와 근대 유럽을 인문주의의 실로 이어놓은 사람이다. 이븐 루슈드는 유럽에 아베로에스라는 이름으로 알려져 있는데, 13세기 이후 라틴세계에 아베로에스派라는 이름의 철학·자연과학 학파가 만들어졌을 정도로 그의 영향력은 보편적이었다.

이슬람 신학자이기도 했던 이븐 루슈드는 이단으로 몰려 코르도바 근처에서 옥살이를 하기도 했는데, 그 빌미가 된 것이 그의 범신론적 세계관이었다. 이븐 루슈드는 자연을 '능산적能産的 자연' 곧 태어나게 하는 자연과, '소산적所産的 자연' 곧 태어난 자연으로 나누었다. 능산적 자연은 종교적 신심 속의 무제약적 존재를 가리킬 수도 있지만, 더 넓게는 우주 질서나 유기적 생산력을 가리킨다. 소산적 자연은 좁은 의미의 자연, 곧 피조물이다.

기독교인들의 이베리아 재정복이 완료된 15세기 말 이래 유럽인들은 이슬람 학자들이 아랍어로 남겨놓은 저작들을 라틴어로 번역하며 자신들의 잃어버린 고대를 찾았다. 그 과정에서 그들은 이븐 루슈드의 능산적 자연을 나투라 나투란스natura naturans로, 소산적 자연을 나투라 나투라타natura naturata로 번역했다. 이 구별은 유럽의 범신론자들에게 매우 매력적으로 비쳤고, 장작더미 위에서 죽은 브루노를 거쳐 마침내『에티카』의 저자 스피노자의 펜을 통해 유럽 철학사에서 영토를 확보했다.

'자연'을 의미하는 라틴어 나투라는 '태어나다'라는 뜻의 동사에서 나왔고 나투란스와 나투라타 역시 이 동사의 활용형이어서, 나투라 나투란스와 나투라 나투라타라는 표현은 그 말맛이 독특하다.

서부전선 이상 없다

12.11.

1930년 12월 11일 러시아 출신의 미국 영화감독 루이스 마일스톤의 영화 〈서부전선 이상 없다〉가 베를린에서 상영 금지 처분을 받았다. 이 작품은 독일 소설가 에리히 레마르크가 쓴 같은 제목의 반전反戰소설을 스크린에 옮긴 것이었다.

레마르크의 처녀작인 『서부전선 이상 없다』는 1929년 1월 말에 출간되자마자 날개 돋친 듯 팔려나가 작가의 이름을 전 세계에 알렸다. 그 해 독일에서만 50만 부가 넘게 팔려나갔고, 출간된 지 18개월 사이에 25개 언어로 번역돼 3백 50만 부 이상이 나갔다.

그러나 오스트리아 정부는 이 소설에 담긴 반전주의를 위험시해 1929년 8월 판금처분을 내렸고, 이어 마일스톤의 영화에 대해서도 상영 금지 조처를 내렸다. 마일스톤 영화에 대한 독일 정부의 상영 금지 조처는 오스트리아의 선례를 따른 것이다.

레마르크의 『서부 전선 이상 없다』는 작가 자신의 제1차세계대전 참전 경험을 바탕으로 씌어졌다. 고교생 파울 보이머는 다른 학생들과 함께 특별지원병으로 입대해 일선에 배치된다. 그러나 그와 전우들은 전쟁터에서 가혹하고 부조리한 현실만을 발견할 뿐, 국민을 사지死地로 몰아넣는 군부 지도자들과 정치가들의 논리를 납득할 수가 없다. 이런 상황 속에서도 무의미한 죽음은 끊임없이 찾아온다. 전우들이 차례로 전사하고, 마침내 보이머도 종전을 바로 앞둔 1918년 어느 가을날에 전사해 그의 수기手記는 끝나지만, 그 날의 전황에는 별다른 변화가 없어 사령부 보고에는 "서부전선 이상 없다"라고 기록될 뿐이다.

짧은 현재형 문장으로 이어지는 이 소설은 작가에게 세계적 명성을 주었지만, 뒤에 나치스는 그의 모든 작품을 판금·분서하고 그의 시민권을 박탈했다. 레마르크는 스위스를 거쳐 미국으로 피신해 행복한 생애를 마쳤다.

프랭크 시나트라 Frank Sinatra

12.12.

1915년 12월 12일 미국의 가수 겸 배우 프랭크 시나트라가 뉴저지주 호보켄에서 태어났다. 1998년 몰.

이탈리아 이민 2세로 태어난 시나트라는 성장기에 당대 최고의 크루너crooner이자 영화배우 빙 크로즈비를 동경했는데, 그는 결국 크루너로서만이 아니라 영화배우로서도 크로즈비를 넘어서는 대중 스타가 되었다. 크루너란 낮고 부드러운 콧소리로 속삭이듯 노래하는(이것을 '크룬'이라고 한다) 대중가요 가수를 가리킨다. 크로즈비는 일찌감치 마이크로폰의 도움을 받아 이 크룬 창법을 1930년대 대중가요의 한 전형으로 끌어올린 바 있다. 1940년대까지 크게 유행한 크룬 창법의 대표자들로는 크로즈비와 시나트라 외에 루디 밸리, 페리 코모, 딘 마틴 같은 가수가 꼽힌다. 이 가운데 대중적 영향력이 가장 컸던 가수는 '목소리The Voice'라는 별명까지 얻었던 시나트라다.

시나트라의 노래 가운데 가장 잘 알려진 것은 〈마이 웨이May Way〉일 것이다. 이 노래는 프랑스 가수 클로드 프랑수아의 샹송 〈여느 때처럼Comme d'habitude〉을 폴 앵커가 번안해 불러 영어권에 소개됐지만, 오늘날 〈마이웨이〉의 주인이 시나트라라는 데 항의하는 사람은 거의 없다. 이 노래의 1절 가사는 이렇다. "이제 곧 끝머리군/ 난 마지막 커튼을 마주보고 있어/ 친구여, 분명히 말하고 싶네/ 내 경우가 어땠는지 들어봐/ 내 삶은 충만했고/ 난 세상의 모든 길을 돌아다녔어/ 게다가 그보다 훨씬 더 중요한 것은/ 내가 삶을 내 방식대로 살았다는 거야."

그의 방식대로 산 시나트라의 삶에 참견하는 것은 주제넘은 일일 것이다. 확실한 것은 그의 삶이, 공산주의를 기웃거렸든 극우세력을 대변했든 자유주의 정치가들과 어울렸든 마피아와 가까웠든, 늘 시세에 민감했다는 것이다.

남북기본합의서

12.13.

1991년 12월 13일 서울에서 열린 제5차 남북고위급회담에서 양측은 「남북간의 화해와 불가침 및 교류·협력에 관한 합의서」에 서명했다. 흔히 「남북기본합의서」로 불리는 이 문건은 이듬해 2월 평양에서 열린 제6차 고위급회담에서 정식으로 교환되고 9월 제8차 고위급회담에서 그 구체적 이행을 위한 화해, 불가침, 교류·협력 3개 분야의 부속합의서가 채택되면서 발효됐다.

서문과 4장 25조로 이뤄진 「남북기본합의서」는 1972년 7월 4일의 남북공동성명 얼마 뒤 서울과 평양의 체제가 극도로 경직화하면서 오래도록 얼어붙었던 남북 관계에 새로운 물꼬를 튼 역사적 문건이다. 합의서는 7·4공동성명보다 한결 구체적인 언어로 상호체제 인정을 통한 남북 화해, 대립되는 의견·분쟁의 평화적 해결과 무력 불사용, 교류와 협력을 통한 민족 전체의 복리 향상 등을 규정했다.

남북한은 이 기본합의서 채택으로 민족 공동의 발전과 점진적·단계적 통일을 이룰 실천의 큰 틀을 마련했다고 할 수 있다. 그런 만큼, 공안 정국과 부패 이미지로 얼룩진 탓에 제 나름대로 이룩한 과도정부적 긍정성이 흔히 간과되는 노태우 정권은 이 합의서 채택으로 민족 화해에 작지 않은 기여를 했다고도 할 만하다.

「남북기본합의서」는 1993년 북한의 핵확산금지조약NPT 탈퇴와 이듬해 김일성 조문 파동의 여파로 남북 관계가 다시 얼어붙으면서 현실 규정력을 잃었지만, 2000년의 남북정상회담과 6·15공동선언으로 남북 사이에 훈풍이 불기 시작하면서 새롭게 조명된 바 있다.

「남북기본합의서」의 산파 격인 남북고위급회담은 1988년 11월 16일 북한 총리 연형묵의 제의를 계기로 삼아 남북 양측이 정례화한 총리급 정치·군사회담이다. 1989년 2월의 첫 예비회담과 1990년 9월 서울에서의 제1차 회담 이래 1992년 10월까지 모두 여덟 차례 열렸다.

비센테 알레익산드레 Vicente Aleixandre
12.14.

　1984년 12월 14일 스페인 시인 비센테 알레익산드레가 마드리드에서 작고했다. 향년 86세.

　20세기 스페인 문학사에서 알레익산드레는 페데리코 가르시아 로르카, 라파엘 알베르티, 페드로 살리나스, 호르헤 길리엔 등과 함께 이른바 '1927년 세대'에 속한다. 이 세대의 동료들처럼 알레익산드레도 1930년대에 초현실주의 세례를 받았고, 스페인 내전기에는 공화파에 속했다. 그러나 그 세대 동료들 대부분이 내전 이후 스페인을 떠난 것과는 달리, 알레익산드레는 조국에 남았다. 파시즘을 견뎌낼 만큼 신경줄이 튼튼해서가 아니라, 청년기부터 앓았던 신장병이 그를 옴짝달싹 못하게 했기 때문이다.

　1977년에 노벨문학상 수상자로 선정됐을 때도, 알레익산드레는 기력이 없어 시상식에 참가하지 못했다. 병과 고독은 이 '사랑과 죽음의 시인'에게 가장 가까운 친구였다. 그는 일생을 독신으로 살았다.

　독재자 프랑코는 알레익산드레를 좋아하지 않았지만, 얼마간 그의 시집들을 금서목록에 올렸던 것 말고는 이 저명한 시인을 내버려두었다. 실상 내전 중에 자기 부하가 가르시아 로르카를 죽인 것 하나만으로도, 이 파시스트 우두머리는 조국의 문학에 충분히 패악을 부린 터였다.

　동료 시인 후스토 호르헤 파드론이 대신 읽은 알레익산드레의 노벨상 수상 연설 한 대목. "시인은, 진정한 시인은, 드러내는 사람입니다. 그는 본질적으로 견자見者이고 예언자입니다. 그러나 그의 예언은, 말할 나위 없이, 꼭 미래에 대한 예언이 아닙니다. 그 예언은 과거와 관련된 것일 수도 있습니다. 그것은 시간을 초월한 예언입니다. 빛을 비추는 사람으로서, 빛을 겨누는 사람으로서, 인류의 징벌자로서, 시인은 참깨씨의 소유자입니다. 그 참깨씨는 신비로운 방식으로 그의 운명의 언어가 되는 것입니다."

타레가 Francisco Tárrega
12.15.

1909년 12월 15일 스페인 기타리스트 겸 작곡가 프란시스코 타레가가 바르셀로나에서 작고했다. 향년 57.

타레가는 근대 기타의 아버지로 불릴 만큼 뛰어난 기타리스트였다. 손가락으로 현을 퉁긴 뒤 이웃 현에 머물게 하는 아포얀도apoyando 주법을 비롯해 그가 기타 언어에 부여한 창조적 다양성은 에밀리오 푸홀, 미겔 리오벳 등 제자들에게 상속돼 20세기 음악 공간에서 기타의 영토를 두드러지게 넓혔다. 타레가는 작곡과 편곡에도 욕심을 내 적잖은 양의 기타독주곡과 연습곡을 남겼고, 바흐와 모차르트에서 하이든과 슈베르트를 거쳐 쇼팽과 바그너에 이르는 많은 작곡가들의 작품을 기타 연주용으로 손질했다.

타레가의 작품 가운데 가장 유명한 것은 〈알람브라궁전의 추억〉일 것이다. 스페인 안달루시아 지방 그라나다에 자리잡은 알람브라궁전은 세상에서 가장 아름다운 건축물 가운데 하나일 터인데, 타레가가 이 궁전에 헌정한 곡 역시 그 못지않게 아름답다. 〈알람브라궁전의 추억〉의 아름다움 밑에는 슬픔이 깔려 있는 듯하다. 이 곡을 듣고 있노라면, 그 슬픔은 이 아름다운 건축물을 기독교도들에게 내주고 지중해 건너편으로 달아나야 했던 이슬람교도들의 슬픔이 아닐까 하는 생각이 문득 든다. 기독교인 타레가가 중세 이슬람인의 마음을 자신에게 투입해 곡을 쓰지 않았을까 하는 생각 말이다.

13세기 후반에 만들어지기 시작해 14세기에 완성된 알람브라궁전은 한때 이베리아반도 전체에 화려하게 꽃피었던 이슬람문명의 위대함을 뽐내고 있다. 그 시절의 시인 이븐 잠락은 알람브라와 그라나다를 다로강江에 허리가 감싸인 귀부인에 비유한 바 있다. 지난 2004년, 나는 열두 해 만에 알람브라를 다시 찾았다. 알람브라는 여전히 권력에 대한 욕망으로, 불멸과 초월에 대한 욕망으로, 마침내 미美에 대한 치명적 욕망으로 이글거리고 있었다.

다나카 田中角榮
12.16.

1993년 12월 16일 일본 정치인 다나카 가쿠에이가 75세로 작고했다.

어떤 개인의 삶에나 빛과 그림자가 함께 있게 마련이지만, 다나카의 경우에는 그 빛과 그림자의 대조가 너무 또렷했다. 초등교육을 마친 뒤 실업계로, 이어서 정계로 투신해 수십 년간 일본 사회를 쥐락펴락하면서 다나카는 자수성가의 찬란한 신화를 만들어냈다. 그러나 그는 일본 집권당 최대 파벌의 우두머리로서 금권·부패 정치의 끝 간 데를 보여주기도 했다.

29세에 중의원에 당선돼 정계에 나간 다나카는 우정상·대장상, 집권 자민당 간사장 등 내각과 당의 요직을 거친 뒤 1972년 총리에 취임했다. 그는 총리 재임 중 대만과 국교를 단절하고 중국과 국교를 수립해 중일 관계의 새로운 시대를 열었다. 참의원 선거 패배와 금권 정치에 대한 당 안팎의 비판으로 1974년 12월 총리 자리에서 물러난 뒤에도, 다나카는 여전히 집권당 최고 실력자 가운데 한 사람이었다.

다나카의 인생에 큰 시련을 안긴 록히드 사건은 그가 총리직을 사임하고 1년여 뒤에 시작됐다. 1976년 2월 미국 상원 외교위원회 다국적기업 소위원회에서, 군수업체 록히드사가 일본에서의 항공기 판매 공작 자금으로 마루베니丸紅 상사를 통해 일본 고위 공직자들에게 200만 달러의 뇌물을 주었다는 증언이 나왔다.

이 증언을 발단으로 일본 정계는 전후 최대의 소용돌이에 빠져들었다. 다나카는 전일본항공ANA에 록히드 항공기를 구입하도록 영향력을 행사하는 대가로 5억 엔의 뇌물을 받은 것으로 드러났다. 그는 지루한 재판 끝에 1983년 징역 4년을 선고받았지만, 실제로 복역은 하지 않았다.

고이즈미 준이치로小泉純一郎 내각의 첫 외상이었던 다나카 마키코田中眞紀子는 다나카 가쿠에이의 외동딸이다.

비행 飛行
12.17.

1903년 12월 17일 노스캐롤라이나주 키티호크의 날씨는 세찬 바람 속에 차가웠다. 오하이오 출신의 두 사내가 몇몇 구경꾼들의 도움을 받아 자신들의 발명품을 해안으로 밀고 있었다. 이들은 형제였다. 형 윌버 라이트는 36세였고 동생 오빌 라이트는 32세였다. 이들의 기계는 글라이더 비슷해 보였다. 날개가 둘 달려 있었고, 12마력 엔진에 연결된 기다란 자전거 체인에 프로펠러 두 개가 이끌리고 있었다. 이들은 이 기계를 '플라이어The Flyer'라고 불렀다.

오전 10시 35분, 오빌이 플라이어에 올라타 엔진을 작동시키자 기계는 이름 그대로 하늘을 날기 시작했다. 인류 역사상 최초의 가솔린 동력 비행기가 하늘을 나는 순간이었다. 플라이어는 12초 동안 36m를 비행했다. 라이트 형제는 이날 하늘을 세 차례 더 날았다. 정오께 이뤄진 마지막 비행은 윌버가 시도했는데, 그는 59초 동안 260m를 날았다. 오후가 되면서 더욱 거세진 바람에 플라이어의 동체가 일부 훼손되는 바람에 그 날의 비행은 거기서 끝났다.

라이트 형제가 하늘을 처음 난 사람은 아니다. 프랑스의 몽골피에 형제가 더운 공기를 채운 기구를 이용해 사람을 하늘로 띄운 것은 대혁명이 일어나기도 전인 1784년이었다. 라이트 형제는 또 항공기를 처음 만든 사람도 아니다. 영국의 조지 케일리 경이나 독일의 오토 릴리엔탈은 스스로 고안한 다양한 디자인의 글라이더를 통해 19세기 유럽의 하늘을 날았다. 라이트 형제는 심지어 동력 비행기를 처음 만든 사람도 아니다. 1890년 10월 9일 프랑스인 클레망 아데르는 증기엔진을 이용한 비행선으로 하늘을 50m가량 난 적이 있다.

그러나 우리는 오늘날 라이트 형제를 '비행기의 발명가'라고 부른다. 우리가 지금 알고 있는 비행기가 이들로부터 비롯됐기 때문이다.

베른슈타인 Eduard Bernstein
12.18.

1932년 12월 18일 수정주의 사회주의 이론의 제창자 에두아르트 베른슈타인이 82세로 작고했다.

베른슈타인을 수정주의자라고 부르는 것은 그가 독일 사민당의 한 지도자로서 정통 마르크스주의를 수정하려고 했기 때문이다. 그는 「사회주의의 전제前提와 사회민주당의 임무」(1899)를 비롯한 여러 글에서 자본주의 붕괴에 대한 마르크스의 예언이 그릇되었다고 비판하고, 폭력혁명과 프롤레타리아 독재를 통해서가 아니라 민주적·점진적 개혁을 통해서 평등·박애·연대 같은 사회주의적 가치들을 실현할 수 있다고 주장했다.

베른슈타인의 이런 예측과 주장은 독일을 비롯한 유럽 자본주의를 실증적으로 분석한 뒤에 나온 것이어서 귀를 기울일 만도 했다. 그러나 '임박한 혁명'에 대한 기대와 열정으로 한껏 고양돼 있던 사민당 내 동료들 다수에게, 베른슈타인은 사회주의의 배반자로 비쳤다.

의회주의를 바탕으로 한 점진적 사회주의의 길을 주장하며 우파의 베른슈타인이 중앙파의 카를 카우츠키, 좌파의 로자 룩셈부르크 등 당내 이론가들과 벌인 이른바 수정주의 논쟁은 독일 사민당 당원들과 지지자들만이 아니라 다른 나라의 사회주의자들에게까지 큰 영향을 끼쳤다. 이 논쟁에서 베른슈타인은 수세에 몰렸지만, 그 뒤 한 세기 동안 독일 사민당과 사회주의 일반이 겪어온 성쇠는 베른슈타인이 역사의 승리자임을 보여주었다.

수정주의라는 말에 담긴 경멸적 함의에도 불구하고, 미래에 살아남을 수 있는 유일한 사회주의는 수정된 사회주의, 곧 사회민주주의다. 정통 사회주의의 부활은 이론적으로나 실천적으로나 불가능해 보인다. 마르크스주의는 문화이론으로서는 앞으로 오래도록 힘을 잃지 않을지 모른다. 그러나 그것은 정치경제학으로서는 이미 역사의 뒤켠으로 사라졌고, 극적으로 재림할 것 같지도 않다.

에밀리 브론테 Emily Brontë
12.19.

1848년 12월 19일 영국의 시인 겸 소설가 에밀리 브론테가 폐결핵으로 죽었다. 향년 30세.

브론테가 죽은 1848년은 혁명의 해였다. 파리, 베를린, 밀라노, 빈 등에서 거의 동시 다발적으로 일어난 혁명적 봉기는 메테르니히의 빈 체제를 허물며 유럽에서의 절대군주제를 크게 위협했다. 그런 세계 혁명의 해로서 1848년에 비교될 수 있는 해는 오직 1968년뿐이다. 이 해에도 프랑스, 독일, 미국, 일본 등 세계 도처에서 반反부르주아 봉기가 있었다. 그러나 1848년의 혁명이 절대 군주제의 뿌리를 뽑지 못했듯, 1968년의 혁명도 부르주아지의 지배를 흔들지 못했다.

에밀리 브론테는 요크셔의 손턴에서 성공회 목사의 딸로 태어났다.『제인 에어』로 유명한 소설가 샬롯 브론테는 그의 언니이고,『애그니스 그레이』의 작가 앤 브론테는 그의 동생이다. 원래 브론테 자매는 다섯이었지만, 샬롯 위의 두 언니들은 어려서 죽었다.

에밀리 브론테가 자신의 유일한 소설『폭풍의 언덕』을 출간한 것은 죽기 한 해 전인 1847년이다. 황량한 산지의 외딴 저택 '폭풍의 언덕'을 배경으로 인간의 격렬한 애증을 묘사한 이 소설은 발표 당시에는 백안시되었지만, 오늘날에는 셰익스피어의『리어 왕』에 견줄 만한 명작으로 평가되고 있다. 이 작품은 1939년 윌리엄 와일러 감독에 의해 영화화되었다.

에밀리 브론테의 슬픈 시 한편. "저 쓸쓸한 호수 저 한밤의 하늘/ 구름에서 빠져 나오려 안간힘 쓰는 저 핼쑥한 달/ 차마 소리 내어 말하지 못하는 듯/ 살랑거리는 저 희미한 속삭임/ 지금 내 마음에 이리 슬피 내려앉네/ 내 기쁨을 이리 외로이 시들게 하네// 그것들을 가만 두기를, 모두 피어나 빙그레 웃도록/ 그러나 그 뿌리들은 내내 시들고 있는 것을/ 아아"

마카오 반환

12.20.

1999년 12월 20일 마카오의 주권이 포르투갈에서 중국으로 반환됐다. 1887년 청淸과 포르투갈의 조약으로 마카오가 포르투갈의 정식 식민지가 된 지 112년 만이고, 1553년 포르투갈이 이 지역의 실질적 사용권을 인정받은 때부터 헤아리면 446년 만이다. 이로써 마카오는 1997년 7월 영국에서 반환된 홍콩처럼, '중화인민공화국 특별행정구'가 되었다.

마카오는 중국 난하이南海 주장珠江 유역의 마카오반도와 타이파·쿨로아네의 두 개 섬을 포함하는 지역이다. 중국어로는 아오먼澳門이다. 주도主都는 마카오반도의 마카오시市. 주민 대부분이 광둥 출신의 중국인이어서 일반적으로 광둥어가 사용되고, 이 밖에 베이징어, 포르투갈어, 영어 등이 통용된다.

본디 광둥성 샹산현香山縣에 속해 있던 마카오는 1553년 그곳에 발을 들여놓은 포르투갈 상인들이 광둥의 중국 관리로부터 도시 건설 허가를 받은 이래, 포르투갈의 아시아 진출을 위한 교두보가 되었다. 영국이 홍콩에 식민지를 건설하기 시작한 19세기 중엽까지, 기독교를 비롯한 유럽 문물은 거의 마카오를 거쳐 동아시아로 흘러갔다.

당초 이 지역에 대한 영토 주권까지는 욕심내지 않았던 포르투갈은 영국이 중국과의 아편전쟁으로 홍콩을 할양받자 덩달아 중국을 압박해 식민지로 편입시킨 데 이어, 신생 중화인민공화국과 국교가 없던 1951년에는 헌법에 마카오를 해외주海外州로 명시해 아예 본국 영토에 포함시켰다. 그러다가 중국과 포르투갈의 국교가 수립된 지 7년 만인 1986년 베이징에서 반환협정이 체결돼, 새 천년을 바로 앞둔 1999년 오늘 중국이 마카오의 주권을 회복했다.

최초의 한국인 신부 김대건金大建이 10대 때 그곳의 파리 외방전교회外邦傳敎會에서 신학을 비롯한 서양 학문을 배운 터여서, 마카오는 한국 기독교사와도 인연이 깊은 곳이다.

크로스워드

12.21.

《뉴욕월드》의 영국 출신 기자 아서 윈(1871~1944)은 1913년 어느 날 편집국장으로부터 이 신문 일요판 《펀Fun》의 「머리 훈련Mental Exercises」 난에 실을 새로운 단어 게임을 고안해보라는 주문을 받았다. 윈은 어린 시절 동무들과 함께하던 단어 게임들을 회상하며 이리저리 궁리한 끝에, 빈 칸에 글자를 채워 넣어 세로와 가로로 말이 연결되게 하는 퍼즐을 고안해냈다. 마침내 1913년 12월 21일자 《펀》에 윈의 첫 퍼즐이 인쇄되었다. 이것이 공식 기록에 남아 있는 역사상 최초의 크로스워드 퍼즐이다.

윈은 자신이 다듬어낸 이 퍼즐을 당초에 '워드크로스'라고 불렀다가, 이내 '크로스워드'로 고쳐 불렀다. 크로스워드 퍼즐에 대한 독자들의 반응은 즉각적이었고 열광적이었다. 그러나 독자들의 뜨거운 호응이 《뉴욕월드》에 큰 행운은 아니었다. '신안특허新案特許' 보호를 받지 못했던 이 새로운 형태의 낱말 게임을 다른 신문들도 곧 싣기 시작했기 때문이다. 아서 윈과 《뉴욕월드》는 그저 크로스워드 퍼즐의 산모와 산파라는 명예에 만족하는 수밖에 없었다.

최초의 크로스워드 퍼즐이 《뉴욕월드》에 실린 지 10년 사이에 미국 신문 대부분이 이 낱말 게임에 지면을 배정했고, 이 열기는 대서양을 건너 영국으로, 이어서 유럽 대륙으로 번졌다. 미국의 경우, 주류 일간지 가운데 이 시절 크로스워드 광풍에 휩쓸리지 않은 신문은 《뉴욕타임스》뿐이었다. 그러나 《뉴욕타임스》도 1942년부터는 일요판에 크로스워드 퍼즐을 싣기 시작했고, 1950년 9월부터는 매일 실을 수밖에 없었다.

오늘날 알파벳문명 사회에서 크로스워드 퍼즐은 일상 풍경이 되었다. 크로스워드 퍼즐 대회가 텔레비전 방송을 타는 일도 흔하다. 한국도 예외가 아니다. 그러나 한글은 로마문자와 달리 음절 단위로 모아쓰게 돼 있어서, 한국어 크로스워드 퍼즐은 풀기가 한결 쉽다.

목신의 오후 전주곡

12.22.

  1894년 12월 22일 드뷔시의 관현악곡 〈목신牧神의 오후午後 전주곡前奏曲〉이 파리에서 초연됐다. 〈목신의 오후 전주곡〉은 스테판 말라르메의 장편 상징시 「목신의 오후」(1876)의 음악적 번안이다. 드뷔시는 당초 말라르메의 시를 전주곡·간주곡·종곡終曲의 세 곡으로 풀어낼 생각이었으나, 전주곡만으로도 그 주제를 충분히 담아냈다고 판단해 작업을 더 진척시키지 않았다. 인상주의 음악의 걸작으로 꼽히는 〈목신의 오후 전주곡〉을 통해 드뷔시는 유럽 음악계에서 명성을 확고히 다졌다.

  드뷔시 관현악곡의 질료가 된 말라르메의 「목신의 오후」는 여름날 오후 들판에서 요정들을 좇는 목신牧神 판Pan의 관능적 몽상을 묘사하며 탐미주의를 실천한 근대 서정시의 백미白眉다. 초고는 「목신의 독백」이라는 제목 아래 무대 낭독용으로 씌어졌으나, 코메디 프랑세즈로부터 공연을 거절당한 뒤 순수한 서정시로 손질됐다. 「목신의 오후」는 1912년 역시 드뷔시 음악을 매개로 니진스키에 의해 발레로 안무되기도 했다.

  말라르메에게 시적 영감을 불어넣은 덕에 문학·음악·발레 등 장르를 답파踏破하며 이름을 드날린 판(프랑스어로는 폰, faune)은 그리스신화에 나오는 반인반양半人半羊의 신이다. 로마신화의 파우누스Faunus에 해당한다. 판은 산과 들과 숲에 살면서 가축을 지키는 것이 그 역할인 터라 한자권에서 '목신牧神'으로 번역됐지만, 그 생김새 때문에 '반수신半獸神'으로 번역되기도 한다.

  판은 말라르메 시에서도 묘사되듯 요정들의 아름다움을 탐했는데, 요정 에코와 시링크스는 그의 치근덕거림을 피하려고 각각 메아리와 갈대로 변했다. 시링크스를 놓치고 아쉬워하던 판은 갈대가 바람과 어울려내는 소리에 반해, 갈대줄기를 이어 붙여 피리를 만들었다. 이것이 팬파이프(판의 피리)의 신화적 유래다. 그래서 팬파이프를 시링크스라고도 부른다.

8대 대선
12.23.

1972년 12월 23일 제8대 대통령선거가 서울 장충체육관에서 치러졌다. 그 해 10월 17일의 이른바 10월유신이라는 친위쿠데타로 들어선 파쇼체제의 첫 대통령선거였던 8대 대선은, 선거라는 제도를 코미디로 만듦으로써 한국 정치사의 삽화를 풍성하게 하는 데 크게 기여했다. 물론 그 코미디는 슬프고 역겨운 코미디였다.

제1공화국 이래 한국 대통령 선거는, 국민 직선이든 국회에서의 간선이든, 반대파의 존재를 전제하고 있었다. 그러나 유신정변으로 들어선 제4공화국의 대통령 선거는 그런 보편적 규칙을 쓰레기통에 처박았다.

박정희는 대통령이 의장을 맡는 소위 통일주체국민회의라는 기관으로부터 6년의 새 임기를 부여받았는데, 그 기록이 놀랍다. 그는 통일주체국민회의 대의원 515명의 추천으로 단독 출마해, 전체 대의원 2,359명이 참석한 선거에서 2,357표의 지지를 얻어 대통령이 되었다. 나머지 두 표도 반대표가 아니라 무효표였다. 사실상 100% 득표였다. 이 매력적인 기록은 1978년의 9대 대선에서도 되풀이됐다.

박정희가 자신을 위해 발명해낸 이 체육관 선거에는 편리한 점들이 많았다. 우선 선거운동을 하지 않아도 되었다. 박정희는 김대중과 맞붙었던 1971년의 7대 대선 유세 과정에서 "다시 국민에게 표를 달라고 나서는 일은 없을 것"이라고 공약한 바 있는데, 그는 이 약속 하나만은 확실히 지켰다. 국민에게 표를 달라고 나서야 할 필요를 아예 없애버림으로써 말이다.

또 이 체육관 선거에는 그 전까지 그를 괴롭혀온 부정선거 시비가 일 염려도 없었다. 장충체육관에 모인 2천 수백 명의 '통대'는 표를 매수하거나 바꿔치기 할 필요도 없고 지지를 강요할 필요도 없는 박정희의 순정 지지자들이었다. 투표 요령을 충분히 숙지하지 못한 대의원의 무효표 한둘 정도는 견딜 만했다. 그 때도 대한민국은 '민주공화국'이었다.

아라공 Louis Aragon
12.24.

1982년 12월 24일 프랑스 시인 루이 아라공이 85세로 작고했다.

아라공은 제1차세계대전에 군의관으로 참전하고 제대한 뒤, 앙드레 브르통, 필리프 수포 등과 함께 잡지 《문학》을 창간해 다다이즘 운동에 뛰어들며 문학 이력을 시작했다. 그는 이후 일부 다다이스트들과 함께 초현실주의자가 되었고, 다시 일부 초현실주의자와 함께 공산주의자가 되었다. 다다이즘에서 초현실주의를 거쳐 공산주의에 이르는 아라공의 문학적·이념적 궤적은 두 살 위의 동료 시인 폴 엘뤼아르와 평행선을 그었다.

아라공은 엘뤼아르보다 더욱 견결한 공산주의자였다. 스페인내전 뒤 유럽 전역으로 번진 반파시즘 투쟁과 전쟁을 배경으로 개인들의 절망과 희망, 연애와 우정을 그리며 '공산주의적 인간'을 새 시대의 이상적 인간형으로서 제시한 대하소설 『레 코뮈니스트』에는 공산주의에 대한 아라공의 신념과 공산주의자로서의 자부심이 배어있다.

아라공을 얘기할 때 빼놓을 수 없는 사람이 아내 엘자 트리올레다. 러시아 시인 블라디미르 마야코프스키의 처제인 엘자를 아라공이 만난 것은 초현실주의와 공산주의 사이의 삐걱거림으로 심사가 복잡하던 1928년이었다. 레지스탕스 문학의 걸작으로 꼽히는 소설 『아비뇽의 연인들』의 작가이기도 한 엘자는 1930년대 이후 아라공의 작품 태반에 짙은 흔적을 남긴 말 그대로의 반려였다.

아라공의 시 「엘자의 눈」 한 대목. "네 눈은 한없이 깊다/ 나는 세상의 모든 태양이 그 속에 제 모습을 비추고/ 절망한 사람들 모두가 거기 몸을 던져 죽는 것을 보았다/ 네 눈은 한없이 깊어 나는 거기서 기억을 잃는다// 어느 날 저녁 세계는 해적들이 불을 붙인/ 암초에 부딪쳐 산산조각 났다/ 나는 그 때 바다 위에서 빛나는 것을 보았다/ 엘자의 눈이, 엘자의 눈이, 엘자의 눈이."

트리스탄 차라 Tristan Tzara

12.25.

1963년 크리스마스날 루마니아 출신의 프랑스 작가 트리스탄 차라가 파리에서 작고했다. 향년 67.

차라는 시인이기도 했고 소설가이기도 했지만 무엇보다도 평론가였고, 더 정확히는 문학운동가, 예술운동가였다. 그가 이끈 예술운동은 '다다' 또는 '다다이즘'이라는 이름을 지니고 있었다. 다다이즘이 탄생한 것은 1916년 스위스 취리히에서다. 차라는 그 때 취리히대학에서 수학과 철학을 공부하고 있었다. 이 스무 살 먹은 학생은 '테라스'라는 이름의 카페에서 시적 저항과 사회혁명을 일치시키는 예술운동을 출범시켰다.

제1차세계대전이 한창이던 때 태어난 이 운동은 우선 전쟁에 반대했고, 그 전쟁을 낳은 사회조직에 반대했고, 그 사회조직이 사용하는 언어에 반대했다. 차라는 "새로운 예술가는 저항한다. 새로운 예술가는 설명적, 상징적 복제를 그리는 게 아니라 돌이나 나무나 쇠로 직접 창조한다. 특급기관차 같은 새 예술가의 유기체는 순간적 감동을 싣고 모든 방향으로 향한다"고 선언했다.

예술운동 이름이자 그 운동의 기관지 제호이기도 했던 '다다'는 프랑스 유아어로 '말馬'을 뜻하지만, 차라가 이 말에 특별한 의미를 담은 것은 아니다. 차라는 우연히 페이퍼나이프가 쓸려 들어간 사전의 페이지에서 이 말이 눈에 띄어 예술운동 이름으로 삼았다고 한다.

정교한 이론보다는 격렬한 반체제 정서 위에 구축된 다다이즘은 곧 파리와 베를린 등 유럽의 주요 수도와 미국으로 번져나가며 한 시절의 조형예술과 문학, 음악에 커다란 영향을 끼쳤다. 초현실주의자들과 잠시 협력하다 결별한 차라는 만년에 프랑스 공산당의 문예관을 좌경화시키는 데 기여했다. 그가 스탈린식 사회주의 리얼리즘을 옹호하며 예술가들에게 전면적 사회정치 참여를 촉구했을 때, 기성의 사회조직과 언어에 격렬하게 저항했던 다다이즘으로부터 그 교주의 자리는 너무도 멀리 떨어져 있었다.

마오쩌둥 毛澤東
12.26.

1893년 12월 26일 중국 후난성湖南省 샹탄현湘潭縣 사오산韶山에서 마오쩌둥이 태어났다. 1976년 몰.

마오쩌둥의 생애는 '혁명'이라는 두 글자로 요약할 수 있을 게다. 또 '현대 중국의 산파'라는 말로도 그의 삶을 요약할 수 있을 게다. 20세기 중국을 상징하는 이름을 딱 하나만 고르라면, 마오쩌둥은 다소 유리한 조건에서 쑨원과 경쟁할 것이다.

징강산井岡山 유격 투쟁, 장시江西 소비에트 임시정부 수립, 대장정大長征, 국공합작과 항일전, 국공내전, 중화인민공화국 수립, 대약진운동, 문화대혁명으로 이어지는 마오쩌둥의 개인사가 곧 20세기 중국사였고, 그는 그 혁명의 역정을 통해서 유격 전술, 대중조직 방법, 토지개혁 정책, 민족통일전선론, 신민주주의론, 사상개조운동, 실천론, 모순론, 영구혁명론, 사회제국주의론 등 혁명의 이론들을 만들어냈다.

민중의 압도적 다수가 농민이었던 봉건 중국을 사회주의 체제로 이행시키면서 그가 다듬어낸 혁명이론들은 정통 마르크스-레닌주의와는 구별되는 '마오쩌둥 사상'이라는 이름으로 체계화됐고, 그 마오쩌둥 사상은 반외세와 반파쇼와 반봉건을 동시에 밀고 나가야 했던 제3세계의 혁명가들에게만이 아니라, 서유럽의 좌파 이론가들에게도 지대한 영향을 끼쳤다.

1968년 학생혁명의 물결이 전 세계를 휩쓸었을 때, 그 혁명을 상징한 것은 두 개의 M, 곧 마르크스와 마오쩌둥이었다. 마오쩌둥이라는 이름의 깃발은 문화대혁명이 시작되던 베이징에서만이 아니라, 파리에서, 프랑크푸르트에서, 도쿄에서 힘차게 펄럭였다.

그러나 그 마오쩌둥이라는 이름은 세상의 모든 억압받는 자들에게 빛을 주었던 해방의 기호였던 동시에, 한 시대를 피 냄새로 비리게 만든 광기의 기호이기도 했다.

네크라소프 — Nikolay Nekrasov
12.27.

러시아력曆 1877년 12월 27일 러시아 시인 니콜라이 네크라소프가 56세로 작고했다.

네크라소프가 일급 시인이었는지는 확실치 않다. 열아홉 살 되던 1840년 그가 첫 시집 『꿈과 울림』을 출간했을 때, 열 살 위의 비평가 벨린스키는 그 시집에 독창성이 없다고 단언했다. 세 살 위의 소설가 투르게네프도 네크라소프의 시 일반을 되돌아보는 자리에서 "그의 운문에 진정으로 시적이라고 할 만한 것은 거의 없었다"고 혹평했다. 벨린스키나 투르게네프는 일급 감식안을 지닌 사람들이었던 데다가 네크라소프의 가까운 문학적 동료이기도 했으니, 이들의 평가를 어느 정도 신뢰해도 될 것 같다.

그런데도 네크라소프의 시는 읽혔다. 오늘날 러시아 시문학사에서 네크라소프가 차지하고 있는 자리가 그리 탐스러운 것은 아니지만, 19세기 러시아에서 그는 가장 널리 읽힌 시인이었다. 차르의 전제 정치에 맞서 싸우던 혁명적 민주주의자들은 「러시아에서는 누가 행복한가」, 「데카브리스트의 아내」같은 장편 서사시들의 이곳저곳을 인용하며 민중을 조직하고 선동했다.

게다가 시적 성취에 대한 논란과 상관없이, 네크라소프는 뛰어난 평론가이자 잡지 편집자였다. 그의 평론 활동은 주로《조국의 기록》과《동시대인》두 잡지를 통해 이뤄졌다. 네크라소프는 당대 러시아 비평계의 우두머리라 할 벨린스키와 밀접히 협력하며 톨스토이, 곤차로프, 도스토예프스키 같은 작가들을 발굴하고 지원했다.

네크라소프의 시 「아침」의 첫 연과 마지막 연. "넌 불행해 보이는군, 마음이 아픈가 보지/ 아, 난 알고 있어, 여기서 아픔은 흔해 터진 걸/ 자연은 거울처럼/ 둘레의 가난을 비출 수 있을 뿐", "한 잡역부가 도둑을 잡아 두드려 패네/ 거위들은 마구 목이 잘려나가고/ 위층에서는 무언가가 터지는 소리/ 또 한 사람이 자살했군."

예세닌 Sergei Yesenin
12.28.

1925년 12월 28일 러시아 시인 세르게이 예세닌이 상트페테르부르크의 한 호텔에서 목을 매 자살했다. 30세였다. 그는 죽기 직전에 「잘 있게, 벗이여」라는 시를 썼다.

"잘 있게, 벗이여, 잘 있게/ 사랑하는 벗이여, 그대는 내 가슴 속에 있네/ 예정된 이 이별로/ 미래의 만남을 약속하세// 잘 있게, 벗이여, 악수도 작별의 말도 없지만/ 슬퍼하거나 서운해 하지 말게/ 이 인생에서 죽음이 새로운 건 아니지만/ 삶 또한 새로운 게 아니라네."

예세닌이 마지막 시에서 작별을 고한 벗이 누구인지는 시인만이 알 것이다. 그러나 그 벗들 가운데 미국 무용가 이자도라 덩컨도 끼어 있을지 모른다. 덩컨과 예세닌은 1922년에 결혼했다. 여자는 45세였고, 남자는 27세였다. 이 둘의 결혼 생활은 순탄치 않았다. 그것이 나이 차이 때문은 아니었다.

부부의 불화는 차라리 그들이 너무 닮았다는 데서 생겼다. 그들은 만나기 전에 이미 여러 아이를 가진 어머니·아버지였고, 분방한 성적 편력의 역사를 공유한 바람둥이들이었으며, 바람둥이답지 않게(어쩌면 바람둥이답게) 늘 질투심으로 바스러질 듯했다. 이런 식으로 닮은 사람들의 관계가 오래 지속되기는 어려웠다. 게다가 예세닌은 서유럽 생활에 잘 적응하지 못했고, 알코올 중독자였다.

결국 그들은 결혼 2년 뒤인 1924년에 헤어졌다. 덩컨이 찼고, 예세닌이 차였다. 러시아로 돌아온 예세닌은 복수심에 불타 레프 톨스토이의 손녀와 결혼했지만, 결국 신경증을 이기지 못하고 자살했다.

예세닌은 흔히 '러시아의 마지막 농촌 시인'으로 불린다. 빈농 집안 출신의 그는 시작詩作 초기부터 러시아 농촌의 삶과 자연을 섬세하게 형상화했다. 예세닌은 또 러시아판 이미지즘 운동이랄 수 있는 이마지니즘 운동을 이끌기도 했다.

성당의 살인
12.29.

1170년 12월 29일 잉글랜드 캔터베리 대주교 토머스 베케트가 살해됐다. 52세였다.

캔터베리 대성당을 피로 물들이며 이 나라의 종교적 최고지도자를 난자한 사람들은 국왕 헨리2세의 사주를 받은 4인의 기사였다. 이로써 대주교와 국왕 사이의 해묵은 대립은 국왕의 승리로 끝나는 듯했다.

토머스 베케트와 헨리2세의 사이가 처음부터 나빴던 것은 아니다. 사실 그 둘은 가까운 친구였다. 헨리2세는 토머스 베케트를 대법관으로 임명해 내정 개혁을 맡겼고, 마침내 잉글랜드의 정신적 최고지도자라 할 캔터베리 대주교로 뽑았다. 그러나 헨리2세가 교회의 재판권을 제한하는 클래런던법을 공포한 뒤 두 사람 사이가 벌어지기 시작했다.

토머스 베케트는 이 법에 반대해 교회의 재판권을 옹호했고, 더 나아가 교황 알렉산더3세를 등에 업고 국왕과 가까운 주교들을 파문했다. 마침내 헨리2세는, 적어도 잉글랜드에서는 자신의 세속 권력이 교회 권력 위에 있다는 것을 보여주기로 결심했다.

그러나 토머스 베케트의 암살이 헨리2세의 궁극적 승리로 귀결되지는 않았다. 교황의 명령에 따라 헨리2세는 이 사건에 대해 공개적으로 고해를 하는 데서 더 나아가 클래런던법을 폐지해야만 했다. 토머스 베케트는 살해된 지 세 해 만에 시성諡聖되었고, 그 때부터 잉글랜드 국교회가 확립되기까지 수백 년간 가톨릭 신자들은 그의 유골함이 안치된 캔터베리 묘당을 중요한 성지聖地로 순례했다.

중세 잉글랜드 문학의 최고봉이라 할 제프리 초서의 『캔터베리 이야기』(1387~1400)는 토머스 베케트의 묘에 참배하러 온 사회 각층의 순례자들이 런던의 한 여관에서 돌아가며 이야기하는 운문 설화 형식을 취하고 있다. 토머스 베케트의 암살은 또 토머스 스턴스 엘리엇의 2막 시극 「성당의 살인」(1935)을 포함해 몇몇 연극·영화의 소재가 되기도 했다.

라스푸틴 Grigori Rasputin

12.30.

서부 시베리아 출신의 그리고리 라스푸틴은 본디 읽기와 쓰기도 배우지 못한 무지렁이였다. 그런데 어쩌다가 정교회 수도사가 되었다. 거기까진 좋았는데, 그에게는 기적을 행하는 능력이 있었다. 아니, 사람들이 그렇게 믿었다. 그는 수도원과 성지를 돌아다니며 예언을 하고 환자를 치료했다.

물론 라스푸틴은 의학을 배운 적이 없었다. 그런데도 그가 기도를 하고 환자의 몸 여기저기를 어루만지면 놀랍게 병이 나았다. 사람들은 그를 성자라고 불렀고, 이런 평판 덕분에 그는 러시아의 마지막 황제 니콜라이2세의 궁중에까지 출입하게 되었다.

라스푸틴은 혈우병을 앓던 황태자를 기도로 치료한 덕에 황제와 황후의 총애를 얻었다. 그러나 그는 겸손한 사람이 아니었다. 최고 권력자의 절대적 신임을 얻게 되자, 그는 분수를 잊고 러시아의 내정과 외교를 제멋대로 주물렀다.

게다가 그는 진료를 구실로 환자들과 곧잘 황음에 빠지곤 했다. 측근 정치를 주도한 승려로서 음란방탕을 일삼았다는 점에서 그는 고려 공민왕 때의 신돈辛旽을 연상시키지만, 신돈에게 있었던 정치적 이상주의가 라스푸틴에게는 없었다.

황후 알렉산드라에 대한 라스푸틴의 영향력은 절대적이어서, 그 문제가 두마(국회)에서까지 논쟁거리가 되기도 했다. 라스푸틴과 독일 공주 출신이었던 알렉산드라 주변에는 친독파 관료들이 들끓었다. 제1차세계대전이 터져 러시아와 독일이 적국이 되자 몇몇 정치인들이 황제에게 라스푸틴을 버리라고 충고했지만, 이들은 되레 황후의 미움만 샀을 뿐이다.

마침내 극우파 국회의원 푸리슈케비치를 비롯한 민족주의자들은 황제의 눈을 가리는 이 요승을 직접 제거하기로 하고 1916년 12월 30일 이를 실행했다. 암살됐을 때 라스푸틴의 나이는 44세였다.

보어전쟁

12.31.

1902년 12월 31일 보어전쟁이 종료됐다. 보어전쟁은 1899년 10월 지금 남아프리카 지역에서 영국과 트란스발공화국 사이에 터진 전쟁이다. 네덜란드어로 '농민'을 뜻하는 '보어'는 트란스발공화국을 건설한 네덜란드계 백인을 가리킨다. 그러니 보어전쟁은 아프리카 남단에서 벌어진 백인들끼리의 전쟁이었다.

19세기 후반 남아프리카는 영국의 케이프·나탈 식민지와 보어인의 트란스발공화국·오라녜자유국으로 사분돼 있었다. 이 지역에 전운이 감돌기 시작한 것은 1867년. 트란스발에서 금광이 발견되고 오라녜에서 다이아몬드 광산이 발견된 뒤 영국인들이 이 지역에 발을 들여놓으면서다. 금광을 지키려는 트란스발과 빼앗으려는 영국은 1881년부터 분쟁 상태에 들어갔고, 트란스발이 같은 보어 국가인 오라녜와 군사동맹을 체결하자 영국은 전면전을 결심했다.

영국군은 전쟁 개시 1년 만에 트란스발공화국을 점령하고 다시 8개월 뒤에는 오라녜자유국까지 점령해 두 나라의 병합을 선언했다. 트란스발과 오라녜의 연합 보어군은 게릴라전을 통한 반격을 개시해 한때 두 나라 대부분을 해방시키고 영국령까지 쳐들어갔지만, 영국은 이 전쟁에 국운이라고 건 듯 전력을 쏟아 부었다.

당시 인구 50만, 총동원병력 7만의 보어인을 굴복시키기 위해 영국은 무려 45만의 병력을 풀어 닥치는 대로 죽이고 불살랐고, 절멸의 위협을 느낀 보어인은 마침내 영국에 무릎을 꿇었다. 영국은 이 전쟁의 승리로 남아프리카 전체를 식민지로 삼게 됐지만, 세계 여론의 거센 비난을 받았다.

보어인은 보어전쟁의 패배자였지만, 결국 남아프리카의 주류세력으로 남았다. 1994년 최초의 다인종선거로 만델라 정권이 들어서기까지 보어인은 남아프리카에서 영국계를 제치고 '백인 중의 백인'으로 군림했고, 아파르트헤이트(흑백분리정책)로 상징되는 인종주의를 최악의 형태로 실천했다.

□ 군소리 □

이 책은 지난 2003년에 낸 『히스토리아』의 연장선 위에 있다. 2000년 11월 1일부터 2005년 2월 28일까지 《한국일보》에 「오늘」이라는 매일 칼럼을 연재했었다. 그 날 그 날 태어나거나 죽은 사람에 대한, 또는 일어난 역사적 사건에 대한 기록과 논평이었다. 그 가운데 일부가 『히스토리아』로 묶여 나왔고, 이제 또 한 해 분량을 추려 '발자국'이라는 이름으로 내놓는다.

추리는 데 애를 먹었다. 아내의 수고가 녹아든 스크랩북에는 한 날짜당 서너 개의 칼럼이 모여 있었는데, 어느 날치 글들은 모두 마음에 들었고 어느 날치 글들은 하나도 마음에 차지 않았다. 날짜에 매임 없이 그저 365개 또는 366개를 골라내도 된다면 속이 편했겠으나, 그럴 수는 없는 노릇이었다. 그래서 이 책에는 못생긴 글들과 그럭저럭 반반한 글들이 섞여 있다.

글을 추린 기준이 꼭 그 글의 됨됨이만은 아니었다. 역사적 역할의 크기에서 엄청난 차이가 없다면, 나는 되도록 소수자에게 눈길을 주고자 했다. 말하자면 남성보다는 여성을, 백인보다는 유색인을, 다스리는 자들보다는 저항하는 자들을 바라보고자 했다. 그러나 여기 모인 글들의 질료 노릇을 한 역사 자체가 힘센 자들에게 워낙 편향돼 있는 터라, 이 책에 등장하는 여성, 유색인, 저항자들은 말 그대로 소수를 넘어설 수 없었다.

어떤 글들은 밋밋한 기술에 치우쳐 있고, 어떤 글들은 위태로운 논평에 치우쳐 있다. 사람이나 사건에 따라 내게 개입의 욕망을 불러일으키는 정도가 달랐다는 뜻이겠다. 의견이야 이럴 수도 있고 저럴 수도 있겠으나, 기록된 사실事實들만이라도 사실史實과 어긋나지 않았으면 좋겠다.

지난번 책에는 365개 글을 모았으나, 2008년이 마침 윤년이어서 이번 책엔 2월 29일치 하나를 더 넣었다. 책을 내자고 부추겨 내 스스럼을 덜어준 마음산책 정은숙 선생께 고마움을 표한다.

2007년 가을
고종석

찾아보기

2·12총선 56

2·26쿠데타 70

5월혁명 148

7대 대선 137

〈7월 4일생〉 212

7·7선언 215

8대 대선 397

9대 대선 214

9월학살 278

10월혁명 349

11대 대선 269

JAL기 추락사고 254

JFK 364

KAL기 폭파사건 371

KAL기 피격 277

RFK 181

ㄱ

가르시아 로르카 Federico García Lorca 261

가산 카나파니 Ghassān Kanafāni 216

가스통 갈리마르 Gaston Gallimard 28

강경애姜敬愛 136

게토 120

경의선 개통 113

고르바초프 집권 87

골즈워디 John Galsworthy 256

골턴 Francis Galton 60

공포정치 31

괴테 Johann Wolfgang von Goethe 98

구텐베르크 Johannes Gutenberg 47

국군 파월派越 36

국기에 대한 맹세 251

국보위國保委 173

균형 298

그레고리 펙 Gregory Peck 187

금주법禁酒法 26

긴급조치 18

김기림金起林 153

김도연金度淵 249

김병곤 380

김성칠金聖七 316

김수임金壽任 192

김창숙金昌淑 152

ㄴ

나폴레옹과 조세핀 375

「남북기본합의서」 387

남연군南延君 분묘 도굴 사건 128

냇 킹 콜 Nat King Cole 59

네크라소프 Nikolay Nekrasov 401

찾아보기

노발리스 Novalis 101
뉘른베르크 Nürnberg 326
니콜로 아마티 Nicolò Amati 279
닉슨 중국 방문 65

ㄷ

다나카 田中角榮 390
달리다 Dalida 145
당통 Georges Danton 115
더스패서스 John Roderigo Dos Passos 24
데 쿠닝 Willem de Kooning 134
데니스 대처 Denis Thatcher 202
데이너 Charles A. Dana 250
도버해협 횡단 233
도스토예프스키 Fyodor Mikhailovich Dostoevski 53
도쿄 지하철 테러 96
독일 통일 311
두 파시스트 362
뒤르켐 Émile Durkheim 357
드라이브인 극장 182
드라큘라 Vlad Dracula 112
드레스덴 폭격 57
드리외라로셸 Pierre Drieu La Rochelle 91
디엔비엔푸 Dien Bien Phu 149

디오르 Christian Dior 332

ㄹ

라 아르헨티나 La Argentina 280
〈라마르세예즈 La Marseillaise〉 135
라부아지에 Antoine Laurent Lavoisier 268
라살 Ferdinand Lassalle 121
라스푸틴 Grigori Rasputin 404
라캉 Jacques Lacan 285
〈라트라비아타 La Traviata〉 82
람슈타인 에어쇼 참사 270
랭스턴 휴즈 Langston Hughes 45
런던 지하철 개통 20
레몽 아롱 Raymond Aron 325
레이먼드 카버 Raymond Carver 244
레지스탕스 194
로맹 가리 Romain Gary 376
로메로 Óscar Romero 100
로버트 번스 Robert Burns 35
로스 맥허터 Ross Mcwhirter 369
로시니 Gioacchino Rossini 73
로키 Rocky 273
로트실트 Rothschild 67
루소 Jean-Jacques Rousseau 204
루시디 처형선고 58

찾아보기

루이 게릭Henry Louis Gehrig 195

루이지애나 매매 144

류사오치劉少奇 비판 365

리다자오李大釗 314

리베르만Evsei Grigor'evich Liberman 88

리프먼Walter Lippmann 299

링컨 피격 124

링컨, 노예해방선언 11

무스타파 케말Mustafa Kemal 352

무하마드 알리Muhammad Ali 27

문귀동文貴童 119

문화文化 328

미쇼Henri Michaux 166

미시마 유키오三島由紀夫 367

민정당民正黨 25

밀라이 학살 92

ㅁ

마라Jean Paul Marat 221

마르쿠스 아우렐리우스Marcus Aurelius 130

마리아 테레지아Maria Theresia 155

마리오 란차Mario Lanza 315

마오쩌둥毛澤東 400

마이클 콜린스Michael Collins 264

마이클 크라이튼Michael Crichton 331

마카오 반환 394

마타하리Mata Hari 323

만델라 석방 55

맥루언Herbert Marshall Mcluhan 229

메리메Prosper Mérimée 304

메모리얼데이 172

〈목신의 오후 전주곡〉 396

목포 부두노동자 파업 358

ㅂ

바르비Klaus Barbie 301

바르샤바 게토 폭동 129

바오다이保大 239

바이마르 헌법 253

바흐Johann Sebastian Bach 97

박승희 161

박정희朴正熙의 추억 334

반제회의 30

발렌베리Roul Wallenberg 217

배리James Barrie 151

버나드 쇼George Bernard Shaw 344

베냐민Walter Benjamin 223

베니 굿맨Benny Goodman 189

베니그노 아키노Benigno Aquino 263

베른슈타인Eduard Bernstein 392

찾아보기

베를린 장벽 255
벤베니스트 Emile Benveniste 169
보도지침 37
보부아르 Simone Beauvoir 19
보브 호프 데뷔 303
보어전쟁 405
부마민주항쟁釜馬民主抗爭 324
부미방釜美放 94
부산 정치파동 167
부토 Zulfikar Ali Bhutto 114
브라운 소송 159
브라지야크 Robert Brasillach 107
브랜디스 Louis Brandies 313
블러디 메리 Bloody Mary 62
비비언 리 Vivien Leigh 347
비센테 알레익산드레 Vicente Aleixandre 388
비스마르크 Otto von Bismarck 238
비어홀 폭동 350
비운의 왕자 103
비행飛行 391
빌리 홀리데이 Billie Holiday 225

ㅅ

사강 François Sagan 197
사노맹社勞盟 139
사랑의 식당 322
사법파동 236
사보나롤라 Girolamo Savonarola 297
사브라・샤틸라 학살 292
〈사랑의 묘약 L'Elisir d'amore〉 154
사육신 묘비 188
사코 Sacco와 반제티 Vanzetti 265
생고타르 터널 162
샹폴리옹 Jean-François Champollion 80
〈서부전선 이상 없다〉 385
서울 지하철 257
성당의 살인 403
성철性徹 346
세계 책과 저작권의 날 133
세속주의 383
셋 79
소쉬르 Ferdinand de Saussure 66
솔 벨로 Saul Bellow 186
송욱宋稶 131
수자 John Philip Sousa 348
스리마일섬 원전原電 사고 104
스베덴보리 Emanuel Swedenborg 39
스위스 여성참정권 51
스푸너리즘 230
스피노자 Baruch de Spinoza 366

찾아보기

시몽 드 몽포르 Simon de Montfort 246
시오니즘 271
시오랑 Emil Cioran 118
실비아 플라스 Sylvia Plath 335
심장 이식 377

ㅇ

아나톨 프랑스 Anatole France 126
아라공 Louis Aragon 398
아렌트 Hanna Arendt 378
아스투리아스 Miguel Angel Asturias 185
아시모프 Isaac Asimov 116
아이작 싱어 Isaac Singer 232
아인슈타인 Albert Einstein 90
아쿠타가와 芥川龍之介 77
아폴리네르 Guillaume Apollinaire 351
『악마의 사전』 200
악의 제국 84
안나푸르나 Annapurna 179
안익태 安益泰 379
알튀세르 Louis Althusser 330
애거서 크리스티 Agatha Christie 291
야콥슨 Roman Jakobson 226
양세봉 梁世奉 284
에드워드 카 Edward Hallett Carr 345

에라스무스 Erasmus 220
에른스트 윙거 Ernst Jünger 61
에밀리 브론테 Emily Brontë 393
에식스 백작 69
에이젠슈테인 Sergei Eisentein 33
에이프릴 풀 April Fool 111
엘뤼아르 Paul Éluard 360
엘리자베스1세 Elizabeth Ⅰ 283
엥겔스 Friedrich Engels 370
여성권리대회 227
여순麗順사건 327
영화 〈춘향전〉 312
예세닌 Sergei Yesenin 402
오구라 신페이 小倉進平 52
오드리 헵번 Audrey Hepburn 146
오리건협정 191
오스카 와일드 Oscar Wilde 372
오장환 吳章煥 147
「오적五賊」 178
오페라 〈심청〉 243
올더스 헉슬리 Aldous Huxley 234
우장춘 禹長春 252
워싱턴 방화 放火 266
월드컵 4강 198
위너 Nobert Wiener 368

찾아보기

윈저 공 Windsor公 199

유진오 兪鎭午 272

율 브리너 Yul Brynner 318

융단폭격 258

이덕구 李德九 184

이병철 李秉喆 361

이븐 루슈드 Ibn Rushd 384

이븐 바투타 Ibn Baṭṭūṭah 68

이양지 李良枝 164

이오지마 硫黃島 전투 63

이용익 李容翊 64

이홍렬 李興烈 359

인공 人共 282

일진회 一進會 262

임종국 林種國 354

임화 林和 248

ㅈ

자유의 여신상 193

자코메티 Alberto Giacometti 21

작가회의 293

전교조 全敎組 170

전구 電球 329

전권위임법 全權委任法 99

전차 電車 160

전향 281

전화 86

『정글 Jungle』 296

정인숙 鄭仁淑 93

정지용 鄭芝溶 157

제1차 중동전쟁 158

제1차세계대전 종전 終戰 353

제2인터내셔널 222

제라르 주네트 Gérard Genette 183

조선야구협회 165

조이스 James Joyce 46

주시경 周時經 235

중공 中共 231

중화인민공화국 309

지로두 Jean Giraudoux 337

지루 Françoise Giroud 29

지미 헨드릭스 Jimi Hendrix 294

지브란 Kahlil Gibran 16

질레트 King Camp Gillette 15

ㅊ

차금봉 車今奉 382

찰스 램 Charles Lamb 54

챈들러 Raymond Chandler 102

천상병 千祥炳 138

찾아보기

체스터튼 Gilbert Chesterton 171
체트킨 Clara Zetkin 196
초대 대선 228
초현실주의 355
촘스키 Noam Chomsky 381
최병우 崔秉宇 302
추축국 343
치올코프스키
    Konstantin Eduardovich Tsiolkovskii 295

ㅋ

카라얀 Herbert von Karajan 224
카로사 Hans Carossa 288
카를 힐티 Carl Hilty 321
카를로 보나파르트 Carlo Bonaparte 105
카뮈 Albert Camus 14
카사노바 Giovanni Giacomo Casanova 180
카스트로 파문破門 13
카프카 Franz Kafka 211
칼리굴라 Caligula 34
캐서린 헵번 Katharine Hepburn 205
코폴라 Francis Ford Coppola 117
콕토 Jean Cocteau 213
콘라드 Joseph Conrad 245
콜럼버스의 날 320

콜론타이 Alexandra Kollontai 85
크로스워드 395
크리스토퍼 말로 Christopher Marlowe 50
크리스퍼스 어턱스 Crispus Attucks 81
클라라 슈만 Clara Schumann 289
클라우제비츠 Carl von Clausewitz 177
키에슬로프스키 Krzysztov Kieslowski 89
키츠 John Keats 339

ㅌ

타레가 Francisco Tárrega 389
탈주병 슬로빅 41
태평양 횡단 363
택시미터 143
테드 휴즈 Ted Hughes 336
토레즈 Maurice Thorez 219
토마스 아퀴나스 Thomas Aquinas 83
통일베트남 210
통일의 꽃 206
트리스탄 차라 Tristan Tzara 399
트리폴리전쟁 305

ㅍ

파라셀수스 Paracelsus 300
파렌하이트 Gabriel Fahrenheit 156

415

찾아보기

파리해방 267
파운드 Ezra Pound 338
판문점 도끼사건 260
팔메 Sven Olof Joachim Palme 72
패트릭 화이트 Patrick White 306
패티 허스트 피랍被拉 48
팽크허스트 Emmeline Pankhurst 190
페르마 Pierre de Fermat 22
포르세 Ferdinand Porsche 40
포퍼 Karl Popper 290
폴란드 분할 247
푸코 Michel Foucault 201
프놈펜 함락 127
프란체스카 Frencesca Donner Rhee 95
프랜시스 드레이크 Francis Drake 38
프랭크 시나트라 Frank Sinatra 386
프리드리히 아들러 Friedrich Adler 12
피아프 Édith Piaf 319
피의 일요일 32
피의 일주일 163
피카소 Pablo Picasso 333

하워드대학교 78
한글 317
한위건韓偉健 218
함마르셸드 Dag Hammarskjöld 237
《함성》 106
해럴드 워싱턴 Harold Washington 122
행크 아론 Hank Aaron 49
헤겔 Georg Wilhelm Friedrich Hegel 356
헤스 Rudolf Hess 259
헬렌 켈러 Helen Keller 203
호세 펠리시아노 José Feliciano 286
호헌 선언 123
홍승면洪承勉 168
홍콩 반환 209
〈화씨 9/11 Fahrenheit 9/11〉 287
효孝 150
훌리건 125
흑인 주지사 월더 23
히로히토裕仁 17
히틀러 Adolf Hitler 140
힌덴부르크 Paul von Hindenburg 310

ㅎ

하그리브스 James Hargreaves 132
하야카와 Samuel Ichiyé Hayakawa 71

416